본서는 여러 면에서 편안하게 읽을 수 있는 성령론이다. 첫째, 평이한 문체로 쓰여 읽기가 쉬우니 독자가 편안하다. 둘째, 성경 본문에 입각한 성령론이라 성경을 하나님의 말씀으로 믿고 받아들이는 사람들이 편안하다. 셋째, 말씀에 나타난 성령의 역사에 대한 실제적인 체험을 기술하기에 은사 체험자들에게 편안하다. 넷째, 성령의 은사를 체험한 자나 그렇지 않은 자 어느 한편만을 대변하지 않고 서로를 인정하도록 만들어주니 어떤 입장에 있든 편안하다. 다섯째, 현대교회의 성령 체험에 대한 다양한 이슈를 성경 주석을 통해 풀이해주니 독자는 의문이 들었던 문제에 대한 해답을 얻을 수 있어 속이 시원하다. 본서를 읽을 때 이렇게 편안함을 느낄 수 있는 이유는 저자가 신약학에 대한 박식한 지식과 다양한 신앙 체험, 그리고 넓은 인적 교류를 통해 이 분야에 대한 통달한 지식을 갖고 있기 때문이다.

김동수 | 평택대학교 신학과 신약학 교수, 한국신약학회 회장

사도 바울은 "성령이 하나 되게 하신 것을 힘써 지키라"고 했다. 그러나 현대교회는 성령을 말하면서 분열하고 대립한다. 성령을 다룬 이 책에 "진영"이라는 말이 자주 등장하는데, 그만큼 성령 이해를 둘러싼 신학적 대립들이 심각하다는 반증이다. 종종 그 대립은 첨예하고, 논전은 신랄하다. 이 책의 원제는 "Gift and Giver"이다. 선물의 다양성을 인정하면서, 우리의 관심을 끊임없이 그 선물을 주신 분에게로 향하게 한다면 교회는 하나 되게 하시는 성령께 다시 순종할 수 있을 것이라는 소망 가운데 쓰인 책이다. 키너는 4,640페이지에 달하는 사도행전 주석을 쓴 학자답게 차분하고 치밀한 성경 해석으로 자신에게 다가오신 하나님의 마음, 또 그분이 일하시는 방식을 탐구한다. 특히 성경의 내러티브 본문들로 신학적 대화를 이어가는 그의 솜씨는 빼어나다. 이 책에서 가장 배우고 싶은 부분은 논지를 풀어가는 그의 정중함이다. 성령의 온유한 음성을 닮은 듯하다. 그가 오랫동안 교제해오던!

박영호 | 한일장신대학교 신약학 교수

이 책은 저자가 체험한 현장감 있는 성령의 역사가 가득한 간증인 동시에 현대적인 논쟁점들을 체계적으로 설명하는, 뜨거우면서도 이성적인 책이다. 하나님의 목표는 성령과 은사에 대해 서로 의견이 다를지라도 우리가 그리스도 안에서 서로 사랑하며 성숙해지는 것이다. 은사주의 신약학자인 저자는 이 목표를 성취하기 위해 은사 지속론자와 은사 중지론자 모두에게 유익한 방식으로 성령의 은사와 사역에 관한 잘못된 예와 올바른 예, 그리고 매우 읽기 쉬운 방식으로 성경 본문에 관한 다양한 해석과 비평을 알려줌으로써 독자들을 섬기고 있다.

이민규 | 한국성서대학교 성서신학 교수

이 책은 세 그룹의 독자에게 유용할 것이다: 체험보다는 교의학 혹은 교의학의 렌즈를 통해 해석된 성경의 영역에서만 성령을 이해해온 분들, 강렬한 성령의 역사를 체험하고 그것을 성경의 증언과 기독교 신앙고백의 틀 안에서 이해하고자 하는 분들, 마지막으로 성령에 관한 생각의 차이 때문에 논쟁과 다툼을 경험한 분들. 여러 교단과 전통에 두루 몸담아 온 성서학자이자 "은사주의자"(charismatic)인 키너만큼 "성령", "성경" 그리고 "전통"이라는 주제를 명쾌하게, 풍성하게 그리고 평화를 증진하는 방식으로 설명할 수 있는 사람도 드물 것이다.

조재천 | 전주대학교 선교신학대학원 신약학 교수

크레이그 키너는 성령 세례, 은사 지속론 및 현대의 성령 현상들에 대해 다양한 실례를 동반한 분별력 있는 해석을 제공함으로써 최근의 논쟁들에 대해 평화를 증진하며 사람들을 연합시키고 덕을 세우는 방식으로 정돈된 요약을 제공한다.

J. I. 패커 | 리젠트 칼리지

성령에 관한 대부분의 책들은 우리를 조명해주거나 혹은 열정을 불어넣어준다. 성경과 오늘날의 체험이 제기하는 질문들이 펼쳐놓은 지뢰밭을 성공적으로 통과하기를 바라는 이들은 이 책을 반가운 안내서로 여길 것이다. 나는 이 책을 진심으로 추천한다.

벤 위더링턴 3세 | 애즈버리 신학교

키너는 지적인 성실성과 불화를 극복하는 진정한 겸손으로 우리가 성령 하나님과 그분의 은사들을 사랑하고 수용할 수 있다는 확신을 가져다준다.

토드 헌터 | 전미 빈야드교회 디렉터

학문적이면서도 인간적으로 따스한 이 책은 오순절 교인, 은사주의자, 복음주의자, 그밖에 오늘날 성령의 역사에 대해 신선한 관점을 필요로 하는 모든 이에게 유익할 것이다.

빈슨 사이넌 | 리젠트 대학교

키너는 뛰어난 목회적 감수성과 날카로운 성경 해석적 통찰력으로 난해한 성경적·신학적 주제들 속으로 독자들을 안내하는 능력을 이미 보여주었다. 동일하게 침착한 태도로 저자는 은사주의자와 은사 중지론자 간의 핵심 논쟁을 다룬다. 모든 내용에 동의하는 사람은 많지 않겠지만, 적어도 그간 소중히 간직해 온 몇몇 신학적 편견들에 대해 도전받는 것을 피할 수 있는 사람은 아무도 없을 것이다.

크레이그 블롬버그 | 덴버 신학교

Gift & Giver
The Holy Spirit for Today

CRAIG S. KEENER

현대를 위한 성령론

크레이그 S. 키너 지음
이용중 옮김

Gift and Giver
The Holy Spirit for Today

새물결플러스

Copyright © 2001 by Craig S. Keener
Originally published in English under the title *Gift and Giver* by Baker Academic
A division of Baker Publishing Group, P.O. Box 6287, Grand Rapids, MI 49516, U. S. A.
All rights reserved.

Used and translated by the permission of Baker Publishing Group
through rMaeng2, Seoul, Republic of Korea.

This Korean Edition copyright © 2018 by Holy Wave Plus Publishing Company, Seoul, Republic of Korea.

이 한국어판의 저작권은 알맹2 에이전시를 통하여 미국 Baker Publishing Group과 독점 계약한 새물결플러스에 있습니다. 신 저작권법에 의해 한국 내에서 보호받는 저작물이므로 무단 전재와 무단 복제를 금합니다.

내 사역에서 최초의 멘토 중
두 명의 교회 개척자인
에버렛 쿡과 에스더 쿡을 추모하며

차례

감사의 글   13
서론   15

1장 / 성령의 음성 인식하기   25
2장 / 성령에 의해 하나님의 마음 듣는 법 배우기   61
3장 / 성령은 우리에게 전도의 능력을 주신다   87
4장 / 성령과 우리의 삶   121
5장 / 영적 은사는 오늘을 위함인가?   155
6장 / 몇 가지 영적 은사들에 대한 자세한 고찰   203
7장 / 성령과 구원   249
8장 / 우리는 언제 성령 세례를 받는가?   267
9장 / 방언과 성령   311
10장 / 왜 영을 분별해야 하는가?   343

결론   375
부록   381

감사의 글

베이커 출판사의 편집자인 밥 호색과 멜린다 밴 엥겐, 그리고 디스크 오류로 컴퓨터에 저장된 몇 장 분량의 책 내용이 사라진 뒤에 많은 양의 원고를 다시 타이핑해 준 이스턴 신학교 학생들인 아만다 베켄스타인과 조너선, 멜리사 페티그에게 특별히 감사를 표한다. 유익한 조언을 해준 신학교 영성 훈련 담당 학장이자 기도의 사람인 내 동료 크리스틴 프레더릭 스무트와, 필라델피아 이넌태버내클 침례교회 목사인 친구 앨린 윌러에게도 감사를 표하지 않을 수 없다.

『성령에 대한 세 가지 중요한 질문』에 나오는 많은 내용이 이 책에 그대로 실려 있으므로, 보다 논란이 많은 질문들에 대해 다양한 관점에서 이 원고를 끝까지 읽어준 소중한 몇몇 친구들에게도 감사를 표하지 않을 수 없다. 그들 중에는 케냐의 난민 수용소에서 생활하는 동안 수백 명의 사람들을 그리스도께 인도한 에티오피아 출신의 은사주의자인 두 형제 멜레세 월데차딕과 타데세 월데차딕도 있다. 멜레세는 컬럼비아 비블리칼 신학교에서 학위를 마치고 에티오피아의 주요 언어인 암하릭어로 성령에 대한 책을 썼다. 아프리카 내륙 선교회의 전 침례교 선교사인 샤론 손더스와 뉴저지에 있는 은사주의 계열의 아프리카 감리교 감독 교회 목사인 재키 리브스도 있다. 위의 책의 편집자들인 리처드 존스, 그랜트 오스본, 짐 위버, 웰스 터너에게도 감사한다. 나는 이곳에서 내가 가르친 영성 훈련 강좌와 내 동료인 맨프레드 브라우치의 신약 신학 강좌에서 행한 강의뿐만 아니라 서클 도시 선교회(시카고), 중국 연합 감리 교회(뉴욕), 이스턴 신학교(필라델피아)에서 제공한 세미나나 수련회에서 만난 청중들 및 학생들과 소통하면서 많은 것을 배웠다.

이 책을 헌정하는 에버렛 쿡과 에스더 쿡은 20세기의 대부분을 미국 서부에서 오순절 교회를 개척하는 일에 헌신했다. 그 후 그들은 퇴직 연금으로 생활하며 노상 전도 사역을 시작했고, 선교회에서 함께 일하는 대학생들에게 멘토링을 하며 우리를 친자식처럼 대했다. 그들은 대학을 다니지 못했는데, 나는 처음에는 커져만 가는 내 학문 지식을 더 대단하게 생각했지만 결국 겸손하고 신실한 그들의 삶에서 어떤 책도 가르쳐줄 수 없는 것을 배웠다.

서론

관점과 명칭

그리스도인들은 성령의 열매나 성령의 구원 사역과 같이 성경이 성령에 대해 가르치는 것 중 대부분의 내용에 생각이 일치한다. 우리들 대부분은 성령이 우리에게 전도할 능력을 주신다는 데도 동의하며, 최소한 몇 가지 영적 은사와 하나님의 음성을 듣는 몇몇 방법에도 동의한다. 그러나 그리스도인들은 특정 은사(특히 방언)의 중요성과 같은 지엽적인 문제나 성령 세례를 받는 때가 회심 때인지, 회심 이후인지, 아니면 (어떤 의미에서는) 둘 다인지에 대해서는 종종 견해를 달리 한다.

    내가 이 책을 쓰는 목적은 그리스도인들로 하여금 어떻게 성령이 우리에게 살아갈 능력을 주시는지를 더 잘 이해하도록 돕기 위함이다. 그러므로 이 책의 대부분은 성령이 우리에게 그리스도인의 삶을 살도록 도우시는 실제적인 영역들을 다룬다. 그러나 성령에 관해 논란이 많은 몇몇 질문들에 대한 대답은 교회 생활과 사역에도 영향을 주기 때문에, 나는 이런 질문을 갖고 있는 그리스도인들도 돕고자 한다. 본서의 이 문제를 다루는 부분에서 비록 나는 결국에는 내가 성경적이라고 믿는 입장을 변호하겠지만, 다양한 측면들을 공정하게 제시하고자 한다. 그리스도인들이 서로 다른 관점을 취하는 이유를 경청하기만 한다면, 우리는 합의에 이르기 위해, 또는 적어도 우리의 차이점들에도 불구하고 서로 연합하여 하나님의 일을 하기 위해 노력할 수 있을 것이다.

용어 정의: "은사주의"와 "복음주의"

앞의 책에서 나는 나 자신을 노골적으로 "은사주의자"로 묘사했다. 북미의 대부분 지역에서 이 용어는 일반적으로 영적 은사를 긍정하고 실천하지만 오순절 교회의 일원은 아닌 그리스도인을 의미한다. 때때로 이 말은 좀 더 구체적으로 방언으로 기도하는 사람들을 가리키기도 한다. 당연히 이들 집단도 영적 은사를 긍정하고 실천한다. 나는 이러한 전통적인 정의들을 둘 다 고려하여 자신들을 이런 식으로 묘사하는 데 거부감이 없는 사람이면 누구나 여기에 포함시키려 했다. 많은 요소를 포괄하면서도 편리한 하나의 호칭을 위해, 나는 이 호칭에 "은사주의자"라는 명칭을 사용하지 않을 수도 있는 제3의 물결 및 기타 집단들도 포함시켰다. 오늘날 교회의 형세는 은사주의자라는 말이 본질적으로 은사 중지론자가 아닌 사람을 뜻했던 때와는 다르지만, 지금까지는 이 단어를 대체할 그 어떤 단어도 등장하지 않았다.

그러나 나는 『성령에 대한 세 가지 중요한 질문』을 쓴 이래로 사람들이 이 단어를 진영마다 다른 방식으로 사용한다는 사실을 알게 되었다. 서아프리카 복음주의 교회 출신의 나이지리아 친구들과 멕시코 출신의 한 복음주의자는 내게 자신들이 속한 진영에서 은사주의자란 건강과 부의 가르침을 옹호하는 이들, 자기 자신을 위해 물질적 축복을 "요구"하는 사람들을 의미한다고 주의를 주었다. 나는 누군가가 내가 그런 가르침을 옹호한다고 오해하도록 하느니 차라리 그 호칭을 버릴 것이다! (사실 나는 교수이자 목사인 한 나이지리아인과 함께 바로 그런 믿음과 관행에 이의를 제기하는 책을 집필하고 있다.) 과거에 부와 건강의 복음을 가르친 짐 배커는 『내가 틀렸다』라는 책에서 자신이 수년간 예수님의 가르침과 정반대되는 내용을 가르쳐왔다는 사실을 발견했다고 고백했다. 문맥에 따른 성경 연구는 그의 생각을 바꾸어놓았고 그로 하여금 이 문제에 관한 이전의 신념을 포기하게 했다. 오늘날 은사주의자로 자처하면서 성경을 읽는 많은 그리스도인들은 건강과 부의 가르침을 믿지 않는다.

나는 독자마다 다른 의미로 받아들이는 명칭을 사용함으로써 혼란을 자초하고 싶지 않다. 그러나 나는 이 책에서 **은사주의자**라는 용어를 보다 덜 사용하기는 했지만, 영어에서 사용 가능한 다른 어떤 용어도 영적 은사를 긍정하고 실천하는 모든 사람들을 포괄하지 못한다는 단순한 이유에서 이 용어를 계속 사용하지 않을 수 없었다. 보통 **오순절파**는 특히 오순절 교단에 속한 사람들에게 적용되는데, 비록 나는 오순절 교단을 좋아하지만(그리고 개인적으로 "오순절 교단의 경험"을 공유하고 있지만) 대부분의 사람들은 나에게 그 호칭을 적용하지는 않을 것이다. 나는 오순절 교회가 아닌 침례교회에서 안수 받았다. 나는 또한 모든 은사주의자와 오순절 교인이 다 "은사주의자"의 이름으로 행해진 모든 일에 동의하지는 않는다는 점을 강조하지 않을 수 없다. 사람들은 (성경의 이름으로, 또는 그리스도의 이름으로 온갖 일들을 그릇되게 정당화해온 것처럼) 성령의 이름으로 온갖 종류의 일들을 그릇되게 정당화해왔다.

모든 사람이 **복음주의자**라는 용어를 같은 방식으로 사용하는 것은 아니다. 나는 이 용어를, 성경을 하나님의 말씀으로 받아들이고 순종하고자 애쓰며, 그리스도를 유일한 구원의 길로 인정하기 때문에 세상에 복음을 전하는 일에 헌신된 이들을 묘사하기 위해 사용한다. 이 용어는 보다 좁게 교파적 의미나 하위문화적인 의미로 사용되어 왔지만, 나는 이 단어를 보다 넓은 역사적 의미로 사용한다. 내가 다루는 주제들과 상세함의 정도는 상당 부분 내가 활동하고 있는 교파들과 이 책의 가장 큰 독자층에 의해 결정되었다. (예를 들어 비록 세계 곳곳의 많은 헌신된 그리스도인들이 견진 성사에서의 성령에 대한 성례전적 관점을 신봉하지만, 나는 그러한 견해들을 길게 다루지 않는다. 이는 그런 논의의 중요성을 평가 절하하려는 것이 아니다. 그 논쟁의 많은 부분은 신약이 완성된 후 초기 교회의 필요에 따른 것이지만, 내 전문지식과 연구 분야는 신약성서 그 자체다.) 그럼에도 나는 이 책에 오순절 교인, 침례교인, 성공회 교인, 또는 다른 교파에 속한 교인을 막론하고 모든 독자들이 유익을 얻을 유용한 정보가 충분히 담겨 있다고 믿는다.

나는 다양한 견해를 공정하게 다루는 책을 쓰고자 최선을 다했지만, 특별히 내가 성경에서 발견했다고 믿는 내용에 충실하고자 노력했다. 그럼에도 어떤 그리스도인의 배경과 영적 경험(또는 특정 경험의 결여)은 흔히 성령이라는 주제에 대한 그의 접근 방식을 형성하도록 도움을 주기 때문에, 독자들에게 나 자신의 배경을 간략히 소개할 필요가 있다.

이 주제에 관한 내 배경

나는 기적적으로 병 고침을 받았고, 예언과 같은 초자연적인 은사를 경험했으며, 증언에 있어서 성령의 인도하심을 따랐고, 기도하는 중에 성령 안에서 (규칙적인 방언 기도를 포함한) 깊은 체험을 했다. 나는 논란이 많은 문제들을 포함한 성령에 관한 책을 쓸 때 그런 경험들(그리고 뒤에 언급할 다른 경험들)이 유리하다고 생각한다.

그런 경험들로 인해 오늘날에도 그런 경험이 발생할 수 있는지에 대한 내 논의가 한 쪽으로 치우칠 수도 있다는 반론을 펴는 사람도 있을 것이다. 이는 그들의 입장에서는 타당한 반론이다. (비록 많은 오순절 교인들은 경험이 **없어도** 그와 반대 방향의 편향성을 낳을 수 있다고 응답하겠지만 말이다.) 내가 개인적으로 아는 어떤 사람이 존재한다는 사실을 부정할 수 없는 것과 마찬가지로, 나는 그런 실재를 직접 목격했기 때문에 오늘날 그런 일이 일어난다는 사실을 부정할 수 없다. 그러나 나는 다른 이들이 그런 경험들이 성경적이라고 믿지 않는다면, 그들이 내 증언을 바탕으로 이런 경험들의 실재를 받아들일 것이라고 기대하지 않는다. 나는 단지 그들에게 내 성경적 논증에 (그리고 그들이 원한다면 내 이야기 중에 몇 가지라도) 귀 기울이도록 초대할 수 있을 뿐이다.

그러나 나는 신약의 다양한 책들에 대한 주석들을 펴낸 복음주의 신약 학자다. 하나님은 나로 하여금 성경을 이해하고 가르치도록 부르셨는데, 만일 내 경험이 비성경적이라는 사실을 발견했다면, 나는 그 경험이 실제로 어떤 경험인가에 대한 다른 설명을 찾아낼 필요가 있었을 것이다. 나는 전에도 성경으로 인해 어떤 문제에 대한 내 견해를 바꾼 적이 있다!

나는 교파의 경계선을 넘어 세계 복음화에 헌신하는 더 넓은 복음주의 운동에 속해 있기도 하다. 근본주의적 침례교가 나를 그리스도께로 인도했고, 나는 한 흑인 침례교회에서 안수 받았으며, 광범위한 여러 교파(장로교, 감리교, 메노파, 하나님의 성회, 기타 등등) 출신의 복음주의적인 학생들을 섬기는 인종을 초월한 복음주의 침례교 신학교에서 가르치고 있다. 감리교인인 내 사촌들은 내가 하나님 나라로 들어오도록 기도해주었고, 나는 아프리카 감리교 감독 교회(AME)의 시온 신학교에서 4년 동안 가르쳤다. (그래서 나는 때때로 농담 삼아 나 자신을 감리침례오순절 교인이라고 소개한다.) 아프리카에서 교수 사역을 수행할 때 나는 성공회, 북 나이지리아 기독교회(COCIN), 서아프리카 복음주의 교회(ECWA), 구세군, "더 깊은 생명"(Deeper Life) 교단 등 매우 폭넓은 교파에서 배출된 사역자들을 가르친다. 따라서 나는 다양한 교파에서 활동하고 있다. 나의 가장 친한 친구들 중 많은 (아마도 대부분의) 친구들은 내가 경험한 것과 같은 영적 은사를 경험하지 못했으며, 내게는 어떤 영적인 은사들은 중단되었다는 입장을 취하고 있는 댈러스 신학교나 웨스트민스터 신학교 같은 신학교에서 가르치는 좋은 친구들이 있다.

나 자신의 교회 배경은 다양하다. 나는 학창 시절 초기에 특히 오순절 교단 교수들에게서 배웠다. 훗날 나는 장로교, 침례교, 감리교, 그리스도의 교회, 기타 교파에 속한 교수들 아래서 공부했다(그리고 훨씬 더 광범위한 저작들을 통해 훈련받았다). 또한 은사주의 교회에서 목회했다. 신학교 시절에 나는 비교파적이고 비은사주의적인 교회에 속해 있었다. 박사 과정을 시작하기 위해 이사했을 때, 나는 2년 동안 오순절 교회에 다니다가 침례교회에서 사역했다. 가르치기 위해 다시 이사했을 때 나는 캠퍼스 아프리카 감리교 감독 교회의 시온 교회에서, 그리고 나중에는 침례교회에서 사역했다. 현재 나는 흑인 침례교회에 속해 있고 거기서 사역하고 있으며, 때때로 은사주의적인 유대인 기독교회에 출석하면서 다양한 교단에 강연하러 다닌다. 독자들에게 이런 내 배경은 아마도 내가 절충적이거나 구제불능일 만큼 혼란에 빠진 것처럼 생각될 수도 있다. 그러나 성경적인 그리스도의 몸은 교파의 경계선에 한정되지 않으며, 우리의 교제 범위는 그리스도의 몸만큼 폭이 넓어야 한다.

그래서 비록 내 은사 중지론자 친구들은 이 책의 몇 장을 건너뛰고 싶겠지만, 나는 오순절 교인에서부터 중도파와 은사 중지론자(초자연적 은사는 중지되었다고 믿는 이들)에 이르기까지 더 넓은 그리스도의 몸을 염두에 두고 이 책을 쓴다. 대다수 교회는 아마도 오순절주의자와 은사 중지론자 사이에 위치할 것이다. 비록 모든 그리스도인이 모든 은사를 경험하지는 않겠지만, 오늘날 대부분의 그리스도인들은 성경에서 묘사된 경험들이 현대에도 유효함을 인정하는 것으로 보인다. 그러나 이 책은 은사 중지론자들도 최소한 몇 가지 주제에서는 유익을 얻을 수 있는 실제적인 주제들을 충분히 다룰 것이다.

내가 듣기로는 마틴 로이드 존스처럼 널리 읽히는 몇몇 저자들뿐만 아니라, 예컨대 마이클 브라운, 피터 데이비즈, 고든 피, 마이클 그린, 레베카 메릴 그로타이스, 웨인 그루뎀, 리처드 헤이스, 마이클 홈즈, 벤 위더링턴 등 다른 많은 은사주의 내지 오순절 교단의 학자들도 광범위한 그리스도인 독자층을 겨냥한 글을 쓴다.

색다른 책

그랜트 오스본, 클린트 아놀드, 트렘퍼 롱맨 같은 저자들과 함께 "세 가지 중요한 질문" 시리즈에 속한 책을 쓴다는 것은 영예로운 일이었지만, 나는 새로운 방식으로 이 주제를 다시 논의할 기회를 준 베이커 출판사에 감사한다. 이 책은 내가 『성령에 관한 세 가지 중요한 질문』에서 사용한 것과 같은 내용을 바탕으로 삼고 있지만, 그 내용을 유의미하게 재구성했다. 나는 그 책이 출간된 이래로 현재까지 다섯 권의 책을 더 썼으므로, 책을 읽기 쉽게 쓰는 방법을 더 잘 알게 되었기를 희망한다. 나는 그 내용을 더 흥미로운 방식으로 포장하려고 노력했다. 또한 나는 주님과의 관계와 영적 은사 문제에 대해 다양한 견해를 지닌 형제자매들과의 관계에서도 성장했다. 교회를 위한 직접적인 가치 면에서 이 책은 아마도 『IVP 성경 배경 주석: 신약편』을 제외하면 내가 지금까지 쓴 가장 중요한 책이 될 것이다.

나는 책에 흥미를 더하기 위해 몇 가지 개인적인 이야기를 포함시켰다. 나는, 사실 원래는 나 자신에 대해 너무 많이 말하는 것을 피하기 위해 3인칭으로 진술했던 몇몇 이야기를 이 책에서는 1인칭으로 다시 말할 것이다. 그 이야기들은 어떤 사례를 주장하기 위한 것이 아니라 예를 들기 위한 이야기이며, 내가 언급하는 사례는 성경적 논증에 의존한다. 그러나 나는 몇 가지 이유에서 그 이야기들을 포함시켰다.

첫째, 나는 성경적 원리를 일상생활에 적용하는 일의 중요성을 강조하기 원하는데, 구체적인 예는 적용하라고 초대하는 좋은 방법이다. 내 신학교 학생들과 동료들은 우리가 성경에서 배우는 원리들이 우리의 삶에 어떤 식으로 영향을 끼쳐야 하는지에 대한 구체적인 본보기를 원한다. 나는 내 개인의 예들이 내가 성경의 텍스트를 나 자신의 삶에 적용하는 일을 붙들고 씨름한다는 사실을 입증하기 때문에 학생들이 그런 예화에 반응을 보인다는 사실을 발견했다. 나는 이론을 가르치기만 하는 것이 아니다.

더 나아가, 그 이야기가 나 자신의 이야기일 때는 검증이 더 단순해진다. 나는 내가 기술하는 사건들과 경험들의 증인이다. 내가 신뢰할 만한 사람이라면 내 이야기들도 신뢰할 만할 것이다. 마지막으로, 예수님의 교수법을 관찰하고 또 오늘날 어떤 책들이 독자들의 관심을 끄는지를 주목해 봄으로써, 나는 내가 전달하고자 하는 핵심을 전달하는 데 있어 이야기가 지닌 가치를 배웠다. 이야기는 대부분의 문화권에서 전통적인 교과서 형태가 수행하지 못하는 방식으로 사람들의 관심을 사로잡는다.

필요

그리스도인들은 성령의 사역의 몇몇 측면에 대해 견해가 다르지만, 우리 모두는 대부분의 핵심적인 문제들에 대해 합의에 도달할 수 있다. 초기 그리스도인들은 처음부터 끝까지 하나님의 영에 의존했는데, 우리도 그래야 한다.

역사상 부흥은 매번 하나님의 영이 새롭게 부어진 결과였고, 보통은 당대 종교 제도의 안일한 현상 유지를 위협하는 경험 또는 열심을 동반했다. 그러나 인간이 교만한 지성과 육체의 능력에 의존하여 하나님의 권능을 우리가 설명할 수 있는 말로 축소함으로써 그것을 통제하고자 하는 시도는, 기껏해야 사탄의 왕국이 잠자는 것처럼 보일 때에만 하나님의 사역에 대한 충분한 설명인 것처럼 가장할 수 있다. 하지만 지금은 그런 상황이 아니다.

다양한 형태의 복음전도의 최전선에 동참하는 이들은 한 시가 급하다는 사실을 알고 있다. 우리에게는 부흥이 절실히 필요하다. 우리는 성령이 우리로 하여금 동시대인들에게 그리스도를 전하기 위해서 어떤 대가를 치르기를 요구하시더라도 담대히 성령을 주시는 분께 우리의 삶을 바칠 것인가? 이 질문에 대한 대답에 우리 세대의 운명이 달려 있다.

1장

성령의 음성 인식하기

/

고등학생 시절 회심한 나는 학교에서 귀가하는 길에 다른 학생들에게 그리스도를 소개하기 시작했다. 때때로 나는 전도하기가 두려웠지만, 내 뒤에 있는 친구와 대화를 나누거나, 다음 블록까지 걸어간 다음 거기서 그리스도를 전할 사람을 찾거나, 그 전 주에 내가 그리스도께로 인도한 친구를 사후 관리하도록 성령께서 자극하시는 것을 느끼곤 했다. 그러한 인도는 흔히 성령에게서 나온 것이었지만, 이따금 내 느낌은 단순히 소화불량의 산물이었고 나는 그 차이를 그다지 잘 구별하지 못했다.

    나는 하나님의 인도에 대해 더 잘 알고 싶었지만, 하나님의 인도를 더 잘 알기 위해서는 하나님의 구체적인 인도보다 더 중요한 무언가를 알아야 했다. 즉 나는 하나님의 마음, 하나님이 어떤 분인지를 알아야 했다. 우리는 너무도 자주 하나님의 성품을 잘못 이해한다. 우리는 우리 자신의 정신적 우상을 만들고 하나님을 참된 성경의 하나님과 일치하지 않는 이미지로 상상한다. 바울은 우리가 부분적으로 알고 부분적으로 예언한다고 말한다(고전 13:9). 우리는 기도할 때나 성경을 연구할 때 하나님의 음성을 언제나 완벽하게 듣지는 못하겠지만, 우리가 하나님을 그분의 참된 모습 그대로 사랑하기에 충분할 만큼 하나님이 어떤 분인지를 안다면 하나님께는 우리가 그분의 음성을 완전하게 듣지 못하는 문제를 해결할 수 있는 방법이 있다. 우리가 하나님의 마음, 특히 예수님을 십자가에 못 박으신 그 사랑을 인식하고 반영할 때 우리는 "하나님을 안다"고 가장 잘 말할 수 있다(요일 4:7-12).

이 장에서는 성령을 알고 인식하기 위한 토대를 마련하고, 다음 장에서는 성령의 음성을 듣는 법을 배우는 일에 대해 추가로 설명할 것이다. 우리는 흔히 전도 가운데 하나님의 인도하심을 경험한다(3장). 4장에서도 이 주제를 핵심적으로 다룬다. 성령의 열매는 우리에게 성령의 성품에 대해 말해주며, 따라서 성령이 우리에게 말씀하실 때 우리가 성령을 인식할 수 있게 해 준다.

왜 하나님의 음성을 듣는가?

오늘날 서구 기독교에서, 사람들은 흔히 성령의 성품에 대한 논의보다 성령 세례나 영적 은사와 같은 논쟁적인 주제들에 훨씬 더 관심이 많다. 그러나 이런 우선순위로 인해 성령에 대해 배울 수 있는 가장 중요한 일, 즉 하나님의 마음을 배우는 일을 놓쳐버릴 수도 있다. (은사는 비록 지금은 유용할지 모르지만 언젠가 우리가 하나님을 온전히 알게 될 때는 필요조차 없어질 것이다[고전 13:8-12]).

몇 년 전 가르치고 글 쓰고 강연할 시간을 내야 한다는 부담감이 나를 압도했을 때, 나는 어느 예배에 참석했다가 갑작스럽게 하나님의 영이 내 마음속에서 무언가를 생각하도록 자극하시는 것을 느꼈다. 나는 성령님이 이렇게 말씀하시는 것을 느꼈다. "아들아, 네가 언제까지나 이런 사역, 저런 사역을 하지는 않을 것이다. 이런 은사들은 네가 내 앞에 설 때 사라져버릴 것이다. 그러나 너는 **언제나** 내 아들일 것이다." 나는 하나님의 위로(그리고 아마도 약간의 부드러운 책망)를 느끼고 울었다. 나는 마르다처럼 내가 하나님을 위해서 하고 있던 온갖 일로 너무 분주해서 가장 중요한 것, 즉 마리아처럼 예수님의 발앞에 앉아 있는 일을 잊고 있었다. 하나님은 은혜롭게도 다른 이들을 섬기는 일에 우리를 사용하시지만, 먼저 은혜롭게도 우리를 죄에서, 하나님과 하나님의 길에 대한 우리의 이기적인 반역에서 구원하신다. 우리가 하나님을 위해 행하는 어떤 일이라 할지라도 그것은 단지 우리 안에 있는 하나님의 새 생명의 열매일 뿐이다. 나는 하나님이 내가 하는 일을 기뻐하시는 것을 느꼈지만, 하나님은 내가 하는 일보다 내가 그분과 교제하는 것 그리고 내 모든 길에서 하나님을 지속적으로 인정하는 것을 더 원하신다. 내가 언제까지나 선생이나 저자로 살지는 않겠지만, 나는 언제나 그분의 자녀일 것이고 내게는 그 사실이 다른 어떤 것보다 큰 의미가 있다.

성부 및 성자와 마찬가지로 성령은 단지 우리의 신앙생활의 나머지 교리와 체험에 덧붙일 하나의 교리, 관념, 경험이 아니다. 성령은 우리의 삶 속에 침투하셔서 우리 안에 임재하시며 변화를 일으키시는 하나님이시다.

우리 중 많은 이들은 성령이 언제 어떻게 말씀하시는지 더 정확하게 인식하기 위한 지침을 필요로 한다. 교회 안의 어떤 진영에서는 성령의 사역을 거의 완전히 배제하고, 인간의 프로그램과 능력에 의존하는 데 만족하는 경향이 있다. 어느 설교자가 말했듯이 "성령이 오늘 지상에서 갑자기 떠나시더라도 대부분의 교회 사역은 약해지지 않고 계속될 것이다." 다른 진영에서는 그곳에서 일어나는 일의 대부분이 성령과는 아무런 관계가 없는데도, 일어나는 거의 모든 일을 성령이 하시는 일이라고 주장한다.

따라서 우리는 이 장에서 보다 덜 논쟁적이지만 그럼에도 매우 실제적인 질문 중 하나, 즉 우리가 어떻게 성령을 인식할 수 있는가라는 질문에서 출발할 것이다. 이 질문에 대한 대답은 이 책의 뒤에서 다룰 성령의 은사에 대한 논의, 전도에 있어서 성령의 인도하심에 대한 논의 및 심지어 성령 세례의 의미에 대한 논의가 왜 중요한가에 대해서도 반드시 영향을 끼칠 것이다. 우리는 성령 하나님과 그분의 성품에 대해 간략하게 언급한 뒤에 성령의 음성에 좀 더 민감해질 수 있는 몇 가지 방법을 살펴볼 것이다.

몇 가지 서론적 원리

우리가 하나님의 음성을 듣기를 원한다면 하나님께 우리의 귀를 열어 주시도록 요청하는 것이 가장 좋은 출발점이다. 하나님은 흔히 그런 은사들을 허락하시며(참조. 고전 14:13), 우리가 그런 은사들을 추구하도록 격려하신다(고전 12:31). 하나님의 음성은 부드러운 주의 환기,

고요함 가운데 찾아오는 확신, 성령이 인도하시는 구체적인 꿈, 강력한 충동, 분명한 지혜, 또는 부르시거나 인도하신다는 확고한 느낌 등과 같은 수단들을 통해 임한다.

그러나 하나님의 음성을 듣기를 간구한다면 또한 듣는 말씀에 기꺼이 순종해야 한다. 야고보는 우리에게 지혜를 구하라고 권고하지만(약 1:5), 그것을 믿음(야고보서의 다른 곳에 따르면 순종에 의해 진실한 믿음으로 확인되어야 하는 믿음[2:14-26])으로 구해야 한다고 역설한다(1:6). 성령의 인도하심에 더 순종할수록 성령의 음성을 더 능숙하게 듣게 된다. 우리는 그 음성을 진지하게 받아들이고 주의를 기울여야 한다. 하나님의 인도하심을 단지 우리의 영성을 측정하기 위해서나 우리 자신의 감정적 흥분을 유지하기 위해서만 이용한다면, 하나님은 우리를 더 이상 인도하지 않으실 것이다(요 14:23을 비교하라).¹

그러나 이는 우리가 어떻게 하면 시행착오 없이 하나님의 인도하심을 알 수 있느냐는 질문을 제기한다. 시행착오가 믿음의 여정에 아무런 해가 없는 상황에서는 그것이 효과가 있을 수도 있다. 보다 중요한 문제에 있어서는 하나님의 확인 또는 보증을 구할 필요가 있을 수도 있다(예를 들어 삿 6:36-40; 삼상 14:9-10). 그러나 성경에 나오는 하나님의 성품을 아는 것이 하나님의 음성을 인식하기 위한 가장 중요

・・・

1 하나님의 음성 듣기에 대한 더 자세한 제안을 보려면 Jack Deere, *Surprised by the Voice of God* (Grand Rapids: Zondervan, 1996, 『놀라운 하나님의 음성』, 은성 역간)을 보라. 이 책은 내가 *3 Crucial Questions about the Holy Spirit* (Grand Rapids: Baker, 1996)을 쓸 때에는 인용할 수 없었다.

한 방법이다. 우리의 목소리는 시간이 지나면서 변하지만 하나님의 음성의 특징은 지난 2천 년 동안 변하지 않았다.

성령은 누구신가?

오늘날 그리스도인들은 성령에 대한 많은 세부 사항에 생각을 같이한다. 우리는 성부와 성자가 하나님이신 것처럼 성령도 하나님이심을 인정한다. 성부, 성자, 성령은 각기 우리의 구원의 서로 다른 측면에 초점을 맞추시지만, 우리는 성자 예수님을 바라봄으로써 성령의 방식에 대해 배울 수 있다. 성경은 하나님의 성품을 예수님 안에서 가장 분명하게 드러내기 때문이다.

신약 저자들은 보통 성령께서 구별된 인격을 지닌 분이라는 점을 변호하기보다는 이를 전제하는데, 이는 아마도 동시대의 유대인들이 성령의 인격성에 대해서는 가령 그리스도의 신성에 대해서보다는 덜 논쟁하는 경향이 있었기 때문일 것이다. 그럼에도 신약 저자들은 성령은 인격적이며 신적인 분이라고 가르친다(마 28:19; 요 14:16-17; 16:13-15; 행 5:3-5; 롬 8:26-27; 고후 13:14). 그러나 예수님 이전의 유대인들은 예수님의 제자들처럼 성령을 구별된 인격으로 생각하지는 않았지만, 성령이 신적이며 하나님의 존재에 참여하는 분이라는 점을 당연시했다(예를 들어 사 40:13; 48:16; 63:10-11). 성령이 신적 존재라는 점은 결코 의문시되지 않았다.

여기서 잠시 내가 성령을 "그것"이라고 부르지 않고 "그분"이라고 부르는 이유를 설명해야겠다. 초기 교부들도 인정했듯이 "영"에 해당하는 단어는 히브리어에서는 여성, 그리스어에서는 중성, 라틴어에서는 남성이다. 신약은 그리스어로 기록되었기 때문에 그리스어 신약성경에서 성령에 해당하는 대명사가 통상 중성인 것은 놀라운 일이 아니다. (요한복음에서 성령을 그리스어로 남성형 단어인 보혜사, 또는 조언자로 지칭하는 구절들은 예외다.) 하나님은 영이시므로 그리스도인들이 하나님께 생물학적 성별이 있다고 믿는 것은 아니지만, 우리는 그분을 중성으로 묘사하지도 않을 것이다. 따라서 나는 여기서 독자들에게 성령이 어떤 비인격적인 힘이 아니라 신적인 분이자 구별된 인격이라는 점을 상기시키기 위해 성령께 기독교 전통을 따라 남성 대명사를 사용한다.

성령을 개인적으로 알기

그리스 철학은 하나님이 어떤 분인지 정의하려고 할 것이다. 이와 대조적으로 성경은 하나님이 역사 속에서 사람들과 어떻게 관계를 맺으셨는가라는 측면에서 우리에게 하나님을 보여준다. 구약은 (삼위일체를 인정하기는 하지만) 삼위일체의 산술적인 구성 요소들을 분명히 제시하지는 않는다. 하나님은 "하나"이시지만 결혼한 부부도 그렇다(창 2:24). 그러나 구약은 하나님의 성품, 즉 우리가 복음서에 등장하는 예수님의 육체 속에서 만나는 바로 그 성품을 드러낸다. 이는 우리가 성령을 통한 하나님과의 상호작용에서 경험하는 바로 그 신적인 성품이 기도 하다.

어떤 사람들은 신학 공부가 추상적이고 합리적인 의미에서만 하나님에 대해 배우는 것을 뜻한다고 생각하며, 신학 공부가 자신과 하나님과의 개인적인 관계에는 거의 영향을 끼치지 않는다고 느낀다. 그러나 성경이 하나님을 아는 것에 대해 말할 때는 단지 지적인 지식만이 아니라, 친밀함과 순종이라는 특징을 갖는 관계에 대해 말하는 것이다. 누군가와의 관계는 우리가 그 사람과 그 사람에게 중요한 사람들 및 일들에 대해 알아가도록 요구하기 때문에, 하나님을 아는 데 있어서도 확실히 하나님에 대한 지식이 필수적이다. 그러나 우리가 하나님에 대한 지식을 우리와 하나님과의 관계에 실제적으로 적용하지 않는다면, 그 지식은 불충분하다. 실상, 하나님에 대해 단지 알기만 하고 그 지식을 적용하지 않는 것은 하나님에 대해 알지 못하는 경우보다 더 심각한 심판을 초래한다(눅 12:47-48; 롬 2:12-16; 약 3:1).

하나님의 음성을 아는 데 있어 첫 단계 중 하나는 하나님의 마음을 아는 것이다. 우리가 성경에 계시된 하나님, 곧 십자가의 하나님을 안다면 참 하나님의 영이 우리에게 말씀하실 때 그분을 알아볼 것이다. 물론 하나님은 때로는 우리가 성경을 충분히 이해하기 전에도 먼저 우리 안에 계신 성령을 통해 자신을 드러내신다. 그러나 우리가 기도를 통해 알게 되는 하나님의 마음은, 하나님 앞에서 겸손한 마음으로 성경을 살펴볼 때 성경에서 발견하는 바로 그 하나님의 마음이다.

우리가 진정으로 누군가를 알고 사랑하기 원한다면, 그 사람의 배경과 중요한 관계와 그 사람에게 중요한 일을 알 필요가 있다. 우리가 매일 성경을 공부하거나 혹은 역사 속에서 교만한 자들을 대적하시고 상한 자를 위로하시며 겸손한 자들을 부르시고 사용하시는 방식으로 사람들과 관계를 맺고 계시는 하나님을 바라볼 때, 우리는 하나님이 우리에게 하시는 말씀을 들어야 한다. 우리는 성경에서 하나님의 성품을 배우며 하나님을 알게 되는데, 또한 우리의 경험 속에서 동일한 하나님을 인식해야 한다. 달라스 윌라드가 지적하듯이 우리는 성경에 나오는 사람들을 우리와 똑같은 인간으로 볼 필요가 있다. 우리는 "성경에 기록된 경험들은 기본적으로 우리가 그 자리에 있었다면 우리가 겪었을 경험과 똑같은 유형의 경험이라는 가정을 바탕으로"[2] 성경을 공부해야만 성경을 **믿고** 성경의 경험 속으로 들어갈 수 있다.

성령을 통해 하나님 알기

우리는 성경에 나오는 많은 구절들을 살펴보겠지만, 이 장과 다음 장에서 종종 요한복음으로 되돌아갈 것이다. 요한은 "성령을 통해 하나님을 개인적으로 알기"라는 주제를 특히 강조한다. 이 주제는 어려운 상황에 처해 있는 주로 유대인 출신 그리스도인들인 요한의 독자들에게 너무나 중요했기 때문에, 성령은 의심할 여지없이 요한으로 하여금 이 주제를 강조하도록 인도하셨다. 그들을 회당에서 쫓아낸 회당

- - -

2 Dallas Willard, *In Search of Guidance: Developing a Conversational Relationship with God* (New York: Harper Collins, 1993), 26.

지도자들도 있었고, 그들이 그리스도를 믿는다는 이유로 그들을 적대적인 로마 당국에 넘겨준 경우도 있었을 것이다. 이 지역의 유대인 지도자들은 종교적 전통에 대한 그들의 우월한 지식을 근거로 자신들의 행동을 정당화했지만, 요한은 그리스도인들에게 다음과 같이 보다 본질적인 종류의 지식에 호소하도록 격려했다. "우리는 하나님 자신을 안다. 하나님의 아들의 영이 우리 안에 살아 계시기 때문이다"(요일 4:13을 비교하라).

이 책에서 여러 번 언급하겠지만, 많은 유대인들은 예언의 영이 이스라엘에서 떠나갔다고 느꼈다. 말라기 시대 이후로 예언은 희귀했고 대부분의 사람들은 이스라엘에 구약적인 의미에서의 권위 있는 예언자는 없다고 믿었다. 그러나 유대인들은 성경의 예언자들이 약속한 대로 언젠가 하나님이 자신의 영을 자기 백성에게 보다 충만하게 부어 주실 것임을 인식했다(욜 2:28-29). 그리스도인들은 지속적인 성령 체험에 호소함으로써 그들의 반대자들이 권리를 주장하지도 못한 초자연적 능력에 호소했을 뿐만 아니라, 나사렛 예수를 통해 약속의 시대가 이르렀다고 선언했다! 성령의 임재와 나타남은 예수님이 약속된 구원자라는 가장 분명한 증거가 되었다.

요한은 독자들에게 그들의 경험이 그들 자신이 하나님의 참된 종임을 나타낸다고 말함으로써 독자들을 격려할 뿐만 아니라, 또한 하나님과의 관계의 이상적인 의미를 제시함으로써 독자들에게 하나님과의 더 깊은 관계를 요구한다. 우리는 요한이 그의 최초의 독자들에게 한 격려의 말을 경청함으로써 성령에 더욱 민감하게 반응할 수 있다.

예수님의 양은 그의 음성을 안다

성령이 우리에게 말씀하실 때 우리는 어떻게 성령을 인식하는가? 바울은, 우리는 아직 하나님이 우리를 아시는 것만큼 알지 못한다고 분명하게 말한다(고전 13:12). 그러나 우리가 하나님과의 관계에서 성장하기 위해서는, 출발 지점이 필요하다. 요한복음은 거듭난 사람은 모두 예수님과 관계를 맺고 있다고 가르친다. 우리는 이미 하나님을 알아가기 시작했다. 우리는 단지 하나님이 이미 우리와 맺으신 관계를 발전시키기만 하면 된다.

성경은 하나님과 친밀한 관계였지만 그와 동시에 우리처럼 불완전했던 많은 사람들을 묘사한다. 하나님은 그의 친구 아브라함에게 "내가 하려는 것을 아브라함에게 숨기겠느냐?"라고 말씀하실 만큼 그와 친해지셨고(창 18:17), 엘리사는 하나님이 자기에게 무언가를 알려주지 않으셨다는 것을 알고 불안해하는 것으로 보였다(왕하 4:27). 그러나 바로 이 아브라함이 하갈과 관계를 맺는 불신앙의 행동을 저질렀다(창 15장에 나오는 하나님의 확증 바로 직후에 나오는 창 16:1-3). 노아와 에녹은 하나님과 동행했지만(창 5:22, 24; 6:9), 바로 그 노아가 술에 취했다(9:21). 마찬가지로 예수님도 육신을 입고 (기도 시간 내내 자거나 심지어 예수님을 부인하기까지 한) 불완전한 제자들에게 오셨고, 그들을 자신과의 친밀한 관계를 통해 우리 안에 일으키실 수 있는 변화의 본보기로 삼으셨다.

성경은 예수님의 양들이 그분을 알며 또 그분의 음성을 안다고 말한다(요 10:4-5, 14). 그들은 이미 예수님의 성품에 친숙하기 때문에 예수님이 말씀하실 때 예수님을 알아본다. 예수님의 이 말씀이 포함된 요한복음은 다양한 예를 통해 이 점을 보여준다. 성경 연구가임이 분명한 나다나엘은(1:45-46) 주님과 대면하였을 때 자신이 이미 섬겨온 그분을 알아보았다(1:49). 이와 비슷하게 마리아는 부활하신 예수님을 그 겉모습으로는 알아보지 못했지만(20:14-15), 예수님이 (선한 목자가 그의 양떼들에게 그렇게 하시겠다고 약속하셨듯이[10:3]) 자신의 이름을 부르시자 즉시 그분이 누구인지 알았다(20:16). 자기 양들은 자신의 음성을 알 것이라는 예수님의 약속의 맥락에서, 예수님이 그 필요를 채워주신 마음이 상한 사람은 선뜻 예수님을 받아들인 반면, 예수님을 거부한 오만한 자들은 자신들이 그분의 양이 아님을 드러내었다(9:35-10:10).

하나님의 본성

성부, 성자, 성령은 (인격과 역할에 있어서는 구별되시지만) 본성에 있어 하나이시므로, 우리가 삼위 가운데 한 위격의 성품에 대해 배우는 사실은 삼위 모두에게 적용된다. 성자로 말미암지 않고는 성부와 관계를 맺을 수 없는 것처럼(요일 2:23), 성령으로 말미암지 않고는 성자와 관계를 맺을 수 없으며(요 16:14; 롬 8:9) 그 역도 성립한다(요 14:17). 따라서 우리가 성부 및 성자와 우리 자신과의 관계에 대해 배우는 것은 무엇이든지 성령과 우리와의 관계에도 적용되며, 성령을 통해 우리는 성자와 성부의 임재를 경험한다.

그렇다면 우리는 어떻게 하나님의 음성을 인식할 수 있도록 하나님의 성품에 대해 배울 수 있는가? 수많은 성경 구절들이 우리에게, 인간적인 비유로는 거의 어리석을 만큼 너그러운 분으로 묘사될 정도로 자비롭고 오래 참으시는 하나님에 대해 가르쳐준다(마 18:24-27; 막 12:6; 눅 15:12). 그와 동시에 성경은 하나님의 자비를 계속 당연하게 여기는 자들에게는 그분의 인내에도 한계가 있음을 보여준다(출 4:24-26; 32:35; 시 78:17-31; 호 2:8-10; 11:1-7; 롬 2:4-5; 9:22).

하나님은 자기 백성의 지속적인 불순종으로 인해 그들을 징계하셨지만, 사사기는 그들이 회개했을 때 하나님이 "이스라엘의 곤고로 말미암아 마음에 근심"하셔서 그들을 위해 구원자를 일으키셨다고 말한다(삿 10:16). 예레미야서에서 예레미야는 하나님의 백성이 참된 생수의 근원이신 하나님을 버리고 그 대신 터진 웅덩이를 택했다고 애곡한다(렘 2:13). 호세아서에서 호세아는 그들이 자신을 도우시는 분이신 하나님을 대적한다고 탄식한다(호 13:9).

하나님은 종종 자기 백성과의 관계를 인간관계와 비교하심으로써 자신의 성품을 예시하시기로 하셨다. 예를 들면 호세아를 통해 우리는 불성실한 백성들의 배신으로 인해 상하신 하나님의 상처 입은 마음에 대해 알게 된다. 우리가 호세아의 부정한 아내 고멜을 비난해 마지않듯이, 호세아는 고멜이 자신에게 행한 일은 우리 모두가 우리를 사랑하신 하나님께 행한 일이라는 점을 상기시킨다(호 1:2-2:23). 더 나아가 호세아는 하나님이 어떻게 이스라엘을 종살이에서 속량하셨고 그 후 자신의 자녀로 삼으셨는지에 대해 말한다. 하나님은 자신이 이스라엘에게 걷는 법을 가르치고, 그들을 팔에 안고, 자애로운 아버지처럼 몸을 굽혀 그들을 먹였다고 말씀하신다(호 11:1-4). 그러나 그들은 하나님의 메시지를 거부했고 그래서 하나님은 비탄에 잠겨 분노하시며 그들을 다시 포로로 보내실 것이라고 경고하셨다(11:5-7)!

그러나 이 구절에서 심판을 선포하시는 와중에 하나님의 음성이 변한다. "내 백성아, 내가 어찌 너를 이와 같이 벌할 수 있겠느냐?"라고 하나님은 외치신다. "내가 어찌 너를 아드마와 스보임 같이 다루겠느냐?"(11:8). 아드마와 스보임은 하나님이 소돔을 멸하실 때 쓰러뜨리고 불태우신 두 성읍을 가리킨다(신 29:23). 도리어 하나님은 이렇게 말씀하신다. "내 마음이 내 속에서 돌이키어 나의 긍휼이 온전히 불붙듯 하도다"(호 11:8). 하나님은 이렇게 말씀하고 계신다. "내 백성아, 내가 네 대신 심판을 받을 수 있다면 내가 받겠다." 그러고 나서 하나님은 자기 백성을 용서하셨다(11:9-11). 이분이 바로 십자가의 하나님이다.

하나님의 최고의 자기계시

성경에서 어떤 주제는 다른 주제보다 더 핵심적이다(예를 들어 마 23:23-24에서 바리새인들은 성경의 "더 중한 바"를 무시했다). 하나님이 어떻게 자신의 성품을 계시하는지에 있어서도 똑같은 원리가 적용된다. 하나님의 모든 계시가 다 중요하지만, 하나님의 계시 중에는 다른 계시들보다 더 분명한 부분들도 있다.

요한은 특별한 방식으로 하나님의 성품에 대해 가르쳐준다. 요한은 우리에게 예수님을 보라고 말한다. 예수님의 한 제자가 예수님이 성부의 성품을 완벽하게 계시하신다는 사실을 깨닫지 못하자, 예수님은 이렇게 대답하신다. "나를 본 자는 아버지를 보았다."(요 14:9). 실제로 요한복음 서론도 이 점을 소개한다. 예수님은 육신이 되신 하나님의 "말씀"이다.

하나님은 기록된 말씀 속에서 자신에 대해 계시하신 모든 것을 육신이 된 말씀 속에서 훨씬 더 충분히 계시하셨다. 유대인들은 하나님이 성경에서 자신을 계시하셨다는 사실을 인식했고, 요한의 독자들을 그들의 성회에서 쫓아낸 회당 지도자들은 확실히 자신들이 그리스도인들보다 성경을 더 잘 알고 있다고 믿었다(비교. 요 5:39; 9:28-29). 그러나 요한은 우리가 성경에서 접하는 바로 그 하나님의 말씀이 나사렛 예수라는 분을 통해 인간 역사 속에 들어왔다고 주장한다. 요한은 그렇게 해서 하나님의 법에 대한 자신들의 열심을 강조한 그리스도인의 대적자들의 주장을 반박한다. 하나님의 법을 안다고 주장하지만 예수님을 거부하는 자들은 말씀 그 자체의 참된 메시지를 거부한 것이다(5:45-47).

요한은 구약에 나오는 시내산 위의 모세 이야기를 암시함으로써 예수님이 어떻게 하나님의 성품을 계시하셨는지를 보여준다. 말씀이신 예수님은 언제나 성부 곁에 계셨고(1:1-13), 그러다 마침내 하나님의 말씀이 육신이 되어 선포하셨다(1:14). 그리고 예수님은 우리 중 하나가 되셔서 우리의 인성과 우리의 죽어야 할 운명을 받아들이셨다. 그렇게 해서 예수님은 "은혜와 진리가 충만"한 아버지의 영광(11:4), 곧 우리가 그리스도를 영접할 때 우리 모두가 받는 은혜와 진리의 충만함을 계시하셨다(1:16; 비교. 1:12-13).

하나님은 모세에게 자신의 마음을 보여주셨다

요한은 예수님의 영광이 "은혜와 진리가 충만"했다고 말함으로써 우리에게 하나님의 마음에 대해 말해준다. 요한은 모세가 하나님의 율법을 받기 위해 두 번째로 시내산에 오른 일을 암시한다. 하나님은 모세에게 자신이 이스라엘 백성으로 인해 화가 나서 더 이상 그들 가운데 거하기를 원치 않는다고 말씀하셨지만, 또한 모세는 자신의 친구라고 말씀하셨다(출 33:3, 17). 모세는 이렇게 간청했다. "내가 주의 친구라면 이것을 요청하리이다. 원하건대 주의 영광을 내게 보이소서"(출 33:18). 그러자 하나님은 비록 자신의 충만한 영광은 모세가 감당하기 힘들겠지만—아무도 하나님을 보고 살 수 없다—자신의 영광의 일부를 모세에게 드러내시겠다고 설명하셨다(출 33:19-23). 그리고 하나님은 모세 앞으로 지나가시며 그에게 자신의 영광의 일부를 보여주셨다(출 34:5-7). 그러나 하나님이 그의 종에게 보여주신 것은 (비록 모세의 얼굴을 빛나도록 하기에 충분한 "불꽃놀이"도 있었지만) 단지 어떤 우주적인 불꽃놀이의 장관이 아니었다. 하나님은 자신의 성품, 자신의 마음을 모세에게 드러내셨다. 하나님은 자신의 "선함"을 모세 앞으로 지나가게 하셨다(출 33:19).

하나님은 모세 앞으로 지나가시며 이렇게 선포하셨다. "여호와라, 여호와라, 자비롭고 은혜롭고 노하기를 더디하고 인자와 진실이 많은 하나님이라. 인자를 천대까지 베풀며 악과 과실과 죄를 용서하리라. 그러나 벌을 면제하지는 아니하고 아버지의 악행을 자손 삼사 대까지 보응하리라"(출 34:6-7. 출 20:5-6; 신 7:9-10도 보라). 다시 말해서 하나님의 영광은 "언약적 사랑과 언약적 신실함으로 가득한" 것으로 요약되었는데, 이 말은 히브리어에서 그리스어로, 그리스어에서 영어로 "은혜와 진리가 충만한"이라는 말로 번역될 수 있다. "은혜"란 우리가 어떤 존재이기 때문이 아니라 하나님이 바로 그런 분이시기 때문에 우리를 받아들이신다는 것을 의미한다. 이 문맥에서 "진실"에 해당하는 히브리어 단어는 하나님의 올곧음(integrity), 곧 하나님 자신의 성품과 하나님이 언약 속에서 맺으신 약속에 대한 변치않는 신실하심을 의미한다. 하나님이 계시를 끝내셨을 때 모세는 하나님의 성품에 대한 더 깊어진 이해에 따라 행동하며, 또다시 하나님께 이스라엘을 용서하시고 그들 가운데 거해 달라고 간청했다(출 34:8-9). 그리고 은혜롭고 자비로운 분이신 하나님은 모세의 간청에 동의하셨다(출 34:10).

하나님은 예수님의 고난에서 우리에게 자신의 마음을 보여주셨다

약 13세기 뒤에 하나님은 다시 "은혜와 진리가 충만"한 자신의 말씀을 계시하셨다. 그러나 이번에는 (모세에게 계시되었던) 하나님의 영광의 일부보다 더 많이 계시되었다. 이번에는 말씀이 육신이 되었고, 그분 안에서 계시된 은혜와 진리는 모세 율법에서의 부분적인 계시와는 달리 완전했다(요 1:17). 어느 때든 하나님을 본 사람이 없었지만, 성부와 가장 친밀한 관계에 있는 독생자 하나님이 온 세상이 볼 수 있도록 하나님의 성품과 본성을 상세히 설명하셨다(1:18). "우리가 그의 영광을 보니"라고 말할 수 있었던 예수님의 증인들은 모세가 부분적으로 본 것을 온전히 보았다. 지상에서 예수님과 동행한 이들뿐만 아니라,

그 이후에 복음 안에서 하나님의 성품을 이해하고 하나님의 영광을 알게 된 사람들에게도 똑같은 원리가 적용된다(고후 3:2-18).

그러나 예수님이 다시 오실 때는 어느 정도의 불꽃놀이를 기대할 수도 있겠지만, 예수님의 초림 때는 아무런 불꽃놀이도 없었다. 하나님의 말씀은 숨겨진 방식으로 찾아왔고, 미리 하나님의 성품을 어느 정도 알고 있었던 이들에게만 인식되었다(예를 들어 요 1:47-51). 예수님은 다양한 표징을 통해 자신의 영광을 드러내셨는데, 때로는 소수의 사람들에게만 그렇게 하셨다(2:11). 그러나 예수님의 은혜롭고 진리로 충만한 영광에 대한 최고의 계시는 예수님이 우리의 본성과 완전히 같아지셨다는 사실의 궁극적인 표현인 그분의 죽음이었다. 하나님은 예수님의 대적자들이 십자가에 예수님을 "들어 올렸을" 때 예수님을 "영화롭게" 하셨다(12:23-24, 32-33). 우리는 우리 주 예수님께 가시관을 씌웠고 십자가에서 그분을 "유대인의 왕"의 자리에 앉혔지만, 하나님은 예수님의 희생으로 그분을 창조의 주로 간주하셨고 예수님을 위해 하나님 우편의 보좌를 남겨놓으셨다. 우리의 궁극적인 반역 행위로서 우리가 하나님의 면전에서 주먹을 휘두르며 우리의 창조주에 대한 증오를 표출했을 때, 우리가 예수님의 손목에 못을 박았을 때, 하나님의 사자는 우리를 향한 하나님의 사랑의 궁극적인 증거를 제시하셨다. "하나님이 세상을 이처럼 사랑하사 독생자를 주셨으니 이는 그를 믿는 자마다 멸망하지 않고 영생을 얻게 하려 하심이라"(요 3:16).

하나님은 역사를 통틀어 자신의 영광을 계시하셨지만, 하나님의 영광의 궁극적 표현, 곧 하나님의 은혜와 진리의 최고의 계시는 십자가에서 나타났다. 하나님의 마음을 알고 싶은가? 요한은 우리가 그 사랑을 발견하려면 십자가를 봐야 한다고 말한다. 바울도 우리에게 바로 이 사실을 알려준다. 우리가 아직 죄인이었고 하나님의 원수였을 때, 하나님은 예수님을 보내셔서 우리를 위해 죽게 하심으로써 우리를 향한 자신의 사랑을 입증하셨다(롬 5:6-8). 이제 "우리에게 주신 성령으로 말미암아 하나님의 사랑이 우리 마음에 부은 바" 되었다(롬 5:5. 엡 3:16-19도 보라). 이는 이 문맥에서 성령이 우리 마음속에 들어와 이제 십자가를 가리키시며 우리에게 "보라! 내가 너를 사랑한다! 내가 너를 사랑한다! 내가 너를 사랑한다"라고 거듭해서 보증하시는 것을 의미하는 경험이다.

학대당한 아이에게, 버려진 배우자에게, 일에 중독되고도 인정받지 못하는 목사에게, 이 세상의 다른 모든 상처 입은 사람들에게, 예수님은 하나님의 마음을 선언하신다. 세상을 정죄하기 위해서가 아니라 세상을 죄에서 구원하시기 위해 자기 아들을 보내신 분의 음성을 들을 때, 우리는 진실로 하나님의 영의 음성을 듣게 된다. 우리는 때로는 하나님의 일을 하는 데 사로잡혀서, 잠시 멈추어 우리를 향한 사랑을 재확인하시는 하나님의 음성을 듣고 우리가 진실로 하나님의 자녀임을 상기시키시는 성령의 음성 듣기를 잊어버릴 수 있다(롬 8:16; 요일 3:24; 4:13; 5:6-8). 그러나 일단 기도하는 가운데 하나님의 사랑의 부드러운 손길을 경험하고 나면, 우리는 하나님과 친밀하게 동행할 때만 만족하게 된다.

하나님의 음성을 인식하려면, 우선 하나님이 이미 계시하신 하나님의 성품을 가급적 최대한 잘 이해해야 한다. 즉 하나님이 하실 말씀에 귀 기울이기 전에, 하나님이 이미 하신 말씀에 주의를 기울여야 한다. 성령님께 귀 기울인다는 것은 성경의 하나님, 십자가의 하나님께 귀 기울이는 것을 의미한다.

성령과 예수님의 임재

하나님이 얼마든지 우리와 함께 계실 수 있음을 깨닫는 것이 하나님을 알아가는 데 있어 중요한 단계 중 하나다. 하나님의 음성을 듣는 법을 배우는 데 있어, 그러한 깨달음은 우리가 이미 하나님의 임재 안에 있다는 사실을 믿음으로 받아들이는 데 도움이 된다. 젊었을 때 나는 한 시간 동안 "계속 기도"해야 하나님의 임재 속에 들어갈 수 있다고 생각했다. 그러나 시간을 책임 있게 사용할 필요성을 더 많이 의식하게 된 뒤로, 나는 내가 더욱 사랑하게 된 하나님과의 친밀한 교제에 사용할 수도 있었던 많은 시간을 낭비했음을 깨달았다.

하나님의 임재를 "느껴야" 하나님이 우리와 함께 계신다고 믿는다면, 우리는 또다시 하나님을 우리가 이해할 수 있는 범위로 축소시키고, 하나님을 하나님으로 인정하는 대신 우상으로 만들어버린다. 이제 나는 종종 하나님의 위엄과 사랑과 성품에 대한 생각으로 압도되기도 하지만, 보통은 (상태가 나을 때는) 하나님과 나와의 관계를 측정하기 위해 그 느낌을 추구하거나 이용하지 않는다. 내가 하나님이 임재하신다고 믿기 전에 어떤 느낌을 기다릴 때에는 흔히 좌절감만 느꼈다. 믿음이 느낌보다 앞서야 한다. 느낌이 아닌 하나님 자신이 우리가 추구하는 대상이 되어야 한다.

하나님의 보좌로 나아가기

히브리서 저자는 우리에게 하나님의 은혜의 보좌 앞에 담대히 나아가도록 요청하며(히 4:16), 바울은 우리에게 그리스도가 하나님께 나아갈 완벽한 길을 제공하셨다는 점을 상기시키는데 그 일은 우리가 스스로 성취할 수 없었던 일이다(롬 5:2; 엡 2:18). 요한복음도 하나님의 음성을 듣는 법을 배우는 데 있어 이 단계에 대한 유용한 접근 방법을 제공한다.

요한은 우리가 이미 하나님의 임재 안에 있으므로 언제든 친밀하게 하나님께로 나아갈 수 있다는 사실을 알려준다(요 14:16-23; 15:1-11). 우리와 하나님과의 관계는 은혜로 말미암으며(빌 3:9-10), 따라서 우리는 믿음으로 은혜를 힘입어 행동한다. 불순종이 우리와 하나님과의 관계를 방해할 수 있다는 것은 사실이다(요 14:23-24). 분명 하나님은 고의로 불순종의 삶을 사는 이들에게는 헛되이 말씀하시지 않는다. 그러나 십자가 위에서 예수님이 이루신 승리는 우리를 죄의 결과와 능력에서 해방시켰다. 우리는 우리의 삶이 하나님의 능력을 얻기에 충분할 만큼 거룩해질 때까지 기다리는 것이 아니라, 하나님의 은혜로운 능력을 활용함으로써 시험을 이긴다(겔 36:27). 우리는 우리와 함께하시는 하나님의 지속적인 임재를 인정하는 방법도 동일한 방식으로 배운다.

많은 처소

예수님은 자신이 이 땅을 떠나신 뒤에도 제자들과 계속 함께 계시겠다고 약속하신다. 예수님은 우리를 위한 자신의 다가오는 죽음을 신자들이 따라야 할 사랑의 새로운 기준으로 사용하신 뒤에(요 13:31-38), 불가피한 그다음 주제, 즉 자신이 떠나가야 한다는 주제를 다루신다. 그러나 예수님은 불안해 하는 제자들에게 자신은 아버지께로 떠나가지만 다시 그들에게로 돌아올 것이라고 확신시키신다(14:3, 18, 23).

우리는 종종 요한복음 14장의 처음 몇 줄을 예수님의 재림에 대한 약속으로 읽는다. 예수님이 요한복음의 다른 구절들에서 재림을 약속하시기는 하지만, 그러나 아마도 요한복음 14:2-3의 약속이 의미하는 바는 재림이 아닐 것이다. 이 구절에서 예수님은 제자들에게 자신이 하늘에 있는 많은 거처 가운데에서 그들을 위한 처소를 준비하기 위해 아버지의 집으로 갈 것이라고 확신 시키신다(14:2; 흠정역의 "맨션"은 라틴어 불가타 역에 바탕을 둔 오역이다). 예수님은 자신이 그들에게로 돌아올 것이며 그들이 아버지의 집에서 영원히 자신과 함께 있게 될 것이라고 약속하신다. 우리가 예수님이 무슨 말씀을 하고 계신지 잘 모른다 하더라도 이는 놀랄 일이 아니다. 예수님의 원래 제자들도 혼란스러워했기 때문이다(14:5)! 그러나 전후 문맥이 예수님의 요점을 밝혀준다.

첫째, 예수님은 자신의 다시 오심이 무엇을 의미하는지 설명하신다. 이 문맥에서 예수님은 부활 뒤에 제자들에게 오실 것임을 의미하신다(14:16-20; 16:16, 20-22). 그때 예수님은 그들에게 자신의 영을 주실 터인데, 그 영을 통해 그들은 예수님의 임재와 부활의 생명을 경험할 것이다(14:16-17, 19; 20:22). 둘째, 예수님은 아버지의 집에 거할 "처소"가 무엇을 의미하는지 설명하신다. 그것은 곧 우리가 현재 하나님의 임재 속에 거하는 것이다. 내가 여기서 "처소"(dwellings)로 번역한 명사는 신약 전체에서 단 한 번만 더 등장한다. 즉 이 구절 뒤에 예수님이 제자들에게 처소에 대해 주신 정보를 부연 설명하시는 곳에 등장한다. 예수님과 성부는 성령을 통해 제자들 각 사람 안에 오셔서 처소를 마련하시고(14:23), 이를 통해 그들을 주님의 성전(아버지의 집)으로 만드실 것이다. 처소의 동사 형태인 **거하다**(dwell) 또는 **살다**(abide)라는 말이 요한복음 15장에 여러 번 등장하는데, 이 장에서 예수님은 자신이 우리와 함께 거하시고 또 우리가 자신과 함께 거하는 것에 대해 말씀하신다(15:4-7, 9-10).

예수님은 자신이 어디로 가시는지, 또 어떻게 그곳에 가시는지를 그들도 이미 알고 있다고 말씀하시는데, 이에 어리둥절해진 한 제자는 이렇게 항의했다. "주여, 주께서 **어디로** 가시는지 우리가 알지 못하거늘 그 길을 어찌 알겠사옵나이까?" 예수님은 자신은 아버지가 계신 곳에 가신다고 대답하셨는데, 곧 예수님 자신이 제자들이 그곳에 이르는 길이었다(14:6. 16:28도 보라). 그러나 제자들은 **언제** 예수님을 통해 아버지께 이르는가?

요한복음 14:6은 구원에 대해 말하고 있다. 우리는 예수님을 믿는 신자가 될 때 예수님을 통해 아버지께로 간다. 이것이 사실이라면, 예수님이 그 전에 14:2-3에서 하신 말씀도 회심 때 시작되는 어떤 관계에 대해 말하고 있는 것이 분명하다. 예수님을 통해 아버지께로 갈

때, 우리는 예수님이 우리에게 주신 성령으로 말미암아 그분의 처소가 된다. 만일 요한복음 14:6이 구원을 가리킨다면(실제로 그렇다), 그것이 대답해주는 질문(주께서 어디로 가시는지 우리가 어떻게 압니까?)이 단지 우리가 미래에 기대하는 예수님의 재림만을 가리킬 리는 없다.

하나님이 우리 안에서 사신다

그러나 요한복음 14:2-3에 대한 내 논증을 거부하는 사람이 있더라도, 나머지 전후 문맥(14:16-17, 23, 26)은 하나님이 우리 안에서 사시기 위해 오신다는 점을 강조한다. 제자들의 발을 씻기시고 우리의 죄를 위해 십자가에서 죽으신 예수님은 지금 당신이 이 책을 읽고 있을 때 당신과 함께 계시는 바로 그 예수님이다. 당신은 언제나 그분의 임재 안에 있으며, 그분은 당신이 그분의 임재를 믿을 때 기뻐하신다.

하나님의 지속적인 임재와 생명을 주는 능력의 부여는 신약성경에서 중요한 요소이지만, 요한 당시의 어떤 사람들에게는 충격을 주었을 것이다. 이 시기의 유대인들은 하나님이 자신의 영을 통해 자기 백성을 정결케 하시거나 어떤 이들에게 자신을 대신하여 말할 수 있는 권능을 부여하신다고 말했다. 그러나 성령을 경험한 최초의 그리스도인들은 그들 안에서 사시는 성령이 그 이상의 무언가를 의미한다는 사실을 깨달았다. 그것은 하나님 자신이 그들 속에 살고 계시며, 그들이 곧 하나님의 거룩한 성전임을 의미했다(고전 3:16; 엡 2:22; 벧전 2:5. 요 14:2에 나오는 "아버지의 집"을 요 2:16과 비교하라). 정도는 다르지만, 이 경험은 예수님이 오시기 이전에도 성경적 선례가 있었다(창

41:38; 민 27:18; 벧전 1:11; 비교. 단 4:8-9, 18; 5:11, 14; 벧전 4:14).

하나님은 우리를 지옥에서 구출하기를 원하셨을 뿐만 아니라, 우리를 죄에서 깨끗케 하기를 원하셨다. 그리고 하나님은 우리를 죄에서 구원하기를 원하셨을 뿐만 아니라, 우리의 집을 정결케 하신 다음에는 그 안에서 우리와 함께 살기를 원하신다. 사해 사본의 저자들과 같은 일부 유대인들은 이미 자신들의 공동체를 하나님을 위한 새로운 성전으로 보았지만, 초기 그리스도인들은 이를 능가했다. 그들은 교회뿐만 아니라 신자 각각을 성전으로 간주하면서(고전 6:19), 성령이 각 신자의 마음속에 지속적으로 거하시며 그들 각각에게 하나님과의 지속적이고 친밀한 교제를 제공한다는 사실을 깨달았다(엡 3:17-19). 예수님이 돌아오셔서 이전보다 더 깊고 더 친밀하게 우리들 각자와 함께 계실 수 있도록 그분이 이곳을 떠나시는 것이 우리에게는 더 나은 일이었다(요 16:7, 12-15). 우리를 위한 하나님의 큰 사랑이 얼마나 놀라운가!

성령은 우리를 하나님의 성전으로 삼으신 뒤에는, 우리에게 예배할 준비를 갖추게 하신다. 전도를 제외한다면 예배는 다른 어떤 활동보다 우리가 하나님의 영광에 초점을 맞추도록 도움을 준다. 그렇게 함으로써 예배는 우리가 그 마음을 알고 싶은 바로 그분께 주의를 집중하도록 요청한다. 예배는 우리가 하나님에 **대해** 아는 것을 하나님**과의** 역동적인 대화로 전환할 수 있도록 해준다.

성령의 능력을 받은 예배

나는 어느 교회의 예배에 대한 놀라운 소식을 들었다. 물론 나는 그곳에 나타난 하나님의 임재가 내가 이미 알고 있던 하나님의 임재와 다르지 않으리라는 사실을 알고 있었다. 참되신 하나님 한 분만 존재한다. 그러나 나는 때로는 하나님의 무한한 성품의 특정한 측면을 더 잘 알고 있는 사람들이 있으며, 때로는 그들의 예배의 강도 및 그들의 예배에 대한 하나님의 은혜로운 응답의 강도가 그곳에 오는 다른 이들에게 영향을 끼칠 수 있다는 점도 깨달았다(극적인 한 예를 보려면 삼상 19:20-24를 보라). 하나님은 성경에 나오는 하나님의 성품과 선포하신 목적에 있어 일관성이 있지만, 하나님에 대한 우리의 유한한 이해나 우리가 생각하는 하나님의 일하시는 방식에 제한받지 않으신다.

그 도시를 방문했을 때 나는 바로 그 교회에서 예배드렸지만, 예배의 처음 한 시간 정도는 그 예배가 평범한 예배에 지나지 않는다고 생각했다. 2천 명의 젊은이들이 열정적으로 춤추고 소리치며 예수님께 찬양을 드렸지만, 내가 앉아 있는 위치 때문에 나는 가사를 알아들을 수 없었고 그래서 그들과 함께 노래할 수 없었다. 나는 다른 사람들이 예배드리는 모습을 보러 온 것이 아니라 예배드리러 왔는데, 30대인 나 자신은 이미 늙어서 청춘의 발랄함과 접촉할 수 없다는 서글픈 생각을 하기 시작했다. 나는 그 시간의 대부분을 주님 앞에서 내 마음을 살피면서 보냈다. 나는 다른 모든 이들과 너무나 다르게 예배드리는 것처럼 보였다. 내게 무슨 잘못된 것이 있었는가? 그러나 잠시 후 침묵의 순간이 이 국제적인 회중을 휩쓸고 갔을 때, 그 침묵 속에서 나는 하나님의 깊은 긍휼과 사랑을 느꼈다. 나는 조용히 방언으로 노래하기 시작했고 다른 몇 사람들도 그렇게 했다. 곧 대부분의 예배자들이 방언으로, 또는 자연스럽게 자신들의 언어로 노래하기 시작했다.

바로 그때 나는 하나님의 영이 내 마음 속에서 말씀하시는 것을 느꼈다. 그분은 자신이 우리 각 사람을 독특하고 서로 다르게 창조하셨다고 말씀하셨다. 물론 나는 그 사실을 이미 알고 있었다. 우리의 DNA 기호는 눈송이보다 훨씬 더 다양하다. 그러나 무언가를 마음 속으로 아는 것과 그것을 자신의 상황에 적용하는 것은 별개 문제다. 나는 하나님이 우리 각자를 독특하게 창조하셨기 때문에 우리 각자의 예배가 그분께는 특별하다고 말씀하신다고 느꼈다. 그 자리에 일만 명이 있었다 하더라도 내 예배는 하나님께 중요했다. 오직 나만이, 하나님이 나더러 하나님께 드리라고 하시는 예배를 드릴 수 있었다. 나는 나 자신을 따분한 학자로 볼 수도 있겠지만, 하나님은 나를 영원토록 자신을 예배할 그분의 자녀로 보셨다. 나는 하나님의 은혜와 자비에 완전히 압도되어 무릎을 꿇고 울었다.

사도행전은 성령의 권능을 받은 **전도**의 특성을 드러낸다. 바울의 편지들은 종종 성령의 권능을 받은 **행동**의 중요성에 초점을 맞춘다. 그러나 또한 성경은 우리에게 성령의 권능을 받은 **예배**에 대해서도 가르쳐준다. 하나님은 우리가 우리의 필요를 그분께로 가져오고, 우리가 그분께 의지하고 있음을 표현하기를 원하신다. 그러나 훨씬 더 친밀한 형태의 예배에서, 우리는 하나님 앞에 잠시 멈추고 그분에게서 우리가 필요로 하는 것이 아닌 하나님의 영광에 초점을 맞춘다. 예배가 없어도 우리는 기록된 하나님이 어떤 분인지 기억할 수 있겠지만, 그것을 하나님과의 관계 속에서 경험할 수 있는 만큼 충분히 경험하지는 못할 것이다. 하나님은 우리가 이런 식으로 하나님에 대한 우리의 사랑을 드러내기 때문에, 또한 우리가 하나님을 예배해야 한다는 것을 아시기 때문에, 우리의 예배를 갈망하신다. 우리의 마음은 예배 속에서 가장 완전하게 하나님의 참모습을 받아들이고, 하나님을 경배하며, 하나님의 마음의 길을 발견할 수 있다.

예배에 대한 성경의 예

성령은 예배에 어떻게 관여하시는가? 성령은 하나님의 백성들이 하나님을 충분히 찬양할 수 있도록 구약의 시편에 영감을 주셨다. 사실 성경은 종종 예배와 예언적 영감 사이의 상호작용을 기록하고 있다 (예를 들어 출 15:20-21; 삼상 10:5; 왕하 3:15; 합 3:19). 다윗 자신이 성막에 질서정연하지만 예언적인 영감을 받은 예배 인도자들을 세웠다(대상 25:1-7). 많은 시편들이 이러한 성령의 영감을 받은 예배에서 비롯되었고(대하 29:30), 거기서 영속화되었다(느 12:45-46). 하나님의 선하심에 대한 경배의 찬양은 구약에서 하나님의 모든 백성에게 필수적이었고(대상 6:31-32; 15:16, 28-29; 16:4-6; 23:27, 30; 대하 31:2; 느 12:24, 27, 36, 43을 보라), 이스라엘 역사에서 주요 부흥은 예배의 부흥을 동반했다(대하 8:14; 20:20-22; 29:25; 스 3:10-11).

하나님의 영이 구약의 예배에서 하나님의 백성에게 권능을 부여했다면, 확실히 하나님은 성령이 직접 인도하시는 예배를 받으시기에 합당하다. 사실 성경은 신자의 특징을 단지 (사마리아나 예루살렘에 있는 성전과 같은) 전통적인 성전에서, 또는 (할례와 같은) 전통적인 의식(ritual) 속에서가 아니라 "성령 안에서" 예배 드리는 사람으로 묘사한다(요 4:24; 빌 3:3 문맥).

성경에 나오는 예배의 대부분은 찬양과 관련되며, 찬양은 지성뿐만 아니라 감정(과 우리의 몸)과도 관련된다. 우리는 우리의 전인격으로 하나님을 알고 그분을 찬미해야 한다. 너무도 많은 그리스도인들이 지성으로 하나님을 섬기는 일을 경시하는 반면, 지성만 계발하고 예배의 감정적 측면을 무시하는 이들도 있다. 성령을 안다는 것은 성령에 대한 사실을 아는 것 그 이상을 의미한다. 시편을 살펴보기만 해도 하나님이 지성적인 면뿐만 아니라, 우리 인격의 정서적인 측면도 다루신다는 사실을 깨달을 수 있다. 시편은 기쁨(100회 이상), 외침(20회 이상), 심지어 춤까지 강조한다.[3] 물론 성격과 문화가 다르면 감정의 표현 방식도 달라지고, 환경이 달라지면 우리의 마음에서 나오는 반응도 달라질 수 있다(약 5:13). 그러나 성령을 안다는 것은 성령과의 개인적이고 친밀한 관계를 추구하는 것을 의미하며, 그 관계는 지성, 감정, 헌신을 포함한다.

---

3   더 자세한 설명은 내 책 Craig Keener, *Revelation*, NIV Application Commentary (Grand Rapids: Zondervan, 2000, 『요한계시록-NIV적용주석』, 솔로몬 역간), 196-97을 보라; 같은 책, 179-81을 참고하라.

예배의 성경적 의미

때로는 이러한 요소들이 우리의 관심을 하나님께 집중시키는 데 도움이 될 수도 있지만, 예배는 단순히 노래의 리듬을 즐기거나 감정적인 느낌을 경험하거나 어떤 예전(liturgy)을 이해하는 것이 아니다. 예배는 그 표현에 합당한 분을 인식하지도 못한 채 입에 발린 말을 반복해서 늘어놓는 것도 아니다. 시편 저자가 "할렐루야"("주를 찬양하라")라고 외칠 때, 이는 히브리어의 강한 명령법이다. 즉 그것은 성전의 예배 인도자들이 예배하러 온 백성들에게 발하는 급박하고 강한 명령이다. 그것은 예배 자체라기보다는 예배하라는 요청이다! 그러나 우리는 우리 자신이나 다른 사람들에게 예배를 촉구할 때에도 우리의 마음을 하나님께로 돌리기 시작할 수 있다.

예배는 하나님께 합당한 영예를 돌리는 것과 관련이 있다. 예배는 궁극적인 신앙 행위로서, 우리는 예배에서 하나님의 위대하심을 하나님께 직접 인정한다. 하나님은 종종 자기 백성들을 위해 행동하심으로써 그런 참된 예배와 믿음에 응답하셨다(예를 들어 대하 20:20-24). 우리는 하나님을 영화롭게 하고 그분으로 하여금 오늘날에도 우리 가운데서 자신의 능력을 나타내시게 할 필요가 있다. 왕 같은 제사장(벧전 2:5, 9; 계 1:6)인 우리는 황소와 염소로 드리는 제사보다 더 의미 있는 제사를 드리고, 우리의 입술과 마음을 드려 하나님을 높여야 한다.

비록 사람들이 우리의 사역에 대해 항상 반응을 보이는 것은 아니지만, 우리는 이 세상에서 모든 문화권의 사람들로 하여금 그리스도의 이름을 높이게 하는 사명을 띠고 있다(계 5:9-10). 그러나 영원의 이쪽 세상에서 눈에 보이는 결과가 어떻든 간에, 우리의 수고 자체가 하나님을 영화롭게 함으로써 우리의 사명의 일부를 성취한다. 하나님은 우리의 입술과 삶으로 하나님께 영광을 돌리도록 우리를 창조하셨지만, 하나님은 너무나 크신 분이기 때문에 우리 안에서 역사하시는 하나님의 영만이 하나님의 위엄에 합당한 진실하고 진정한 찬양을 불러일으킬 수 있다.

초기 그리스도인들은 성령이 자신들에게 하나님의 모든 피조물보다 더 크신 하나님께 합당한 찬양을 드릴 수 있는 능력을 주셔야 한다는 사실을 깨달았다. 앞에서 언급했듯이, 그들은 성령 안에서 드리는 예배에 대해 말했다(요 4:24; 빌 3:3. 엡 6:18; 유 20도 보라). 어떤 구절들은 성령의 인도하심을 받는 초기 그리스도인들의 예배를 엿보게 해 주는데, 그러한 예배는 명백히 노래를 포함했고 때로는 예배자들조차 알지 못하는 방언으로 노래하는 일도 포함했다(고전 14:13-15. 엡 5:18-20을 비교하라). 하나님은 오늘날에도 구약 시대나 초기 교회 시대보다 결코 작지 않은 분이며, 성령의 능력으로 힘입은 찬양을 받으실 가치가 덜하지도 않은 분이시다. 우리는 오늘날 하나님께 드리는 예배를 위해 성령의 임재와 그분의 능력 주심을 추구해야 한다. 하나님은 무엇보다도 하나님의 영광을 갈망하는 진실하고 겸손한 마음 가까이에 거하시기 때문이다. 우리가 다 똑같은 방식으로 우리의 예배를 표현할 필요는 없지만, 하나님은 우리가 진지하게 그분의 영광을 원하는 가운데 하나님을 예배하기를 원하신다. 우리는 우리의 마음을 하나님께로 향하도록 그분께 간구하고 그분을 신뢰해야 한다.

미래의 맛보기로서의 예배

지상의 어떤 성전도 하나님의 영광을 품을 수 없다(왕상 8:27; 대하 2:6; 6:18). 유한한 피조물인 우리가 바치는 어떤 제사도 영원하고 무한한 우주의 창조자께 합당한 제사일 수는 없다. 그러나 솔로몬과 이스라엘이 결연히 하나님께 그들의 최선을 바쳤을 때(그리고 그것은 상당히 많은 제물이었다[왕상 8:5, 63]), 하나님은 거기서 그들을 만나셨다. 하나님은 이전에 성막에 대해 그렇게 하셨던 것처럼(출 40:34-35), 지상에 있는 하나님의 집을 영광으로 가득 채우셨다. 그렇게 하심으로써 하나님은 예배자들에 대한 자신의 사랑을 확인하셨다. 오늘날도 그때와 같이 우리가 바쳐야 할 가장 큰 열심을 내서 하나님께 나오기만 하면, 하나님은 여전히 우리를 만나시고 우리의 유한한 부분을 채우고 싶어하신다.

우리는 하나님의 확인의 강도를 과소평가하지 않도록, 제사장들이 하나님의 영광 때문에 성전에서 섬길 수 없었다는 사실에 주목해야 한다(왕상 8:10-11; 출 40:35; 겔 44:4; 학 2:7을 비교하라). 그러나 구약에서 하나님의 영광이 이 땅에 있는 예배당을 가득 채웠지만, 하나님은 언젠가 더 큰 영광이 있을 것이라고 약속하신다. 하나님은 마치 물이 바다를 덮듯이 자신의 영광이 온 땅을 가득 채울 것이라고 선언하신다(합 2:14). 그때에 하나님의 영광의 충만함을 견뎌낼 수 있으려면 "영광의 몸"(고전 15:43; 빌 3:21)이 필요할 수도 있다(계 22:4-5를 비교하라). 우리의 현재 예배에서의 경험은 단지 영원한 예배의 맛보기일 뿐이다. 그러나 우리가 진지하게 그리스도와 함께하는 영원을 사모한다면, 지금 우리가 경험하는 맛보기를 즐겨야 한다.

요한계시록은 예배 장면으로 가득하다. 주님은 오늘날 세상의 여러 지역에 있는 교회들과 매우 비슷한 교회인 소아시아 교회들을 위해 요한에게 이 계시를 주셨다. 이 교회들 가운데 일부는 박해를 겪고 있었던 반면, 그들의 동료 그리스도인들을 박해하고 있는 세상의 체제와 타협하고 있는 교회들도 있었다. 요한이 지상을 묘사하는 장면들은 대부분 유쾌하지 않지만(특히 세상이 짐승에게 경배할 때 벌어지는 성도들에 대한 살육), 하늘을 묘사하는 장면들은 영광스럽다. 성도들과 하늘의 모든 피조물은 하나님께 예배한다.

사실 요한계시록에서 하늘은 성전과 닮았다. 하늘은 성막, 제단, 향로, (솔로몬 성전과 같은) 바다, 나팔 등을 포함하고 있다(계 4:6; 5:8; 6:9; 8:2-6; 11:19; 15:2, 5). 하늘은 예배를 위해 설계된 장소다! 실제로 21:16에 나오는 새 예루살렘은 구약의 지성소와 같은 모양이지만, 하나님의 임재로 나아가는 것이 과거에는 엄격하게 제한되었던 반면 우리는 하나님의 충만한 임재를 영원히 누리게 될 것이다! 소아시아의 일곱 교회가 예배 시간에 이 책을 읽는 소리를 들었을 때, 그 음성은 그들에게 온 하늘과 함께 왕이신 하나님을 예배하는 일에 동참하도록 요구했다. 바로 천상의 관점이 우리로 하여금 현재의 고난과 유혹을 이기게 해준다. 그리고 우리는 현세에서 하나님을 예배할 때 천상의 미래에 가장 가까이 다가간다.

성령은 우리로 하여금 현재 이 미래의 왕국에 참여할 수 있게 하신다. 극심한 고난의 와중에서도 성령은 우리의 미래의 기업, 현재의 시험에서 비롯되는 더 큰 영광을 보증하신다(롬 8:16-18). 구약은 성령의 오심을 다가올 시대와 연결했기 때문에, 구약을 잘 알았던 초기 그리스도인들은 성령이 그들을 미래와 연결하신다는 사실을 잘 이해했다. 그들은 성령이 그 안에 거하시는 이들은 다가오는 시대의 능력을 미리 맛본다는 사실을 인식했다(히 6:4-5). 성령은 우리를 미래에 속한 사람들로 만드시며, 우리로 하여금 자신의 정체성을 세상의 압력이 어떻게 우리를 규정하는가에 의해서가 아니라 그리스도 안에 있는 운명이라는 관점에서 볼 수 있게 하신다(고전 2:12-16).

따라서 바울은 성령을 "첫 열매"라고 부른다(롬 8:23). 첫 열매로 드리는 제사는 다가올 수확의 실제적인 시작을 표시했다(레 23:10). 주님의 재림을 간절히 고대하는 우리는 다가올 추수를 미리 맛본다. 우리는 단순히 먼 미래에 대한 이론적인 소망을 기다리는 것이 아니다. 우리는 이미 다가올 세상의 삶을 경험하기 시작했기 때문에 알고 있는 것을 추호의 의심도 없이 기다린다.

바울은 다른 곳에서 성령을 우리가 미래에 받을 기업의 "계약금" 내지 "증거금"이라고 부른다(고후 1:22; 5:5; 엡 1:13-14). 바울 시대의 사업가들은 이 단어를 미래에 이행할 계약에 대한 첫 불입금 혹은 첫 지불금을 지칭하는 데 사용했다. 하나님은 우리가 받을 상속분의 일부를 지금 우리에게 미리 주셨고, 그래서 우리는 현재 이 시대에 "영원한 생명"인 성령의 생명을 경험할 수 있다(요 3:16, 36). 예수님의 재림을 기다려야 하는 약속들도 있지만, 현재 우리의 삶 속에 나타나는 하나님의 임재와 능력은 우리로 하여금 지상에서 하늘의 백성으로 살아갈 수 있도록 해줄 것이다. 우리가 실제로 이 사실을 깨닫고 믿는다면, 신자와 교회의 삶이 어떻게 혁명적으로 변할지 상상할 수 있는가?

우리는 "뜻이 하늘에서 이루어진 것 같이 땅에서도 이루어지이다"라고 기도할 때, 진심으로 그렇게 기도해야 한나!

결론

성령의 음성을 인지하기를 바란다면, 성령이 우리에게 이미 주신 수단을 계발하는 일부터 시작해야 한다. 즉 하나님이 성경에서 이미 말씀하신 내용을 통해 하나님의 성품을 알아가야 한다. 그런 지식은 성령이 말씀하실 때 우리로 하여금 성령의 참된 음성에 민감하게 반응하게 할 것이다. 또한 하나님이 이미 우리에게 자신의 임재를 주셨다는 사실을 믿음으로 인식해야 한다. 우리는 하나님을 느끼기 전에도 하나님과 관계를 맺기 시작할 수 있다. 마지막으로, 우리는 하나님께 예배드리며 하나님에 대해 알고 있는 것을 우리와 하나님과의 친밀함으로 바꾸어야 한다.

    이러한 기본 원리들은 우리가 성령의 음성을 더 정확하게 듣도록 준비하는 데 도움이 된다. 다음 장에서 하나님의 음성을 듣는 법을 배우는 데 유익할 수 있는 몇 가지 다른 원리와 실제를 자세히 살펴볼 것이다.

2장

성령에 의해 하나님의 마음 듣는 법 배우기

젊은 시절의 어느 날, 나는 특정 주제에 대해 인도해주시기를 열심히 기도하는 중에 성령이 부드럽게 나의 기도에 간섭하시는 것을 느꼈다. 성령이 내가 너무 분주하게 그분의 뜻을 구하고 있다고 말씀하시는 것을 들었다고 생각한 나는 충격을 받았다. 어떻게 그럴 수 있는가? 그때 나는 성령님이 말씀하시는 나머지 음성을 들었다. "이 문제에 대한 내 뜻을 찾지 말고 나 자신을 찾으라. 그러면 내 뜻을 알게 될 것이다." 하나님의 뜻을 구하는 일이 중요하지만 이 경우에는 내 초점이 잘못되었다.

하나님은 종종 구체적으로 인도하신다. 나는 나이지리아의 한 교회에서 설교한 뒤, 과거 그 교회의 예배에 참석하던 케냐 여자를 만나도록 인도받았다고 생각했다. 그녀는 대학생 선교회(CCC)와 관련된 아프리카의 한 선교 단체에서 일하고 있었다. 그 당시 나와 함께 있던 친구는 이전에 대학생 선교회에서 일한 적이 있었는데, 그 친구는 우리에게 그들의 본부에 가보자고 제안했다. 그녀를 만난 우리는 그녀가 다음 날 그 나라를 떠나야 한다는 사실을 알게 되었다. 그녀는 내가 가져온 성경 배경 주석 한 권을 받고서 기뻐했다. 그녀는 내가 그 해 여름에 나이지리아에 있을 때 만난 유일한 케냐 사람이었다.

몇 달 뒤 나는 그녀의 소식을 들었다. 그녀의 약혼자가 그 주석을 보고 놀랐다고 한다. 그는 내가 그 당시 케냐에서 알고 있던 에티오피아의 전도자로서, 몇 년 전에 내가 주석 한 권을 보내 준 적이 있는 사람이었다. 하나님의 손길이 우리 모두를 인도하신 것이 분명했다. 그 밖에도 여러 경우에 하나님은 섭리적으로 내 발걸음을 정하시는 한편 그런 방식으로 인도하셨다.

그러나 우리가 하나님을 섬길 때 그러한 인도가 짜릿하기는 해도, 하나님이 그런 극적인 만남을 준비하지 않으실 때조차도 하나님의 인도하심을 의심해서는 안 된다. 하나님은 종종 우리에게 우리를 향한 자신의 사랑에 대해 말씀하시거나, 우리에게 통찰력을 주시거나, 우리를 책망하기를 원하시는데 그 모든 것이 하나님과 우리의 관계를 증명한다. 하나님이 말씀하실 때마다 하나님이 하시는 말씀에서 무엇을 배우든지, 우리는 하나님에 대해 더 많은 것을 배울 수 있다.

그리스도인들은 때때로 하나님의 음성을 분별하고자 씨름한다

때로는 하나님의 음성 듣기가 다른 때보다 쉬운 때가 있다. 하나님을 대변했고 하나님의 음성을 들었던 엘리야조차 인생의 어느 순간에는 명백히 하나님의 음성을 듣지 못한 채 40일 동안 길을 갔다(왕상 19:7-9). 그러나 엘리야는 하나님의 음성이 하나님의 임재로 인해 생겨난 바람이나 지진 속에 있지 않다는 사실을 인식할 만큼 하나님이 어떤 분이신지에 대해 민감했다(마지막 장을 보라). 그는 계속 기다리다가 하나님이 자신에게 특별한 방식으로 다가오셨을 때 부드러운 속삭임 속에서 하나님의 음성을 들었다(왕상 19:8-13).

성경은 실제적인 방식으로 성령의 음성을 듣는 법을 배울 수 있는 다양한 지침을 제공한다. 성령이 우리의 영과 더불어 우리가 하나님의 자녀임을 증언하시거나(롬 8:16; 요일 3:24; 4:13), 우리가 성경의 인도를 받은 지혜를 통해 성령의 마음을 알게 될 때(롬 8:5; 12:2-3; 고전 2:12-16), 우리는 그분의 음성을 듣고 있음을 안다. 때로는 행동할 필요가 있다는 강력한 느낌이 들기도 한다. 주께서 나를 성경 대학으로 부르셨을 때, 나는 주님의 인도하심을 확신했기 때문에 또 다른 학교에서 제공된 국가 장학금(National Merit Scholarship)을 거절했다. 몇 년 뒤, 나는 하나님이 내가 최소한 일시적으로라도 대서양 중부 연안도시 지역의 한 도시로 이주하기를 원하신다고 확신했다. 나는 하나님의 인도하심을 강하게 확신해서 다른 교직에 대한 인도가 없었음에도 불구하고 노스캐롤라이나주에서의 상근 교직을 내려놓을 준비를 했다. 그런데 우연히 필라델피아의 이스턴 신학교에서 그해의 방문 교수 자리가 났다. 그 뒤 오래지 않아 이스턴 신학교는 전국적으로 물색해 본 뒤에 내가 또 다른 아주 좋은 학교에서 받은 제안에 대한 수락 여부를 알려주어야 할 날에 내게 장기 교수직을 제안했다.

반면 때로는 하나님이 어떤 이유에서 우리를 어떤 자리로 인도하고 계신다고 생각했는데 그곳에 도착해 보니 하나님이 우리의 발걸음을 정하고 계시기는 하지만, 그것이 우리가 예상했던 이유에서가 아니었음을 발견하는 경우가 있다. 그러나 우리가 최선을 다해 하나님을 따른다면 하나님은 신실하게 자신의 목적을 성취하심을 보여주신다. 그리고 우리가 하나님과 친밀한 관계를 맺고 있다면, 인도하신다는 구체적인 의식을 통해서든 하나님이 단순히 우리의 발걸음을 정하심을 통해서든, 궁극적으로 하나님의 안내를 받을 것이다.

특히 애매모호한 상황도 있다. 하나님의 인도를 따라 매우 직접적인 방식으로 적절한 결혼 상대자를 찾는 그리스도인들이 있는 반면, 특별히 특정한 부르심이 관련되어 있을 때 하나님의 인도를 발견하기 어렵다고 생각하는 사람들도 있다. 댈러스 신학교에서 공부하는 한 친구는 내게 왜 자신이 아는 그토록 많은 독신 그리스도인들이 하나님께서 자기에게 누구와 결혼하라고 말씀하셨다고 생각했는데 그 사람이 결국은 다른 사람과 결혼했는지에 관해 논문을 쓸 생각이라고 말했다. 다른 이유가 무엇이건, 매우 헌신된 그리스도인들에게도 우리 자신의 감정 개입으로 인해 그런 영역들이 어려워질 수 있다.

그러나 구체적인 인도하심이 중요하기는 하지만, 하나님을 아는 것의 기초는 하나님으로부터의 구체적인 인도하심을 식별해낼 수 있는 능력이 아니다. 하나님을 아는 것은 단순히 우리 삶의 세부적인 부분에 대한 인도하심을 얻는 것 이상이다.

성령은 우리에게 예수님을 계시하신다

오늘날에는 행동과 직접 관련이 있는 내용을 설교하라는 압력을 많이 받고 있다. 그런 설교와 성경 공부도 중요하지만, 성경을 공부할 때 배우는 가장 중요한 것 중 하나는 하나님과 하나님을 따르는 이들이 맺는 관계의 성격이다. 예수님은 단지 다양한 개념이나 많은 교리들 중 하나가 아니다. 예수님은 우리가 그분을 통해, 그리고 그분을 위해 창조된 우리의 유일한 구주이자 주인이시다.

성령은 우리에게 예수님을 드러내시는 데 있어 열쇠이시며, 성령이 우리에게 드러내시는 예수님은 우리가 성경에서 읽는 바로 그 예수님이다. 사실 성령은 종종 적절한 때에 우리의 마음에 우리를 위해 이미 성경에 영감을 불어넣어 기록하신 내용을 떠오르게 하심으로써 우리에게 예수님에 대해 가르치신다. 성령은 자신의 영감을 낭비하지 않으신다!

성령은 예수님의 사역을 계속하신다

예수님은 제자들에게 자신이 주신 가르침을 성령이 더 자세히 설명해 주실 것이라고 말씀하셨다(요 14:26; 느 9:20; 시 143:10; 잠 1:23을 비교하라). 성령은 그들이 알았던 예수님과 별 관련이 없는 새로운 것들을 만들어내지 않으실 것이다(요일 4:2-6). 요한복음 16장에서 예수님은 성령이 어떻게 예수님의 사명을 계속 수행하실 것인지 설명하신다. (요한은 단지 예수님의 최초의 청중을 위해서만이 아니라 자신의 독자들을 위해 이 약속을 기록했다[요일 2:20, 27을 보라].)

성령은 우리에게 성경에 있는 예수님의 말씀을 상기시키실 뿐만 아니라, 우리와 세상과의 싸움에서 적극적으로 우리를 지지하신다.

요한복음 16:1-11은 박해받는 그리스도인들에게, 하나님이 궁극적인 심판자이시므로 그들을 법정으로 끌고 가는 사람들이 사실은 심판받을 사람들이라고 말함으로써 그들을 격려한다. 하나님의 법정에서 성령은 신자들의 ("위로자", "조언자", "옹호자" 등으로 다양하게 번역되는) 보혜사인데(14:16, 26; 15:26; 16:7), 이 단어는 (요일 2:1에서와 같이) 흔히 "피고측 변호사"를 의미하는 용어였다. 마찬가지로 성령은 우리와 더불어 그리스도에 대한 "증인"으로서 증언하시며(요 15:26-27), 죄와 의와 심판에 관하여 세상을 "기소"(prosecute)하신다(16:8-11).

요한은 우리에게 성령이 예수님을 대신해서 사역하시며 예수님의 임재를 제공하시고 예수님의 사역을 계속하고 계시기 때문에, 예수님은 떠나 가셨지만 여전히 여기 계신다고 말한다. 예수님이 성령께서 세상에서 하실 것이라고 말씀하시는 모든 일(16:8-11)을 예수님 자신이 행하셨다(3:18-19; 8:46; 15:22). 다시 말해서 성령은, 예수님이 2천 년 전에 친히 그렇게 하신 것처럼 성령을 통해 계속해서 세상과 대면하시도록, 성부를 계시하는 예수님의 사명을 계속 수행하신다. 그러나 성령은 진공 속에서 예수님을 계시하지 않으신다. 예수님은 세상을 기소할 성령을 보내실 때 성령을 세상 자체에 직접 보내시는 것이 아니라 우리에게 보내신다(16:7, 성령은 "너희에게", 즉 예수님을 따르는 이들에게 보내진다). 성령은 예수님에 대한 우리의 선포를 통해 계속해서 세상을 예수님과 대면하게 하신다(15:26-27).

예수님의 친한 친구들

우리는 3장에서 그리스도에 대한 우리의 증거를 위한 성령의 능력을 논할 것이다. 그러나 성령은 단지 세상에 예수님을 드러내기 위해서만 오시는 것이 아니다. 구약 시대 예언자들이 먼저 하나님을 잘 알고 나서 하나님을 선포했던 것처럼, 우리의 선포 역시 하나님에 대한 깊고 친밀한 지식으로부터 나와야 한다. 성령은 우리에게 세상에 예수님을 선포할 수 있도록 능력을 주실 뿐만 아니라, 우리 자신과 예수님의 관계를 위해 우리에게 예수님에 대해 증언하신다(16:12-15. 엡 2:18; 3:16도 보라). 성령은 예수님의 것을 가지고 우리에게 그것을 알리셔서, 예수님 자신이 성부를 영화롭게 하셨듯이 예수님을 영화롭게 하실 것이다(요 16:14-15; 7:18, 39; 17:4도 보라). 예수님은 부활 후 제자들에게 돌아오시자마자 그들이 자신과의 관계를 계속해서 발전시킬 수 있도록 그들에게 성령을 주셨다(16:16; 20:20-22).

이 점이 가장 중요한데, 예수님은 성령께서 무엇을 들으시든지 그것을 제자들에게 알리실 것이라고 약속하셨다(16:13). 요한복음을 처음부터 끝까지 읽는 이에게는 이 약속이 이상하리만큼 친숙하게 들릴 것이다. 예수님은 제자들에게 이렇게 말씀하신 적이 있다. "이제부터는 너희를 종이라 하지 아니하리니 종은 주인이 하는 것을 알지 못함이라. 너희를 친구라 하였노니 내가 내 아버지께 들은 것을 다 너희에게 알게 하였음이라"(15:15). 예수님이 우리를 친구라고 부르신 것은 어떤 의미였는가? 고대 지중해 세계에서 살았던 사람들에게 우정은 다양한 의미가 있었지만, 가장 흔히 강조되는 측면은 친밀감이었다.

참된 친구는 서로 은밀한 비밀을 공유할 수 있었다.[1] 하나님이 자신의 친구 아브라함에게 "내가 하려는 것을 아브라함에게 숨기겠느냐?"라고 말씀하신 것처럼 말이다(창 18:17). 모세도 하나님의 친구로서 특별한 방식으로 하나님의 음성을 들을 수 있었다(출 33:11; 신 34:10). 일부 초기 교회 교부들은 성부의 품 안에 계셨던 예수님(요 1:18)이 성부의 비밀을 알고 계셨다고 말했다.

예수님은 하나님의 마음을 제자들에게 공개적으로 알려주셨고 또 하나님의 마음을 "드러내셨다." 여기서 예수님은 성부의 비밀을 자신의 친구들에게 알려주신다고 설명하시며(15:15), 부활 뒤에는 예수님 자신이 부활 전에 그렇게 하셨듯이 성령이 제자들에게 알려주실 것이라고 약속하신다. 고대 철학자들은 참된 친구는 모든 것을 공유한다는 점을 강조했다. 이와 비슷하게, 왕자의 친구들은 흔히 왕의 아들과의 관계 때문에 왕에게서 특혜를 받았다. 예수님은 성부께 속한 모든 것이 자신의 것이고 따라서 자신이 소유한 모든 것은 제자들의 소유가 될 것이라고 설명하셨다(16:14-15). 이 문맥에서 예수님은 특별히 하나님의 진리를 의미했다(16:13). 하나님의 가족들, 하나님의 아들의 친구들은 예수님의 아버지이신 하나님의 마음을 알게 될 것이다.

이 약속은 오늘날의 제자들에게 어떤 의미가 있는가? 이는 예수님

---

1 여기서의 우정에 대한 내 견해의 근거를 보려면 *Dictionary of NT Backgrounds*, ed. Craig Evans and Stanley Porter (Downers Grove, Ill.: InterVarsity, 2000), 380-88에 실린 "우정(Friendship)"에 대한 내 논문 또는 곧 출판될 나의 요한복음 주석을 보라.

이 여전히 우리를 친구라고 부르시며 자신의 마음을 우리에게 알려주신다는 것을 의미한다. 이는 예수님이 아버지의 말씀을 분명하게 전달하신 것처럼 성령도 예수님의 말씀을 분명하게 전달하실 것이며, 예수님의 제자들이 2천 년 전에 그랬듯이 우리도 예수님의 음성을 들을 수 있으며, 우리는 모든 것을 부활에 비추어 보기 때문에 예수님의 메시지를 더 잘 이해할 수 있다는 뜻이다.

하나님의 음성을 들을 때 필요한 몇 가지 안전장치

그리스도인들은 종종 하나님의 음성을 듣게 될 것이라는 약속을 오용해서 우리가 듣기 원하거나 기대하는 것만 들으려 했다. 그렇다면 성령께 민감해지는 법을 배우도록 도움을 주고 하나님의 명령을 정확하게 들을 수 있게 해주는 객관적인 지침은 무엇인가?

이 구절의 안전장치

무엇보다 성령은 자신에 대해 증언하러 오시는 것이 아니다. 성령은 예수님에 대해 증언하러 오신다(15:26; 16:14). 성령은 예수님이 이미 하신 말씀에 대해 우리의 기억을 상기시키시고 설명하신다(14:26). 그러므로 성령이 우리에게 가르치시는 것은 성경의 예수님, 육신으로 오신 예수님의 성품과 일치한다(요일 4:2). 성경으로부터 예수님에 대해 보다 더 많이 알수록, 성령이 우리에게 말씀하실 때 성령의 음성을 알아들을 준비가 더 많이 된다. 특정 주제에 대해서 하나님이 **뭐라고** 말씀하실지 인식할 만큼 충분히 하나님을 알게 되면, 하나님이 **실제로** 우리에게 말씀하시는 내용을 알게 되는 경우가 흔하다. 하나님은 언제나 자신의 성품에 충실하시기 때문이다. 그러나 조심하라. 성경을 문맥에서 떼어 내는 사람들(이는 오늘날 교회에서 흔히 벌어지는 문제다)은 하나님의 음성을 잘못 해석하기 쉬워진다.

둘째, 성령은 (비록 분명히 그와 같은 일도 하실 수 있고 때로는 그렇게 하시지만) 단지 우리에게 잃어버린 물건을 어디서 찾아야 하는지와 같은 세세한 일을 알려주시기 위해 찾아오시는 것이 아니다(삼상 9:6-20). 또한 성령은 하나님의 뜻을 세세히 알고 싶은 선의의 열심을 품은 일부 어린 신자들이 생각하듯이 단지 우리에게 어떤 스웨터를 입어야 하는지(특히 어떤 스웨터가 잘 어울리는지 분명한 경우), 또는 식당에서 어떤 후식을 먹을 것인지(특히 어떤 디저트도 건강에 좋지 않은 경우)를 가르쳐주려고 찾아오시지도 않는다. 그러나 성령은 우리가 전도하거나 서로를 격려할 때 우리를 인도하신다(예. 행 8:29; 10:19; 11:12). 또한 성령은 우리에게 하나님의 마음을 드러내시려고 찾아 오시며, 이 문맥에서 하나님의 마음은 사랑으로 정의된다(요 13:34-35; 15:9-14, 17). 사심 없는 사랑을 보여주는 것은 하나님의 마음을 아는 것이다(요일 4:7-8; 렘 22:16도 보라).

또 다른 안전장치

셋째, 성령은 우리가 하나님의 영께 순종하고자 하는 다른 사람들과 교제할 때 우리를 도우신다. 구약에서 나이 든 예언자들은 젊은 예언자들의 멘토가 되었다(삼상 19:20; 왕하 2:3-8). 마찬가지로 바울도 초기 교회의 1세대 예언자들에게 각자의 예언을 평가하고 그들 자신과 교회가 하나님의 말씀을 정확히 들으라고 지시했다(고전 14:29).

우리가 하나님과 성숙한 관계를 맺고 있고 현재 하나님과 동행하고 있다고 믿고 있는 영적인 멘토나 동료는 우리와 함께 하나님을 찾고 또 우리에게 일종의 "안전망"을 제공해줄 수 있다. 성령이 우리에게 어떤 일을 하도록 인도하고 계신다고 생각하지만 우리 생각이 잘못되었을 때 위험 부담이 크다고 여겨지는 경우에는, 그 문제를 다른 성숙한 그리스도인들과 의논하는 것이 좋을 것이다. 잠언은 통치자들을 향해 지혜는 많은 상담자에게 있다고 충고했는데, 그 충고는 우리에게도 여전히 유효하다. 결국에는 항상 다른 사람들의 조언대로 결정하는 것은 아니겠지만(그들도 우리처럼 오류에 빠질 수 있다), 그들이 성경을 열심히 배우는 이들이고 기도의 사람들이라면 그들의 조언을 겸손히 고려해야 한다. 하나님은 때로는 우리에게 남들이 아직 보지 못한 것을 보여주기도 하시고, 그와 동시에 우리의 형제 및 자매들에게 우리가 아직 보지 못한 것을 보여주기도 하신다.

성령의 음성을 듣는 다른 방법들

신앙의 연륜이 깊지 않은 많은 그리스도인들이 성령의 초자연적인 인도를 자주 경험하는 일에 흥미를 느끼는 것은 이해할 만하다. 그런 식으로 성령의 음성을 듣는 법을 배운 이들 중 대부분은 오늘날에도 여전히 그런 인도를 규칙적으로 경험하지만, 몇 년 뒤에는 그런 형태의 성령의 인도에 대한 민감성이 거의 제2의 천성이 되어 이전보다는 이에 대해 초점을 덜 맞추게 된다.

이러한 인도하심은 또한 그것을 처음으로 발견한 사람에게는 짜릿할지 모르지만, 초자연적 인도가 언제나 하나님의 영이 우리에게 주시는 가장 분명한 형태의 인도인 것만은 아니다. 성령이 우리에게 구체적으로 그렇게 하도록 지시하시기 때문에 성령의 음성을 듣는 방법을 통해 우리는 곤경에 처한 사람에게 도움을 줄 수도 있다. 그러나 성령은 성경에서 이미 말씀하셨기 때문에, 우리 중 많은 이들은 성경 해석을 통해 하나님의 영의 음성을 듣는 법도 배웠다. 성경에서 성령의 음성을 들음으로써, 우리는 단지 성경이 우리에게 그렇게 하도록 명령하기 때문에 곤경에 처한 바로 그 사람에게 도움을 줄 수도 있다. 그러나 아마도 성령에 대한 가장 깊은 민감성은 우리가 삶 속에서 성령의 열매를 맺는 법을 배울 때 (우리 마음이 하나님의 마음으로 충만해져서 우리 안에 있는 하나님의 사랑이 우리에게 다른 선택의 여지를 남겨두지 않기 때문에 우리가 곤경에 처한 사람을 도울 때) 찾아올 것이다. 이 세 가지 형태의 인도는 모두 성령과 성경으로부터 비롯된다. 그러나 분명한 필요가 있을 경우, 성령이나 성경이 이에 반대하지 않는다면, 다른 구체적인 성령의 인도하심이나 성경의 명령이 없을 때에도 우리가 성경과 성령에 의해 발견한 하나님의 성품이 충분히 우리를 인도한다. 성령이 우리의 마음에 성경의 가르침을 기록하실 때 우리는 가장 참된 의미에서 성령의 사람들이 된다.

성령의 인도하심

무엇보다도 성령은 우리를 예수님과의 더 깊은 관계 속으로 인도하신다(요 16:13; 14:6을 비교하라). 그러나 이 관계는 기도뿐만 아니라 우리의 일상생활의 맥락에서도 발생한다. 로마서 8:14에서 "영으로 인도함을 받는다"는 문맥은 하나님이 자기 백성을 광야에서 인도하셨던 때인 출애굽의 언어를 상기시킨다(사 63:10-14). 그래서 바울은 성령이 우리로 하여금 그리스도인의 삶을 시작하도록 인도하실 뿐만 아니라, 끝까지 우리를 인도하셔서 이스라엘이 그들의 기업에 들어간 것처럼 우리도 안전하게 미래의 "상속"을 받게 해 주시리라는 사실을 보여 준다(롬 8:15-17).

우리는 종종 이를 깨닫지 못하지만, 성령은 우리뿐 아니라 모든 피조물과 더불어 다가올 시대를 위한 산고로 "탄식"하신다(8:22-23, 26; 이 그리스어 단어는 애굽의 속박 아래 신음하는 이스라엘의 이미지를 상기시킨다). 이와 유사하게 성령은 종종 우리가 깨닫지 못하는 가운데서도 우리를 인도하신다. 성령은 우리의 일상생활의 분투를 취해서, 이를 우리로 하여금 그리스도의 형상을 닮게 하는 데 사용하신다(8:18, 28-30). 갈라디아서 5장 18절의 문맥에서 "성령의 인도하시는 바"가 된다는 것은 윤리적 능력 부여(하나님이 자기 이름을 위해 우리를 의의 길로 인도하심)를 내포할 수도 있다(갈 5:13-6:10; 시 23:3; 25:4-5, 8-10을 비교하라).

이런 텍스트들은 일반적인 성령의 인도하심을 나타내는 반면, 다양한 텍스트들이 성령은 확실히 다른 문제들에 대해서도 말씀하시거나 지침을 주실 수 있음을 보여준다. 성령은 우리와 하나님과의 관계에 대해 확신시키실 뿐만 아니라(롬 8:16; 요일 3:24; 4:13), 개인 전도라는 구체적인 문제에 관해 우리를 인도하실 수도 있다(행 8:29; 10:19; 11:12). 이 점을 실증하기 위해 나는 여기서 한 가지 예를 제시한다(다른 예들은 성령과 전도에 관한 장에서 찾아볼 수 있다).

성경 대학 1학년 혹은 2학년 말에 여름학기를 준비하며 과제를 하고 있을 때, 나는 이틀 뒤에 인도해야 할 주중 성경 공부를 준비하기 위해 로마서 8장을 번역하며 공부하고 있었다. 나는 갑자기 성령이 그렇게 하고자 하실 때에는 얼마나 세심하게 우리를 인도하실 수 있는지를 내게 보여주고 싶어 하신다고 느꼈다. 신출내기 신학생이었던 나는 정말 공부를 멈추고 싶지 않았지만, 수요일 밤에 회중 앞에 섰을 때 성령의 도우심을 원한다면 성령님께 순종하는 것이 좋겠다고 생각했다. 성령은 전에도 종종 나를 이런 식으로 인도하셨기 때문에 나는 성령의 지시에 민감해지는 법을 알고 있었다.

내가 밖으로 나가자 성령님은 나를 길 위쪽으로 인도하시더니, 또 다른 길 아래쪽으로 인도하셨고, 또 다른 길 위쪽으로 몇 블록을 더 인도하시다가 마침내 한 골목으로 인도하셨다. 그 길을 따라 어느 정도 걸어가자 그 느낌이 사라져서 나는 걸음을 멈추고 위치를 파악하기 위해 주위를 둘러보았다. 주위를 둘러보다가 나는 고등학교 시절 이래로 보지 못한 옛 친구 한 명을 발견했는데, 그 친구 옆에는 내가 사흘 전에 시내의 다른 쪽에서 처음 만난 이후 구원을 위해 기도해 온 한 젊은 여자가 서 있는 것을 보았다. 내가 그들 곁으로 다가가자 (아직 그리스도인이 아니었던) 내 고등학교 시절 친구는 그녀에게 내가 회심 이후에 얼마나 극적으로 변했는지 말해주기 시작했다. 그 친구는 본인도 아직 그리스도인이 아니었지만 나를 대신해 그녀에게 전도했다!

그 일 이후 그 여자는 나와 내 전도에 마음을 열어줄 만큼 나를 충분히 신뢰했지만, 주거지가 일정하지 않았다. 그녀는 때로는 친구들과 함께 지냈고, 때로는 거리에서 살았다. 주님께서 내가 그녀에게 말을 걸기를 원하신다고 느낄 때면, 나는 성령이 언제나 그러셨듯이 나를 그녀에게 인도하시리라고 믿으며 그저 걷기 시작하곤 했다.

이것이 내 일상적인 경험은 아니었지만, 나는 하나님이 이 젊은 여성에게 아주 관심이 많으셔서 그녀에게 자신의 관심을 보여주시기 위해 기꺼이 특이한 수단을 사용하셨다고 믿는다. (예수님은 기적이 필요했기 때문에 5천 명을 위해 음식의 양을 크게 늘리셨다. 그러고 나서 예수님은 다음 번 식사를 위해서는 또 다른 기적이 필요하지 않았기 때문에 제자들로 하여금 남은 음식을 모으게 하셨다. 예수님은 [우리를 즐겁게 하기 위해서나 "영적"이라는 느낌이 들게 하기 위해서가 아니라] 우리에게 기적이 **필요할** 때 기적을 행하신다.) 그녀는 어린 시절에 그리스도를 영접하기 위해 기도했었지만, 어머니가 자녀들 앞에서 여러 명의 남자친구와 동침하는 집에서 자라났다. 그 젊은 여성은 그 당시 알코올 중독자였지만 예수님은 그녀를 잊거나 그녀에게 다가가기를 멈추지 않으셨다.

성령은 우리를 다양한 방법으로 인도하실 수 있다. 성령은 우리 영에게 우리와 하나님과의 관계에 대해 증언하시지만(롬 8:16), 바울은 "영의 생각"(8:5-6)과 "마음을 새롭게 함"(12:2. 엡 4:23; 빌 4:7-8; 골 3:2도 보라)에 대해서도 말한다. 잠언은 우리에게 하나님을 경외함에 바탕을 둔 진정한 지혜를 구하도록 격려한다(1:7). 그런 지혜는 우리에게 하나님의 인도하심도 제공한다. 그렇다면 우리가 하나님께 기꺼이 순종할 경우 구체적인 인도하심이 없을 때도 하나님이 우리의 발걸음과 상황을 정하실 것이라고 믿을 수 있다. 내 삶의 여러 중요한 순간마다 하나님은 나로 하여금 만날 확률이 천분의 일에 불과한 "우연의 일치"였던 사람들과 동행하게 하셨는데, 그 만남은 그들의 삶이나 이후의 내 삶의 여정에 상당히 큰 영향을 주었다.

하나님의 음성 듣기: 개인의 이야기

나는 아홉 살 때 이미 확고한 무신론자가 되어 있었지만, 열다섯 살 때 복음을 처음 듣던 날 침례교 노상 전도자들의 전도를 통해 회심했다. 나는 45분 동안 그들과 논쟁을 벌였지만 성령은 그다음 한 시간 가량 내 안에서 역사하셨고 마침내 나는 침실 바닥에 엎드려 성령께 순복하고 내 삶을 그분께 바쳤다.

    그 후 2년 동안 나는 성경을 공부하고 많은 사람들을 그리스도께로 인도했지만 좌절감을 느꼈다. 나는 하나님께 묻고 싶은 것들이 정말 많았지만 하나님이 오늘날에도 말씀하시리라는 사실을 알지 못했다. 어느 날 내가 인적 없는 길을 기도하며 걷고 있을 때 성령이 내 마음의 소원을 허락해주시겠다는 믿음을 점화시켜주셨다. 하나님은 당연히 내가 가장 원하는 것을 알고 계셨다! 그래서 나는 하나님께 내 귀를 열어 주셔서 하나님의 음성을 듣게 해 달라고 간구했다. 그때 내가 들었던 음성은 거의 믿을 수 없을 정도로 너무도 놀라웠지만, 그 음성은 내가 스스로 상상할 수 있는 수준을 훨씬 뛰어넘는 것이어서 나는 그 음성을 의심할 수 없었다.

나는 무의식적으로 하나님이 내가 어린 시절에 알았던 다른 권위 있는 사람들처럼 "키너, 이제 네가 나설 때가 되었다"라고 말씀하실 것으로 예상했었다. 그러나 그 대신 하나님은 이렇게 말씀하셨다. "내 아들아, 내가 너를 얼마나 사랑하는지 말해주려고 오랫동안 기다리고 있었단다." 그리고 하나님은 당신의 백성을 향한 자신의 사랑과 우리 가 (많은 종교적인 일을 포함해서) 다른 온갖 일에 사로잡혀서 하나님의 사랑을 진정으로 받아들이지 못한 것 때문에 얼마나 상심하셨는지에 대해 내게 말씀해주시기 시작하셨다. 우리 중 어떤 이들은 (나 자신과 같이) 하나님의 사랑을 의심했기 때문에 기도 가운데 하나님과 친밀해지기를 두려워했다.

아무도 하나님이 나를 사랑하신 것처럼 나를 사랑하지 않았고, 나는 내게 구애하신 분의 음성을 듣기 위해 매일 바로 그 텅 빈 거리를 따라 걷곤 했다. 하나님은 내게 자신의 사랑의 척도는 십자가라고 말씀하셨다. "예수의 손에 박힌 못과 그의 이마에 박힌 가시를 보고 그 피를 보라. 얘야, 내가 너를 그토록 깊이 사랑한단다." 나는 훗날 성경에서 그와 똑같은 가르침을 발견했고(롬 5:5-8; 8:16; 갈 4:6; 엡 3:16-19), 더 훗날 이 가르침이 하나님의 음성을 찾고 있던 내가 열일곱 살 때 발견한 가르침이라는 사실을 깨달았다. 하나님은 자비롭게도 내가 그리스어와 히브리어를 번역하는 법을 배우기 전에, 심지어 성경에 몰두하기도 전에, 내가 그 가르침을 들을 필요가 있었을 때, 내게 그 가르침을 보여주셨다. 때로는 우리가 대화할 때 하나님은 임박한 심판과 덜 유쾌한 다른 주제들에 대해 말씀하셨지만, 언제나 매우 슬픈 기색으로 말씀하셨고 언제나 내게 자신의 사랑의 마음을 재차 지적하셨다.

    나는 예언의 은사를 위해 기도했는데 그 까닭은 처음에는 단지 고린도전서 14:1-5에서 예언의 은사가 그리스도의 몸을 세우는 데 가장 좋은 은사라고 했기 때문이었다. 나는 하나님을 기쁘시게 하고 영화롭게 하고 싶어서 예언의 은사를 추구했다. 그러나 내가 그 은사를 사용하기 시작했을 때 처음에는 그것이 내게 새로운 장난감처럼 보였다. 나는 사람들에게 가서 그들과 하나님만이 알고 있는, 지혜를 구하는 기도에 응답하는 말씀을 예언하기 시작했다. 한번은 어떤 사람이 몇 달 동안 하나님이 자신들의 데이트를 허락해주실 것인지를 놓고 기도하고 있었다. 그들은 데이트 사실을 아무에게도 말하지 않았지만 나는 주님이 내가 그들을 찾아가서 하나님이 그들의 데이트를 허락하셨다는 사실을 말해주도록 인도하시는 것을 느꼈다. 나는 개인적으로 데이트에 반대하고 있었고 주님이 **내게는** 데이트하도록 허락하셨다고 느끼지 못했기 때문에 그 메시지에 꽤 기분이 언짢았다. 나는 이 문제를 두고 계속 기도하다가 그 메시지를 전달하지 않으면 하나님께 불순종하는 것이라는 확신이 들었다. 내가 (메시지를 전하면서도 언짢은 모습을 보이면서) 그 메시지를 마지못해 전하자, 그 사람은 하나님을 찬양하기 시작하더니 상황을 설명했다.

    어느 날 나는 누군가의 치유를 위해 기도하라는 인도를 느꼈고 캠퍼스의 어느 건물 복도로 내려가라는 지시를 느꼈다. 나는 내가 마주치는 사람이 바로 그 사람이 분명하다고 확신했고, 그 사람에게 그의 치유를 위해서 기도해도 되겠느냐고 물었다. 그는, 내가 자신이 병에 걸린 사실을 알고 있는 것에 놀란 듯 보였지만 내가 기도하도록 허락했다. 불행하게도 내 믿음은 인도하심에 미치지 못했다. 나는 기도를 시작하면서 하나님이 그를 고치실 것이라는 확신이 내게 없다는 사실을 깨달았다. 다행히도 하나님은 어쨌든 은혜로우시다. 그 젊은이는 갑자기 자세를 바로잡더니 자신을 고쳐주신 하나님께 감사드리기 시작했다. 나는 깜짝 놀랐고 하나님이 내가 약간의 믿음을 발휘하도록 기다려주지 않고 역사하신 것 때문에 조금은 실망했다!

그러나 점점 믿음이 성숙해가면서 나는 예언이 장난감으로 취급되어서는 안 된다는 점을 깨달았다. 내 마음은 하나님의 마음을 반영해야 했다. 또한 하나님은 앞에서 묘사한 종류의 예언보다는 덜 유쾌한 예언(가끔씩 누군가의 죄에 대한 책망)을 제공하기 시작하셨다. 하나님은 우리가 하나님의 일을 할 수 있도록 우리에게 하나님의 마음을 보여주는 은사를 주셨다. 나 자신의 삶 속에서 인도하심을 발견하는 과정에서 저지른 실수들로 인해, 나는 서서히 모든 예언은 시험해봐야 하며 나는 여전히 유한하고 오류에 빠질 수 있는 그릇이라는 성경의 주장을 진지하게 받아들이게 되었다. 나는 내가 다른 누군가의 삶에 해를 끼치기 전에 하나님이 내 삶 속에서 나를 바로잡아 주셔서 다행이라고 생각했다. 나는 하나님이 내게 전하기를 원하신다고 느끼는 것을 계속해서 전했지만, 좀 더 신중해지고, 성령이 말씀하신다고 확신하는 것과 단순히 인상에 불과한 것을 더 잘 구별하려고 노력하는 법을 배웠다.

바로 그때 나는 기도를 통한 "은사주의적인" 방법을 보완하고 확고하게 할 수 있는, 하나님의 음성을 듣는 또 다른 방법을 발견했다. 나는 회심한 뒤로 꾸준히 성경을 읽어왔지만 이제는 건전한 성경 해석을 훨씬 더 높이 평가하는 법을 배웠다. 내가 하루에 성경을 약 40장씩 읽을 때 성령은 내게 성경을 문맥 속에서 이해하는 일의 중요성을 깨닫게 하셨고, 문맥으로부터 내가 성경의 문화적 배경에 대해 열정을 보이도록 인도하셨다. 완전히 새로운 성경 연구의 지평이 열리기 시작했다. 나는 선입견과 전통을 제쳐두고, 성경의 증거가 인도하는 곳으로 가기 위해 열심히 노력했다. 내 주석들 중 한 권이라도 사용해 본 사람은 (비록 우리가 특정한 해석에 관해서는 때때로 의견이 다를지라도) 내가 이 책무를 얼마나 진지하게 받아들이는지 알 것이다.

그러나 1987년에 일어난 인생의 가장 큰 위기 속에서, 나는 앞의 두 가지 방법과 관련된, 하나님의 음성을 듣는 또 다른 방법을 배웠다. 그 위기 이전에 나는 하루에 두 시간씩 기도했었지만, 그 위기 속에서 나는 작은 소리로 예수님의 이름을 거듭 읊조릴 수밖에 없었다. 나는 너무도 망가지고 어찌할 바를 몰라 하나님의 음성을 빈번하게 들을 수 없었지만, 여전히 성경이 내게 하나님의 성품에 대해 가르쳐주는 것을 붙들었다.

인생의 가장 깊은 어둠의 시기에 내가 이사한 저소득층 지역에 사는 어떤 흑인 그리스도인들이 나를 비공식적으로 그들의 가족으로 받아주고 또 나를 그들의 교회로 데려갔다. 그 가족은 할머니 한 분과 그 할머니가 혼자 양육하고 있는 손자 다섯 명으로 이루어져 있었다. 그들 자신의 삶은 어려웠지만, 그들은 내가 배우지 못한 방식으로 하나님의 능력을 의지하는 법을 배웠다. 내가 내 야망을 버리고 망가진 내 모습을 받아들이는 법을 배우자, 내 개인의 고통은 나를 고통 속에 있는 다른 이들과 결합시키기 시작했다. 그들의 고통을 점점 더 많이 느끼게 되자, 나는 하나님의 고통을 새롭게 깨닫기 시작했다. 하나님은 모든 사람들을 너무도 사랑하셔서 그들의 고통을 느끼지 않으실 수 없었기 때문이다.

요한은 이렇게 말한다. "사랑하는 자마다 하나님으로부터 나서 하나님을 알고, 사랑하지 아니하는 자는 하나님을 알지 못하나니 이는 하나님은 사랑이심이라"(요일 4:7-8). 나는 하나님이 진정으로 내게 기도와 성경 해석을 통한 성경적 경험을 주셨다는 점을 결코 의심하지 않을 테지만, 고통 가운데서 성령과 성경이 함께 증언하는, 하나님의 음성을 듣는 또 다른 방법을 배웠다. 우리는 하나님의 성품을 알고 하나님을 닮아가기 시작할 때 하나님의 마음에 대해 알 뿐만 아니라 하나님의 마음을 공유하기 시작한다. 어떤 문제에 대해 하나님이 뭐라 말씀하시는지 말할 수 있을 뿐만 아니라 실제로 하나님이 그 문제에 대해 느끼시는 감정을 느끼며 그리스도의 고난의 교제를 공유하게 될 때(빌 3:10을 비교하라), 우리는 하나님을 훨씬 더 깊이 알기 시작한다.

하나님의 음성을 듣기 위한 다른 자원들

우리는 하나님의 성품을 알기, 하나님의 임재를 믿기, 하나님께 예배하기, 하나님이 우리에게 기꺼이 자신을 드러내신다고 믿기에 대해 다뤘다. 그러나 그 외에 우리는 종종 행함을 통해 배운다. 앞에서 언급했듯이 확실하지 않으면 보통은 작게 시작하는 것이 최선이지만, 때로는 그냥 믿음으로 하나님의 인도하심을 따라 나서야 한다. (나는 얼어붙은 물웅덩이를 밟아도 얼음이 갈라지는데, 갈릴리 바다 위를 걷는 것은 골치 아픈 일일 거라고 농담처럼 말한다.)

예수님은 2천 년 전에 제자들과 함께 계셨을 때와 마찬가지로 지금도 인내심이 넘치는 스승이시다. 예수님은 종종 기꺼이 우리와 함께 일하신다. 22년 전에 하나님이 다른 사람들과 나눌 무언가를 내 마음속에 새겨 주시는 것을 처음으로 느꼈을 때, 나는 하나님께 내가 그 사실을 확신할 수 있도록 먼저 다른 누군가도 그것을 공유하게 해 달라고 간구했다. 그런데 어떤 사람이 갑자기 기도를 드렸는데, 그 기도는 내가 느끼고 있던 것과 거의 똑같은 단어들을 사용했다. 다음 번에 그런 느낌을 느꼈을 때 나는 그것을 거리낌 없이 말해야 한다는 것을 알았다.

하나님의 음성을 듣는 법을 배우는 데 있어 가장 중요한 것은 하나님 자신을 구하는 것, 즉 우리에게 하나님 자신을 더 깊이 계시해 달라고 그분께 간구하는 것이다. 내가 한 이야기 중 일부는 단지 하나님과 더 친밀해지고자 하는 독자들의 흥미를 북돋우기 위한 것이었지만, 궁극적으로 그러한 친밀감은 친밀감에 관한 독서에서 나오는 것이 아니라 오직 하나님의 손에서 나온다. 방법론에 관한 책들이 장점을 보이는 사안들도 있지만, 하나님의 음성을 듣고자 할 때는 하나님이 친히 우리의 귀를 열어 주시기를 기도하는 것이 가장 좋은 출발점이다. 나는 하나님의 음성을 듣기 시작하기 전에 고린도전서 14:1에서 배운 바(그리스도의 몸을 섬기는 한 가지 방법은 예언의 은사를 위해 기도하는 것이라는 사실)에 기초해서 그런 능력을 달라고 기도했다. 우리는 구하는 자들에게 성령을 주시겠다고 약속하신(눅 11:13) 분이 그가 우리에게 성령을 보내신 목적인 그분 자신과의 친밀한 관계를 보류하지 않으실 것이라고 믿을 수 있다.

우리는 하나님의 역사하심을 구속해서는 안 된다. 하나님은 성경에 나오는 여러 예언자들과 그 밖의 사람들에게 다양하게 말씀하셨으며, 우리도 다 똑같은 방식으로 하나님의 말씀을 들을 필요는 없다. 나는 인생의 다양한 시기에, 그리고 때로는 매일 다른 방식으로 하나님의 음성을 들었다. 중요한 것은 우리와 하나님과의 친밀함이다. 우리가 하나님의 음성보다도 하나님 자신을 구한다면, 그리고 우리가 무엇보다도 하나님을 기쁘시게 하는 존재가 되고 또 하나님을 기쁘시게 하는 일을 하기 위해 하나님의 음성을 구한다면, 우리는 하나님의 음성을 듣기 위해 필요한 모든 방식으로 그 음성을 듣게 될 것이다.

우리는 종종 하나님의 역사하심의 다양성에서 새로운 것들을 배울 수 있다. 나는 비록 이전에 하나님의 음성을 듣는 법에 대한 글을 썼었지만, 같은 주제를 다룬 잭 디어(Jack Deere)의 책이 꿈속에서 하나님의 음성을 듣는 문제로 내 호기심을 자극한 까닭에, 나는 하나님께 그분이 원하신다면 내가 이런 식으로도 하나님의 음성을 듣도록 도와달라고 기도했다. 물론 내 꿈들 중 일부는 단순히 저녁 식사 때 먹은 음식이나 내가 삶 속에서 처해 있는 상황에서 기인한 것이다(전 2:23을 비교하라). 내 많은 꿈들은 (박해나 전쟁이나 노예 상태 같은) 다른 사람들이 처한 삶의 상황을 경험하는 데 도움이 되고, 이는 내게 그들을 위해 좀 더 공감하는 자세로 기도하는 법을 가르쳐준다. 나는 성경에

2장 / 성령에 의해 하나님의 마음 듣는 법 배우기

몰두해 있을 때, 때로는 성경 이야기 꿈을 꾼다. 어떤 꿈들은 내게 미래에 대해 경고하거나, 기도해줘야 할 누군가를 생각나게 하거나, 마음속에 담아둔 문제들을 다룬다. 그러나 어떤 꿈에서는 하나님이 분명히 내게 말씀하시는데, 나는 깨어났을 때 그것에 주의를 기울여야만 한다는 것을 안다.

우리는 예배에 대해 이미 논했다. 우리는 무언가를 요청하는 데 기도시간을 다 써 버려서 하나님 자신의 위대하심과 사역에 대해 하나님과 대화할 시간을 전혀 남겨두지 않기 십상이다. 그와 동시에 간청을 드리는 일도 우리의 마음을 하나님께로 인도한다. 우리가 상한 마음으로 절실하게 중보 기도하건, 즐거운 소리로 예배하건, 또는 일상적인 경건의 훈련을 하건, 하나님을 부를 때 하나님은 우리 가까이에 계신다. 성경에서 하나님의 음성을 듣는 것도 필수적이다. 나는 성경 대학을 마친 직후 매일 많은 시간을 들여 성경을 학문적으로 연구했으니 성경 공부에 헌신할 시간을 조금 줄일 필요가 있다고 생각한 적이 있었다. 그러나 곧 나는 성경에서 하나님의 음성을 들으려면 성경을 규칙적으로 읽을 필요가 있다는 사실을 깨달았다. 문화적 배경에 대한 내 학문 연구는 내가 경건 생활을 위해 성경을 공부할 때 내게 성경을 그만큼 더 생동감 있게 다가오게 해 주지만, 내 경건 생활이 내 학문 연구를 살아 있고 적절한 공부로 만들어준다.

다른 영적 훈련들도 우리의 마음을 하나님께로 향하도록 할 수 있다. 리처드 포스터, 달라스 윌라드 등은 이 주제에 관한 유용한 책들을 썼다. 나는 지난 10년 동안 나 자신의 삶 속에서 정기적인 금식이 내 마음을 하나님께로 향하게 하고 하나님 앞에서 자신을 낮추는

데 도움이 된다는 사실을 발견했다. 금식을 시작했을 때는 특정한 기도 요청을 위해 금식할 수 있다고 생각했지만, 결국 나는 모든 기도 요청을 포함시키려면 매일 금식해야 한다는 사실을 깨닫고 당황하게 되었다! 그래서 나는 접근 방법을 바꾸었다. 나는 그저 하나님을 보다 온전히 기쁘시게 해드릴 수 있도록 내 마음을 낮추기 위해 하나님 앞에서 하나의 영적 훈련으로서 금식하기 시작했다. 하나님은 내가 금식하기 때문이 아니라, 내가 하나님을 사랑하는 그분의 자녀이기 때문에 내 기도를 들으신다. 그러나 나는 영적 훈련을 통해 하나님께 대한 내 사랑에 좀 더 주의를 기울이게 한다. 예수님은 내 속죄제이시다. 금식은 자원제나 감사제와 더욱 비슷한 역할을 하며, 내가 자발적으로 하나님께 대한 더 많은 헌신을 보여줄 수 있는 한 방법이다.

하나님이 당신의 마음속에 하나님을 향한 더 깊은 갈망을 불러일으키셨다면, 당신이 하나님께 전적으로 의지하고 있음을 하나님께 보여주기 위해 당신이 드릴 수 있는 제사가 있다. 하나님이 당신의 마음을 더 많이 감동시켜주시기를 원한다면, 당신의 믿음의 수준이 어떠하든 상관없이 당신은 하나님께 그렇게 해 달라고 간구할 수 있다. 하나님은 우리 편에서의 어떤 작은 발걸음도 만나 주시며, 아무리 큰 발걸음이라도 하나님의 은혜 없이는 어느 곳에도 이르지 못할 것이다. 하나님은 아브라함이 하갈과 관련해서 불성실하게 행동하는 대목 바로 앞 장에서 아브라함을 의롭다고 여기셨다. 아브라함의 믿음은 (그가 심지어 이삭까지도 바칠 수 있을 때까지) 오랜 시간에 걸쳐 성장했지만, 처음에 하나님은 그의 있는 모습 그대로 그를 만나셨다. 나는 매일 하나님께 하나님을 향한 내 사랑이 더 깊어지게 해 달라고 기도한다. 새 마음과 그 마음이 지속적으로 새로워지는 것은 하나님의 선물이기 때문이다.

결론

우리는 성경에서, 예배에서, 성령의 인도하심에서, 우리 마음속에 있는 하나님의 음성에서, 그리고 하나님이 바라시는 것을 알 수 있을 만큼 하나님의 마음을 충분히 앎으로써 하나님의 음성을 들을 수 있다. 하나님의 음성을 듣는 이 모든 방법이 다 중요하지만, 우리의 목표는 단지 우리 자신을 위해 인도하심을 받거나 하나님의 음성을 들었다고 남들에게 자랑하는 것이 아니다. 하나님을 알고, 하나님께 순종하며, 하나님의 성품을 반영하는 것이 우리의 소망이 되어야 한다. 하나님을 더 친밀하게 알기 원한다면 하나님께 이 은사를 구함으로써 시작할 수 있다. 하나님이 종종 우리에게 말씀하기로 작정하시는 한 가지 사안은 하나님에 대한 우리의 증언과 관련이 있다. 이 주제에 대해서는 다음 장에서 살펴볼 것이다.

3장

성령은 우리에게 전도의 능력을 주신다

/

어느 날 내가 새 신자와 함께 성경을 공부하고 있었을 때, 그의 고등학교 시절 친구 한 명이 잠시 들렀다. 나는 그녀의 배경 속에 담긴 아픔에 대해 그녀와 이야기를 나누라는 성령의 인도하심을 느꼈고, 약 30분 동안 성령께서 그녀를 향한 하나님의 사랑과 그녀의 과거에 대한 위로의 메시지를 내 속에 강하게 부어주시는 것을 느꼈다. 마침내 그녀는 울기 시작했고 하나님이 자기 마음속의 비밀을 드러내시는 것을 알고 자신의 삶을 그리스도께 바쳤다. 나는 그녀를 한 번도 만난 적이 없었고 이전에는 그녀에 대해 아무것도 알지 못했지만, 하나님은 이미 모든 것을 알고 계셨다.

보통 내 전도는 보다 "자연스러운" 수단을 따라 행해진다. 그러나 그럴 때도 나는 종종 성령이 내게 무언가를 말하거나 그냥 듣도록 유도하시는 것을 느낀다. 나는 가끔 하나님과 인격적인 관계를 맺는 것에 대해 사람들과 이야기를 나누었고, 그들은 내게 정말로 하나님을 알 수 있을 만큼 하나님과 친밀해질 수 있는지 물었다. 그럴 때 나는 때로는 단순히 성경이 그럴 수 있다고 주장한다는 점을 지적하지만,

경우에 따라서는 하나님께서 내가 그들에게 무언가를 말해 주기를 원하시는지 하나님께 큰 소리로 여쭤볼 필요가 있다고 느꼈다. 특별한 경우에는 하나님이 그것을 원하셨고, 내 말을 듣는 사람들은 하나님이 그들에게 주시는 메시지를 공손히 심사숙고하는 반응을 보였다(하나님께서는 바로 이런 이유로 그들의 삶의 이 시점을 선택해서 그들에게 복음을 듣게 하셨다). 반면 내가 대체로 효과적이라고 알고 있던 방법을 따르다가 복음을 제대로 전달하지 못한 적이 있다.

우리는 전도할 때 성령의 인도를 필요로 한다. 하지만 그러한 인도를 쉽게 받을 수 있다는 사실을 알지 못하는 사람이 많다! 최근의 한 잡지 기사에 실린 다음과 같은 사례를 생각해 보라.

밤에 빛도 없고 텔레비전도 없는 (심지어 자명종도 없는) 것처럼 보이는 마을을 방문했다고 상상해보라. 그리고 그 마을의 전력 공급은 사실상 무한하지만 그 마을에 사는 어느 누구도 전기 기구를 켤 생각을 하지 않았다는 사실을 알았다고 상상해보라. 그런 마을은 우스꽝스러운 곳으로 보이지 않겠는가? 그런데 교회가 그 마을과 같을 때가 너무도 많다. 하나님은 우리에게 세상 속에서 하나님의 사명을 완수하도록 하나님의 영의 능력을 주셨지만, 성령의 능력에 의지하기 시작한 그리스도인조차 거의 없다.[1]

이 장에서 우리는 오순절과 성령이 신자들에게 복음 전도를 준비

---

1 Craig Keener, "Spirit at Work," *Discipleship Journal* (January/February 1996): 43; 전체 글은 43-47면을 보라.

시키시는 방식, 하나님이 때때로 기도에 대한 극적인 응답으로 우리의 증거를 확인하시는 방식, 특정한 현장 전도 사역을 위한 엘리야와 엘리사 모델, 마가복음에서 하나님의 일을 할 수 있는 능력의 부여가 어떻게 고난과 불가분적으로 얽혀 있는지에 초점을 맞출 것이다.[2]

오순절의 능력(행 1-2장)

요즘 말로 하자면 예수님은 (무엇보다도) 제자들의 "영웅"이었다. 제자들은 예수님을 신뢰했고 예수님이 자신들에게 능력을 주실 때만 자신을 신뢰할 수 있었다. 그들은 오직 예수님이 자신들을 보내셨기 때문에 사역하러 나갔다(예. 눅 10:1-2). 사도행전에서 예수님이 승천하신 후, 제자들은 예수님이 여전히 자신들을 통해 일하고 계신 것을 알고서 예수님의 사역을 계속했다. 오늘날에도 우리는 여전히 예수님을 바라본다. 우리가 (행 3:12와 달리) 제자들이 그들 자신의 능력이나 거룩함을 통해 사역했다고 생각하고 그 첫 세대의 지도자들에게만 인도를 구한다면, 자연히 우리는 오늘날 기적이나 성령의 능력을 받은 전

---

[2] 이 장의 신약 해석과 관련된 부분에 대한 완전한 설명은 *The Spirit in the Gospels and Acts: Divine Purity and Power*(Peabody, Mass.: Hendrickson, 1996), 190-213 (행 2장에 관한 부분), 49-90 (막 1:8-11에 관한 부분)에 나온다. 이 책의 제목은 잘못 지어졌다(나는 보통 내 책의 제목을 직접 정하지 않는다). 나는 단순히 성령에 대한 두 가지 기본적인 주제를 언급했고, 이 주제들을 반영하거나 발전시킬 수 있는 복음서와 사도행전의 몇몇 구절들에 대한 표본 연구를 제공했다.

도를 목격하지 못할 것이다. 그러나 우리가 여전히 우리의 영웅이자 주님인 예수 그리스도께 의지한다면, 우리는 하나님께서 그리스도를 영화롭게 하는 표징을 계속해서 제공하실 것이라고 기대해야 한다.

우리가 살펴볼 다른 성경 저자들과 달리 누가는 거의 전적으로 우리의 삶 속에 나타나는 성령의 능력 중 한 가지 특별한 특징에 초점을 맞춘다. 신약에서 세례 요한, 바울, 사도 요한 등은 흔히 성령의 사역의 전체 범위에 대해 말하는 반면, 누가는 특히 성령께서 수여하시는 예언적 능력에 초점을 맞춘다. (나는 "예언"이라는 말로 가장 빈번하게는 사도행전에서의 영감 받은 연설을 지칭하지만 그러한 연설뿐만 아니라 구약에 나오는 예언자들과 관련된 기적을 일컫기도 한다. 아래의 엘리야에 대한 설명을 보라). 많은 저자들이 보여주었듯이, 누가는 특히 다양한 종류의 영감 받은 연설에서 성령의 역할을 강조한다(눅 1:15-17, 41-42, 67; 2:26; 12:12; 행 1:2, 8; 2:4, 17; 4:8, 31; 5:32; 6:10; 7:51; 10:45-46; 11:28; 13:2, 4, 9; 20:23; 21:4, 11; 비교. 7:55; 8:29; 10:19, 38; 15:28; 16:6-9). 예를 들면 누가복음 3:16에 나오는 성령과 불의 대조 등과 같은 몇 가지 예외가 있을 수 있지만, 성령의 예언 활동은 누가복음과 사도행전에서 가장 흔히 강조되는 성령의 역사이다.

누가복음과 사도행전은 하나의 긴 이야기를 이루는 두 권의 책으로, 두 번째 책인 사도행전에서 누가는 교회가 예수님이 시작하신 일의 많은 부분을 계속하고 있는 모습을 보여준다. 몇 가지 중요한 제약 조건은 있지만(예를 들어 예수님만이 메시아다), 누가복음에 나오는 예수님의 사역은 사도행전에 나오는 사역의 모델 역할을 한다. 저술가들은 이 두 권 사이에 많은 유사점이 있다고 지적했는데, 예수님과 교회의 한 가지 유사점은 사도행전 1-2장에서 특히 명백하다. 예수님이 누가복음 4:18-19에서 이사야서 61장을 근거로 자신이 성령의 기름 부음을 받았다고 선언하신 사건은 누가복음의 기조를 결정한다. 마찬가지로 누가는 사도행전 1:8과 2:16-21에서 이사야서와 요엘서를 사용해서 교회가 성령의 기름 부음을 받았음을 선언하며 사도행전의 나머지 전체 의제를 설정한다.[3]

예수님에게 권능을 주신 바로 그 성령이 예수님을 따르는 이들에게 능력을 주신다는 점을 강조함으로써, 누가는 우리에게 그리스도의 몸은 (최소한 원리적으로는) 예수님이 지상 사역 기간에 소유하신 것과 같은 종류의 능력을 부여받았음을 상기시킨다. 하나님의 교회인 우리의 사역에서 그 사실이 분명히 드러나지 않는다면, 그것은 우리가 하나님의 은사의 극적인 성격을 인식하지 못했기 때문일 것이다.

성령에 대한 논의에서 오순절이 왜 그토록 핵심적인가? 왜 하나님은 성령을 보내셨는가? 우리는 사도행전 자체가 제공하는 개요를 따라 오순절의 약속(1:4-8), 오순절에 대한 준비(1:12-2:1), 오순절의

• • •

3 누가의 예수님에 대한 묘사와 사도행전의 성령 세례 받은 공동체와의 관계에 대해서는 Roger Stronstad, *The Charismatic Theology of Saint Luke* (Peabody, Mass.: Hendrickson, 1984), 34-48, 51 (following Talbert); R. L. Brawley, *Luke-Acts and the Jews*, Society of Biblical Literature Monograph Series 33 (Atlanta: Scholars Press, 1987), 24-25; R. F. Zehnle, *Peter's Pentecost Discourse*, Society of Biblical Literature Monograph Series 15 (Nashville: Abingdon, 1971), 128을 보라. 성령의 예언적 능력 부여의 차원에 대한 누가의 강조에 대해서는 특히 R. P. Menzies, *The Development of Early Christian Pneumatology with Special Reference to Luke-Acts*, Journal for the Study of the New Testament Supplement 54(Sheffield, England: Sheffield Academic Press, 1991)를 보라.

증거(2:1-4), 오순절의 민족들(2:5-13), 오순절의 예언(2:14-21), 오순절의 설교(2:22-41), 그리고 마지막으로 오순절의 목적(2:41-47)을 살펴볼 것이다. 하나님의 영이 우리로 하여금 하나님을 대변하고 천국을 미리 맛보도록 준비시켜주시기 때문에 교회는 문화의 장벽을 넘어 확산될 수 있다.

첫째, 누가는 오순절의 약속에 대해 전해준다(행 1:4-8). 구약에서 성령은 하나님의 예언자들이 하나님을 대변하도록 능력을 주셨고 언젠가는 하나님의 모든 백성이 예언할 것이라고 약속하셨다(욜 2:28). 이 특별한 예언적 능력의 부여가 필수적이어서, 예수님은 제자들에게 그 능력이 임할 때까지 예루살렘에서 기다리라고 명령하셨다(눅 24:49; 행 1:4-5).

그러나 성령의 약속은 하나님을 대변하는 능력과만 관련되지는 않았다. 그것은 종말의 때와도 관련이 있었다. 제자들은 성령에 대한 예수님의 약속을 들었을 때, 예수님이 곧 이스라엘 왕국을 회복시키실 것인지 여쭈었다. 그들은 자신들이 구약을 통해 성령에 대해 알고 있는 지식을 감안할 때 명백한 질문을 했다. 즉, 성경은 성령을 왕국 시대와 관련지었다(사 44:3; 겔 36:24-28; 37:14; 39:29; 욜 2:27-3:1).

우리가 그들과 같은 입장이었다면 아마 우리도 제자들과 똑같이 생각했을 것이다. 어쨌든 메시아가 오셨고, 부활이 (예수님과 더불어) 시작되었으며, 성령이 곧 부어질 것이었다. 따라서 종말의 때가 다가오고 있다는 사실이 우리에게도 명백해 보였을 것이다(행 1:6-7). 그런데 예수님은 그 대신 제자들에게 미래가 회복될 것에 앞서 성령이 오실 것이라는 (다시 말해 미래의 약속 중 일부가 이미 현재 속으로 침투했다는)

사실을 알려주셨다. 바울이 말하듯이 성령은 우리가 미래에 상속받을 재산에 대한 "계약금" 혹은 "초회 납부금"이시다(엡 1:13-14). 또 다른 저자는 우리가 "내세의 능력을 맛보았다"고 말한다(히 6:5).

예수님은 성령이 당신의 제자들로 하여금 그들이 예수님에 대해 직접 목격한 내용을 모든 민족에게 증언할 수 있는 능력을 주실 것이라고 설명하셨다(행 1:8). 예수님은 계속해서 말세에 부어주시는 예언의 능력이란 주제에 대해 말씀하신다. 이사야는 말세에 이스라엘의 남은 자들이 열방을 향해 하나님의 증인이 될 것이라고 예언했었다(사 43:10-12; 44:8-9). 종말은 아직 이르지 않았지만, 우리는 예수님이 최초의 제자들에게 요구하신 것처럼 세상에 복음을 전함으로써 종말을 준비함에 있어 우리의 역할을 수행할 수 있다(마 24:14; 롬 11:25-26; 벧후 3:9, 12). 사도행전의 나머지 내용은 이러한 부분에 초점을 맞추고 많은 부분을 계속 이어간다. 성령이 제자들에게 온 세상에 복음을 전하도록 준비시키실 것이라는 약속은 예루살렘, 유대, 사마리아, 땅 끝으로 이어지는 사도행전에 나오는 교회의 확장 과정에 대한 대략적인 개요를 제시한다. (구체적인 요약적 진술들은 사도행전을 훨씬 더 깔끔하게 나눠준다[6:7; 9:31; 12:24; 16:5; 19:20; 28:31].)

둘째, 누가는 제자들이 오순절을 준비한 것에 대해 전해준다(행 1:12-2:1). 예수님이 제자들에게 예루살렘에서 "기다리라"고 말씀하신 뒤에(눅 24:49; 행 1:4-5) 제자들은 함께 기도했는데, 이 또한 그들의 하나 됨에 기여했다(행 1:12-14; 2:1). 누가가 이후의 여러 장에서 이러한 특징들을 계속해서 강조하고 있는 것을 보면, 누가는 우리가 기도 및 연합에 대한 이러한 강조를 알아차리길 원했던 것으로 보인다(기도는 예를 들면 1:24; 2:42; 3:1; 4:31; 6:4에 나오고, 연합은 예를 들면 2:46; 4:24, 32; 5:12에 나온다). 또한 제자들은 하나님이 약속하신 일을 고대하면서 그들의 지도 체제를 하나님이 계획하신 일을 준비할 수 있도록 재구성했다. 이는 믿음과 선견지명이 함께 요구되는 일이었다(1:15-26).

그렇다고 해서 하나님이 특정한 상황 아래에서만 성령을 부어주실 수 있다는 말은 아니다. 그러나 우리는 하나님이 때로는 기도에 대한 직접적인 응답으로 하나님의 백성들을 성령으로 충만하게 하셨고(4:29-31), 때로는 오순절과 비슷한 효과를 내셨다는 것을 알고 있다(4:32-35). 예수님은 제자들에게 성령을 (받기) 위해 기도하도록 요청하셨다(눅 11:13). 심지어 기도가 기록되어 있지 않은 구절에서도 우리는 하나님이 성령으로 충만케 하시기 전에 사람들이 하나님께 주의를 기울였음을 알 수 있다(행 8:17; 10:44; 19:6).

셋째, 누가는 오순절의 증거들을 상기한다(행 2:1-4). 누가는 오순절의 세 가지 표징인 바람과 불과 방언 말함을 기록한다. 이러한 약속들은 모두 말세와 관련이 있었기 때문에, 하나님은 제자들에게 최종적인 종말은 아직 이르지 않았지만 (그럼에도) 그들이 미래를 미리 경험하고 있음을 확신시켜주신 셈이다(1:6-7을 보라). 초기 그리스도인들에게 바람은 아마도 에스겔서 37장을 상기시켰을 것이다. 말세에 하나님은 하나님의 영의 강한 바람을 보내 이스라엘을 부활시키실 것이다. 불은 제자들에게 말세의 심판에 대한 구약의 예언뿐만 아니라 요한의 예언도 상기시켰을 것이다(예를 들어 눅 3:9, 16-17은 사 66:15-16이나 습 1:18; 3:8을 상기시키는 말씀이었을 것이다). 불은 하나님이 이 시대에 심판을 행하실 것임을 의미하지는 않았다. 그러나 불은 하나님이 미래의 왕국에 대한 표징들을 보여주고 계신다는 것을 암시했다.

베드로가 계속해서 분명히 밝히듯이, 제자들이 이해하지 못한 언어로 말할 수 있게 된 능력은 그들에게 말세에 부어질 예언의 능력에 대한 구약의 약속을 상기시켰을 것이다(욜 2:28-29; 행 2:16-18). 이 세 가지 표징들은 함께 모여 있는 그리스도인들에게 종말의 많은 사건들이 지금 발생하고 있다는 결정적인 증거가 되었다. 메시아는 자신의 원수들이 그의 발등상이 될 때까지 다스리시기 위해 하나님 우편 보좌에 앉으셨다(시 110:1; 행 2:34-35). (일부 유대인들이 오순절을 모세가 율법을 받기 위해 시내산에 올라간 날이라고 생각했기 때문에, 어떤 학자들은 성령을 주시기 위한 예수님의 승천이 율법을 받아 수여하기 위한 모세의 올라감과 유사하다고 생각했다.)

넷째, 누가는 오순절에 모인 민족들을 조사한다(행 2:5-13). 명절을 지내러 예루살렘에 모여든 방문자들의 대부분은 유대인이었지만, 그들은 다양한 지역과 문화로 되돌아가면서 복음을 가져갔다. 따라서 그들이 오순절에 겪은 경험은 사도행전의 나머지 부분에서 기독교 선교의 맛보기를 제공했다(1:8; 11:17-18). 여기서 나라들의 목록이 나오는 이유는 무엇인가? 이 목록은 단지 창세기 10장에 나오는 나라들, 창세기 11장에 나오는 바벨탑에서 언어들이 분리되었을 때 흩어진 나라들의 목록에 대한 최신 개정판일지도 모른다. 그렇다면 여기 나오는 각기 다른 방언은 나라들의 분열을 초월하여 그리스도 안에서 우리를 함께 부른다. 이 구절에서 하나님은 애초부터 그분의 계획은 "모든 육체"를 위한 것이었음을 보여주신다(2:17, 39). 비록 열두 제자들은 자신들이 6장에서 임명한 일곱 명의 이중 문화에 속한 집사들이 그 길을 준비하기 전까지는 이것이 무엇을 의미하는지 이해하지 못했지만, 이는 사실이다(8:4, 25). 사도행전은 이미 1장과 2장에서부터 다문화주의가 하나님의 생각임을 강조한다(계 5:9-10; 7:9를 비교하라). 비록 세상이 종종 그러한 이상을 자신의 목적에 맞춰 왜곡시키는 것이 놀랄 일이 아니더라도 말이다(눅 2:1; 계 13:7, 16을 비교하라).

다섯째, 누가는 우리에게 오순절에 대한 예언을 상기시킨다(행 2:14-21). 우리는 요엘의 예언 및 베드로가 그 예언의 일부를 달리 표현하여 그 의미를 제시하는 방식에서 많은 것을 배운다. 요엘은 하나님이 "그 후에" 하나님의 영을 부어주실 것이라고 말했다(욜 2:28). 요엘서의 문맥을 알고 있는 베드로는 "그 후에"는 "말세"를 의미한다는 점을 강조했다(행 2:17; 욜 3:1을 보라). 많은 구경꾼들이 이 모든 방언으로 말하는 것이 무엇을 의미하느냐고 물었다(행 2:12-13, 15-16). 베드로는 이 방언으로 말하는 것은 하나님께서 그의 종들에게 과거의 예언자들처럼 하나님을 대언하도록 영감을 주신다는 것을 의미한다고 대답했다(행 2:17-18). 누군가가 자기가 알지 못하는 언어로 하나님을 찬양할 수 있다면, 확실히 성령에 대해 충분히 민감해져서 자기가 아는 언어로 예언하거나 증거할 수도 있을 것이다. 환상과 꿈은 전형적인 예언 활동이었지만(2:17), 자신이 예언의 능력을 언급하고 있다는 점을 아무도 놓치지 않도록 베드로는 요엘서에서 가져온 인용구에 "그들이 예언할 것이요"(2:18)라고 부연 설명하는 한 줄을 덧붙이고 있다. 이 구절은 누가가 줄곧 암시해온 두 가지 주제를 결합시키고 있다. 성령은 우리에게 미래에 임할 하나님의 능력을 미리 맛보여 주시며, 또한 우리가 하나님을 대변할 수 있도록 준비시키신다.

여섯째, 누가는 오순절에 베드로가 전한 설교를 전해준다(행 2:22-41). 성령이 부어지고 있었다면 요엘이 행한 예언의 나머지 내용도 사실이었다. 그 예언들은 말세, 곧 구원의 시대에 속해 있었다(2:21). 베드로는 전형적인 유대인의 설교 방법을 따라 여기서 요엘서의 인용을 멈췄다가 설교 끝부분에 인용구의 일부를 다시 언급한다("주 우리 하나님이 얼마든지 부르시는 자들에게", 2:39). 이는 베드로가 인용된 마지막 행("누구든지 주의 이름을 부르는 자는 구원을 받으리라")에 대해 설교할 것임을 의미한다. 요엘서에서 "주"는 하나님 자신이다. 그러나 베드로 시대에는 유대인들은 하나님의 이름을 발음하는 것을 좋아하지 않았다. 따라서 부활하여 다스리는 왕과 주를 동일시하는 다양한 구절들을 인용함으로써, 베드로는 그들이 불러야 할 주님의 이름은 성육신하신 하나님인 나사렛 예수라고 설명한다.

베드로가 공개적인 헌신을 요구할 때, 그것은 사람들에게 머리를 숙인 채 눈을 감고서 예수의 이름을 부르도록 요구하는 것이 아니다. 내 친구 중 한 명의 표현대로 베드로는 (사람들이 공개적으로 기독교를 받아들이는 것을 매우 곤혹스럽게 여길 것이라고 가정하는 오늘날의 결신 초청 [altar call]에서와 같이) 사람들이 단지 "바쳐지기"만 하는 것이 아니라 "달라지기를"(변화되기를) 원했다. 베드로는 성전 산에 있는 많은 정결 예식을 위한 물웅덩이들을 가리키며 청중에게 죄에서 돌이켜 예수 그리스도의 제자로서 세례를 받도록 요구했다(2:38).[4]

---

4   사도행전에서 "예수의 이름으로" 행해지는 세례는 언제나 수동태, 즉 예수의 이름으로 세

성경 교사인 나는 과거에 내 제자였던 몇 사람의 설교를 들을 때, 나를 기쁘게 한 설교와 당황스럽고 부끄럽게 만드는 설교를 다 들어 보았다. 그러나 나는 두 경우 모두 사람들이 그리스도를 믿게 되는 모습을 보았다. 하나님은 우리가 성경을 충실하게 설명하기를 원하시지만, 우리가 모든 세부사항들까지 정확히 전달해야만 사람들을 구원하시는 것은 아니다. 하나님은 자신의 복음과 자신의 영을 통해 사람들을 구원하신다.

특별히 극적인 방식으로 복음을 전하는 은사가 있는 사람들도 있지만, 성령은 우리 모두에게 그리스도를 증거하는 은사를 주신다. 비록 우리들 대부분은 하나님께서 우리로 하여금 활용할 수 있게 하신 모든 능력을 다 인식하지 못하지만 말이다.

마지막으로, 누가는 오순절의 참된 목적을 서술한다(행 2:41-47). 예언의 능력의 부여는 성령의 오심에 대한 최초의 표현이었지만, 오순절의 장기적인 영향으로 교회가 성장하고 희생적으로 서로를 돌보는 신자들의 공동체가 만들어졌다. 이 구절은 오순절에 관한 장의 절정과 초점을 제시한다. 성령의 오심은 은사를 낳지만, 특별히 열매를 낳는다. 이 구절에 묘사된 성령의 생명력은 (비록 몇몇 교회들은 자신들 안에 성령이 계신다고 주장하지만) 오늘날 많은 지역 교회들에서 보여지는 사소한 영적 경쟁과 극명하게 대조된다. 은사주의 그리스도인과

• • •

례를 받는 것으로만 등장한다. 즉 반(反)삼위일체적인 해석과는 반대로 "예수의 이름으로" 행해지는 세례는 세례 받는 동안 다른 사람이 누군가에 대해 선포하는 어떤 관용어구가 아닌, 그리스도에 대한 신자 자신의 신앙 고백과 관련이 있다(행 2:21; 22:16을 보라).

비은사주의 그리스도인 모두가 동의하듯이, 성령의 역사는 성령의 인도를 받는 방언과 최초의 경험보다 더 심오한 경지로 나아가야 한다.

오늘날의 전도에서의 표징

메시지 자체가 메시지를 증명하는 표징보다 더욱 중요하지만, 성령의 사역을 다루는 책에서는 우리가 자라가야 할 필요가 있는 영역에서 교회를 향해 도전할 필요가 있어 보인다. 그것은 서구 기독교의 일부에게는 복음에 대한 사람들의 관심을 환기시키기 위한 자원으로서 표징의 가치를 재음미하는 것을 의미한다.

하나님의 영은 우리가 복음을 전할 때 우리에게 담대함을 주시는데, 때로는 우리가 복음을 전할 때 극적으로 우리를 인도하실 수도 있다. 예를 들면 박사 과정 중에 있던 어느 날 나는 가게를 나와 집으로 돌아가다가 성령께서 내 앞에 있는 젊은이를 뒤따라가 "매트"라는 이름을 부르라고 촉구하는 것을 느꼈다. 나는 이전에 매트를 만나본 적이 없었다. 사실 알고 보니 그는 겨우 며칠 전에 그 동네로 이사 왔었다. 불행하게도 나는 그의 이름을 부르기가 두려웠지만, 그를 따라잡았을 때 나는 그의 이름이 실제로 매트라는 것을 알게 되었다. 말할 것도 없이 성령은 이후 우리의 대화를 인도하셨다.

종종 나는 성령이 특정인에게 복음을 전하도록 자극하시는 것을 느꼈지만, 성령은 보통의 경우 내게 그 사람의 이름을 알려주지는 않으신다. 하지만 내게는 기도를 열심히 하는 친구들이 있는데, 그들은 종종 예수님이 나다나엘이나 사마리아 여인에게 하셨듯이 사람들에게 그들의 삶과 관련된 구체적인 사실들을 직면하게 함으로써 그들을 그리스도께로 인도했다. 이런 일은 자주 일어나지는 않았지만 내게도 일어났다.

하나님의 영은 그가 우리를 어떤 방식으로 이끄시든, 즉 단순히 우리를 담대해지게 만드시든, 특정인에게 복음을 전하는 가장 좋은 방법에 대한 지혜를 주시든, 우리의 증거를 이끄신다. 이것이 오순절 이야기의 주된 강조점 중 하나다. 우리는 우리의 증거가 효과적이게끔 하는 하나님의 능력에 의존해서 그리스도에 대해 증거한다.

또한 사도행전은 환상이나 꿈 등 교회를 위해 수여하시는 예언의 능력의 다른 측면들도 언급한다(2:17). 사도행전에서 하나님은 흔히 환상이나 꿈을 사용해서 복음의 진보를 이끄시지만(9:10, 12; 10:3, 17, 19; 11:5; 16:9-10, 18:9. 27:23을 비교하라), 누가는 우리에게 모든 신자가 이런 것들을 경험해야 한다고 말하지 않는다. 또한 사도행전은 최초의 사도들(5:12), 이후의 사도들(14:3), 성령의 능력을 받은 다른 증인들(6:8)이 행한 기적을 일으키는 사역도 강조한다. 비록 잘 교육받은 그리스도인들이 공개 강연과 토론의 장에 참여하기도 했고(6:10; 17:2-3; 18:28; 19:8-10), 그리스도인들의 개인적인 전도를 통해 복음이 전해지기도 했지만(8:4), 표징과 기적은 사도행전에서 여전히 사람들이 복음에 관심을 기울이게 하는 일차적인 방법이다(예를 들어 2:5-41, 43; 3:11-4:4; 5:10-11, 12-16; 6:3, 5, 8-10; 8:6-7, 13, 39-40; 9:34-35, 40-42; 13:9-12; 14:9-10; 15:12; 16:25-34; 19:11-20; 28:5-6, 8-10. 특히 4:29-31; 14:3을 보라).

모든 신자들은 복음을 전할 때 하나님의 영이 인도하시는 것을 경험할 수 있다. 그러나 사도행전에 종종 기록된 것과 같은 극적인 치유는 다른 문제일 수도 있다. 사도행전은 어떤 이들이 주장한 것처럼 이런 은사들을 사도들에게만 국한시키지는 않지만(6:8; 8:13; 9:12을 보라), 모든 신자들이 사도행전에 나오는 특정 신자들에 대해 보고된 규모로 이런 은사들을 경험할 것임을 암시하지도 않는다. 또한 비록 우리 중 은사를 구하는 이들에게 하나님께서 은사를 나누어 주시기를 기뻐하신다는 사실을 발견한 사람들이 많지만(고전 12:31을 비교하라), 사도행전은 하나님이 특별한 종에게 특별한 방식으로 은사를 주시도록 보장할 수단이 있다고 암시하지도 않는다(행 8:18-23).

그럼에도 모두가 특정한 사역을 위해 성경에 기록된 것과 같은 규모로 극적인 기적을 경험하지는 않겠지만, 오늘날에도 그런 사역들을 수행할 사람들이 필요하다. 더구나 우리의 기도가 언제나 그러한 규모는 아닐지라도, 우리 모두는 그런 기적들과 관련된 믿음에 대한 성경의 예를 통해 배울 수 있다.

어떤 경우에는 내가 복음을 전하고 있던 사람이 아프거나 큰 위기에 직면해 있었고 그 사람은 내가 자기를 위해 기도하도록 허락했다. 우리가 기도할 때마다 하나님이 항상 사람들을 고쳐 주시는 것은 아니지만, 폴 리틀이 전도에 대한 그의 책들 중 한 권에서 지적한 것처럼 자신을 위해 기도할 때 화를 내는 사람은 별로 없다. 그러나 하나님은 내가 젊은 그리스도인이었을 때 배운 것처럼 종종 사람들을 고쳐주신다. 나는 이미 효과적으로 전도하고 있었다. 무신론자였다가 이제 막 회심한 고등학생이었던 나는 대학 진학을 위해 고등학생 때

살던 지역을 떠나기 전 대략 50명의 사람들과 함께 그리스도를 영접하기 위한 기도를 했다. 그러나 어느 여름 방학에 아파트에서 수리 작업을 하면서, 나는 사도행전에서 복음에 주의를 기울이게 하는 (유일한 방법은 아니지만) 가장 흔한 방법은 표징과 기적이라는 사실을 발견하기 시작했다. 나는 내 무신론적인 배경에 깔린 극심한 합리주의를 극복하고 하나님이 이런 식으로 그분의 복음을 확증하신다는 것을 믿을 수 있도록 기도하기 시작했다.

    내가 기도해준 첫 번째 사람에게는 아무 일도 일어나지 않았지만, 나는 이미 하나님이 매번 병을 고쳐 주겠다고 약속하지는 않으셨다는 점을 알고 있었다. 그래서 어떤 할머니 한 분이 와서 의사들이 자기 무릎을 전혀 고쳐주지 못한다고 투덜거리자, 나는 그녀에게 그 문제에 대해 기도하도록 허락해 달라고 요청했다. 며칠 뒤 그녀는 다시 와서 내가 기도한 뒤로 무릎이 완치되었다고 말하며, 이제 자신의 폐를 위해 기도해줄 수 있겠는지 물었다. 그녀는 이렇게 하소연했다. "기침하면 피가 나오는데 의사는 내가 폐암에 걸린 것 같다고 해요." 나는 그날 오후에 판이 그렇게 극적으로 커지리라고는 예상하지 못했지만, 점심 식사 시간에 그분의 아파트로 찾아갔다. 나는 하나님이 그녀의 병을 고쳐 달라는 내 기도에 응답하시든 그렇지 않든, 그녀가 언젠가는 돌아가실 테니 그리스도를 만날 준비가 되어 있어야 한다고 설명하기 시작했다. 그녀가 나와 함께 그리스도께 자신의 삶을 바치겠다고 기도한 뒤 나는 그녀의 치유를 위해 기도했다. 그녀의 피를 토하는 기침은 즉시 멈추었고 의사는 그녀가 완전히 나았다는 진단을 내렸다. 그녀는 대략 15년을 더 살았다.

일하는 중에 사람들을 위해 믿음의 기도를 드리는 일은 사도행전의 이야기만큼 극적이지는 않지만, 나는 그것이 올바른 방향에로의 출발점이기를 소망했다. 사람들은 하나님께서 자신의 절망적인 상황에 대해 관심을 기울이신다는 사실을 알게 되면 흔히 하나님께서 그들의 삶 속에서 하고자 하시는 나머지 일에 보다 더 많은 관심을 기울이게 된다.

예수님과 사도행전 교회의 모델로서의 엘리야

예수님과 사도행전에 나오는 그분의 주요 대리인들의 기적에 대한 누가의 대다수 기록과 가장 비슷한 구약의 예는 엘리야와 엘리사에 관한 이야기다. 엘리야와 엘리사는 몇몇 기적에 있어 아마도 모세를 모델로 사용했겠지만, (특히 엘리야는) 이스라엘의 통치자들이 기본적으로 그들의 메시지에 대해 적대적이었던 시대에 살았다. 따라서 지상 사역 기간의 예수님과 마찬가지로 그들이 이스라엘에 행한 사역은 행정 관리 사역이 아니라 예언 사역이었다. 예수님의 사역의 일부 측면들은 모세와 닮았지만 누가는 이 예언자들과 닮은 측면들도 강조한다.

엘리야와의 관련성을 지나치게 강조해서는 안 되지만 그럼에도 우리는 그것을 쉽게 알아볼 수 있다. 사람들은 엘리야가 돌아오기를 기대하고 있었다(말 4:5). 엘리야가 예수님과 교회에 대해 중요한 성경의 모델 역할을 하기는 했지만, 예수님은 분명 엘리야가 아니었다. 세례 요한은 어떤 의미에서는 약속된 엘리야, 즉 예수님의 선구자로서의 역할을 수행했다(눅 1:17). 더 나아가 문자 그대로의 엘리야는 모세와 마찬가지로 명백히 예수님께 복종한다(눅 9:30).

그럼에도 예수님이 행하신 대부분의 기적들은 구약의 다른 예언자들의 기적보다는 엘리야 및 엘리사의 기적과 더 비슷했다. 엘리야처럼 예수님은 과부의 아들을 살리셨다(왕상 17:17-24; 눅 7:11-17. 왕하 4:32-37을 비교하라). 엘리야와 엘리사처럼 예수님도 음식을 늘리셨다(왕상 17:13-16; 왕하 4:42-44; 눅 9:10-17). 예수님은 심지어 제자가 될 수도 있는 한 사람의 "쟁기"에 대해 말씀하심으로써, 엘리야가 엘리사를 부르는 이야기를 암시하시며 제자도에 대한 자신의 요구가 엘리야의 요구보다 더 크다는 점을 강조하셨다(왕상 19:19-21; 눅 9:61-62). 아마도 이 점이 가장 중요할 텐데, 예수님의 사역의 시작을 알리는 선언은 소외 계층을 향한 (궁극적으로 이방인들을 향한) 그분의 사명을 엘리야와 엘리사의 사역과 비교하였다(눅 4:24-27).

많은 저자들이 누가복음과 사도행전의 분명한 연관성을 지적해온 것처럼 이 두 책은 누가가 기록한 초기 기독교 선교 역사의 1권과 2권을 구성한다.[5] 2권에서 베드로(유대 기독교의 가장 중요한 대표자)와 바

• • •

5 누가복음-사도행전에서 인물들 사이의 유사점에 대해서는 특히 M. D. Goulder, *Type and History in Acts* (London: SPCK, 1964); Charles H. Talbert, *Literary Patterns, Theological Themes, and the Genre of Luke-Acts*, Society of Biblical Literature Monograph Series 20 (Missoula, Mont.: Scholars Press, 1974); Robert C. Tannehill, *The Native Unity of Luke-Acts: A Literary Interpretation*, vol. 1, *The Gospel According to Luke* (Philadelphia: Fortress, 1986); vol. 2, *The Acts of the Apostles* (Minneapolis: Fortress, 1990)를 보라.

울(초기 이방인 그리스도인들을 위한 가장 중요한 사역자)은 예수님이 행하셨던 것과 같은 많은 기적을 반복하면서 교회가 다양한 문화 속에서 그분의 사명을 어떻게 수행해야 하는지를 보여준다. 일부 주석가들은 심지어 누가가 예수님께서 교회를 통해 자신의 사역을 계속 수행하신다고 인식하기 때문에, 사도행전 1:1은 예수님의 지상 사역을 "예수께서 행하시며 가르치시기를 시작하신" 모든 일이라고 요약한다고 생각한다. 예수님께서 자신이 다시 오실 때까지 교회가 성령의 능력을 받아 세계 선교를 감당하라는 사명을 그에게 맡기시는 일로 누가복음이 끝나고 사도행전이 시작된다(눅 24:47-49; 행 1:8). 엘리야의 겉옷이 엘리사에게 떨어지고 다른 예언자 생도들이 그들의 스승을 본받으려고 애썼듯이, 승천하시는 예수님은 땅 끝까지 자신의 사명을 수행하도록 교회에 성령으로 능력을 부여하셨다(행 1:9-11).

오늘날에도 그런 일들이 필요한가?

나는 성경의 진리에 충실하고자 하기 때문에 비록 성경이 내 자신의 경험을 초월하더라도 성경이 말하는 내용을 이해하기 위해 노력해야 한다. 세계의 다른 지역에서 온 친구들도 비슷한 사건들을 내게 전해 주었지만, 나는 엘리야, 엘리사, 복음서들, 또는 사도행전에 적시된 규모로 일어나는 기적을 목격한 적이 거의 없다. 따라서 내 경험의 관점에서 보면 나로서는 오늘날에는 그런 극적인 기적은 일어나지 않는다고 믿기 쉬울 것이다. 그러나 나는 성경이 가르치는 것을 배우고 난 뒤로는 내 삶과 교회의 삶을 그 기준에 맞추고자 한다. 물론 단순히 우리 자신이 영적이라는 사실을 스스로에게 입증하기 위해 기적이 필요한 것은 아니지만, 엘리야 및 그와 비슷한 예언자들이 떠맡은 것과 같은 사명을 수행하기 위해서는 기적이 필요할지도 모른다.

세계의 일부 지역에서는 하나님이 주권적으로 기적을 사용하셔서 사람들을 자신에게로 인도하신다. 내 학생 중 하나인 인도 출신의 한 침례교 목사는 자신이 어떻게 아픈 이들이 낫도록 기도함으로써 반감을 품은 힌두교인들에게 복음을 전했는지 내게 말해주었다. 하나님은 풍성하게 응답하셨고 교인 수가 적었던 교회는 6백 명이 넘게 성장했다. 그는 이곳 미국에서 학생으로 있는 동안 미국인들을 위해 기도했을 때에는 같은 일이 일어나지 않는 것에 대해 좌절감을 표현했다. 네팔의 교회는 1970년에 1만 5천 명의 그리스도인이 있었는데 30년 뒤에는 약 40만 명으로 성장했다. 한 서구 그리스도인 관찰자는 이 회심자들 중 대략 절반이 직접적으로 기적을 목격하고 나서 회심했다고 보고했다.[6]

엘리야와 같은 능력이 오늘날 교회에서 활발하게 나타나고 있다 해서 곧 모든 신자가 엘리야와 같은 기적을 행해야 한다는 뜻은 아니다. 엘리사처럼(왕하 2:9, 15) "엘리야의 심령과 능력으로" 온(눅 1:17) 세례 요한은 하나님의 회개의 메시지를 담대히 선포했고 메시아를 소개했다. 그러나 그는 아무런 기적도 행하지 않았다(요 10:41). 그리스

6　Anil Stephen, "The Church on the Top of the World," *Christianity Today* (3 April 2000): 56-59, 특히 56, 58을 보라.

도의 몸의 다양한 지체에게는 다양한 은사가 있다(고전 12:4-30). 교회 전체는 그 구성원 가운데 일부(보통은 특히 불신자들에게 복음을 전하는 복음 전도자들과 사도들)를 통해 이런 구체적인 은사들을 다시 활용해야 한다. 더 나아가 하나님은 그 시대의 필요에 따라 시대마다 다양한 방식으로 역사하신다. 예를 들어 하나님은 요셉과 다니엘에게 특별히 꿈을 해몽하는 은사를 주셨는데, 이는 아마도 그들이 해몽이 성행하던 이방의 궁정에서 섬겼기 때문일 것이다. 또한 우리는 하나님이 그분께 긴급한 기적을 구하는 이들의 필사적인 믿음에 보상해주기도 하셨지만, **가장 성숙한** 믿음은 하나님과의 깊은 관계 속에서 나타난다는 점을 기억해야 한다. 그런 믿음의 관계는 우리가 장기적으로 시련을 견뎌낼 때 발전한다(예. 히 11:8-19, 23-29, 35-38).

그럼에도 엘리야가 행한 사역의 중요한 측면들은 여전히 교회 전체에 대해, 그리고 많은 측면에서 개별 신자들에게도 성령의 능력을 받은 사역의 모델로 남아 있다. 그래서 야고보는 신자들에게 치유를 위한 의인의 기도는 효력이 있다고 권고하는 한편(약 5:14-16), 엘리야는 우리와 "성정이 같은" 사람이었다는 점을 상기시킨다(5:17-18). 이 텍스트는 엘리야가 가뭄이나 비를 요청했을 때 하나님이 그의 기도를 들으셨다면, 하나님을 섬기는 우리 역시도 하나님이 우리의 기도를 들으실 것임을 믿을 수 있다고 선언한다.

나는 때로는 하나님이 엘리야의 기도와 같은 기도에 응답하시는 것을 보았다. 어느 날 아침에 우리의 대학 사역 부서는 리빙스턴 대학 홈커밍 가두행진에서의 행진을 계획했지만, 폭우로 우리의 증거가 약화되지 않을까 우려했다. 그래서 노스캐롤라이나 A&T 주립대학교의 신세대 캠퍼스 미니스트리(New Generation Campus Ministry) 지부에 속한 한 학생이 비가 멈추기를 구하는 기도를 인도하기로 결심했다. 대학 당국은 그 시간에 가두 행진을 취소하는 과정 중에 있었지만 나는 상관없다고 생각했다. 그런데 그 학생이 기도하자마자 마치 방금 잠근 수도꼭지에서 물이 조금씩 떨어지는 것처럼 비가 약해졌다. 몇 분 안에 비가 완전히 그쳤고, 그날 다시는 비가 내리지 않았다. 나는 전도에 열정적인 학생들의 믿음에 놀랐고, 그들은 하나님이 비를 다스리실 수 있는 분이라는 사실을 추호도 의심하지 않았다. 그다음 날 학내 교회에서 설교할 때 나는 야고보서 5장을 가지고 설교하면서, 하나님이 바로 전날 우리 가운데서 이 구절을 실행하셨다고 지적했다.

야고보는 엘리야의 믿음을 우리의 믿음의 본보기로 삼는데, 왜 우리가 하나님이 기적을 일으키시리라고 신뢰할 수 없는가? 우리가 우리 자신의 목표보다 세상 속에서 하나님의 일을 위한 하나님의 소원 안에서 행할 때, 성령은 우리에게 하나님의 뜻에 부합되는 일들을 간구할 담대함을 주신다(요일 3:21-24; 5:14-15).

또 다른 텍스트가 엘리야를 교회 사역에 대한 모델로 사용하는 것을 뒷받침해줄 수 있다. 요한계시록에 대한 어떤 제안도 논란이 많을 수 있겠지만, 일부 학자들은 요한계시록 11:3-6은 하나님의 교회(또는 교회의 일부 복음 전도자들)가 모세와 엘리야의 사역에서 나타난 것과 같은 기적적 능력을 경험하는 것을 묘사할 수도 있다고 제안한다. 천사는 요한에게 스가랴 4:2-3에서 취한 언어로 두 증인을 묘사하는데, 스가랴서에서 그 단어들은 스가랴 시대에 하나님의 사역을 이끄는 한 왕과 한 제사장을 가리킨다(슥 3:6-9; 4:6-14). 그러나 요한계시록에서는 하나님의 모든 백성이 왕국이자 제사장이다(1:6; 5:10; 출 19:6을 보라). 더욱이 요한계시록은 이 증인들을 "촛대"(11:4)라고 부름으로써 그들이 교회를 상징한다고 제안할 수도 있다(1:20. 그러나 슥 4:2, 11도 보라).[7] 이러한 제안이 정확하다면, 교회는 요한계시록 11:6에서 모세나 엘리야와 같은 기적을 행한다. 이 해석에 대한 동의 여부는 요한계시록을 전체적으로 어떻게 읽느냐에 달려 있지만, 이 제안에 동의하는 사람들은 여기서 신약 저자들이 엘리야를 교회를 위한 모델로 간주한 또 다른 사례를 발견할 것이다. 적어도 우리는 하나님이 표징을 통해 그 메시지를 뒷받침해주시는 복음 전도자들에 대해 더 많은 것을 배운다.

엘리야 모델의 실제적 함의

엘리야와 엘리사에 대한 성경의 묘사는 다양한 방식으로 우리에게 도전한다. 엘리야와 엘리사는 기적을 행하는 사역자였지만, 그들은 자신들에게 기적을 행하는 능력이 있다고 주장하는 오늘날의 많은 "번영" 설교자들과는 별로 닮지 않았다. 하나님이 엘리야에게 음식을 공급하셨지만, 까마귀가 갖다주는 음식을 먹고 시냇물을 마시는 것(왕상 17:4)은 결코 호화로운 삶이 아니다. 엘리사는 게하시가 적당히 재

---

[7] 내 책 *Revelation*, 289-303에 나오는 논의를 보라. G. K. Beale, *The Book of Revelation*, NIGTC (Grand Rapids: Eerdmans, 1999, 『NIGTC 요한계시록』, 새물결플러스 역간), 572-85도 보라.

산을 추구하는 모습과 관련해서 물질적 소유를 중시하는 행위를 명백히 거부했다(왕하 5:26-27). 더구나 엘리야의 사역은 그에게 적대적인 관리들에 맞서고, 그가 속한 사회의 경계 밖에서 살며, 자신을 부르신 분의 영예를 위해 죽을 위험을 무릅쓰도록 요구했다(왕상 17-19장). 엘리야와 엘리사는 소명 때문에 아마도 대부분의 다른 예언자들과 달리(민 12:1; 왕상 13:11; 대하 4:1; 사 8:3; 겔 24:18) (그러나 예레미야[렘 16:2-4], 요한, 예수님, 바울과 같이), 명백히 독신으로 지낼 수밖에 없었다.

예수님이 우리를 심지어 구약의 예언자들보다도 더 값비싼 헌신이 필요한 제자로 부르신다는 사실은(눅 9:61-62; 왕상 19:19-21), 예수님의 부르심이 중대하다는 사실을 보여준다. 엘리야나 엘리사와 같은 성령 충만한 삶은 일체의 상황에서 집 없이 지내는 것을 의미하지는 않지만(왕하 5:9에 따르면 엘리사는 집이 있었다), 그럼에도 우리가 하나님의 부르심을 위해 쉽게 포기하지 못할 만큼 중시하는 것은 아무것도 없어야 함을 의미한다. 나는 우리들 가운데 너무 많은 사람들이 자신은 성령의 사람이라는 모든 주장에도 불구하고 우리의 세속적인 위로와 자원과 활동을 너무 사랑해서, 하나님이 우리에게 복음을 위해 그것들을 포기하라고 **요구하고 계시더라도** 그 음성을 듣지 못하리라고 생각한다.

엘리야는 우리의 모델이 되기에는 너무 거룩한 사람이라고 생각하지 않도록, 우리는 잠시 숨을 고르고 엘리야도 우리와 똑같은 인간이었다는 사실을 기억해야 한다(약 5:17). 그렇다고 해서 엘리야가 오랜 세월 동안 하나님과의 친밀한 관계를 통해 배양된 믿음을 발휘했다는 사실을 부정하는 것은 아니지만, 이 믿음은 엘리야의 능력이 아니라 하나님의 능력에 의존했다(사도들 자신도 이 사실을 인식했다. 행 3:12-13을 비교하라). 엘리야는 오직 하나님의 명령에 의거해서만 기적을 일으켰다(왕상 18:36).

주제넘게 하나님의 목적을 선포하거나 기적을 일으키려고 하면 자기 자신과 하나님의 백성에게 공개적인 수치만 가져올 뿐이니(애 3:37-38을 비교하라), 하나님의 영에 대한 민감성을 배우지 못한 사람은 함부로 나서지 말아야 한다. 엘리야 자신이 하나님이 하셔야 할 일을 결정했다면 그는 틀림없이 까마귀가 아닌 다른 곳에서 음식을 얻었겠지만, 엘리야의 권위는 오직 하나님의 위임으로부터 나왔다. 우리 중 어떤 이들과 달리, 엘리야는 자신이 오직 하나님의 뜻을 행하기 위해 능력을 받은, 하나님의 종이라는 사실을 기억하지 않을 수 없었다.

그러나 엘리야는 하나님이 말씀하셨다고 확신했으므로 기적이 일어나야만 불이 붙을 수 있도록 제단에 물을 아낌없이 부었다. 극심한 가뭄의 시대에 물은 매우 귀한 필수품이었지만, 엘리야는 사람들로 하여금 제단 주위에 물을 붓게 했다(왕상 18:33-35). (하늘로부터 불이 내려온) 기적이 일어난 뒤에 엘리야는 동료 예언자들이 흘린 피에 대해 바알의 예언자들에게 복수할 수 있었다(18:40). 희생 당한 동료 예언자들 중 다수는 아마도 엘리야 자신의 제자였을 것이다(18:13을 비교하라).

그러나 처음에는 백성들이 하나님께로 돌이키는 것처럼 보였음에도 불구하고, 최고의 성공을 거두었다는 엘리야의 느낌은 오래 가지 않았다. 이세벨은 설득되지 않았고 권력이 약해지지도 않았다. 오히려 그녀는 엘리야를 또다시 도망자로 만들었다(왕상 19:1-2). 하늘에서 내려온 불은 이스라엘에 부흥을 가져왔어야 했지만, 오히려 반대만 더 늘어나게 한 것처럼 보였다. 많은 이들이 최선을 다해 하나님의 일을 함으로써 마침내 수고의 결실을 맺었음에도 불구하고 극복할 수 없어 보이는 좌절을 경험하곤 한다. 복음에 대한 반대를 고려하면, 우리는 하나님이 자신의 능력으로 개입하지 않으시면, 우리 자신의 은사와 하나님 나라를 위한 사역으로는 결코 하나님의 모든 목적을 성취할 수 없음을 깨닫는다. 우리와 똑같은 피와 살을 가진 사람이었던 엘리야는 낙심하게 되었다(19:3-5). 성령의 능력으로도 우리가 인간적이 되거나 낙심하는 것을 막지 못한다.

능력과 지시가 우리 자신이 아닌 하나님에게서 나온다는 사실을 깨달으면, 우리는 하나님이 적절하다고 보시는 방식으로 우리를 보내시고 또 우리를 사용하시도록 준비될 것이다. 우리는 하나님이 전도의 사역을 위해 교회에 표징을 허락해주시도록 기도해야 한다(행 4:29-30). 또한 우리는 하나님이 우리 각자에게 요구하시는 (표징과 고난과 오직 하나님 안에서 만족하는) 믿음의 삶을 살 준비가 되어야 한다. 궁극적인 목표는 표징을 초월하며, 심지어 전도와 교회 성장조차도 초월한다. 이런 다른 활동들이 지향하는 목표는 그리스도 안에서 성숙한 사람들을 배출하는 것이다(골 1:28). 하나님이 대부분의 그리스도인들에게 엘리야에게 주신 것과 같은 은사를 같은 정도로 수여하시지는 않겠지만, 우리 모두는 엘리야의 믿음과 인내와 신실함의 본보기에서 교훈을 배울 수 있을 것이다. 또한 우리는 하나님이 우리 세대를 위해 그런 종류의 영적 은사들을 지닌 하나님의 사람들을 일으키시도록 기도할 수 있을 것이다.

사탄은 주저하지 않고 자신의 능력을 드러낸다. 세상이 하나님의 능력이 더 크다는 것을 깨달으려면, 하나님의 대변자들이 그 사실을 믿고 그에 따라 행동해야 한다.[8] 때로는 우리에게 선택의 여지가 없다. 내가 성경 대학 1학년 시절에 노방 선교회에서 설교하고 있을 때 어떤 귀신들린 사람이 자신이 "적그리스도"이며 "루시퍼"라고 소리치기 시작했다. (문맥에서 벗어난 성경 인용은 귀신에게 맡기라. 성경에서 적그리스도나 루시퍼는 그 귀신을 지칭하지 않았다. 그러나 그 귀신에게 성경 해석의 기초 원리에 대해 강의하는 것은 그 상황에 유용한 접근 방식이 아니었을 것이다.) 나는 언제나 귀신을 쫓아낼 영적 준비가 되었다고 생각해왔지만, 스게와의 일곱 아들 이야기를 기억하니 귀신을 쫓아내기가 너무 무서웠다. 사도행전 19장에서처럼 그 사람이 내게 달려들어 내 옷을 찢어발기기라도 한다면 어떻게 되겠는가? 다른 사역자들이 그 사람을 데리고 나갔고 나는 최선을 다해 설교를 마무리했다. 그 사람은 구원받기 위해 그 선교회를 찾아 왔을지도 모르는데, 우리는 귀신을 쫓아낸 것이 아니라 그 사람을 쫓아냈다. 내 실패에 부끄러웠던 나는 이전에 내가 기도하는 중에 쫓아내려 했던 대부분의 "귀신들"은 실제 귀신이 아니었고 내게 진짜 귀신을 쫓아낼 믿음이 부족했다는 것을 깨달았다. 나는 더 강한 믿음의 사람이 되기로 결심했고 몇 달 후 다시 믿음을 시험받았다.

...

8   세계 여러 지역에서 서구 합리주의의 영향을 덜 받은 교회는 이미 기독교 변증학을 특히 능력 대결의 측면에서 본다. 예를 들어 William A. Dyrness, ed., *Emerging Voices in Global Christian Theology* (Grand Rapids: Zondervan, 1994), 11-12에 요약된 아프리카의 관점을 보라. 성경에서는 출 7:8-13; 12:12; 왕상 18:20-40을 보라.

이번에는 회심한 지 얼마 안 된 한 미망인의 집을 방문했는데, 그녀의 딸에게는 몇 가지 심각한 문제가 있었다. 내가 밖에서 그들을 위해 기도하고 있을 때 성령님이 갑자기 나를 그 집 안으로 인도하시더니 계단 통로 쪽으로 열려 있는 문을 통과해 지하실에 있는 또 다른 문을 향해 계단을 내려가게 하셨다. 그러나 나는 그 문에 다가갈 수 없었다. 어떤 악한 기운이 그 방에서 위협적으로 뿜어져 나왔는데, 그것은 마치 그 미망인 남편의 유령처럼 느껴졌다. 나는 "유령"은 단지 죽은 사람인 척 하는 귀신일 뿐이라는 것을 알고 있었기에, 하늘을 우러러 기도하고 나서 새롭게 힘을 받아 계단을 마저 내려갔다. 나는 문을 활짝 열고, 그 영에게 "거기서 나가서 다시는 돌아오지 말라"고 예수님의 이름으로 명령했다. 그 영은 즉시 사라졌다. 그 미망인을 다시 만났을 때, 그녀는 내게 전에 알지 못했던 세 가지 사실을 알려주었다. (1) 그 지하실 방은 그녀의 딸의 침실 바로 아래에 있었다. (2) 그녀의 전 남편은 주술에 빠져 있었고 그의 물건은 그 방에 보관되어 있었다. (3) 한 해 전에 그녀와 교제한 남자는 자기에게 신통력이 있다고 주장하며 그 방에 있는 그녀 남편의 "유령"과 대결하려 했지만 오히려 그 유령이 그 남자를 쫓아냈다.

내 자신이 직접 경험한 일을 나누는 것이 가장 편리하지만(나는 그런 경험들에 대해 더 많이 알고 있기 때문이다), 전도의 최전선에서 활동하는 다른 많은 사람들은 성령의 능력의 필요성에 대한 훨씬 더 극적인 이야기들을 가지고 있다. 오늘날 우리가 사는 도시들과 세계의 많은 미전도 지역들 가운데서 봉착한 문제들에 비추어볼 때, 나는 많은 경우 표징을 동반한 철저한 믿음이 없이는 "어려운" 지역에서 전도할 수 없으리라고 확신한다. 선교사들은 자주 하나님께서 표징을 주셨음에 대해 증언한다. 일부 종족들 가운데서는 대부분의 회심자들이 처음에는 꿈과 환상을 통해 전도되었다.

그러나 우리가 하나님께서 자신의 교회를 위해 은사들을 일으켜 주시도록 기도할 때(행 4:30; 고전 12:31), 우리에게 엘리야 같은 사람들만 필요한 것은 아니다. 성경에는 또 다른 사역 모델도 있다. 예를 들어 세례 요한은 어떤 면에서는 엘리야보다는 (아무런 표징도 보여주지 않았지만 임박한 심판에 직면해서 회개를 촉구한) 예레미야와 더 닮았다(요 10:41). 교회 전체는 현재 세상 속에서의 하나님의 선교에 대한 우리의 안주에서 우리를 흔들어 깨울 예레미야와 같은 예언자들을 더 많이 필요로 할지도 모른다. 하나님의 영이 우리에게 우리 세대에 그리스도를 전하는 데 가장 절실히 필요한 다양한 목소리를 주시도록 기도하자.

성령은 우리로 하여금 하나님의 일을 할 때 고난 받을 준비를 갖추게 하신다(막 1:7-13)

젊은 시절에 나는 고난이 예견된 상황에서 복음을 전했다. 나는 2주 연속 동네의 특정 구역에서 주일 밤에 누군가를 그리스도께로 인도했다. 셋째 주에도 나는 동일한 시도를 했다. 불행하게도 내가 첫 번째로 전도한 사람은 기분이 별로 좋지 않은 상태였다. 그는 즉시 화를 내며 내게 달려들더니 나를 주먹으로 때리고 발로 찼다. 나는 겨우 도망

쳤고, 그는 나를 다시 보게 되면 죽여버리겠다고 욕을 퍼부었다. 구타를 당한 뒤에는 며칠 동안 육체적인 고통이 이어지는 경우도 몇 번 있었다. 하지만 한번은 비록 머리카락이 뜯겨나가고 바닥에 머리를 계속 찧었지만 주님이 자비를 베푸셔서 아무런 고통도 느낄 수 없었다.

나는 미국에서 그런 일이 흔하게 일어나는 것은 보지 못했지만, 세계의 다른 지역에 있는 내 친구들은 더 많은 예를 이야기해주었다. 한 나이지리아인 교수는 10년 전에 어떤 이슬람 극단주의가 일으킨 폭동이 일어났을 때 자신이 대학생 선교회 간사로 있었다고 말했다. 그 폭동은 우발적인 것처럼 보였지만 사실은 급진적인 무슬림들이 그 마을의 모든 그리스도인 사역자들이 사는 곳을 미리 파악해두었다. 그들은 집집마다 다니며 사역자들과 그들의 가족을 살해했다. 내 친구와 그의 아내는 창문으로 돌이 날아오는 상황에서 아기를 껴안고 탁자 아래 웅크리고 있었다. 그들은 자신들이 그리스도를 전한 한 온건한 무슬림 이웃이 밖으로 나와 아랍어로 이곳은 "평화의 집"이라고 주장한 덕에 겨우 죽음을 모면했다. 보다 최근에는, 나와 가까운 나이지리아인 친구들이 (그에 뒤이은 갈등으로 양쪽에서) 수백 명의 사람들이 학살당할 때 동료 사역자들과 친척들을 잃었다. 전 세계에서 해마다 수천 명의 그리스도인들이 순교하고 있고, 컬럼바인 고등학교(1999년 4월에 이 고등학교에서 두 명의 학생이 총기를 난사해서 13명을 죽이고 23명에게 부상을 입힌 뒤 자신들은 자살한 사건—편집자 주)와 그 밖의 다른 곳에서 일어난 사건들은 그런 사건들이 미국에서도 점점 더 흔해질 수 있음을 시사한다.

우리로 하여금 그리스도의 이름을 위해 고난당하도록 준비시키는 일은 우리를 향해 성령께서 주시는 사명의 일부분이다. 복음서들은 세례 요한이 예수께서 성령으로 사람들에게 세례를 주시리라고 선언했다고 말한다. 우리는 나중에 이 책의 뒷 부분에서 마태복음에 나오는 이 약속을 더 자세히 살펴보겠지만, 여기서는 마가의 이야기를 살펴볼 것이다. 마가복음은 우리에게 이 이야기에 대한 가장 간결한 요약을 제공한다. 이는 마가가 이 이야기를 그의 복음서 서론에 포함시켰고 서론은 요점만 얘기하기 때문이다. 따라서 마가는 가장 관련 있는 요점만 포함시키고 이를 이용해 마가복음의 주요 주제를 도입한다.

마가는 그의 복음서에서 성령을 여섯 번만 언급하는데 그중 세 번은 서론에 포함되어 있다. 사람들은 마가가 이후 성령을 몇 번 밖에 언급하지 않는다는 사실로부터 그가 성령을 중요하게 생각하지 않았다고 추측할 수도 있지만, 오히려 마가에게는 성령이 훨씬 더 중요함을 암시한다. 서론은 보통 독자로 하여금 이어지는 내용에 대비하도록 한다. 마가는 성령이라는 주제를 중심으로 세 개의 구절을 연달아 배치한다. 곧 세례 요한이 성령으로 세례를 주는 분을 소개하고 (1:8), 성령이 예수님 위에 임하시며 (1:10), 성령이 마귀와의 싸움을 위해 예수님을 광야로 데려가신다 (1:12).

이 세 구절의 진행은 약속된 성령 세례를 베푸실 분 자신이 성령 세례를 받은 삶의 모델이며, 성령 세례를 받은 삶은 마귀의 나라와의 대결에서 승리하는 삶임을 의미한다. 마가복음의 나머지 내용은 계속되는 대결을 추적한다. 예수님은 병자를 고치고, 귀신 들린 사람들을 해방하심으로써 마귀를 패배시키신다. 이에 맞서 마귀는 자신의 종교적·정치적 대리인들을 통해 예수님을 공격한다. 예수님은 마침내 죽으시지만 부활로 죽음 자체를 정복하신다. 이것은 성령 충만한 존재의 모델이다. 그리스도인은 하나님의 능력을 나타낼 준비가 되어 있어야 하지만, 또한 그렇게 하기 위해서는 죽음이라는 대가를 치를 준비도 되어 있어야 한다. 성경에 영감을 불어넣으시고(막 12:36), 믿지 않는 자들이 비방한 기적적인 일을 행하시도록 예수님께 능력을 주신(막 3:22-29) 성령님은 또한 예수님의 증인들에게 기름을 부어 박해의 시대에 예수님의 메시지를 전하게 하실 것이다(13:11).[9]

마가는 하나님의 일을 하는 데 있어 성령의 능력을 강조했다는 의미에서 "은사주의적"이었다. 그러나 그는 하나님을 섬기는 일의 축복만 강조하는 오늘날의 일부 은사주의자들과는 사뭇 달랐다. 마가는 성령이 우리에게 하나님을 위해 큰일을 행할 뿐만 아니라, 하나님의 영광을 위해 고난도 당하도록 능력을 주신다는 것을 깨달았다. 사도행전에 나타나듯이 반박할 수 없는 하나님의 활동의 표징들은 회심뿐만 아니라 적극적인 적대 행위와 박해도 불러온다(예를 들어 행 4:7; 5:16-17; 14:3-6).

어떤 학자들은 마가가 로마의 고난 받는 교회를 위해 마가복음을 썼고, 바울은 그보다 몇 년 전에 그곳 교회에 편지를 썼다고 생각한다. 그 편지에서 바울은 성령이 새 시대가 도래하기 위한 산고를 통

•••
9   더 자세한 내용을 보려면 Spirit in the Gospels and Acts, 49-90을 보라. 마태는 예수님에 대한 성령의 증언을 비방하는 자들은(12:24, 31-32) 그로 인해 메시아로서 예수의 정체성을 거부하는 것이라고 덧붙인다(마 12:18, 28을 보라). 다른 저자들도 성령이 어떻게 예수님께 표징을 행하고(예. 행 10:38) 고난을 받을 수 있는 능력을 주셨는지를 강조한다(히 9:14). 성령은 부활에 있어서도 핵심적이다(롬 8:11; 벧전 3:18, 계 11:11을 참고하라).

해 현재 고통당하고 있는 피조물과 더불어 신음하시며, 자신과 더불어 "신음"하도록 우리를 초청하신다고 말했다(롬 8:22-23, 26). 따라서 하나님은 우리의 시련이 우리의 유익이 되도록 하신다. 성령이 드리는 기도는, 하나님이 우리가 그 아들의 형상을 닮게끔 만드시고 다가오는 시대에 우리의 역할을 감당하도록 준비하실 수 있게 한다(8:26-30). 요컨대 성령은 우리에게 우리가 다른 세상에 속해 있기 때문에 그 다른 세상을 위해 살고 있음을 상기시켜주심으로써 현재를 견딜 만하게 해주신다. 우리는 이 시대의 시민으로서가 아니라 다가올 세상의 주님께 충성하도록 부르심 받은, 이 시대의 침입자들로 여기에서 살고 있다.

결론

우리가 오늘날 이 세상을 복음화하기를 바란다면, 감히 우리 자신의 힘으로 그 일을 하려 해선 안 된다. 도슨 트로트먼이 언젠가 말한 대로, 초기 교회에는 오늘날 우리가 이 일을 하는 데 필요하다고 생각하는 온갖 도구가 없었다. 그들에게는 기독교 서적, 대중 매체, 빠른 운송 수단도 없었다. 그들은 자신들에게 은과 금이 없다는 사실을 인정했다.[10] 그러나 그들은 하나님의 능력을 철저히 믿었기 때문에 세상을

---

10 Dawson Trotman, "The Need of the Hour," *Discipleship Journal* 7 (January 1982): 24-

뒤집어놓았다. 하나님은 우리 모두를 똑같은 방식으로 증언하도록 부르시거나 준비시키지 않으신다. 사도행전에서조차 각 사역자들마다 서로 다른 방식으로 사역하도록 준비되었다. 아볼로는 토론에 능했고(18:28), 베드로는 표징을 행했다(5:15-16). 다른 그리스도인들(사도행전의 초점은 아니지만 아마도 대부분)은 여기저기 다니면서 그리스도의 복음을 전했다(8:4). 그러나 우리 각자는 증언하도록 부르심을 받았고, 우리가 하나님께 의지하는 법을 배운다면 하나님의 영은 우리를 저버리지 않으실 것이다.

때때로 하나님은 그저 우리가 기도하기를 기다리고 계신다(비교. 마 9:38; 눅 10:2). 내가 박사 과정에 있을 때 기독 학생회(InterVarsity)에 속한 몇몇 친구들은 내가 덜 개방된 국가에서 온 학생들에게 전도하는 것이 얼마나 전략적인지를 깨닫도록 도와주었고, 하나님께서 전도의 문을 열어주시고 또한 하나님이 전도의 문을 여셨을 때 내가 그것을 알아볼 수 있도록 도와주시기를 나와 함께 기도했다. 바로 그날 나는 두 학생에게 증언할 수 있었는데 그중 한 학생은 중국에서 온 일류 과학자였다. 그때부터 하나님께서는 아시아, 중동, 및 기타 미전도 지역에서 온 박사 과정 및 박사 후 과정 연구자들에게 정기적으로 복음을 전할 수 있는 문을 열기 시작하셨다. 우리는 하나님이 문을 여실 뿐만 아니라, 또한 그분이 우리로 하여금 사명을 수행할 수 있도록 능력을 주실 것이라고 믿을 준비가 되어 있는가?

• • •

26; Discipleship Journal 61 (January 1991): 31-33도 보라.

4장

성령과 우리의 삶

나는 기적적인 치유와 그 밖의 비상한 하나님의 자비의 표징들을 목격했지만, 내가 목격한 가장 큰 기적은 나와는 배경이 판이하지만 하나님이 내게 주신 것과 똑같은 성품을 지닌 그리스도인을 만나는 것이다. 헌신된 그리스도인들은 성격과 은사도 다양하고 문화 및 교회 배경도 다르지만, 우리는 함께 만날 때마다 곧잘 우리 하나님 아버지의 똑같은 형상을 인식할 수 있다.

앞의 두 장에서 강조한 것처럼, 하나님의 음성을 알아들으려면 하나님의 성품을 인식할 필요가 있다. 우리가 하나님의 성품을 인식하기 시작할 때, 그 성품을 공유한 사람들로 변화된다. 모세는 하나님의 영광을 보았고 그로써 하나님의 영광을 반영했다(고후 3:7-16). 우리는 언젠가 하나님의 영광을 온전히 보고 반영하게 되겠지만(요일 3:2), 이미 하나님을 더 잘 알아감에 따라 성령에 의해 하나님의 형상과 영광으로 변화되고 있다(고후 3:17-18; 4:6, 17).

이 장에서는 그러한 변화 과정을 다룬다. 오늘날 많은 사람들에게 하나님의 음성 듣기, 성령의 능력을 힘입은 전도, 영적 은사는 흥미진

진한 주제들이다. 반면 우리는 흔히 성령의 열매를 흥미진진하거나 초자연적인 것으로 간주하지 않는다. 마치 우리 스스로 성령의 열매를 드러낼 수 있다는 듯이 말이다! 그러나 순전히 인간적인 노력이 외적으로는 제 아무리 성령의 열매처럼 보이더라도, 그 뒤에 숨은 동기와 능력은 종종 매우 다르다. 우리 시대의 다양한 윤리적 이슈들에 대해 더 흥미를 느끼는 사람들도 있지만, 윤리적 이슈들이 중요하다 하더라도 궁극적으로 교회에서 하나님의 영의 능력이 역사하지 않으면 우리는 결코 교회를 윤리적·도덕적으로 정화하지 못할 것이다. 그 문제에 있어 하나님이 그리스도 안에서 자신의 영을 통해 우리 안에서 행하시는 일에 의지하는 법을 배우지 못한다면, 우리는 결코 우리 자신의 고군분투만으로는 승리를 얻지 못할 것이다.

이 책의 다른 곳에서 나는 "성령 충만"의 다른 측면들을 다룬다. 그러나 여기서 나는 성령이 우리 안의 깊은 곳에서 행하시는 일에 초점을 맞추려 한다. 성령은 우리를 하나님의 형상을 지닌 새 사람으로 만드신다. 성령은 우리의 삶에서 자신의 성품의 열매를 맺으신다. 진정으로 성령 충만한 사람은 다른 이들을 섬긴다. 그리고 오순절의 능력은 새로운 삶의 방식을 창조한다.

교회의 영적 갱신의 긴급성

사도행전 2장과 4장의 부흥은 북미 그리스도인들의 계몽주의적 반(反)초자연주의(기적에 대한 서구 문화의 회의)뿐만 아니라, 서구의 물질주의에도 도전한다(2:44-45; 4:32-37). 우리에게 예수님과 그분의 백성들의 필요가 다른 무엇보다도 중요한가? 문제는 금욕주의가 아니라(마치 소유가 나쁘기라도 한 것처럼), 우선순위와 희생이다.

이 장 끝에서 사도행전 2장의 예로 돌아오겠지만, 그 사이에 초기 교회와 북미 기독교 사이의 몇 가지 차이를 대비해보면 약간의 관점을 제공해줄 것이다. (여기서 나는 성경 저자들이 때때로 그러듯이, 우리가 종종 영원한 문제에 대해 얼마나 주의를 기울이지 않는지를 여실히 상기시키기 위해 약간의 냉소를 사용할 것이다. 표현이 좀 강할지도 모르지만, 나는 그런 표현조차 하나님께서 잃어버린 세상의 필요에 직면해 우리에게 주신 자원들을 비극적으로 낭비하는 모습을 충분히 반영하지 못한다고 생각한다.) 초기 기독교의 자기희생의 형태는 때로는 금욕주의에 가까울 수도 있는데, 이는 내가 오늘날 추천하는 것이 아니다. 그러나 동시에 그리스도를 위해 희생하려는 그러한 금욕주의자들의 열정은 불편을 감수하려고 하지 않는 우리의 모습을 부끄럽게 한다.

- **오락**: 2세기 그리스도인들은 비그리스도인 이웃과 사람들이 검투사나 짐승에게 살해당하거나 부상당하는 모습을 보러 원형 경기장에 가기를 거부했다.
- **청지기직**: 초기 그리스도인들은 가난한 사람들을 돌보기 위해 자신들이 가진 자원을 하도 많이 희생하다보니 상류층 이교도들이 그들을 분별력이 없다고 조롱할 정도였다. 그 사이에 교회는 자신들을 향한 그리스도인들의 사랑을 지켜본 제국 내의 가난한 사람들을 회심시키고 있었다. 훗날 안토니우스는 복음서에 기록

된 모든 것을 버리라는 예수님의 말씀을 듣고 이 명령을 문자적으로 따르는 일에 헌신했다.
- **전도**: 그리스도인들은 종종 죽음을 무릅썼고 때로는 복음을 증거하기 위해 순교했다.
- **정의 사역**: 초기 교회의 일부 구성원들은 노예를 사서 그들에게 기술을 가르쳐준 다음 풀어주었다.
- **전통적인 영적 훈련**: 그리스도인들은 기도, 성경 학습, 금식을 소중히 여겼고, 후대의 일부 그리스도인 수도사들은 하루의 대부분을 이런 훈련을 하며 보냈다.

반면 오늘날의 서구 그리스도인들은 이와 다른 문화적 가치 목록을 보여준다.

- **오락**: 우리는 다른 사람들의 고통을 즐기기 위해 원형 경기장에 가지는 않지만, 텔레비전과 비디오를 통해 그런 오락을 우리의 거실 안으로 들여온다. 우리는 단지 긴장을 풀기 위해 그런 영화와 프로그램을 시청하며 몇 시간씩 폭력이나 성적 부도덕을 지켜보면서도, 실제로 그것을 즐기지는 않는다고 주장한다. (확실히 우리는 좀처럼 성경을 공부하지 않으면서도, 매일 텔레비전 보는 시간보다 성경 공부가 즐겁다고 주장한다.)
- **청지기직**: 평균적인 북미 그리스도인은 수입의 2.5퍼센트를 헌금한다. 물론 우리는 미국 경제의 힘을 감안하면 우리의 2.5퍼센트가 안토니우스의 100퍼센트 헌금보다 더 많다고 설명할 것이다.

- **전도**: 그리스도인들이 무엇을 믿는지 알게 되고 자신도 그리스도인이 되기로 결심한 어떤 사람이 우리가 그리스도인이라는 사실을 알게 되더라도 우리가 복음 전도에 걸림돌이 되지 않도록, 우리는 최소한 비그리스도인들만큼은 좋은 사람이 되려 한다.
- **정의 사역**: 우리는 다른 그리스도인들과 해결할 수 없는 갈등을 경험할 때마다 그들을 상대로 소송을 제기한다.
- **전통적인 영적 훈련**: 우리는 식사 전에 기도하는데, 그토록 짧게 기도해도 된다고 생각할 정도로 믿음이 크다. 우리에게는 초기 교회보다 성경책이 많지만, 5시간씩 텔레비전을 보느라 성경을 **읽을** 시간이 별로 없을 것이다. 하지만 우리는 이따금씩 성경적인 생각을 묵상하고, 문맥에 어긋나더라도 성경 구절을 인용한다. 우리는 기아에 시달리는 지역에 사는 아이들에게 더 큰 도움이 될 수도 있었을 자원들을 소비함으로써 찐 살을 빼기 위해 다이어트 중일 때는, 식사와 식사 시간 사이에는 (간식을 먹지 않고) 금식한다. 다행히도 우리는 추수감사절과 성탄절에 우리나라의 노숙자들에게 먹을 것을 주고서, 그들이 이 구호품으로 그해의 남은 기간을 잘 헤쳐나갈 수 있을 것이라고 생각한다. (사회적 진화론을 수용하는 그리스도인들은 기아가 생존에 덜 적합한 사람들과 나라들을 제거하는 하나님의 방법일 수도 있다는 생각에서 또 다른 위안을 얻을지도 모른다.)

명목상의 그리스도인들은 기독교를 (비록 세상 문화와 별로 다를 바 없지만) 문화적으로 수용할 만하게 만드는 일을 기가 막히게 잘 해왔다. 그런 명목상의 그리스도인들은 "그리스도인"이라기보다는 "북미 신앙"의 소유자나 "우연히 고대 기독교 세계와 다소 유사한 교리를 지닌 북미인"과 같은 호칭으로 부르는 것이 더 적절할 수도 있다. 물론 명목상의 그리스도인과 깊이 헌신된 그리스도인 사이에 넓은 범위의 그리스도인들이 있다. 그러나 우리가 영원한 것들에 우선순위를 두지 않는 한, 우리의 습관에 대해 진지하게 생각해봐야 한다.

로마가 기원후 410년에 함락되었을 때, 이교도들은 (사실은 그렇지 않지만) 그것이 기독교의 확산으로 인한 신들의 심판이라고 불평했다. 아우구스티누스는 로마의 함락은 로마가 수세기 동안 음란한 죄들을 지은 것에 대한 심판이며, 로마 그리스도인들의 믿음이 하나님의 심판을 막기에는 너무 피상적이었다고 응답했다(벧전 4:17을 비교하라). 나는 세계의 다른 지역에서 죽음을 겨우 모면하고 비무장 상태의 동료 그리스도인 친구와 가족들이 살해당하는 모습을 보았던 그리스도인들과 이야기해보았다. 많은 경우에 이들 그리스도인들은 대다수 북미 그리스도인들보다 더 신실한 그리스도의 증인이었다. 만일 우리나라에 고난이 닥친다면 우리는 시험에 대비할 준비가 되어 있는가? 그렇지 않다면 우리는 기꺼이 우리 자신과 동료 그리스도인들을 미리 시험에 대비하게끔 할 마음이 있는가?

거듭남과 새 창조

다행히도 변화의 과정은 우리의 자기수양에 의존한다기보다는 기꺼이 하나님의 도움을 받아들이려는 마음에 의존한다. 하나님께 대한 전적인 헌신이 우리의 제2의 천성이 되어야 한다. 사실 그것은 우리의 첫 번째 본성이 되어야 한다! 모든 사람은 자녀가 부모와 유전적인 특성을 공유하며 모든 생물이 자기가 속한 종의 특성을 지닌다는 점을 알고 있다. 이 진리를 가르치는 성경의 동일한 문맥(창 1:11-12, 21, 24-25)에서, 성경은 하나님이 인간을 창조하실 때 그들이 유한하고 제한된 방식으로 하나님의 자녀가 되고 그분의 형상을 지니도록 의도하셨다고 전한다. 하나님은 인간들이 그분의 창조세계를 다스릴 때 하나님의 도덕적 성품과 지혜를 드러내기를 원하셨다(창 1:26-28). 아담은 자신의 "형상", 즉 자신의 유전적 특성을 지닌 아들을 낳았다(창 5:3). 마찬가지로 하나님은 남자와 여자를 자신의 자녀가 되도록 자신의 "형상"으로 창조하셨다(창 1:26-27; 5:1). 새겨진 형상은 그분의 영광을 드러낼 수 없지만, 하나님의 자녀는 제한된 방식으로나마 그 영광을 드러낼 수 있다.

인간의 죄는 우리 안에 있는 하나님의 형상을 망가뜨렸지만, 그리스도 안에서 우리는 하나님의 형상으로 새롭게 "창조"되었다(엡 4:24). 바울이 우리를 "새 피조물"이라고 부르는 것도 무리가 아니다(고후 5:17; 갈 6:15). 새로운 피조물인 우리는 다가올 하나님의 새로운 세상의 선구자다(벧후 3:13-14; 계 21:1). 또한 우리는 하나님이 아담을 통해 하신 일을 새 아담이신 예수 그리스도를 통해 더 잘 행하셨다는 의미에서도 새로운 피조물이다(롬 5:14; 고전 15:22, 45).

하나님은 언젠가는 자기 백성들 속에 새 영과 새 마음을 두실 것이며(겔 36:26), 그때 그들이 하나님의 뜻을 행할 수 있도록 그들에게 하나님의 영을 주실 것이라고 약속하셨다(겔 36:27). 우리는 하나님의 영으로 말미암아 거듭났을 때 그 새 영을 받았다(요 3:6). 우리가 하나님에게서 날 때(갈 4:29; 요일 2:29; 3:9; 4:7; 5:1, 4, 18), 우리는 유전적 특성을 지니고 육체적으로 태어나는 것과 마찬가지로 하나님의 새로운 본성을 지니고 태어난다(요 3:6). 따라서 베드로는 "신성한 성품에 참여하는 자"가 되는 것에 대해 말한다(벧후 1:4). 그리스도의 몸을 이루는 우리는 그분의 지체다. 현대의 용어로 말하자면, 우리는 그분의 도덕 유전자를 공유하고 있다. 물론 하나님의 신성한 성품을 공유한다는 말이 우리가 삼위일체의 일부가 된다는 뜻은 아니다. 그런 뜻이 아니고, 우리는 하나님의 도덕적 성품을 공유함으로써 하나님의 최고의 형상이신(고후 4:4; 골 1:15; 히 1:3) 그리스도 안에서 하나님의 형상으로 새롭게 된다(롬 8:29), 예수님을 바라보고 예수님에 대해 배울수록 우리는 그분의 형상으로 변화되며(고후 3:18; 4:16-18; 골 3:10), 언젠가는 그분을 대면하여 보고 그분의 성품을 온전히 닮게 될 것이다(고전 15:29; 요일 3:2-3). 우리는 지금 우리의 삶 속에서 하나님의 영광을 반영하길 원하는가? 우리가 예수님을 더 친밀히 알게 되면, 산 위에서 하나님과 함께 지낸 모세처럼, 우리는 하나님의 영광을 더 온전하게 반영하기 시작할 것이다(고후 3:3-18).

 신약은 단순히 그리스도인의 삶이 시작된다고 주장하는 것이 아니라 새로 태어난다고 주장한다. 삶은 잉태와 출생으로 시작된다. 하나님은 우리를 새롭고 "영원한 생명"(요 3:3-5, 16)으로 잉태하시고 낳으셨다. 그 구절을 어떻게 번역하느냐에 따라서, 바울은 심지어 신자들이 "하나님의 생명"(엡 4:18)을 공유하고 있다고 말하고 있는지도 모른다. 우리는 지금 어떻게 되어가고 있는지를 그분께 의존한다(갈 2:20). 마찬가지로 우리가 하나님의 자녀로서 하나님 안에서 우리의 상속을 신뢰할 수 있는 까닭은 우리가 하나님에게서 났기 때문이다(벧전 1:3-4).

우리 안에 하나님의 새로운 성품이 있다고 해서 우리가 자신의 변화에 대해 수동적이어도 된다는 뜻은 아니다. 바울은 우리에게 옛 피조물을 벗어버리고 하나님의 형상을 지닌 새로운 피조물을 입으라고 말한다(엡 4:22-24). 우리는 순종의 삶을 통해(엡 4:25-32) 그리스도 안에 있는 모델과 하나님의 형상을 닮아가며(엡 4:32-5:2), 새로운 본성은 점점 더 우리가 살아가는 방식의 일부가 된다. 베드로는 우리가 진리에 순종함으로써 우리 자신을 정결케 한다고 말한다. 하나님이 그분의 말씀, 그분의 성품을 반영하는 씨앗으로 우리를 새롭게 낳으셨기 때문이다(벧전 1:22-25; 비교. 눅 8:11; 약 1:21; 요일 3:9). 그다음에 베드로는 엄마 젖에 의지하는 아기들처럼, 우리도 하나님의 메시지를 흡수함으로써 계속 자라간다고 덧붙인다(벧전 2:1-2).

하나님은 외부의 시련을 사용하셔서 우리가 하나님의 형상을 닮도록 하시지만(롬 8:18-29. 고후 4:10-11과 16-18을 비교하라), 특별히 우리 안에 있는 그분의 영을 통해 역사하신다. 훈련은 우리가 성령께 협력하는 데 도움을 줄 수 있지만(고전 9:24-27과 딤후 2:3-5를 비교하라), 우리는 하나님이 우리를 그리스도의 형상으로 변화시키시리라고 신뢰해야 한다. 바울은 그리스도께서 친히 자기 안에서 역사하셔서 자신의 사역을 성취하신다고 주장한다(고전 15:10; 고후 13:3-6; 갈 2:8; 골 1:28-29). 또한 바울은 바로 우리 안에서 역사하시는 하나님과, 우리 안에서 사시는 그리스도께서 우리에게 성숙을 가져다주신다고 주장한다(고전 12:6; 갈 2:20; 엡 3:20; 빌 2:12-13. 살전 2:13을 비교하라). 우리는 이런 주장들을 담대히 믿는가?

성령의 열매(갈 5:16-25)

회심(본서 7장을 보라)은 신자들에게 그리스도의 구원 사역을 적용하며, 계속되는 성령의 사역은 우리로 하여금 그리스도의 성품을 따라 자라게 한다. 바울이 갈라디아 교회에게 성령의 열매에 대해 쓴 것은 우연이 아니다. 그들은 의로움을 그리스도 안에서 주어진 하나님의 값없는 선물로 받아들이는 대신, 스스로 성취하려고 애쓰고 있었다. 의는 회심의 순간에 받는 선물이지만, 매일 의롭게 살아가는 일 또한 그 선물의 일부다(엡 2:8-10).

율법이 할 수 없는 일

율법은 좋은 윤리적 기준이었지만 그 자체로는 아무도 구원할 수 없었다. 하나님은 자기 백성에게 좋은 삶의 기준을 주셨지만, 이스라엘은 처음부터 그리고 거듭 율법을 어겼다. 하나님은 율법이 자기 백성의 마음에 새겨질 경우에만 그들이 율법을 지킬 것임을 아셨다(신 30:11-14). 그래서 하나님은 바로 그 일을 성취할 새로운 언약을 약속하셨다(렘 31:31-34). 에스겔은 이러한 도덕적 능력의 부여가 어떻게 작동할지 설명한다. 하나님은 자기 백성들의 영을 깨끗케 하시고, 그들 안에 자신의 거룩한 영을 두실 것이다(겔 36:26-27). 바울은 규칙적으로 이 약속을 되풀이한다. 성령은 우리를 하나님의 방식대로 살도록 변화시키신다(롬 8:2-10; 14:17; 갈 5:13-6:10. 갈 2:20을 갈 5:24-25; 롬 15:30; 엡 4:25-32; 빌 2:1; 골 1:8; 살전 4:8; 2:13; 벧전 1:2, 22; 요일 3:6, 9; 5:18과 비교하라).

구약의 율법은 다른 모든 문화의 법률들처럼 사람들의 외면적 행동을 다루었지만, 예수님은 단순히 외면적으로 준수하는 것 그 이상을 요구하신다. 율법은 "살인하지 말라"라고 경고하는 반면, 예수님은 "살인을 원하지 말라"고 요구하신다. 율법은 "간음하지 말라"고 경고하는 반면, 예수님은 "간음을 원하지 말라"고 요구하신다(마 5:21-28). 단순한 인간적 노력으로는 우리의 마음을 변화시킬 수 없다. 인간적 노력은 우리가 다른 사람을 속이든 우리 자신만을 속이든 간에 우리를 일종의 위장된 의(義)인 부인(否認)에 이르게 할 뿐이다(요일 1:7-10).

예수님은 우리를 구원하고 우리에게 자신의 영을 주시기 위해 오셨다. 예수님은 우리를 내면적으로 새롭게 하셔서 우리가 옳은 일을 원하도록 만들기 위해 오셨다. 규칙은 죄를 억제하는 역할을 하지만, 우리 안에 살아 계신 그리스도께서는 우리를 변화시키신다. 바울이 갈라디아서에서 성령의 열매를 다루는 문맥에서 지적하듯이, 율법주의적이면서 동시에 성령으로 행할 수는 없다(갈 5:16-18). 율법주의적인 종교는 육체에 의존하지만, 성령 충만한 종교는 하나님과 하나님의 은혜의 능력에 의존한다.

갈라디아 기독교에서의 육체와 성령

갈라디아에서 모든 사람들이 예수 안에 있는 하나님의 은혜에 대한 바울의 이해를 공유한 것은 아니었다. 갈라디아에 있는 어떤 유대인 그리스도인 "선교사들"은 바울의 이방인 회심자들에게 유대교의 관습을 부과하려 했다. 문제는 이 관습들이 유대교의 관습이라는 것이 아니었다. 문제는 어떤 관습도 우리를 구원할 수 없으며 어떤 문화도, 심지어 여러 가지 면에서 성경에 의해 형성된 문화도 구원의 복음과 뒤섞이면 안 된다는 것이었다. 바울은 갈라디아의 그리스도인들에게 보낸 편지 전체에서 이 거짓 선교사들의 주장을 반박한다. 인간의 종교는 기껏해야 "육체"의 성취에 호소하지만, 구원은 오직 성령(갈 3:2-5; 5:5; 16-25; 6:7-8)과 성령을 통해 우리 안에 사시는 그리스도(2:20)를 통한 하나님의 역사만 의존한다.

바울이 우리가 "육체"를 의존할 수 없다고 한 말은 무슨 뜻인가? (NIV의 "악한 본성"이라는 번역에 대해 만일 우리가 이를 우리 영혼 안의 악한 본성으로 생각한다면 그 번역은 잘못된 인상을 남긴 것이다. 이는 후대 그리스 철학과 영지주의에서 비롯된 개념일 수도 있다.) 구약은 "육체"로서의 인간이나 피조물의 연약함을 하나님의 영과 대조한다(창 6:3; 사 31:3). 바울 시대에 (사해 두루마리 사본을 쓴 이들과 같은) 일부 유대인들은 "육체적인" 것, 곧 단순히 인간적인 것은 연약하고 하나님 앞에 서기에 부적절하다고 생각했다. 타락한 우리 인간은 죄에 빠지기 쉽지만, 우리 안에 살아 계시는 그리스도는 우리에게 승리를 주신다. 따라서 우리는 육체적인 수단으로 죄와 싸우는 대신, 그리스도의 임재와 주권을 담대히 믿고 그리스도께서 우리를 통해 자신의 성품을 보여주시도록 할 필요가 있다.

바울은 갈라디아의 독자들에게 사랑은 율법의 참된 성취지만(5:13-14), "육체적"이고 인간적인 종교는 단지 영적 경쟁과 적대감만 가져올 뿐이라고 경고한다(5:13, 15. 고전 3:3을 비교하라). 유대인들은 종종 하나님의 계명에 따라 "행함"과 또 이를 통한 계명 성취에 대해 말했다. 바울도 마찬가지로 우리가 성령으로 "행하면" 육체의 정욕을 이루지 않을 것이라고 선언한다. 그리스어로 보면 바울의 단어들은 특히 단호하다. 성령의 뜻을 행하면서 동시에 육체의 뜻을 행할 수는 없다는 것이다(갈 5:16). 바울은 이어서 양립 불가능한 이유를 제시한다. 성령과 육체의 목표는 상호 배타적이다(5:17).

어떤 그리스 철학자들은 지혜로운 사람에게는 아무런 외부의 법률도 필요 없다고 말했다. 여기서 바울은 성령이 이끄시는 사람들은 "율법 아래" 있지 않다고 선언한다(5:18). 바울은 틀림없이 성령의 인도하심을 받는 신자들은 율법이 우리 마음속에 기록되었기 때문에(렘 31:33; 겔 36:27) 사랑과 같은 율법의 도덕적 원리를 성취할 것임을 의미했다. 바울은 성령의 인도를 받는 이러한 생활 방식을 단지 인간의 힘이 원동력이 되는 삶(비록 그런 삶이 외적으로 아무리 종교적으로 보일지라도)과 대조한다. 위선적인 종교는 그 악한 정욕을 위장할 피상적인 겉치레만을 제공하면서도 의로운 체한다. 바울은 악덕 목록이라는 표준적인 고대의 문학 장치를 사용해서 육체의 "일"은 온갖 종류의 죄를 포함한다는 점을 분명히 밝힌다(갈 5:19-21). 바울은 갈라디아서 전체에 걸쳐 종교에서의 인간적인 "일"에 대해 이의를 제기해왔으므로,

갈라디아 교인들은 아마도 바울이 여기서 인간적인 종교의 부적절함을 시사했음을 인식했을 것이다.

바울은 신자들에게 "육체의 일"에 의존하는 대신 성령의 "열매"를 맺으라고 촉구한다. 예수님은 나무는 그 열매로 안다고 말씀하셨다. 나무는 그 본성에 따라 열매를 맺는다(마 7:16-20). 예수님은 우리가 그분께 의지하면 우리 안에 있는 예수님의 생명이 우리로 하여금 많은 열매를 맺게 할 것이라고 말씀하셨다(요 15:4-5). 바울은 그리스도인은 그리스도 안에 있는 새로운 피조물이라고 밝히면서, 우리가 악한 선택으로 의도적으로 좋은 열매를 억제하지 않는다면 우리의 본성 자체와 우리 안에 계신 하나님의 영의 임재가 스스로 좋은 열매를 맺을 것이라고 기대한다. 그리스도인의 행동은 우리의 새로운 정체성에서 나와야 하며, 우리의 정체성은 우리의 과거가 아니라 그리스도와 함께하는 우리의 운명을 통해 결정된다(롬 6:4-5).

바울은 우리가 언제나 새로움을 느낄 것이라고 말하는 것이 아니라, 믿음으로 우리의 새로움이라는 실재를 받아들이고 그에 따라 살아야 한다고 말하고 있다(롬 6:11). 육체나 자신의 인간적인 노력 자체가 아니라 그리스도와 그분의 영의 변화시키는 능력이 선행을 낳는다. 그리고 바울은 계속해서 우리는 참으로 육체가 아닌 성령께 속해 있기 때문에 그렇게 살아야 한다고 말한다(갈 5:24-25). 예수님은 은혜로 우리를 죄에서 구원하셨다. 마찬가지로 우리는 이제 (그리스도의 완성된 사역에 대한 믿음으로[갈 2:20; 5:24; 6:14] "우리 자신을 죽은 자로" 여김으로써[롬 6:11]) 죄에서 구원받은 사람답게 살 수 있다. 나는 신자들이 새 차나 그 밖의 욕망을 "고백하며" 다니는 것은 잘못된 일이라고 생각하지만, 성경은 우리에게 하나님이 우리를 그리스도 안에서 어떤 존재로 재창조하셨는지 끊임없이 상기하도록 **초대한다**. 우리를 그리스도 안에서 새롭게 만드신 바로 그 성령님(갈 4:29; 6:15)이 우리에게 그리스도 안에서 우리의 새로운 정체성(느낌이나 우리의 과거나 우리의 상황이 아니라 그리스도로 인해 결정된 정체성[갈 5:16, 25, 롬 8:13도 보라])을 깨달을 능력을 주신다. 바울은 갈라디아 교인들에게 이 점을 강조하지만, 다른 교회들에게도 같은 방식으로 가르친다. 복음이 우리 안에서 만들어내는 모든 선행은 "열매"인데(빌 1:10-11; 골 1:10), 이 열매는 사랑하는 법을 이해하는 데서 나오며(빌 1:9), 우리의 미래의 소망으로 인한(골1:12) 즐거운 인내(골 1:11)를 포함한다.

바울 시대의 다른 유대인들은 도덕적 정화와 특히 예언적인 능력과 관련하여 성령의 사역을 강조했지만, 성령이 우리로 하여금 하나님의 도덕적 성품을 공유할 수 있게 하신다고는 거의 주장하지 않았다. 바울은 그의 동시대인들이 강조했기 때문이 아니라, 성령의 열매가 자신과 그 밖의 초기 그리스도인들이 그리스도 안에서 경험한 실재의 일부였기 때문에, 성령의 열매를 강조한다.

성령의 특정 열매들

왜 바울은 성령의 특정한 열매들을 열거하는가? 바울은 다른 열매도 열거할 수 있었는가? 바울의 다른 서신들은 실제로 성령이 신자 안에서 맺으시는 열매들에 대한 목록(갈 5:22-23)은 영적 은사 목록(엡 5:9;

빌 1:11; 골 1:6, 10을 보라. 약 3:17과 비교하라)과 마찬가지로 즉흥적일 수도 있음을 암시한다.

그럼에도 바울이 열거하는 열매의 표본은 성령이 어떤 종류의 삶을 산출하시는지 잘 알려준다. 율법주의적인 종교는 흔히 다툼과 영적 경쟁으로 이어진다. 그것은 자기중심적이고 오직 육체, 즉 자아에 의해서만 힘을 얻는다(갈 5:13-15, 19-21). 이와 대조적으로 성령은 우리에게 자기희생적인 사랑의 섬김을 요구한다. 성령은 그리스도의 몸 안에서 협력과 건강한 관계를 낳는다(갈 5:25-6:10). 우리가 서로에 대해 성령이 우리에게 행동하시는 것처럼 행동할 때, 우리의 삶 속에 나타나는 성령의 임재와 영향력이 분명해진다. 바울이 열거하는 열매의 대부분은 우리가 서로를 어떻게 대하는가와 관련된다.

사랑

바울이 처음 열거하는 열매는 이 문맥에서도 가장 중요하고(5:22; 5:13-15와 5:26-6:2를 보라), 보편적으로도 가장 중요하다. 바울은 다른 곳에서 믿음, 소망, 사랑을 기독교의 가장 중요한 미덕으로 열거하지만(갈 5:5-6; 골 1:4-5; 살전 1:3), 가장 큰 미덕은 언제나 사랑이다(고전 13:13). 고대의 많은 저자들에게 사랑은 많은 미덕들 중 하나일 뿐이었다. 그러나 초기 기독교 저자들은 성경의 법에 대한 예수님 자신의 해석에 따라(막 12:29-31; 요 13:34-35; 15:12; 롬 13:8-10) 사랑이 가장 중요한 미덕이라는 데 동의했다.

사랑은 바울이 여기서 가장 강조하고 싶어하는 열매다. 사랑은 율법 전체의 도덕적 의도를 성취하기 때문이다(갈 5:14; 6:2). 갈라디아 사람들은 그들 자신의 노력을 통해 율법을 성취하고자 했지만, 바울은 갈라디아서 전체에 걸쳐 그리스도의 영이 그들 안에 살아 계신다면 그들은 사랑의 열매로 율법의 의도를 성취할 것이라고 주장한다. 그들은 도덕적 성취를 위한 인간의 율법주의적인 노력 대신 믿음으로 그리스도의 완성된 사역을 의지하고 사랑으로 행함으로써 그 믿음대로 살아갈 필요가 있었다(갈 5:6). 우리를 하나님 앞에서 의롭다 하시려는 하나님의 자비로운 행동을 받아들일 때, 우리는 개인적인 영적 성취 또는 경쟁에 대한 욕구에서 자유로워지며 다른 사람들의 필요에 헌신할 수 있다. 성령의 임재에 대한 그 밖의 많은 표현들(예를 들어 다른 사람과의 화평, 서로에 대한 인내, 온유함 등)은 이 사랑의 열매와 관련이 있다(갈 5:22-23; 6:1). 바울은 이렇게 외친다. "이같은 것을 금지할 법이 없느니라"(5:23. 5:18과 6:2도 보라).

희락

희락은 우리에게 하나님이 우리와 함께 계신다는 확신이 있기 때문에 신자들이 드리는 찬양과 예배의 언어다(시 5:11; 9:14; 13:5; 32:11; 35:27; 42:4; 43:4; 48:2, 11; 63:7; 67:4; 71:23; 105:43; 119:162; 132:9, 16; 149:2). 오로지 합리적인 성향의 예배에만 익숙한 일부 그리스도인들은 여러 아프리카계 미국인, 비서구인, 전통적 오순절 교회 등의 교인들이 격렬하게 손뼉을 치며 부르는 찬양을 불쾌하게 여긴다. 교회 예배는 가르침이라는 이성적인 요소를 포함해야 하며 감정이 무질서해질 수도 있지만, 바울이 성령의 열매 목록에서 희락을 두 번째로 나열했다는 사실에 비춰볼 때 우리의 예배 형태가 희락을 억제한다면 그 형태를 재고할 필요가 있다. 물론 겉으로 드러나게 하든지(예를 들어 춤으로, 시 30:11; 149:3; 150:4) 보다 조용하게 하든지(하나님 앞에 잠잠히 있음으로써, 시 46:10) 간에 기쁨과 찬양을 표현하고 하나님의 위대하심을 느끼는 구체적인 방식은 다를 수 있으며 이 방식들 모두 적절하다. 차이점은 흔히 문화에 기반을 두고 있다.[1] 많은 전통적 흑인 침례교회, 라틴계 오순절 교회 및 그 밖의 교회들에서는 한 주 내내 힘든 일로 씨름한 사람들이 모여서 또 다른 한 주를 맞게 하시는 하나님의 선하심을 찬양한다.

그러나 조용히 찬양하든 큰 소리로 하든 우리는 주님께 대한 신뢰의 표시로 주 안에서 기뻐해야 한다. 때로는 시련으로 인해 기쁨의 찬양을 드리기 어렵지만(시편은 기쁨뿐 아니라 탄식으로 가득하다), 정상적인 상황에서는 그리스도가 우리를 위해 행하신 일을 기억하고 기뻐해야 한다(빌 4:4-7; 살전 5:16-18; 약 5:13).

・・・

1 특정 형태의 춤은 흔히 문화적으로 표현된다는 점은, 특정 형태의 춤이 (감정적으로 강력한 아프리카 예배에 뿌리를 둔 "환성"과 같이) 하나님의 임재에 대한 환희를 표현하는 도구가 되는 일부 전통적인 미국 흑인 교회나 호라(원을 이루며 추는 이스라엘의 춤-역자주)나 그 밖의 춤을 주로 은사주의적인 예배에 통합한 "메시아닉 주"(예수를 메시아로 인정하는 유대인들) 교회의 예에서 볼 수 있다.

화평

화평은 갈라디아 사람들이 경험하고 있던 일과 정반대다. 화평은 분쟁의 종결이다(약 3:14-18을 보라). 화평은 때로는 내적 평온을 의미할 수도 있지만(아마 롬 8:6에서는 그런 뜻일 것이다), 바울은 보통 **화평**이라는 말을 하나님(롬 5:1. 엡 6:15를 비교하라)이나 서로간(롬 14:19; 엡 2:14-15; 4:3; 골 3:15; 살전 5:13), 심지어 외부인들(롬 12:18; 고전 7:15; 아마도 살후 3:16)과의 화해나 바른 관계를 의미하는 말로 사용한다. 바울은 규칙적으로 사람들 사이의 화평을 성령의 열매로 간주한다. 하나님이 우리를 평화의 유대로 연결해주셨기 때문에 그리스도인들은 우리 사이에 확립된 성령의 하나 됨을 보존해야 한다(엡 4:3). 하나님의 모든 선물은 우리를 한 몸 되게 하는 것과 한 성령 안에서의 더 깊은 연합으로 인도하기 위한 것이며(엡 4:4-12, 특히 13절), 이는 서로 사랑함으로써 실천해야 할 목표다(엡 4:25-5:2; 벧전 1:22).

이와 비슷하게, 바울이 성격상의 충돌로 골치를 앓고 있던 빌립보 교회(빌 4:2-3)에 보낸 편지는 예수님(2:5-11), 디모데(2:19-24), 에바브로디도(2:25-30)와 자기 자신(2:16-18)을 복종과 섬김의 예로 제시한다. 이 편지에서 바울은 연합(1:27-2:4)을 강조하면서 하나님의 백성들이 서로 온화하게 대하고 그들의 필요를 하나님 앞에 아뢰는 법을 배울 때 하나님의 평강이 그들의 마음을 지켜줄 것이라고 말한다 (4:2-9). 오늘 날 우리는 입심 좋게 그리스도인들 사이의 모든 대화에 **교제**라는 말을 갖다 붙이지만, 바울은 "성령의 교제"(빌 2:1; 행 2:42-44; 고후 13:14; 요일 1:3도 보라)를 강조한다. 관습적인 대인관계의 유대도 중요하지만, 우리의 연합은 그보다 더 차원이 깊다. 참된 모든 그리스도인 안에는 같은 하나님이 사시며, 그리스도의 몸의 다른 지체를 멸시하면서 그리스도인으로 행세할 수 있는 사람은 아무도 없다. 우리는 다른 사람들이 우리에게 행하는 일은 어찌할 수 없지만, 그것이 우리에게 달려 있는 한 모든 사람들과 화평해야 한다(롬 12:18).

말할 필요도 없이 그런 화평을 실천한다면 우리는 (영적인 은사나 하나님의 음성 듣기에 대한 서로 다른 해석을 포함한) 복음에 비해 부차적인 문제를 놓고 서로 분열하지는 않을 것이다. 미국의 거듭난 그리스도인들은 여러 문제를 둘러싸고 깊이 갈라져 있으며, 영적 은사에 관한 견해 차이뿐만 아니라 여성의 사역, 종말, 또는 인간의 자유 의지의 본질에 관한 견해 차이를 놓고도 다른 이들이 진정한 기독교에 속하는지 공격해온 사람들도 있다. 현대 문화에서 우리가 직면하고 있는 더 큰 도전들에 비춰볼 때 그러한 분열은 비극적이다. 연합은 우리가 모든 세부 사항에 동의함을 의미하지 않고, 우리가 서로 사랑하며, 차이에도 불구하고 복음의 유익을 위해 협력함을 의미한다.

오래 참음

오래 참음(인내, 또는 참을성)은 시련을 견뎌내는 것을 가리킬 수도 있지만(골 1:11; 약 5:10-11), 바울은 대개 이 말을 인간 관계에 적용한다. 오래 참음은 인간에게 인내하시는 하나님의 특징이며(롬 2:4; 9:22), 사도들이 반대에 대처하는 방식을 나타낸다(고후 6:1-6). 또한 오래 참음은 우리가 서로를 대해야 하는 방식을 특징짓는다(골 3:12-13; 살전

5:14). 바울은 규칙적으로 이 열매를 사랑(고전 13:4; 고후 6:6; 골 3:12-14)과 온유, 또는 겸손(엡 4:2; 골 3:12-13)과 관련짓는다.

자비

바울의 편지에서 자비(kindness, 친절)는 가장 흔하게는 자격이 없는 자들에 대한 하나님의 자비를 나타낸다(롬 2:4; 11:22; 엡 2:7; 딛 3:4). 이는 구약의 그리스어 번역본에서 이 단어가 사용되는 방식이기도 하다(그리스인들이 자비로운 통치자들에 대해 사용한 표현을 반영한다). 그러나 자비는 박해자들에 대한 사도들의 자비의 모델(고후 6:6)과 우리가 그리스도의 몸 안에서 서로에게 자비를 베풀어야 하는 방식(엡 4:32; 골 3:12)을 나타내기도 한다. 이는 불신자들은 결코 친절하지 않다는 뜻이 아니라(행 27:3; 28:2를 비교하라), 그리스도인들은 언제나 친절해야 한다는 뜻이다.

양선

양선(goodness, 선함)은 순종적인 신자의 특징이며(롬 15:14; 살후 1:11), 의와 진리와 더불어 우리의 삶 속에서 하나님이 행하시는 일(영적 열매)에 대한 일반적인 요약 역할을 할 수도 있다(엡 5:9; 골 1:10). 바울은 이 말을 구약의 그리스어 번역본에서 차용하는데, 거기서 이 말은 물질적으로 "좋은 것"(전 4:8; 5:11; 6:6; 9:18), 하나님이 자기 백성에게 과분한 선물을 주시는 일(느 9:25, 35)을 가리킬 수도 있지만, 도덕적으로 올바른 행동(삿 8:35[일부 사본]; 대하 24:16), 악함과 반대되는 것(시 52:3)을 가리킬 수도 있다. 아마도 바울은 이 말을 다른 미덕에 포함되지 않은 도덕적 탁월함을 가리키는 일반적인 수단으로 사용했을 것이다.

충성

충성 또는 (많은 학자들이 여기서 그렇게 번역하듯이) 신실함은 하나님과의 관계를 바탕으로 순종하며 또 하나님께 매달림으로써 그분께 대한 신뢰를 보여준다는 구약의 개념을 가리킨다. 또한 바울은 갈라디아서에서 그러한 신뢰는 오직 (유일하게 온전히 의지할 수 있는 분이신) 하나님만 의지하는 것이라고 강조하고, 율법주의적인 행위에 반대하면서 그러한 믿음(신실함)을 촉구한다. 우리는 믿음으로 그리스도의 메시지를 받아들임으로써 그리스도와 성령께로 나아오며, 우리 안에 계신 성령의 새로운 임재로 인해 믿음 안에서 계속 자라간다(갈 3:2-5; 5:5).

온유

온유(meekness)란 사람이 자기중심적이기보다는 주제넘지 않고 애정 어린 것을 뜻한다. 그런 사람은 소심한 것이 아니라 오히려 분노를 가라앉히는 부드러운 대답을 내놓는다(잠 15:1; 고전 4:21; 딤후 2:25; 약 1:21; 3:13; 벧전 3:15). 바울은 예수님을 온유함의 모델로 사용하며(고후 10:1; 마 11:29를 비교하라), 신자들도 서로 그렇게 대하도록 기대한다(엡

4:2; 골 3:12). 예수님은 불의에 대해 말(막 12:38-40; 요 18:23)과 때로는 심지어 힘으로(막 11:15-16) 대항하셨지만, 인간적인 권력을 잡으려 하지는 않으셨다(마 12:19-20; 21:5). 예수님은 "온유한 왕"(마 21:5)이셨다. 고대의 왕들은 흔히 진노하는 폭군이었지만 격정을 제어하고 백성들과 적들을 자비롭게 대하는 통치자들은 "온유하다"고 일컬어졌다.[2] 이 맥락과 가장 관련이 있는 열매를 나타내는 사람은 죄에 빠진 동료 그리스도인에게 생색내는 듯한 태도가 아니라 긍휼을 보여준다(갈 6:1; 비교. 고전 4:21).

절제

일반적인 그리스어에서와 바울의 편지에서 절제는 그것이 성적인 문제와 관련된 것이든(고전 7:9) 그리스도인의 규율을 보여주는 하나의 실례를 제공하는 운동 경기를 위한 훈련에 요구되는 그런 종류의 절제든(고전 9:25) 간에 자기 규율과 자신의 욕망에 대한 통제를 가리킨다. 규칙적인 묵상 시간을 유지하거나 혀를 절제하거나 삶 속의 어떤 습관을 통제하기 위해 우리 자신을 훈련하는 일이 오로지 인간적인 노력("육체")에 의존할 필요는 없다. 우리가 인식하든 못하든 간에 그리스도인이 그런 노력에 성공하는 것은 하나님의 영의 열매다.

• • •

2 가장 완전하고 가장 설득력 있는 가장 최근 자료인 Deirdre J. Good, *Jesus the Meek King* (Harrisburg, Pa: Trinity Press International, 1999)를 보라. 저자는 고대인들이 "온유"를 연약함이 아닌 자제력이 있는 도덕적 강함을 의미하는 데 사용했음을 보여준다.

미덕 목록은 고대 세계에서 흔한 것이었는데, 다른 많은 목록처럼 바울의 목록 역시 아마도 단지 하나의 표본을 대표할 것이다. 그럼에도 사랑이 바울의 목록에서 맨 위에 있다는 사실은 결코 우연이 아니다(고전 13:13을 비교하라). 우리는 우리의 삶 속에서 그러한 특성들을 계발하기 위해 노력해야 한다(벧후 1:4-11). 사실 이런 특성들은 그리스도 안에서 우리의 정체성을 특징지으며, 우리가 우리 안에서 부드럽게 인도하시는 성령께 복종할 때 우리의 삶이 어떤 모습이어야 하는지를 보여준다. 다른 사람들을 향해 사랑으로 온유하게 대하지 않는다면 어떤 영적인 은사가 있다 해도 성령의 사람들이 아니다.

성령과 복종(엡 5:18-21)

바울이 성령 충만한 삶에 대해 무엇을 더 말해주고 싶었든지 간에, 그는 성령 충만한 삶은 우리가 살아가는 방식에 영향을 준다고 말한다. 사도행전은 성령이 특히 우리에게 전도의 능력을 부여하신다는 점을 강조하는 반면, 바울은 성령이 예배와 타인과의 관계를 위한 능력을 주신다고 말한다. 바울은 우리가 더 이상 과거의 우리 자신이 아니기 때문에(엡 5:8) 빛의 열매를 맺어야 한다고 경고한다(엡 5:9). 그다음에 에베소서 5:18에서 바울은 술 취함에서 나오는 잘못된 종류의 영감을 성령 충만함에서 나오는 선한 종류의 영감과 대조한다.

바울은 그리스어로 "성령으로 충만함을 받으라"라고 명령한 뒤에, "감사하며", "복종하며"와 같은 몇 가지 종속절을 덧붙인다. 이 종속절들은 아마도 성령 충만에 뒤따르는 삶의 예들을 제시하는 절들일 것이다. 성령의 감동을 받은 신자들은 노래와 감사로 하나님께 예배할 터인데(5:19-20), 이는 바울의 대다수 독자들이 아마도 그들의 가정 교회에서 체험한 일일 것이다. 성령의 인도를 받는 예배가 다윗의 시대에 있었다면(대상 25:1-7), 성령의 인도를 받는 예배에 대한 이상적인 그리스도인의 체험은 틀림없이 보다 더 풍요로웠을 것이다(요 4:23-24; 고전 14:26; 엡 6:18; 유 20).[3]

그러나 성령 충만한 삶은 필연적으로 우리의 입술로 드리는 예배와 찬양 이상의 것을 포함한다. 그것은 "그리스도를 경외함으로 피차 복종"하는 것을 포함한다(엡 5:21). 비록 모든 번역본이 이 대목의 그리스어 텍스트가 표현하고 있는 생각을 반영하는 것은 아니지만, 이것은 성령 충만한 삶이 어떤 것인지를 설명하는 또 다른 종속절이다. 아내나 자녀를 구타하거나, 신자들을 비방하는 말을 퍼뜨리거나, 마음속에 끊임없이 앙심을 품고 있는 사람은 그 누구든 간에 제 아무리 많은 초자연적 은사를 받았다고 주장하더라도 결코 성령 충만하지 않다. 종교적인 사람들은 성경의 모든 일반 원리들을 받아들이면서도 흔히 성경에 나오는 대부분의 교정(correction)은 자신들에게 적용되지 않는다고 생각하기 때문에, 바울은 다행히도 계속해서 상호 복종이라는 말이 무슨 뜻인지를 설명한다.

・・・

[3] 전통적인 유대 어법에 따르면 비록 이 말에 방언뿐만 아니라 자신의 모국어로 드리는 예배(대상 25:1-7)가 포함될 수도 있지만, "성령 안에서"는 아마도 성령의 영감을 암시하는 표현이었을 것이다.

로마의 감방에서 글을 쓰고 있는 바울은 초기 교회가 직면한 위기를 잘 알고 있었다. 제국을 지배하는 로마의 엘리트들은 전통적인 로마의 가족 구조를 손상시키는 체제 전복적인 신흥종교들에 대해 매우 우려했고, 그리스도인들이 그런 체제 전복적인 신흥 종교에 소속된 자들이라고 의심했다. 바울은 그리스도인들에게 그들이 속한 사회의 최상의 가치를 옹호하라고 가르치며, 이를 위해 윤리적인 지혜를 전달하는 데 사용된 몇 가지 전통적인 형식을 차용한다. 철학자들은 아리스토텔레스 시대부터 남성 가장이 아내와 자녀들과 노예들을 어떻게 다스려야 하는지에 대한 지시 목록들을 제공해왔다. 바울은 아내들에게는 남편에게 복종하고, 미성년 자녀들에게는 부모에게 순종하며, 종들에게는 상전에게 복종하라고 가르친다. 이런 지침들을 제시할 때 바울은 어디서도 기독교 윤리를 타협하지 않는다. 그리스도인들은 권위 있는 사람들에게 복종해야 하며, 그 사회에서 가장은 항상 아내와 자녀와 종들에게 권위를 행사했다. (노파심 많은 독자들을 위해 부언하자면, 나는 바울이 다른 문화에 대해서는 자신의 원칙을 적용하는 방식을 적절히 바꿀 것이라고 생각한다. 오늘날 대부분의 그리스도인들은 최소한 노예제에 관해서는 바울이 문화마다 다르게 반응할 것이라는 데 동의한다. 그러나 우리가 이곳의 바울의 가르침을 오늘날 어떻게 재적용해야 하는지에 대한 다양한 견해들은 내 주된 논점에 영향을 주지 않는다.)[4]

• • •

4 나는 다른 곳(*Paul, Women, and Wives* [Peabody, Mass.: Hendrickson, 1992], 139-224)에서 내 견해를 표현했는데, 내 견해는 고든 피, 피터 데이비즈, 벤 위더링턴, 또는 그로타이스 같은 은사주의 학자들의 견해와 비슷하다. 그러나 내 친구 웨인 그루뎀을 포함한 다른

바울은 기독교의 미덕과 충돌하지 않는 로마의 가치들을 수용하면서도, 기독교의 미덕이 로마의 윤리를 훨씬 능가한다는 사실 또한 인식했다. 지배 받는 위치에 있는 이들뿐만 아니라 권위를 행사하는 자리에 있는 이들도 다른 사람들을 겸손히 섬겨야 한다. 그러므로 바울은 어디에서도 남편들이 아내와 자녀와 종들을 다스리라는 철학자들의 전통적인 권고를 단순히 되풀이하지 않는다. 그 대신 바울은 마치 그리스도가 교회를 사랑하시고 교회를 위해 자신의 생명을 내놓으신 것처럼 남편들이 아내를 사랑하도록 기대한다(엡 5:25). 우리 사회에서는 많은 남자들이 아기를 양육하기보다는 아기를 낳기만 하고, 다른 사람들을 섬기기 위해 자신이 가진 힘을 책임감 있게 사용하기보다는 다른 사람들을 다스릴 권력을 추구하고, 여성들을 존중하고 예우하고 섬기는 대신 학대함으로써 남성이 되려고 한다. 인간 역사를 통틀어 권력을 쥔 자들은 흔히 그 권력에 사로잡혀 다른 사람들을 억압하는 사람이 된다. 그러나 성령의 방식은 그와 다르다. 성령 충만한 남편은 아내를 위해 사랑으로 자기 생명을 내어놓을 정도로 아내를 섬겨야 한다.

이와 비슷하게, 바울은 아버지들에게 부당한 징계로 자녀를 좌절시키지 말라고 권고한다. 징계는 언제나 자녀의 유익을 위한 것이어야지 부모의 분노의 산물이어선 안 된다(6:4). 마지막으로, 바울은 집

⋯
은사주의 학자들은 이와 정반대 입장을 주장해왔다. 영적 은사에 대한 견해나 관습이 반드시 이런 문제에 대한 그 사람의 관점을 결정하는 것은 아니다.

안의 종들에게 진심으로 상전에게 순종하라고 권고한 뒤에, 상전들에게 우리 모두는 하나님의 권위 앞에서는 똑같은 처지임을 인식하고 종들에게 그와 같이 행하도록 요구한다(6:9). 이러한 가르침들을 받아들인다면, 그 자연스런 결론으로 권위의 남용이 없어질 것이고, 따라서 노예제도 자체가 폐지될 것이다.

다시 말해서, 바울은 (비록 종들에게 가능하다면 그들의 상황을 개선시킬 것을 권장하기는 하지만[고전 7:21]) 만일 우리가 하급자의 위치에 있다면 우리 문화에서의 권위의 역할을 존중하도록 요구한다. 우리가 권위 있는 위치에 있다면, 우리는 그 권위가 우리 자신에게서 나온 것이 아니라 하나님의 소명과 다른 사람들을 섬길 수 있는 기회에서 나왔음을 인식해야 한다. 우리는 섬겨야 할 책임이 있다. 성령 충만한 삶은 서로에 대한 진정한 복종으로 특징지어지는 삶이다. 다른 사람들에게 복종하지 못하고, 책임질 수 없고, 겸손하게 다른 사람을 사랑으로 섬기지 못하는 그리스도인은 성령 충만한 삶을 살지 못한다. 험담하고, 비방하고, 거만하게 행동하거나 권위적인 태도를 보이는 그리스도인은 하나님의 영의 열매를 말살한다. 바로 그 그리스도인이 영적인 은사를 발휘할 수 있거나, 하나님의 일에 있어 주도적인 역할을 하고 있거나, 다른 사람들이 그를 하나님 나라에서 높은 위치에 있다고 평가하더라도 위의 결론은 마찬가지다. 하나님은 우리에게 얼마나 많은 능력을 주셨는지가 아니라, 우리의 성품과 순종에 대해서 우리를 심판하실 것이다(비교. 마 7:15-23; 고전 3:6-15; 4:1-5).

바울이 이 구절에서 성령 충만한 삶을 부분적으로는 관계의 관점에서 정의하는 것은 놀랄 일이 아니다. 바울이 이 편지를 보낸 그리스도인들은 이 부분에서 명백히 다소 간의 문제가 있었다. 그래서 바울은 이 편지 전체에 걸쳐 연합(특히 엡 4:1-16)과 관계(4:25-5:5)를 강조하고 있다. 그러나 성령은 다른 교회들에서의 관계에도 영향을 끼치신다(갈 5:22-6:3). 또한 바울이 우리의 삶 속에 나타나는 성령의 능력을 우리가 서로를 대하는 방식과 관련짓는 유일한 신약의 저자도 아니다.

오순절의 열매(행 2:44-45)

성령의 열매에 대한 논의를 마치기 전에, 우리는 성령이 사역을 위해 우리를 준비시키시는 면을 강조하는 사도행전조차도 성령이 도덕적인 변화를 일으키신다고 가르친다는 점에 주목해야 한다. 에베소서와 같이 이러한 도덕적 변화는 관계에 영향을 끼친다. 사도행전에서 우리는 이러한 변화가 어떻게 한 교회의 전체 구성원들로 하여금 서로 관계를 맺을 수 있게 하는지를 볼 수 있다.

 오순절에 성령이 부어진 직접적인 표징은 방언을 통해 입증된 전도를 위한 예언의 능력의 수여였지만(행 1:8; 2:4, 17-18), 이 사건에 대한 누가의 묘사의 절정은 2:41-47에 나오는 오순절의 장기적인 영향이다. 오순절에 참여한 유대인 순례자들의 문화적 다양성(2:9-11)은 다문화 교회의 연합을 예견케 했고, 많은 문화를 대표하는 하나 된 교회의 일부가 되었다(2:41-42; 4:36; 6:1, 5). 신자들은 사도들의 가르침과 기도를 중심으로 하나 된 가운데 성장했고(2:42, 46-47), 사도들의 표징과 기적은 계속되었다(2:43).

그리스도인 공동체의 양적 성장 외에도, 이 공동체는 신자들의 상호 헌신을 통해 응집력면에서도 성장했다. "교제"에 해당하는 그리스어 단어(2:42)는 함께 시간을 보내는 일뿐만 아니라 경제적인 나눔을 뜻할 수도 있었다. 교회에서 친구들과 함께 외식하러 갈 때 우리는 흔히 잘 하고 있다고 생각한다. 확실히 그런 교제는 오늘날 교회에 출석하는 상당수 그리스도인들이 느끼는 고독감보다는 낫다. 그러나 최초의 그리스도인들은 성경적 의미의 교제에 대해 우리보다 훨씬 더 진지했다. 신자들은 "모든 물건을 서로 통용"했다(2:44).

"모든 물건을 서로 통용"했다는 것은 그들이 합숙소로 이주했다거나 길거리에서 함께 살았다는 뜻이 아니다. 그것은 그리스도인 가족의 한 구성원에게 어떤 필요가 있을 때마다 다른 구성원들이 그들의 소유물을 팔아서 그 필요를 충족시켰다는 뜻이다(2:45). 아무도 자신의 소유는 오직 자신만의 것이라고 주장하지 않았다. 모든 것이 그리스도의 몸 전체에 속했다(4:32). 우리는 오늘날 몇몇 교회 지도자들이 교회의 자원을 공평하게 분배하고 있는지 의구심을 가질 수도 있지만(4:35; 6:1-6), 그 원리는 여전히 유효하다. 사람이 소유물보다 더 중요하다. 그러므로 우리는 우리의 자원을 사용해서 다른 이들의 필요를 충족시켜야 한다(눅 16:9-15). 이러한 성경적 개념에 대한 우리의 빈번한 저항은 성령님이 다루고자 하시는 "도덕적 열매"가 우리의 지갑이나 돈주머니에 관련될 때 성령이 우리를 납득시키기가 얼마나 어려운지를 말해줄 수도 있다.

누가는 자신이 동의하지 않는 어떤 관행을 묘사한 것이 아니었다.

누가가 교회의 재산 공유를 묘사하는 데 사용한 그리스어 어구는 이상적인 공동체를 묘사한다. 누가는 초기 그리스도인들의 활동을 극찬한다. 그러나 누가가 고대 저자들이 피타고라스 학파나 에세네파 같은 다른 몇몇 이상적인 공동체에 대해 사용한 어구를 사용하기는 하지만, 그리스도인들의 사유 재산의 포기는 다른 집단의 경우보다 더 자발적이었다(5:4). 그것은 "공산주의적"이지 않았다. 그러나 우리는 이런 이유로 이를 약화시키지 않아야 한다. 차이의 핵심은 규칙이 아닌, 하나님이 그들의 마음을 변화시켰다는 것이다. 예루살렘의 그리스도인들은 그들의 재산보다 서로를 더 귀중히 여김으로써 하나님이 우선시하시는 것에 대한 관심을 보여주었다. 이는 인간적인 생각이 아니라 성령의 교제로 인해 생겨났다. 우리는 이를 오늘날의 교제 기준과 대조해 볼 수 있다. 오늘날의 기준에 의하면 교회 구성원들은 흔히 교회 안에 있는 다른 많은 이들을 알지도 못하며 외톨이 교인은 교회에 왔던 때와 마찬가지로 외롭게 교회를 떠난다.

우리는 우리의 삶의 방식을 통해 세상의 가치관에 도전할 수 있다. 나는 회심한 뒤로 항상 소박하게 살려고 애써 왔는데, 그 이유 중 하나는 내 자원들을 하나님 나라를 위해 가장 지혜롭게 사용하기 위해서였다. 그러나 이러한 헌신의 또 다른 이유는 나 자신의 삶의 방식을 통해 소유가 행복과 관련 있다는 세상의 거짓말에 반대하고 이를 거부하고 싶은 욕구였다. 침실이 하나뿐인 내 아파트는 연구 파일들로 가득차 있다. 내가 가지고 있는 침대 한 개도 아파트처럼 빌린 것이다. 아마 나도 언젠가는 자동차가 필요할 테고, 내가 결혼한다면 내 아내가 내 생활방식에 약간의 변화를 요구할 것이라고 확신하지만, 지금 내게는 자동차도 텔레비전도 없다. 현재 내 수입의 대부분은 개발도상국의 어려운 곳에 들어간다. (영적인 은사를 긍정하는 사람들은 모두 다 물질주의적인 "번영 복음"을 전파한다고 말해서는 안 된다!) 나는 모든 그리스도인이 나의 현재 생활방식을 공유하도록 기대하지는 않는다. 사실 가족이 있는 사람들은 그럴 수 없을 것이다. 나는 단지 물질적 풍요가 행복에 꼭 필요한 것은 아니라는 하나의 예로 내 생활 방식을 사용했을 뿐이다. 영원히 중요한 일들을 위해 우리의 모든 시간과 자원을 희생하는 것은 일시적인 쾌락이나 변덕에 시간과 자원을 낭비하는 것보다 훨씬 더 보람이 있다.

바울은 예루살렘에 있는 성도들을 위해 헌금을 모금함으로써(고후 8-9장), 예루살렘 교회가 모범을 보인 이 나눔의 원리를 적용 및 확대했다. 이제 세계 여러 지역의 교회들은 서로를 도울 것이다. 오늘날 세계의 특정 지역에 있는 그리스도인들이 궁핍하다면, 그리스도의 몸의 보다 부유한 지체들이 그들을 도와야 한다. 2세기에 이르기까지 기독교의 대적자들은 그리스도인들이 어떻게 소유물을 공유함으로써 서로를 돌보았는지에 대해 계속해서 언급했다.

박해가 뜸해지고 교회가 가난한 이들을 돌보거나 노예를 해방시키는 일보다 교회 건물에 더 많은 재정을 사용할 수 있게 된 이래로 서로를 돌보려는 초기 그리스도인들의 철저한 헌신이 약화되기 시작했다. 그러나 이러한 헌신은 성령이 부어진 첫 번째(행 2:44-45)와 두 번째(행 4:34-37) 사건의 특징이었으며, 오늘날에도 참된 성령의 부으심에는 그런 헌신이 동반된다고 기대할 수 있을 것이다. 왈도파, 프란체스코 수도회, 모라비아 교도의 갱신 운동에도 그런 헌신이 뒤따랐다. 그것은 존 웨슬리, 찰스 피니 등의 가르침의 일부였다. 과거에 성령이 부어졌을 때 웨슬리와 그 밖의 많은 지도자들은 근면, 절약, 관대함을 강조했다. 오늘날 성령의 대변인을 자처하는 사람들 중에 하나님으로부터 얼마나 많은 소유물을 얻을 수 있는지를 강조하는 사람들도 있지만, 참된 성령의 사람들은 그들의 형제자매들과 그리스도의 대의를 섬기기 위해 얼마나 많은 것을 내줄 수 있는지를 강조한다.

예수님의 주장을 담대히 믿을 때, 우리는 사람이 소유보다 더 중요하다는 원리에 따라 살게 된다. 그리스도를 사랑하는 사람이 우리 주님이 위하여 죽으신 사람들이 굶주리거나 복음 없이 지내는데도 아무런 영원한 가치가 없는 소유를 축적할 수는 없다. 물론 우리는 음식, 음료, 잠, 기타 하나님의 선물들을 악한 것으로 간주한 초기 교회 및 중세의 일부 금욕주의자들과 같아져서는 안 된다. 하나님은 우리가 하나님의 창조세계를 누리기를 원하신다(딤전 4:3-4; 6:17). 소유물은 악하지 않다. 단지 그것은 더 큰 인간의 필요 및 하나님 나라의 일과 비교해볼 때 가치가 없을 뿐이다. 그러나 금욕주의자들은 최소한 우리 대부분, 특히 서구 기독교권에 속한 이들이 잊어버리고 있는 희생의 가치를 알고 있었다는 점에서 우리를 부끄럽게 한다. 우리가 정말 그리스도를 사랑한다면 우리는 다른 사람들을 사랑할 것이다. 그리고 이 성령의 열매는 단순히 감상적인 느낌이 아니다. 그것은 행동과 헌신을 요구한다.

결론

우리는 실제로 우리 자신이 그리스도 안에서 새로운 존재라고 담대히 믿고 있는가? 우리 중에는 자신의 능력을 과신하는 사람들이 있다. 우리 자신의 실패에 너무 사로잡혀 있는 이들도 있다. 우리 모두는 우리 안에서 성령으로 행하시는 그리스도의 사역에 의존하는 법을 배워야 한다. 우리가 그분께 더 충분히 의존하길 원한다면, 그분께 우리 안에서 당신의 일을 행하시도록 간구하기 시작해야 한다(요 14:13). 그러나 조심해야 한다. 우리의 삶 속에서 하나님의 임재의 열매는 변화된 마음뿐만 아니라, 변화된 마음을 드러내는 변화된 행동과 관련이 있다. 그것은 우리가 무언가 대가를 지불해야 할 경우에도 다른 사람들과 관계 맺는 방식을 바꾸어야 함을 의미한다.

5장

영적 은사는 오늘을 위함인가?

나는 성경 해석을 다루는 박사 과정 세미나에서 루돌프 불트만에 대한 발표를 자원한 적이 있다. (불트만은 신약에 나오는 초자연적 기사들은 교훈을 주는 신화라고 생각하는 20세기의 주요 학자였다.) 나는 불트만이 성경 연구에 기여한 긍정적인 측면 몇 가지를 요약한 뒤에, 그가 성경의 기적을 거부한 것은 치명적인 결점이라고 생각한다고 비판했다. "불트만은 현대 세계에서는 아무도 기적을 믿지 않는다고 선언합니다. 그래서 오늘날 대부분의 사람들이 현대인이 아니라고 말합니다."

나는 발표 전에 교실을 둘러보며 하나님이 기적을 일으키셨다는 데 동의할 것 같은 학생들의 수를 조용히 세어 보았다. 그리고 계속해서 이렇게 말했다. "현대인들은 역사 속에서 가시적으로 행동하시는 하나님을 받아들일 수 없다는 불트만의 믿음은 이 교실에 앉아 있는 우리 대부분을 현대인이 아니라고 취급합니다. 실제로 그는 정통 그리스도인, 유대인, 무슬림뿐만 아니라 강신술 신봉자, 전통적인 부족 종교 신봉자, 그 밖에 초자연적 현상을 믿는 사람들, 요컨대 서구 합리주의자들과 그들의 일부 견해를 받아들인 무신론적인 마르크스주의자들을 제외한 모든 사람들을 배제합니다. 불트만은 단순히 자신의 20세기 중반 서구의 학문적 엘리트주의에 기초해서 현대 세계를 정의하는데, 그 결과 문화적으로 편협한 자기 민족 중심주의자가 되어 버렸습니다."

우리가 그 학교의 마지막 남은 불트만주의자로 알고 있던 박식한 지도 교수님은 당연히 내 견해에 반대했다. "불트만에게도 그의 전제가 있고 학생에게도 학생의 전제가 있지요!" 그렇게 대답하는 교수님은 다소 화가 난 듯했다.

"맞습니다." 나는 교수님의 지적을 인정했다. "저는 무신론자였을 때 기적이 일어날 수 있다는 점을 부인했습니다. 이제 그리스도인이 된 저는 하나님이 기적을 일으키실 수 있다고 주장합니다. 하지만 불가지론적이고 중립적인 출발점은 기적을 뒷받침하거나 부정하는 어떤 증거가 있는지 묻는 것이겠지요. 귀납적으로 기적이 없다고 주장하려면, 불트만은 기적에 대해 가능한 모든 주장을 조사해서 그것이 거짓임을 입증해야 할 겁니다. (그리고 그렇게 하더라도 그는 그 주장이 결코 사실일 수 없음을 입증하지는 못한 셈일 겁니다.) 하지만 저는 믿을 만한 목격자의 증거를 인용하기만 해도 기적이 **실제로** 일어난다고 주장하기 시작할 수 있습니다."

그래서 나는 바로 그 일(특별히 내가 고침 받은 당사자거나 다른 사람의 치유를 위해 기도한 당사자였을 때 믿음의 기도에 대한 응답으로 내가 목격한 즉각적인 치유 경험을 열거하는 일)을 하기 시작했다. 마지막으로 나는 이렇게 결론지었다. "이제 기적이 일어날 수 있다는 점을 아직도 부정하고 싶은 사람이 있다면 논리적으로 그다음 단계는 제가 믿을 만한 목격자가 아니라고 도전하는 것입니다." 나에 대한 배려 때문이었는지 아니면 좋은 논거가 부족해서였는지 교수님은 재빨리 주제를 바꿨다.

불트만을 추종하는 교수들만 회의적인 입장을 취하는 것은 아니다. 교회는 교회사의 대부분의 기간에 걸쳐 여전히 기적이 일어날 수 있다고 믿었지만(그리고 때로는 많은 거짓 기적을 받아들일 만큼 잘 믿었지만), 오늘날 일부 교회에서는 대부분의 초자연적 주장에 대해 회의적이다. 기적을 못 믿는 현대 서구의 편견이 대두된 뒤로 일부 서구 그리스도인들은 성경에서 기적이 일어났다는 점은 인정하면서도 현대에 기적이 일어난다는 증거를 얕잡아보게 강제하는 시스템을 만들어 냈다. 그들의 회의주의도 이해할 만하다. 하나님의 백성들이 현대에 와서야 비로소 역사적 상황 때문에 하나님이 자신의 세대에 강력한 이적을 계속 일으키실 수 있는지 의심하기 시작한 것은 아니다(삿 6:13).

하나님이 기도에 대한 응답으로 아직도 기적을 일으키실 수 있음을 인정하는 다른 많은 그리스도인들이 초자연적 은사는 중단되었다고 주장하며, 따라서 하나님이 성경 시대에 하신 것과 똑같은 방식으로 기적을 일으키신다는 것을 믿지 않는다.[5] 오늘날 일부 은사들의 빈

• • •
5   많은 은사 중지론자들의 입장처럼 하나님의 활동을 제한하지 않는 합리적이고 균형 있는 현대의 은사 중지론자의 입장은 Daniel B. Wallace, "Who's Afraid of the Holy Spirit?" *Christianity Today* (12 September 1994): 35-38을 보라. 은사 중지론을 옹호하는 더 많은 주장은 Richard B. Gaffin Jr., *Perspectives on Pentecost* (Phillipsburg, N.J.: Presbyterian and Reformed, 1979); John F. MacArthur Jr., *Charismatic Chaos* (Grand Rapids: Zondervan, 1992, 『무질서한 은사주의』 부흥과개혁사 역간)를 보라. 나로서는 은사 중지론의 입장에 동의하기 어렵지만, 내게는 (이 각주에 실린 두 저자를 포함해서) 이 입장을 취하는 깊이 헌신된 그리스도인 친구들이 있으며, 내가 그들에게 동의하지 않는다고 해서 그들을 존

5장 / 영적 은사는 오늘을 위함인가?

번한 남용과 가장(假裝)을 고려하면, 이 입장에는 어느 정도 매력이 있다. 그러나 많은 예외가 있기는 하지만, 하나님은 흔히 자신을 대표하도록 임명하신 종들의 기도나 사역과 연계해서 성경에 나오는 기적을 행하셨다. 이는 성경 전체에 걸친 패턴이기 때문에, (초자연적 은사가 중지되었다고 주장하려면) 어느 시점에서 이 패턴이 달라진다는 분명한 성경의 증거가 필요할 것이다. 이 장에서는 성경의 증거가 실제로 그런 입장을 뒷받침하는지 논의할 것이다.

달라스 윌라드는 하나님이 오늘날에도 성경에서 행하셨던 것과 똑같이 행동하시고 말씀하신다는 점을 의심하는 이들은 일종의 "성경 이신론자"라고 말한다. 원조 이신론자들은 하나님이 우주를 창조하신 다음에는 뒤로 물러나 적극적으로 개입하지 않는다고 생각한 반면, 오늘날 일부 그리스도인들은 마치 하나님이 성경이 완성되자마자 뒷전으로 물러난 것처럼 행동한다.[6]

비록 우리 중에 현재 사도행전에서와 같은 규모의 규칙적인 초자연적 은사를 목격하는 이들은 별로 없지만, 오늘날 대부분의 그리스도인들은 초자연적 은사가 여전히 존재한다는 점을 인정할 것이다. 그러나 (일부 오순절 교인들을 포함해서) 성경적 규모의 기적이 오늘날에도 일어날 수 있다고 인정하는 이들 중 다수는 실제로 그런 기적이 우리에게 일어난다면 놀라서 혼비백산할 것이다. 계몽주의 문화의 반초

• • •
중하지 않는 것은 아니다.
6 Willard, *In Search of Guidance*, 110-11.

자연주의가 서구 교회, 특히 교육 받은 유럽과 북미 그리스도인들 사이에 너무 만연해서 우리들 대부분은 초자연적 현상이라면 무엇이든 의심한다. 하나님이 초자연적 은사에 대해 오늘날 교회에 더 가르치실 것이 있을 수 있는가?

영적 은사는 초기 교회사에서 중단되었는가?

영적 은사는 특히 1960년대와 1970년대의 주류 은사주의의 부흥으로 인해 이 은사들에 대한 경험이 고전적인 오순절주의의 경계 너머로 번진 이래로 주된 논쟁거리가 되었다. (서론에서 언급한 대로 나는 "은사주의자"라는 말을 바울이 영적인 은사를 지칭한 용어인 **카리스마타**를 긍정 및 실천하고자 하는 사람들을 의미하는 말로 사용한다. 나는 일련의 관점들을 기술하지는 않을 것이다. 용어의 이러한 의미는 독립적인 교회들뿐만 아니라 매우 다양한 교파 출신의 그리스도인들을 포함한다.)

전통적인 "은사 중지론"이라고 불리는 입장을 계속 유지하는 사람들도 있다. 이 입장에서는 초자연적인 은사들(즉, 우리가 자연적인 관점에서는 설명할 수 없는 일체의[또는 대부분의] 은사들)은 사라졌다고 한다. 이 관점의 옹호자들은 대개 고린도전서 13:8-10이나 에베소서 2:20, 그리고 특히 역사를 근거로 자신들의 입장을 주장한다. 그러나 그들의 해석을 뒷받침하는 증거를 다른 이들은 강하게 (그리고 바르게) 논박한다. 이런 은사들이 오늘날에도 지속된다는 점을 부정하는 사람들은 또한 진정한 동료 그리스도인들 사이에서 일어나는 은사주의적 현상에 대한 다른 설명을 찾아야 한다. 과거에는 그런 현상을 귀신의 탓으로 돌린 사람들도 있지만, 오늘날에는 심리학적 해석이 더 빈번하다.

그러나 현대의 오순절 및 은사주의 운동을 제외하더라도, 교회는 역사를 통틀어 초자연적 은사들이 지속되었거나 주기적으로 반복되었다고 계속해서 믿어왔다.[7] 예를 들어 초기 교부들은 예언이나 기적 같은 은사들이 1세기처럼 왕성하지는 않았더라도 그들의 시대에도 계속되었다는 풍부한 증거를 제공한다.[8] 중세와 근대의 그리스도인들도 성령의 이러한 활동을 계속해서 받아들였다.[9] 사실은 은사 중지론이야말로 이전의 역사에서 별로 기록되지 않았다. 은사 중지론이 반

• • •

[7] 역사상의 은사주의적인 은사에 대한 균형 잡힌 견해는 D. A. Carson, *Showing the Spirit: A Theological Exposition of 1 Corinthians 12-14* (Grand Rapids: Baker, 1987), 165-68을 보라. 추가로 James D. G. Dunn, *Jesus and the Spirit: A Study of the Religious and Charismatic Experience of Jesus and the First Christians as Reflected in the New Testament* (London: SCM, 1975), 192를 보라. 은사주의 역사가의 관점에서 쓴 글로는 Eddie L. Hyatt, *2000 Years of Charismatic Christianity* (Chicota, Tex.: Hyatt International Ministries, 1996)를 보라.

[8] Gary Shogren, "Christian Prophecy and Canon in the Second Century: A Response to B. B. Warfield," *Journal of the Evangelical Theological Society* 40 (4 December 1997): 609-26; Ronald A. N. Kydd, *Charismatic Gifts in the Early Church* (Peabody, Mass.: Hendrickson, 1984); the sources in Siegfried Schatzmann, *A Pauline Theology of Charismata* (Peabody, Mass.: Hendrickson, 1987), 82 n. 40; 그리고 John Wimber with Kevin Springer, *Power Evangelism* (San Francisco: Harper & Row, 1986), appendix A, 157-74를 보라.

[9] *Initial Evidence: Historical and Biblical Perspectives on the Pentecostal Doctrine of Spirit Baptism*, ed. Gary B. McGee (Peabody, Mass.: Hendrickson, 1991)에 수록된 Stanley M. Burgess, "Evidence of the Spirit: The Ancient and Eastern Churches," 3-19, 그리고 "Evidence of the Spirit: The Medieval and Modern Western Churches," 20-40 (특히 20-26).

(反)초자연주의가 지배적인 문화에서만 발생했다는 사실은 결코 우연의 일치가 아닌 듯하다.[10]

그러나 역사 속에서 영적 은사가 중단되었다는 주장은 설령 그 주장이 확실히 사실이더라도 오늘날의 영적 은사에 반대하는 좋은 논거는 아닐 것이다. 은사가 중단**되어야 한다**는 것은 은사가 실제로 중단**되었다**는 주장에 근거한 논리적 결론이 아니다. 첫째, 표징과 기적은 심지어 성경 안에서도 (존재하지 않았던 적은 없었지만) 시기에 따라 부침이 있었다. 표징과 기적은 부흥의 시대에 특히 편만했다. 그렇다면 표징과 기적이 오늘날 부흥의 시기에 다시 흔해질 수는 없는가?

둘째, 은사는 중단되었고 따라서 중단되어야 한다는 주장은 한 가지 종류의 경험에 바탕을 둔 주장이다. 그러나 이렇게 주장하는 사람들은 오늘날 수억 명(4억 명이 넘는 것으로 추정된다. 오순절 교인들과 은사주의자들은 로마 가톨릭 다음으로 큰 단일 그리스도인 집단일 것이다)의 그리스도인들의 경험을 무시해버린다. 영적 경험에 대한 어떤 사람들의 주장은 진짜가 아니지만, 은사 중지론자들은 영적 경험을 **모두** 무시하기 전에 자신들의 성경 해석이 옳은지 확인해야 한다.

• • •

10 반초자연주의는 토머스 페인의 이신론의 일부였다(Mark Noll, *History of Christianity in the United States and Canada* [Grand Rapids: Eerdmans, 1992], 166을 보라). 세속적 반초자연주의에 대한 비판은 예컨대 William A. Dembski, *Intelligent Design: The Bridge between Science and Technology* (Downers Grove, Ill.: InterVarsity, 1999), 49-69; R. Douglas Geivett and Gary R. Habermas, eds., *In Defense of Miracles: A Comprehensive Case for God's Action in History*에 수록된 논문들 (Downers Grove, Ill.: InterVarsity, 1997)을 보라(이 논문 저자들이 내 반[反] 은사 중지론에 모두 동의하지는 않을 것이다).

영적 은사에 관한 현대의 관점들

영적 은사가 **이론상으로는** 오늘날에도 일어날 수 있다는 점을 인정하면서도 최근 수십 년 동안 은사주의 진영에서 발생한 과도함 때문에 은사를 받아들이기를 꺼리는 사람도 있는데, 이는 이해할 만한 일이다. 원리상으로는 영적 은사에 찬성하지만, 개인적으로는 영적 은사를 거의 접하지 못했고 자신의 삶에서 은사를 적극적으로 추구할 이유를 거의 발견하지 못하는 그리스도인들도 있다. 개인적으로 영적 은사를 받아들이지만, 교회 안의 다른 문제들이 더 시급하다고 생각하는 사람들도 있다. 영적 은사들은 중요하며 교회 전체가 은사를 받아들여야 한다고 믿는 사람들도 있다(아마도 주류 오순절 교인들과 은사주의자들의 대부분이 그럴 것이다). 마지막으로 방언이라는 특정 은사가 구원에 필수적이라고 믿는 소수의 사람들이 있다(주로 전통적인 연합 오순절 및 일부 사도적 진영에 속한 교회가 그렇다. 그러나 나는 그런 교회 안에서도 이런 관점을 취하지 않는 많은 이들을 알고 있다). 그리스도의 몸의 다양한 부분들에 대한 나 자신과 다른 이들의 관찰에 따르면 두 극단(오늘날 기적적인 은사를 부정하는 극단적인 은사 중지론자들과 구원을 위해 방언을 요구하는 이들)은 점점 더 소수가 되어가는 것으로 보인다. 대부분의 그리스도인들은 이 두 극단 사이의 다양한 중간 입장에 속한다.

고든 피나 과거 은사 중지론자였던 잭 디어 같은 최근의 다른 오순절 학자 및 은사주의 학자들처럼, 나 역시 어떤 성경 독자라도 그렇게 믿도록 사전에 교육받지 않았다면 초자연적 은사가 중단되었다는 입장을 취하지 않을 것이라고 믿는다. 은사 중지론은 또한 계몽주의 문화에 의해 형성된 현대의 텍스트 독법에 바탕을 둔 입장이다. 동시에 은사 중지론은 다른 극단과는 대조적으로 가능한 복음주의적 관점의 하나다. 구원에 (방언이든 다른 무엇이든) 어떤 조건이라도 덧붙이면 그리스도의 충분성을 왜곡하고 이단의 영역으로 들어서게 된다. 이론적으로 약간 위험한 견해를 취하는 많은 사람들이 다행히도 실제로는 그런 견해를 일관되게 유지하지 않으며, 이론적으로 이런 견해를 취한다고 주장하는 많은 이들은 확실히 그리스도 안에서 우리의 형제자매다. 그러나 구원을 위해 방언이 필요하다는 관점을 지지하는 사람들 중 일부가 실제로는 그리스도인이라 할지라도, 그런 견해 자체는 여전히 그리스도의 복음에 대한 치명적인 왜곡이다.

이 두 극단 사이의 견해들은 주류 복음주의 안에 속할 뿐만 아니라 그 견해 차이도 비교적 경미하다.[11] 우리 중 많은 이들은 다소 절충적인 입장을 취하고 있기 때문에, 일반적인 합의가 이뤄질 가능성이 있다. 우리는 초자연적 은사들이 오늘날 교회가 직면한 가장 중요한 문제라고 생각하지는 않지만, 이 은사들이 우리에게 타협할 수 없는 중요한 문제를 지적한다고 생각한다. 이 은사들은 우리에게 다른 사람들을 위한 우리의 사역에서 하나님의 영에 의존하도록 요구한다. 우리는 특정한 영적 은사를 발휘하는 사람들이 다른 사람들보다 더 "영적"이라고 믿지는 않지만, (특정 은사가 교회의 특정 부분에만 속하기

• • •

11 오순절주의자들이 주류 복음주의자임을 의심하는 이들에게는 이 글을 쓰고 있는 시점에 오순절 교단 중 하나인 하나님의 성회가 미국의 전국 복음주의 협회에서 가장 큰 교단이라는 점을 상기시키고자 한다.

5장 / 영적 은사는 오늘을 위함인가?

보다는) 모든 영적 은사가 마땅히 오늘날 그리스도의 몸 전체에 속해야 한다고 주장한다.

하나님은 사람들을 높이기 위해서가 아니라 교회를 섬기기 위해 은사들을 주신다. 우리 중 많은 이들은 경험으로부터 (특히 다른 중요한 문제들을 배제할 만큼 은사를 지나치게 강조하지 않음으로써) 오순절 교파가 아닌 교회들에게 성령에 더 민감하게 의존하도록 할 수 있는 영적 은사들에 대해 불화를 일으키지 않고 가르칠 수 있는 방법이 있음을 배웠다. 오순절 진영에 속한 교인들 사이에서도 비오순절 진영에 속한 교인들 사이에서와 마찬가지로 많은 은사들이 좀처럼 적절하게 기능을 발휘하지 못하고 있기 때문에, 많은 오순절 교회들도 영적 은사들에 대한 새로운 고찰에서 유익을 얻을 것이다.

은사주의자라는 용어를 사람마다 달리 이해하고 있기 때문에, 나는 **은사주의자**라는 말로써 은사를 실행하는 교회에 속해 있든 그렇지 않든 간에 실제로 영적 은사를 받아들이는 이들을 묘사한다는 점을 다시 언급해 둔다. 물론 이 말의 가장 광범위한 의미에 있어서는 모든 그리스도인은 은사주의자인데, 이는 성령이 우리에게 그리스도의 몸 안으로 들어가는 세례를 주셨을 때, 하나님은 우리 각자에게 특별한 역할과 목적을 주셨기 때문이다(고전 12:7-13; "카리스마"는 "은혜의 선물"을 뜻한다). 그러나 우리가 여기서 사용하는 보다 좁은 의미에서도 우리는 이 용어를 특정 상황에 관련시키게 된 특정 견해들을 의도하지는 않는다. 은사주의에 속하지 않은 많은 사람들이 번영 복음과 인기 있는 많은 은사주의 목회자들이 성경을 다루는 방식에 반대하는 것은 마땅한 일이다. 그러나 이런 관행들은 은사주의적인 것 자체와는 아무런 관련이 없으며, 원래의 은사주의 부흥에서 비롯된 것이 아니라 은사주의 운동의 한 분파에서 나온 후대의 방식에서 나온 것이다. (사실 일부 반[反]은사주의적인 근본주의 목회자들도 똑같이 문맥을 무시하면서 성경을 적용해왔으며, 번영 복음을 부정하는 많은 이들이 번영 복음 못지않게 물질주의적이다.) 우리는 오로지 영적 은사에 관한 은사주의적 관점에 대해서만 말할 것이다.

더구나 그런 가르침은 일부 은사주의자들이 **가르침**이라는 영적 은사에서 얼마나 민감하게 기능하고 있는지에 관해 의문을 제기하지만, 모든 경우에 그들의 개인적인 성령 체험의 실재를 부정할 필요는 없다. 가르침은 확실히 우선순위가 높은 은사 가운데 하나이며(고전 12:28), 그 가르침이 건전하지 않은 이들은 목사의 직분을 감당할 자격이 없다(딤전 3:2; 딤후 2:24; 딛 1:9). 그럼에도 건전하게 가르치려면 교사들은 다른 은사들의 필요성도 인정해야 한다. 우리는 다른 교사들만 훈련시키는 것이 아니다! 그리스도의 몸의 다양한 구성원인 우리 모두는 서로를 필요로 하며 서로의 은사에 의존할 필요가 있다(고전 12:28-31). 어떤 사람에게는 가르침의 은사가 없고 어떤 사람에게는 치유의 은사가 없다는 사실은 그만큼 더 서로의 은사에서 배우고 유익을 얻어야 할 이유다. 우리가 하나님의 영에 순종할 때, 그분은 우리가 서로에게서 배울 수 있도록 겸손의 열매를 맺게 하시며(갈 5:22-6:2), 그리스도의 몸 안에서 성령의 하나 됨을 유지할 수 있게 하신다(엡 4:3-13). 우리가 겸손하다면, 우리가 교회의 나머지 지체에 더 큰 진리를 전달하고자 노력할 때 그들이 우리의 말에 귀를 기울일 가능성이 더 높아진다.

오늘날 영적 은사와 기적의 중요성

기적은 성경 역사에서 특정 시기에만 국한되었다고 주장하는 사람들도 있지만, 성경만 살펴보더라도 이런 주장은 잘못임을 알 수 있다. 그러나 동시에 기적은 성경에서나 그 이후나 역사상 특정 세대에 **몰려** 있는 것으로 보인다. 성경과 교회사를 살펴보면 기적이 무작위로 분포되어 있는 것이 아님을 단번에 알 수 있다. 이스라엘은 종종 하나님이 그들을 다시 하나님의 법으로 인도할 종들을 일으키실 때까지 하나님에게서 멀리 벗어나곤 했고, 이는 역사 내내 반복된 과정이었다. 하나님의 모든 종들이 기적을 일으킨 것은 아니지만(예를 들어 기드온, 예레미야, 세례 요한은 기적을 일으키지 않았다), 특히 부흥의 시대가 도래하기에 앞서 참 예언자들이 일어났으며, 이들 예언자들이나 부흥의 시대에는 종종 기적과 같은 활동과 예배 갱신(예배에 대해서는 역대상과 역대하에서 반복적으로 언급한다)이 동반되었다.

    하나님이 부흥의 시대를 주관하신다는 사실을 인식한다 해서 부흥을 더 잘 준비하기 위해 우리가 할 수 있는 일이 아무것도 없다고 생각하지는 말아야 한다. 우리 세대는 하나님의 얼굴을 구하고 오늘날 이 세상에서 하나님이 자신의 목적을 성취하시도록 간구해야 한다. 그러나 또한 우리는 기꺼이 하나님이 그 기도에 응답하시기 위해 하셔야 할 일은 무엇이든 하실 수 있게 해 드려야 한다. 비록 그것이 심판과 우리가 정말 중요한 것을 소중히 여기는 법을 배울 수 있도록 우리에게서 소중한 것들을 빼앗아가는 것을 의미할지라도 말이다. 우리의 영적 조상들은 하나님이 치유와 표징과 기적들을 허락하심으로써 하나님의 종들이 그리스도를 담대하고 능력 있게 선포하게 해 주시도록 기도했다(행 4:29-30). (NIV는 이 문장을 두 문장으로 분리했지만 그리스어는 "당신의 치유의 손을 펼치셔서 우리에게 담대함을 허락하소서"[KJV를 비교하라] 또는 "당신의 치유의 손을 펼치시는 동안 우리에게 담대함을 허락하소서"[RSV 등을 비교하라]라는 번역에 더 가깝다. 행 14:3도 보라.) 표징과 기적은 이 세상에서 하나님의 능력과 관심에 대한 강력한 증거를 제공하며, 우리가 선포하는 복음에 대한 관심을 끌어낸다.

그러나 성령께서 능력을 수여하시기를 구하는 기도가 보다 중요하고 핵심적이다. 누가복음에서 "하나님 나라가 임하고, 유혹에서 구원해 달라"는 주님의 기도는 궁극적인 은사인 하나님의 영을 위한 간구에서 절정에 이르는 기도의 맥락 속에 들어 있다(눅 11:1-13). 성령에 대한 누가의 강조라는 보다 넓은 맥락에서 보면, 이는 우리가 하나님 나라의 최종적 도래의 전제 조건인 우리의 사역을 행할 수 있도록 능력을 부여받기 위한 기도다.

오늘날에도 은사가 부여됨을 뒷받침하는 성경의 사례

몇 갈래의 증거는 오늘날의 교회가 기능하기 위해서는 기적과 초자연적 은사가 계속되어야 함을 암시한다. 다른 갈래의 많은 증거가 가능하지만, 나는 여기서 제시할 수 있는 한 가지 논증만을 제시하고자 한다.[12]

첫째, 누가는 오순절에 교회에 능력이 임한 것을 그리스도인들을 위한 표준적인 경험으로 제시한다. 앞에서 언급했듯이 이 경험은 특히 복음 증거를 위해 성령의 영감에 힘입어 말할 수 있는 능력의 수여를 포함하며, 사도행전에서는 종종 최소한 예언이나 방언과 같은 "영감 받은" 말을 포함한다. (나는 이런 일들이 모든 경우에 발생해야 한다고 주장하는 것이 아니라, 다만 이 은사들도 흔히 그 은사에 수반되는 경험과 같이 오늘날을 위한 것이라고 주장할 따름이다.)

둘째, 복음서 저자들은 (이 경우에 우리는 마태복음을 한 예로 사용할 것이다) 예수님이 기적을 일으키신 사역을 제자들을 위한 하나의 모델로 제시한다. 물론 이는 바울이 지적하는 대로 우리 모두가 모든 은사에 능해야 함을 의미하는 것은 아니다. 그러나 이는 분명 교회가 그 일부 구성원들을 통해 이런 일들을 수행해야 함을 시사한다.

셋째, 은사에 대한 바울의 설명은 교회에 대한 바울의 견해와 분리할 수 없다. 즉 바울은 그리스도의 몸의 모든 지체는 특별한 기능이 있고, 자신의 은사로 교회를 든든히 세우는 데 이바지해야 한다고 믿는다. 바울은 그리스도의 몸에 있는 이런 특정 기능들 중 어느 것도 주님이 다시 오시기 전에 활동을 중단할 것이라고 상상하지 않는다. 실제로 바울은 우리의 불완전한 은사들이 주님이 다시 오실 때에야 비로소 중단될 것이라고 명백히 밝힌다(고전 13:8-13). 은사를 다루는 구절들을 살펴보면서 은사와 관련된 다른 몇 가지 주제들을 탐구하겠

•••

12 더 폭넓은 논점들의 목록은 Jack Deere, *Surprised by the Power of the Spirit* (Grand Rapids: Zondervan, 1993, 『놀라운 성령의 능력』, 은성 역간), 219-27을 보라. 본인이 과거에 은사 중지론을 가르치던 교수였던 저자는 우리가 여기서 지면을 할애할 수 없는 많은 구체적인 반론들에 대한 답변도 제공한다.

지만, 이 장의 분량 때문에 나는 바울의 은사 목록 중 보다 흔히 인용되는 두 가지 특정 은사들에 대한 고찰은 다음 장으로 미룰 것이다.

오순절의 선물은 오늘을 위한 것인가?(사도행전)

3장에서 오순절에 대해 다뤘지만, 여기서 오순절에 부어진 은사의 지속에 관해 몇 가지 의견을 덧붙일 필요가 있다. 베드로는 이전에 모든 신자들에게 약속된 "성령의 선물"을 언급하면서(행 1:4-5) "이 약속"은 그리스도께로 돌이킨 그의 모든 청중뿐만 아니라 그들의 후손과 "모든 먼 데 사람" 곧 주님이 부르시는 모든 이들을 위한 것이라고 분명히 말한다(2:38-39). 이때 베드로는 아마도 무심코 성경의 표현을 언급한 것일지 모른다. "먼 데" 있는 이들은 요엘서의 "모든 육체" 중 남은 이들, 즉 이방인들을 나타낸다(사 57:19; 엡 2:17). 또한 베드로는 요엘 2:32에서 "누구든지 주의 이름을 부르는 자는 구원을 받으리라"를 인용했다(행 2:21). 베드로는 설교의 나머지를 이 초대가 구체적으로 예수의 이름을 부르는 것을 가리킨다는 점을 설명하는 데 할애했다(행 2:25, 34-36). 이제 베드로는 "하나님이 얼마든지 부르시는 자들"이라는 요엘 2:32 말씀으로 설교를 끝마친다(행 2:39). 성령의 선물은 당연히 죄에서 돌이켜 예수 그리스도를 주님으로 받아들이는 모든 이들에게 속한 것이다. 사도행전에서는 오순절에 경험할 수 있었던 선물이 여전히 유효하다고 가정한다.

또한 요엘서에서 취한 베드로의 첫 번째 인용구는 이 선물이 오늘날에도 계속되어야 함을 보여준다. 베드로는 하나님이 말세에 하나님의 영을 부어주실 것이라고 한 요엘서(욜 3:1)와 다른 예언서의 문맥으로부터(예를 들어 사 44:3)의 이해를 통해 요엘의 예언을 "말세"를 언급한 것으로 올바르게 해석한다(행 2:17). "말세"는 그 기간에 대한 성경의 표현이었다(사 2:2; 미 4:1). 부어진 성령은 그리스도가 성부의 우편에 좌정하셨고(시 110:1; 행 2:33-35), 어떤 의미에서는 그리스도의 통치가 이미 시작되었음을 나타낸다. 하나님이 말세가 시작되도록 허락하신 다음 이를 다시 철회하지 않으셨다면(성령을 부어주신 다음에 다시 성령을 거둬 가시거나 그리스도의 통치를 입증하신 다음에 그 통치를 숨기시지 않으셨다면), 우리는 여전히 부어진 성령의 시대에 속해 있어야 한다.

더 중요한 것은, 베드로가 한 주장의 구조 자체가 사람들이 그리스도를 믿음을 통해 구원 받는 현 시대 내내 이 선물을 받을 수 있어야 한다고 요구한다는 점이다. 외국인들이 제자들이 성령의 영감을 받아 다른 언어로 말하는 것을 듣고 놀랐을 때, 베드로는 이것이 말세에 부어지는 예언의 영에 대한 요엘의 예언을 성취한 것이라고 주장한다. 베드로는 이것이 사실이라면 예언의 나머지 부분도 유효하다고 주장한다. 즉, 누구든지 주의 이름을 부르는 자는 구원을 받을 것이다(2:21). 구원과 성령의 선물은 똑같은 시대에 속해 있다. 실제로 예수를 영접하는 사람들은 회심 때 이 선물을 받는다(2:38. 앞의 3장에 나오는 논의를 보라).

물론 오순절의 모든 측면이 이 시대 전체에 표준적인 것은 아니다. (바람과 불 같은) 최초의 오순절의 몇 가지 국면들은 사도행전 2장 이후에는 반복되지 않았다. 그러나 사도행전의 몇 가지 내러티브들은 방언이 성령의 선물에 얼마나 **자주** 수반되었는지에 관해 논쟁의 여지를 남겨둔다. 실제로 방언은 (예언과 더불어) 사도행전 2:4, 10:44-47, 19:6에서 분명히 성령이 주시는 예언의 능력(하나님을 대변하는 능력)을 받았다는 표징이 되었다. 사실 베드로는 이방인들이 방언으로 말하는 것을 들었을 때 그들이 "우리와 같은 방식으로 성령을 받았다"는 사실에 놀랐다(10:47).

사도행전은 그런 예언 현상이 최소한 **종종** 누가가 강조하는 의미에서의 성령의 선물에 수반되었음을 암시하는 하나의 패턴을 제시하면서(9장을 보라), 그 패턴이 변해야 한다는 암시는 주지 않는다. (1) 그 선물은 항구적이며(2:39), (2) 누가는 세 번이나 방언 말하기를 사용해서 이 선물을 받았음을 입증하며, (3) 이 반응을 인간의 문화가 아닌 성령의 영감에서 비롯된 현상으로 묘사하며(2:4), (4) 마지막으로 누가가 어느 곳에서도 이 현상이 중단될 것임을 암시하지 않기 때문에, 오늘날 방언이 중단되었다고 주장하려는 사람은 이에 대한 입증 책임이 그 자신에게 있다. 누가는 그의 내러티브에서 성령의 역사하심의 모델을 제시하는데, 우리는 만일 그가 그 모델 중 자신의 청중들에게 무관한 측면들을 제한하기를 원했더라면, 이 제한을 명백히 표현했으리라고 기대할 것이다.[13] (여기서의 해석 방법에 대한 논평을 보려면 부

...

13 마찬가지로 "다른" 방언은 단지 제자들 자신의 언어(그리스어와 아람어)를 나타낸다고 주장하려는 사람은 똑같이 자신의 명제를 뒷받침하기 위해 텍스트의 의미를 불합리하게 해석하고 있다. 아람어와 그리스어는 전혀 "다른" 언어가 아니었다. (이 텍스트에서 누가의 일차적인 초점인) 외국에 사는 그리스어를 사용하는 유대인들과 일부 아람어를 사용하는 유대인들, 그리고 그 지역의 유대인들은 더더욱 이 언어들에 익숙했다. 어떤 고대 문헌도

록 "성경 이야기들은 우리에게 무엇을 가르쳐줄 수 있는가?"를 보라. 우리는 성경을 신중하게 다루어야 하지만, 성경은 우리가 내러티브에서 원리를 배울 수 있다는 점을 분명히 밝힌다[딤후 3:16].)

사도행전에서 성령의 계속되는 사역은 방언으로 말하기에 한정되지 않는다. 사도행전은 원래의 사도들(5:12)과 이후의 사도들(14:3), 그리고 성령의 능력을 받은 다른 증인들(6:8)이 행한 기적을 일으키는 사역을 강조한다. 앞에서 언급했듯이, 비록 잘 교육받은 그리스도인들이 공개 강연과 토론의 장에 참여하기도 했고(6:8-10; 17:2-3; 18:28; 19:8-10) 복음이 개별 그리스인들의 개인 전도를 통해 전해지기도 했지만(8:4), 사도행전에서 표징과 기적은 여전히 사람들이 복음에 관심을 기울이게 하는 주된 방법이다(2:5-41, 43; 3:11-4:4; 5:10-11, 12-16; 6:3, 5, 8-10; 8:6-7, 13, 39-40; 9:34-35, 40-42; 13:9-12; 15:12; 16:25-34; 19:11-20; 28:5-6, 8-10.[14] 특히 4:29-31; 14:3-9를 보라).

3장에서 언급했듯이, 복음 전도를 위해 성령께서 초자연적 능력을

∴

팔레스타인의 지역 언어들을 "다른" 방언으로 볼 수 있었음을 암시하지 않는다. 또한 이러한 암시는 행 10장과 19장의 방언의 본질을 설명할 수 없게 만든다. 제자들이 배운 적이 없는 언어로 말할 수 있도록 초자연적 능력이 부여되었음을 배제하고 설명하려면, 이 주제에 기여하는 몇 가지 개별적인 요점을 아무리 잘 주장하더라도 그 텍스트의 세부 내용과 그 문화의 특징들을 모두 무시해야 한다.

14 성경은 분명히 약이나 의사에 반대하지 않지만(골 4:14; 딤전 5:23), 행 28:9에 대한 존 맥아더의 설명은 편향적이다. 그는 이 구절의 그리스어 단어가 28:8의 단어와 다르기 때문에, 이 절은 누가가 의사로서 병을 고치는 것을 나타낸다고 생각한다(MacArthur, *Charismatic Chaos*, 219). 그러나 그 차이는 틀림없이 누가의 문체의 전형적인 부분인 문학적 변화 때문이다. 누가는 기적을 멀리하기는커녕 예수님의 치유에 대해 이 용어를 자주 사용한다!

부여하는 것은 사도행전에서 매우 중요한 특징이다. 자기가 "듣고 본" 것에 대한 목격자의 증언은 부활하신 그리스도에 대한 증언(4:20)과 그 이후에 그리스도의 능력을 통해 나타난 현상에 대한 증언 모두에 적용된다(2:33. 눅 2:20을 비교하라). 더구나 구약에서 주로 하나님의 예언자들의 과거나 현재의 말씀 선포를 가리킨 "하나님의 말씀" 또는 "야웨의 말씀"이 사도행전에서는 특히 그리스도의 구원하는 복음을 가리킨다(6:7; 8:4, 14; 10:44; 13:44; 14:3; 16:32; 17:13; 19:20). 성령이 우리의 말을 인도하심을 통해서든, 또는 하나님이 그분의 통치의 실재를 기적적으로 입증하는 방식으로 우리의 기도에 응답하심을 통해서든 간에 성령의 초자연적 능력의 부여는 복음 전도에서 여전히 필수 요소다.

사도행전에서 하나님의 영은 교회에 표징이나 말할 수 있는 담대함을 통해, 또는 두 가지 모두를 통해 세상에 복음을 전할 수 있는 능력을 주셨다. 우리 세대에 이 사명을 완수하는 데 성령의 능력이 덜 필요하다고 생각할 수 있는가? 그러나 우리는 초기 그리스도인들이 당대의 고난에 대응하여 기도를 통해 전도 시 표징과 기적을 위한 계속적인 능력의 부여를 추구했다는 점에 주목해야 한다(4:29-31). 오늘날의 교회에 종종 그런 능력이 결여되어 있다면, 그것은 부분적으로는 우리가 그 능력을 추구하지 않았거나 그 능력을 세상의 복음화를 위해서가 아니라 오로지 우리 자신의 권력 확대를 위해 추구했기 때문일 것이다.

하나님 나라의 기적적인 표징은 오늘을 위한 것인가? (마태복음)

3장에서 지적했듯이, 마가는 예수님을 자기 백성의 기도에 응답하실 수 있는 분으로 묘사하며 예수님이 제자들에게 그분의 영광을 위해 기적을 행하고 고난 받도록 능력 주시는 분임을 강조한다. 마태는 바로 이 요점을 또 다른 관점에서 이야기한다.

예수의 표징

마태복음 8장과 9장에서 마태는 아홉 개의 이야기에서 예수님의 치유 능력에 대한 열 가지 구체적인 예를 제시하며, 거듭해서 예수님의 권위에 대한 이 실제적인 사례들을 제시한 뒤에는 그 권위에 복종하라는 요청을 덧붙인다(8:18-22; 9:9-17, 35-38). 복음서 저자들은 이 이야기들에서 영적인 요점을 도출하지만, 이 이야기들 대부분은 우리에게 육체적 치유에 대해서도 뭔가를 가르쳐준다.

마태복음 8:1-4에 나오는 나병 환자가 깨끗함을 입은 예를 생각해보자. 이 이야기는 우리에게 믿음의 본질과 병약자들을 향한 우리 주님의 마음에 대해 가르쳐준다. 그 나병 환자는 예수님의 권위를 완전히 신뢰하면서 예수님께 다가간다. 그의 상황은 절망적이지만, 그는 또한 겸손하게 자신이 치유될지 여부에 대한 선택은 예수님께 달려 있음을 인정한다(8:2). 하나님께 특정한 기도를 거절할 수 있는 권리가 있음을 인정한다고 해서, 어떤 이들이 생각하듯이 반드시 믿음이 없음을 나타내는 것은 아니다. 그것은 단지 하나님의 권위에 대한 경외를 뜻할 수도 있다(창 18:27, 30, 32). 성경적인 믿음은 하나님을 조종할 수 있는 어떤 공식이 아니라, 우리가 그 성품을 신뢰하게 된 분과의 관계다. 그와 동시에 마태는 우리에게 예수님의 성품에 관해 무언가를 보여준다. 예수님은 그 사람을 고치기를 **원하셨다**(8:3; 막 1:41은 예수님의 "동정심"에 대해 말한다). 예수님은 그 사람의 상태에 깊은 관심을 보이셔서 (율법의 요구 때문에) 만져서는 안 되는 그 사람을 만지셨고, 이를 통해 당대의 문화에서 볼 때 그 나병 환자의 부정을 공유하셨다(8:3). 특정 상황에서 하나님의 목적이 무엇이든 간에 예수님의 성품과 연민은 오늘날에도 동일하다는 점을 부정할 사람은 아무도 없을 것이다.

또 다른 치유 이야기에는 수년 동안 피 흘려온 한 여인이 고침 받은 기적과 죽은 소녀가 되살아난 기적이라는 두 가지 기적이 포함되어 있다. 예수님은 여기서도 고치실 준비가 되어 있고, 야이로에 대한 예수님의 응답이 보여주듯이 심지어 생명을 되살리기까지 하실 의향이 있는 것으로 보인다(9:18-19). 하지만 피 흘리는 여인은 이 이야기에 새로운 가르침의 요소를 더한다. 그 여인에게는 **망측한**(scandalous) 믿음이 있었다(9:20-21). 성경과 유대인의 율법에 따르면 이 여인은 만지는 사람 누구에게나 제의상의(ritual) 부정을 전염시켰다. 따라서 이 여인이 군중을 밀치고 예수님께로 나아간 것은 망측한 일이었다. 이 여인이 의도적으로 예수님의 옷을 만진 것(그로 인해 이를 지켜보는 유대인들의 눈앞에서 예수님을 부정하게 만든 것)은 훨씬 더 망측했다. 그러나 그녀는 필사적이었다. 그녀는 여성들이 스스로 생존하기에 넉넉한 돈을 벌 수 없는 사회에서 살았고, 그녀의 상태를 고려하면 그녀는

5장 / 영적 은사는 오늘을 위함인가?

사실상 결혼하지 못할 것이 확실했다. 그녀는 예수님의 능력을 확신한 나머지 망측하게 행동했고, 자신을 고칠 수 있는 예수님의 능력에 결사적으로 모든 것을 걸었다. 이 내러티브는 예수님이 오히려 그녀를 거부하시거나 그녀가 만졌음을 감추지 않으시고 그녀의 상태를 공개적으로 인정하시고, 온 사회가 보는 앞에서 그녀의 부정함을 공유하셔서 그녀가 고침 받았음을 공개적으로 선언하시는 것으로 끝난다(9:22). 예수님은 그녀의 절박함을 믿음의 행위로 받아들이셨다(9:22). 우리 주 예수께서 그런 자비를 베푸신다는 것은 놀랄 일이 아니다. 그분은 우리를 자유롭게 하시려고 우리의 연약함을 짊어지시고 우리 대신 고난당하신 분이시다(8:17).

마태는 동정심이 예수님께서 사람들을 섬기신 일차적인 동기였음을 강조한다(9:36). 예수님의 성품이 오늘날에도 동일하다면, 우리는 예수님이 오래 전에 그러셨듯이 지금도 여전히 많은 사람들을 고치시고 구원하시기를 원하신다고 확신할 수 있다. 또한 예수님은 하나님 나라와 치유를 선포할 사명을 완수할 더 많은 일꾼이 필요하다고 명백히 밝히신다(9:37-38). 예수님이 육신으로 오셨을 때에는 한 번에 한 곳에만 계실 수 있었다. 따라서 예수님은 이 일을 도와줄 다른 사람들을 훈련시키시기까지는 고칠 수 있는 사람들의 수가 제한적이었다(9:37). 그래서 예수님은 제자들에게 더 많은 일꾼들을 보내 달라고 기도하라고 가르치셨다(9:38). 그 뒤로 조금만 더 읽어 보면 예수님이 자신의 동정심을 공유하라고 가르치셨던 사람들 자신이 그 일을 행할 일꾼이 되었다는 사실을 발견하게 된다(마 10:10). 이처럼 예수님은 제자들을 통해 자신의 선교를 확대하셨다.

제자들의 사역

선교가 이스라엘에만 국한되었다는 측면(10:5-6)을 위시하여 이 최초의 선교가 가지는 몇 가지 측면은 훗날 개별적으로 철회된다(28:19). 그러나 대체로 마태는 10장의 선교에 대한 강화(講話)를 교회로 하여금 복음 전도를 어떻게 계속할지를 가르쳐주는 모델로 삼으려 한다. 다음과 같은 사항들을 고려하면 이를 분명히 알 수 있다.

1. "가라"는 위임은 이 구절을 (비록 28:19의 강조점은 세례와 가르침을 통한 제자 삼기에 있지만) 28:19의 지상 명령의 모델이 되게 한다.
2. 제자들은 여기서 세례 요한과 예수님의 하나님 나라 메시지를 영속화하는데(3:2; 4:17; 9:35; 10:7), 하나님의 권위에 대한 이 메시지는 또한 오늘날 우리의 메시지다(28:18-19).
3. 제자들은 예수님이 하신 것처럼 치유와 귀신 쫓아내기를 통해 (9:35; 10:8) 하나님의 통치를 **입증해야** 하는데, 마태는 이 명령에 대해서는(10:5-6에 대해서는 이후에 철회한 것과 대조적으로) 어느 곳에서도 철회하지 않았다.
4. 이러한 표징들은 성경을 성취하며 단순히 예수님의 지상 사역뿐만 아니라 새 시대, 즉 하나님 나라에 대한 예수님의 메시지를 입증한다(11:4-6. 사 35:5-6을 보라).
5. 복음에 의해 그리스도의 대변자가 된 사람들의 대리 원리가 계속 유효한 것과 같이(10:40-42), 예수님에게 동기를 부여한 동정심도 계속 유효하다(9:36).

6. 사도행전과 바울의 글들은 우리로 하여금 병을 고치고 검소하게 살라는 예수님의 명령이 초기 기독교 선교사들에게 계속 표준으로 남았음을 보여준다.
7. 이 점이 가장 강력한데, 마태는 여기에 마가복음의 다른 곳에 나오는 말세에 관한 내용을 포함시킨다. (고대의 전기 작가들은 자유롭게 자료를 재배열했다.) 3장에서 살펴본 마가와 마찬가지로, 마태는 성령의 능력을 받은 사역은 박해를 수반한다고 믿는다 (10:17-39). 분명히 하나님의 능력 부여에 대한 마태의 개념은 오늘날 일부 그리스도인들이 희망하는 것처럼 편안한 삶을 보증하는 것이 아니다.

특히 7번의 관점에서 볼 때 마태는 단지 우리에게 최초의 제자들의 위임에 대해서만 말하고 있는 것이 아니라(비록 그것도 말하고 있지만), 이 사명이 지속되어야 하고 또한 인자가 돌아오실 때까지 끝나지 않을 것이라고도 말한다. 따라서 마태는 이 강화를 단지 과거의 반복이 아니라, 자신의 청중을 향한 선교적 가르침으로 삼고자 한다. 앞의 각각의 요점들은 더 자세히 설명되고 변호될 수 있지만, 전체적으로 하나님 나라의 표징은 오늘날 우리 중에도 계속되어야 함을 시사한다. 충분한 성경의 증거(가령 모든 내러티브, 또는 더 나쁜 경우에는 사도들이 죽기 이전의 모든 성경의 증거)를 고려 대상에서 조직적으로 제외하면, 거의 무엇이든 증명할 수 있다. 그러나 만일 신약성경 전체가 우리에게 말씀하고 있다면, 존 윔버 등이 "능력 전도"라고 부르는 것이 여전히 복음 전도의 한 가지 중요한 방법으로 남아 있어야 한다.

은사는 사도직의 최초의 증거였는가?

바울의 글에서 영적 은사의 지속 여부를 다루기 전에, 이 장에서 다른 곳에는 포함되어 있지 않은 한 가지 반론을 다뤄야 한다. 히브리서 2:3-4은 하나님이 최초의 증인들의 메시지를 표징과 성령의 은사로 확인하셨음을 보여주는데, 이 구절로부터 이러한 표징과 은사들이 히브리서 저자가 글을 쓰고 있던 시점에는 중단되었다고 추론하는 사람들이 있다. 만일 이 주장이 옳고 또 그것이 표적의 유일한 목적을 다루었다 하더라도, 이는 실제로는 이 주장의 옹호자들 대다수에게 너무 지나친 것으로 드러날 것이다. 즉 이 주장은 하나님이 오늘날에는 기적을 행하지 않으신다는 점을 암시할 것이다!

그러나 이 주장은 일고의 가치도 없다. 히브리서 저자는 그리스도의 복음이 율법보다 더 위대한 계시이므로 이를 무시하는 자들은 더 큰 벌에 직면할 것이라고 경고하고 있다(히 2:1-3). 하나님은 과거에 주목할 만한 표징으로 그 메시지를 확인하셨지만(2:4), 이는 복음이 더 이상 전파되지 않을 것임을 의미하지 않는 것과 마찬가지로 하나님이 표징을 일으키기를 멈추셨음을 의미하지 않는다. 하나님이 표징으로 증언하셨다는 동사는 그리스도의 최초의 증인들이 그리스도에 대해 전도했다는 동사와 같은 시기를 가리킨다. 즉 두 경우 모두 히브리서 수신자들이 복음을 받은 때를 가리킨다. 하나님께서 기적을 통해 증명하는 것을 중단하셨다면 마찬가지로 그리스도를 전파하는 일도 중단되었다고 주장할 수 있을 것이다. 하나님이 그리스도의 증언들을 입증하기 위해 표징을 주셨다고 믿는 이들의 생각이 맞을 수도 있지만, 하나님이 때로는 증언들을 입증하셨다고 해도 이것이 신약성서에서 표징의 유일한 목적은 아니다. 하나님은 자신의 메시지에 대한 최초의 증언들뿐만 아니라 자신의 **메시지**를 더 자주 증명하셨다(예를 들어 행 14:3). 따라서 하나님이 오늘날에도 계속 표징을 사용해서 자신의 메시지를 증명하시리라고 기대하는 것이 합리적이다. 또한 바울의 후기 서신들도 어떤 이들이 생각해왔듯이 은사의 소멸을 시사하지 않는다(딤전 1:18; 4:14; 딤후 1:6). 누군가 고침 받지 못하는 것(딤후 4:20)은 새로운 현상이 아니었다. 이전 시기에도 기적적인 치유를 받지 못하는 사람들이 있었다(갈 4:13-14; 빌 2:27).

성경의 모든 영적 은사는 오늘날을 위한 것인가? (바울)

바울은 **카리스마타**, 즉 "은사 주심"을 몇 가지 다른 문맥들에서 다루지만 모든 관련 구절들은 이 은사들을 (우리 모두가 오늘날에도 지속되는 것으로 간주하는) 그리스도의 몸의 지체들과 관련짓는다. 성경과 은사들에 대해 좀 더 배우고 몇 가지 반론에 답변하기 위해서는 이 구절들 각각을 더 넓은 문맥 안에서 살펴봐야 한다.

고대 문화에서는 유달리 거룩한 일부 사람들만이 하나님 또는 신들과 관계된 능력이 있다는 관념을 인정했지만, 바울은 모든 신자가 하나님과 특별한 관계를 맺고 있으며 하나님으로부터 구체적인 임무를 부여받았다고 주장한다. 바울에 따르면 이 말은 모든 그리스도인은 은사적이라는(charismatic, 다른 이들을 세워줄 수 있는 특별한 은사를 부여받았다는) 것을 의미하기 때문에 중요하다. 지크프리트 샤츠만이 말하듯이 바울은 독특하게도 "모든 신자 공동체를 은사 공동체로 간주했다. 바울은 은사주의 교회와 비은사주의 교회를 구분했다는 어떤 낌새도 주지 않았다."15 또한 바울은 (우리 모두가 오늘날에도 남아 있음이 분명하다고 인정하는 목회나 가르침 같은 은사들과 대비되는) 특정 은사의 중지를 예상하는 듯한 암시를 조금도 주지 않았다.16 현존하는 바울의 편지들 중 세 편이 은사를 다루는데, 이 편지들은 은사를 항상 그리스도의 몸이라는 문맥 속에서 다룬다(롬 12장; 고전 12장; 엡 4장. 벧전 4:10-11을 비교하라).

로마서

바울은 하나 됨의 문제로 고생하는 교회들을 향해 다양한 은사들이 분열의 이유의 일부가 아닐 때에도 종종 많은 은사를 지닌 한 몸이라

---

15 Schatzmann, *Pauline Theology of Charismata*, 101 (Dunn, *Jesus and the Spirit*, 263, 297도 보라). Schatzmann, 1-7에 나오는 *charisma*에서 '*charismatic*'의 정의를 보라. 바울의 그러한 *charismata*는 확실히 그리스도의 몸 전체에 속한다. 또한 샤츠만은 바울이 때때로 카리스마라는 용어를 영생이라는 선물에 적용하여(롬 16:23) 모든 그리스도인을 하나님의 은혜로운 선물을 받았다는 의미에서 은사를 받은(charismatic) 사람으로 여긴다고 올바르게 평가한다.

16 전통적인 세대주의적 은사 중지론의 방언에 대한 주장에 대해서는 *Bibliotheca Sacra*에 실린 여러 논문들, 예컨대 C. L. Rogers, "The Gift of Tongues in the Post Apostolic Church (A. D. 100-400)," *Bibliotheca Sacra* 122 (1965): 134-43; Z. C. Hodges, "The Purpose of Tongues," *Bibliotheca Sacra* 120 (1963): 226-33; S. L. Johnson, "The Gift of Tongues and the Book of Acts," *Bibliotheca Sacra* 120 (1963): 309-11; 고전 12장에 관한 글, S. D.

는 문제를 다룬다. 로마에 있는 그리스도인들에게 보내는 편지에서 바울은 유대인 그리스도인과 이방인 그리스도인들 사이에 긴장을 경험하고 있는 교회를 다룬다. 바울은 편지의 서두에 화해를 위한 신학적 기초를 놓는다. 유대인들은 자신들은 아브라함에게서 비롯된 혈통 덕분에 자동적으로 구원받으며, 율법을 지키기 때문에 특별하다고 믿었다. 고대 문헌은 로마의 이방인들이 음식과 거룩한 날들에 관한 문제로 인해 유대인들을 경멸했음을 보여준다. 그래서 바울은 다음 사실을 보여준다.

- 모든 사람은 똑같이 죄인이다(롬 1-3장)
- 아브라함의 민족적 후예가 아닌 영적 후예가 중요하다(롬 4:1-5:11).
- 모든 사람은 (아브라함의 후손을 포함하여) 죄인인 아담의 후손이기도 하다(롬 5:12-21).
- 율법 자체는 죄에서 구원하지 못한다(롬 7:7-25).
- 하나님은 구원받을 사람을 그들의 민족적 출신이 아닌 다른 토

* * *

Toussaint, "First Corinthians Thirteen and the Tongues Question," *Bibliotheca Sacra* 120 (1963): 311-16을 보라. 그러나 은사 중지론은 현대 세대주의의 필수 요소는 아니다 (Robert L. Saucy, The Case for Progressive Dispensationalism [Grand Rapids: Zondervan, 1993], 186을 보라). 우리는 아래에서 개편을 통해 전통적인 개혁주의의 접근 방식 중 하나를 더 자세히 다룰 것이다. 관심 있는 독자는 Benjamin B. Warfield, *Counterfeit Miracles* (1918; reprint, Carlisle, Pa.: Banner of Truth, 1972)와 *Westminster Theological Journal*에 수록된 몇 개의 논문들에서 더 많은 자료를 찾을 수 있을 것이다..

대에서 주권적으로 택하신다(롬 9장).
- 영적 역사를 알면 이방인 그리스도인들이 유대인들을 멸시하지 못한다(롬 11장)

바울은 유대인과 이방인이 똑같은 조건으로 하나님께 다가가야 한다는 신학적 요점을 확립하고 나서 목회적 관심사로 방향을 바꾼다. 신자들은 서로 섬겨야 하고(12:4-16), 율법의 핵심은 서로 사랑하는 것이며(13:8-10), 이방인 그리스도인은 유대인의 안식일 준수와 음식에 관한 관행을 그리스인들과 로마인들처럼 경멸해선 안 된다(롬 14장). 그리스도(15:7-12)와 바울 자신(15:15-32)이 유대인과 이방인 사이의 화해의 본보기가 되며, 바울의 결론적 권고는 분열을 조장하는 자들을 피하라는 것이다.

따라서 바울은 영적 은사(12:4-8)를 교회 안의 하나 됨(이 경우에는 인종적, 문화적 하나됨)이라는 보다 넓은 맥락에서 논의한다. 바울은 로마 교회를 방문한 적이 없었지만, 마치 그들이 자신이 열거하는 은사들에 친숙하리라고 예상하는 듯이 글을 쓴다.

로마서 9-11장에 서술된 역사 속에서의 하나님의 자비에 비추어서, 바울은 로마의 그리스도인들에게 제사를 드리는 제사장들로서 행동하라고 권고한다. 그들이 드려야 할 제사는 그들의 지성의 선택에 따라 그들의 몸으로 바르게 사는 것이다(12:1; 이 그리스어는 문자적으로 "영적" 예배가 아니라 "이성적" 예배에 대해 말하고 있다). 그러나 우리 몸을 하나님의 영광을 위해 사용하도록 선택해야 한다는 점을 인정하더라도, 하나님의 계획에서 구체적으로 어떤 역할을 선택해야 할지 어떻게 아는가? 마음이 새로워지면 하나님의 목적을 인식하고 하나님이 보시기에 무엇이 좋은지 알 것이다(12:2). 새로워진 마음은 자기 자신에 대해 생각하는 것이 아니라(12:3), 우리 모두가 그리스도의 몸에서 특별한 기능을 수행함을 인식한다(12:4-8). 다시 말해서 이 맥락에서 산 제물로 드리는 삶의 방식은 하나님이 우리에게 주신 은사를 사용해서 그리스도의 몸을 세우고 다른 사람들의 은사를 그에 못지않게 존중한다. 그리스도의 몸을 세우기 위해서는 은사들이 필수적이며, 그리스도의 몸이 세워져야 할 필요가 있는 한 은사가 계속 기능을 발휘해서 그 몸이 건강하도록 해야 한다.

바울은 로마서 12장의 은사 목록에 예언(12:6, 예언은 바울이 언제나 거의 첫머리에 열거하는 은사다)과 같은 "초자연적" 은사와 가르치는 일(12:7)과 같은 "자연적" 은사를 포함시킨다. 오늘날 확인할 수 있는 초자연적 은사는 사라졌지만, 가르치는 일과 같은 자연적 은사는 계속된다고 주장하는 사람들이 있다. 그러나 이런 구분은 텍스트가 아니라 계몽주의 철학에 뿌리를 두고 있으며, 이 구절에 나타난 바울의 전체 사고 방식에 위배된다. 기독교 세계관은 식탁 위의 음식조차 하나님의 섭리의 선물이기 때문에 우리의 삶에서 **모든 것**이 궁극적으로 "초자연적"이라는 점을 인정한다. 가르침이라는 은혜의 선물은 하나님의 영에 의존하지 않는 지적 활동에 불과한 것이 아니다. 그렇다면 구원받지 않은 사람도 같은 "선물"을 소유할 수 있다. 가르침은 고린도전서 12:8-11이 보여주듯이, 하나님의 영의 특별한 능력 부여이기도 한 특별한 은혜 주심이다. 나 개인적으로는 교회나 강의실에서 가르칠 때 먼저 하나님의 영이 내게 성경 텍스트의 개념들을 정확하고 설득력 있게 설명하도록 도와달라고 요청하고 나서 가르친다.

고린도전서

바울은 영적 은사들로 몇 가지 어려움을 겪고 있던 교회인 고린도 교회에서 로마서를 썼기 때문에, 그 편지를 쓸 때 바울의 마음에는 은사가 생생하게 자리잡고 있었을 가능성이 있다.

많은 은사, 한 몸

로마 교회와 마찬가지로 고린도 교회도 분열되어 있었지만, 고린도 교회의 경우 분열은 민족보다는 사회 계층과 더 관련이 있었다. 부유한 그리스도인들은 그들의 사회 동료들이 그들의 스승들에 대해 어떻게 생각할지에 관심이 있었다. 이 부유한 사람들은 그들의 스승들이 일류 연설가이고 또한 청중들의 재정 지원에 의존하기를 기대했다. 그런데 바울은 그 기대와 달리 (최소한 아볼로와 비교할 때) 2류 연설가이고(고전 1-4장), 생계를 위해 평범한 장인(匠人)으로 일함으로써 그들을 난처하게 했다(고전 9장). 바울이 성(性)에 관한 주제를 다뤄야 할 필요가 있었다는 사실(고전 5-7장)은 계층 간 갈등을 반영할 수도 있고 그렇지 않을 수도 있다. 다양한 철학 학파 출신의 지식인들은 결혼은 피하면서 자유로운 성관계를 정당화하곤 했다. 더 분명하게 말하자면, 더 많이 교육 받은 교회 지체들은 우상은 아무것도 아니라는 것을 아는 한 우상에게 바쳐진 음식은 아무 문제가 없다고 보았다. 한편, 부유한 여자들은 교회에 전통적인 머리 가리개를 쓰고 가야 할 이유가 없다고 생각했다(고전 8-11장).

그러나 다른 모든 문제 외에도, 고린도 교회는 영적 은사를 남용하고 있었다. 확실히 고린도의 일부 그리스도인들은 자신이나 자신의 말을 듣는 사람들이 알지 못하는 언어로 기도할 수 있다고 자랑하고 있었다. 그러나 바울은 공적 모임에서 모든 은사의 목적은 교회를 세우는 것임을 지적하며 방언에 적절한 입지를 부여한다(고전 12:7; 14:1-5, 19). 개인적으로는 방언으로 기도할 수 있지만(14:18-19, 28; 14:2-5를 보라), 공적으로 방언을 말할 때에는 누군가가 그것을 해석해줄 경우에만 다른 사람들에게 유익이 되었다(14:5, 13-17, 27-28). 고린도 교인들은 지혜롭고 박식한 연설에 깊은 관심을 보였으며(1:5, 17), 그래서 바울은 이런 은사들도 언급한다(12:8). 그러나 바울은 모든 은사를 제자리에 돌려놓는다. 은사들이 공적 모임에서 사용되려면 교회를 섬기기 위해서만 사용되어야 한다.

로마서에서와 같이, 바울은 은사들을 특별히 그리스도인의 정체성과 연결한다. 우리는 그리스도의 몸의 지체들로 각자 손, 발 등과 같이 그 몸의 지체로서 나름의 역할이 있다(12:15-26). 바울 이전의 저자들도 우주와 국가를 몸에 비유했었지만, 바울은 종교 집단인 교회를 이런 용어로 말한 최초의 저자일 것이다. 바울은 모든 지체에게는 각자의 기능이 있으며, 우리는 각각의 기능을 필요로 한다고 말한다. 어떤 지체라도 그 은사에 따라 기능하지 않으면 온몸이 고통을 당한다. 오늘날 하나님 나라 사역의 95퍼센트가 이루어지지 않고 있는 한 가지 이유는, 5퍼센트의 그리스도인들이 모든 일을 다 하는 동안 그 몸의 대부분의 은사들은 사용되지 않고 있기 때문이다. 그러나 몸의 모든 지체가 오늘날에도 여전히 필수적이라면, 그 지체들이 대표하는 모든 은사들도 마찬가지로 필수적이다.

일부 은사들은 끝났는가?

고린도전서 13장에 나오는 바울의 논거로 볼 때 바울은 분명히 모든 은사는 그리스도가 다시 오실 때까지 계속될 것이라고 생각한다. 거기서 바울은 사랑이 은사들보다 더 중요하며(13:1-3), 사랑은 은사들과 달리 영원하다고 주장한다(13:8-13). 바울은 고린도 그리스도인들에게 특별히 중요한 세 가지 대표적 은사인 예언, 방언, 지식에 대해 언급하는데(13:8), 예언과 지식을 약간 더 강조하는 듯하다(13:9). 은사는 일시적이라는 바울의 논지를 따라가다 보면 바울이 은사가 언제 사라질 것이라고 예상했는지 알 수 있다. 하나님이 우리를 아시는 만큼 우리도 하나님을 알게 될 때 교회는 더 이상 그런 은사를 필요로 하지 않을 터인데(13:12. 렘 31:34를 비교하라), 그때는 우리가 그리스도와 서로 얼굴을 마주 볼 때다(13:12).

우리는 지금 그리스도를 불완전하게 아는 시대에 살고 있지만, 우리가 그분을 마주 보게 될 때 "온전한 것"이 올 것이다. 이 문맥은 "온전한 것"이 그리스도의 재림 때 도래한다는 점에 의문의 여지를 남기지 않는다. 과거의 일부 해석자들은 여기서 바울이 말하는 "온전한 것"은 정경의 완성을 가리킨다고 주장했지만, 그런 생각은 바울에게나 자신의 역사적 배경 속에 있던 고린도 교인들에게 떠오를 수 없었을 것이다(바울은 하나님의 영이 자신의 글쓰기를 인도하고 계신다는 것을 알았겠지만 그 시점에는 아무도 신약 정경이 존재하게 되리라는 점을 알지 못했기 때문이다).¹⁷ "온전한 것"은 재림을 가리킨다는 문맥상의 증거와 더불어, 바울이 고린도 그리스도인들이 이 말을 정경으로 이해할 것이라고 기대할 수 없었다는 사실로 인해 계속 이 텍스트를 사용해서 은사 중지론을 뒷받침하는 복음주의 학자들은 거의 사라졌다. 저명한 은사 중지론자인 리처드 개핀도 "이 말이 신약 정경이 완성되는 시점을 묘사한다는 견해는 석의적으로 믿을 수 없다"¹⁸는 점을 인정한다.

이 텍스트를 그리스도의 재림 이전에 특정한 은사들만을 배제하는 데 이용하려는 사람들이 있지만, 그들의 주장은 별로 설득력이 없다. 예언과 방언은 지식이 사라질 때 사라져야 하는데, 만일 "지식"이 이미 사라졌다면 그것을 어떻게 "알" 수 있는가? (고린도전서에서의 "지식"의 의미에 대해서는 그다음 장의 "지식의 말씀"을 보라.) 또한 방언을 버리면서 지식과 예언을 유지할 수도 없다. 성경적인 의미에서의 예언은 일반적으로 방언 못지않게 즉흥적인 영감에 의존한다. 바울 시대

• • •

17 특히 다음 논문을 보라. Paul Elbert, "Face to Face: Then or Now?" (1977년 12월 1-3일에 Springfield, Mo.에서 개최된 Society for Pentecostal Studies의 7차 연차 총회에서 발표된 논문). 엘버트는 코이네 그리스어의 수백 가지 예를 고려해서 이 구절이 재림을 가리킨다는 점을 보여준다. 다음 자료들도 함께 보라. G. D. Fee, *The First Epistle to the Corinthians*, New International Commentary on the New Testament (Grand Rapids: Eerdmans, 1987); *Gospel and Spirit: Issues in New Testament Hermeneutics* (Peabody, Mass.: Hendrickson, 1991), 7-8; G. D. Fee and Douglas Stuart, *How to Read the Bible for All Its Worth* (Grand Rapids: Zondervan, 1982), 60.
18 Gaffin, *Perspectives on Pentecost*, 109. 추가 자료는 Harold Ellis Dollar, "A Cross-Cultural Theology of Healing" (D.Miss. diss., Fuller Theological Seminary School of World Mission, 1981), 48; Wayne A. Grudem, *The Gift of Prophecy in 1 Corinthians* (Lanham, Md.: University Press of America, 1982), 210-19를 보라. 방언, 예언, 지식은 교회의 유아기에 사라졌다는(믿음, 소망 사랑은 현재 존재하며 미래에는 사랑만 존재한다는) 관련 견

에 "설교"는 가르침과 권고에 관련되었는데, 아마도 바울이 말한 "지식의 말씀"은 이를 의미했을 것이기 때문에 예언은 단순한 "설교"가 아니다. (어떤 해석자들이 주장해왔듯이) 예언, 방언, 지식의 소멸을 묘사하는 동사들의 의미가 달라서 예언과 지식은 끝까지 남아 있는 반면 방언은 금방 사라지지 않을 수 없다고 주장할 수는 없다. 바울은 여기서 자신의 관례대로 변화를 주기 위해 서로 다른 용어들을 사용한다. 그러나 이 용어들을 다른 의미로 해석하고 싶은 유혹을 받더라도, 해석자가 이 구절을 그렇게 해석해야 할 필요를 제외하면 어떤 용어도 방언이 예언이나 지식보다 빨리 없어진다는 암시를 주지는 않는다. 권위가 제도적인 리더십에 집중됨에 따라 일부 공적인 은사들이 쇠퇴하였음에도 불구하고, 초기 교부들의 저작에 나오는 다양한 구절들은

∙ ∙ ∙

해에 대해서는 R. L. Thomas, "Tongues...Will Cease,'" *Journal of the Evangelical Theological Society* 17 (1974): 81-89를 보라. 그러나 불완전한 것은 지나가고 성숙한 것이 도래한다는 것은 고전 13:12에서 그리스도를 대면하여 보는 것에 상응하며, 13:13에서 "그중의 제일"은 일시적인 것이 아니기 때문에 바울이 말한 "항상 있을 것"은 그리스도의 재림의 때를 가리킨다. D. A. 카슨은 "그치고"(고전 13:8)의 그리스어 중간태 어형은 여기서 "저절로 그치고"라는 의미가 아니며, 신약의 용법은 그런 구별을 지지하지 않는다는 점을 보여주었다(*Exegetical Fallacies*, 2nd ed. [Grand Rapids: Baker, 1996], 76-77; *Showing the Spirit*, 66-67도 보라). 내가 여기서 추가적으로 기록하는 이유는 복음서에 대한 내 저술은 출판된 반면 바울에 대한 내 학문 연구가 출판되려면 약간의 시간이 걸릴 것이기 때문이다. 후대의 유대인 교사들은 렘 31:31-34를 다가올 시대에 지식이 충만해질 것을 약속하는 것으로 이해했다(W. D. Davies, *Paul and Rabbinic Judaism*, 4th ed. [Philadelphia: Fortress, 1980], 224; Davies, *Torah in the Messianic Age and/or the Age to Come*, Journal of Biblical Literature Monograph Series 7 [Philadelphia: Society of Biblical Literature, 1952], 82)에 수록된 the Babylonian Talmud, Shabbat 63b와 비교하라. 이레나이우스는 이 시대에 완벽한 지식을 가질 수 있다는 생각을 영지주의에서 비롯된 것으로 간주한다 (*Against Heresies*, 2.28).

그 교부들이 자신의 시대에 초자연적 은사가 지속되고 있다고 인식했음을 암시한다(예를 들어, Justin Martyr, *Dialogue with Trypho* 35; 82; 85; Tertullian, *De Spectaculis* [The Shows], 26).

오늘날의 기적을 접하고서 자신의 입장을 재검토하지 않을 수 없었던 과거의 은사 중지론자인 잭 디어 교수는 고린도전서 12-14장에서만 은사 중지론을 반박하는 여섯 가지 이유를 제시한다. 대중적이면서도 성경적·신학적으로 해박한 『성령의 능력에 놀라다』라는 은사 중지론에 대한 답변서에서, 디어는 은사들은 공동선을 위한 것이며(12:7), 하나님은 우리에게 영적 은사를 열렬히 추구하라고 명하시고(12:31; 14:1), 바울은 우리에게 방언으로 말하기를 금하지 말라고 경고하며(14:39), 방언을 귀하게 여겼으며(14:5, 18), 영적 은사들은 그리스도의 몸의 건강을 위해 필요하다고(12:12-27) 지적한다. 만일 이런 은사들이 단지 40년 동안만 유효했다면, 특히 그 기간의 대부분 동안 대다수의 고대 그리스도인들은 바울의 편지를 아직 접해보지도 못했는데 하나님이 성경에 그런 명령을 두셨겠는가? 마지막으로 디어는 바울이 이런 은사들은 그리스도가 다시 오실 때까지 중단되지 않을 것임을 분명히 밝힌다고 말한다(13:8-12).[19]

나 역시 수년간의 성경 해석 작업을 통해 기본적으로 같은 결론에 도달했다. 디어와 나는 모두 기적적인 은사들을 경험했다. 그래서 어떤 이들은 우리 두 사람이 해석학적으로 편향되었다고 비판할 수도

• • •

19 Deere, *Surprised by the Power*, 134-43.

있을 것이다. 그러나 디어가 그의 책 전체에 걸쳐 거듭해서 강력하게 말하듯이, 은사가 중단되었다고 주장하는 이들에게는 은사들을 보지 **못한** 경험상의 편향이 있으며, 과거에 디어 자신도 이런 은사들은 중단되었다고 가르쳤었다. 편향성에 대한 비판은 어느 쪽으로도 제기될 수 있지만, 나는 이미 은사 중지론의 입장을 배웠거나 그런 입장을 요구하는 경험적 편향성을 갖고 있지 않은 사람이 성경 텍스트를 읽을 때 은사 중지론이 자연스럽게 떠오르지는 않을 거라고 믿는다.

남용에 대한 교정일 뿐인가?

바울은 남용을 바로잡고 있는 고린도전서 12-14장에서만 방언을 언급하고 있기 때문에, 어떤 저자들은 바울이 방언을 부정적으로 간주한다고 생각한다. 확실히 바울이 방언을 공적 예배를 위한 가장 중요한 은사로 간주하지는 않지만, 그가 방언을 부정적으로 다룬다는 것은 지나친 해석이다. 만일 바울이 방언을 **부정적**으로 여긴다면 바울은 단순히 고린도 교인들의 **무지**를 수용하기만 하면 되었을 것이다. 바울은 방언을 하나님의 "은사들" 중 하나로 열거하기 때문이다 (12:10). 일부 은사들이 다른 은사들보다 크기는 하지만, 분명히 하나님의 모든 은사들은 좋은 것이다(12:31). 우리 중에는 분별없는 명절 선물을 받아본 사람도 있겠지만, 누가 감히 "하나님이 내게 **나쁜** 은사를 주셨다"고 말하겠는가?

더 중요한 점은 이런 견해가 바울의 주장의 핵심을 놓치고 있다는 점이다. 바울이 그 사실을 떠벌리지는 않지만, 바울 자신이 **개인적으로** 모든 고린도 교인들보다 더 많이 방언으로 기도했다(고전 14:18).

비록 고린도 교회의 방언 남용으로 인해 바울이 방언을 개인적인 장소에만 한정하고 적절한 질서에 따라 해야 한다는 점을 강조해야 했지만(14:40), 바울은 어느 누구도 반대편 극단으로 과잉 반응하지 않도록 자신의 말을 한정한다. 바울은 교회가 공적 예배에서 방언을 금하지 못하게 한다(14:39). 만일 바울이 실제로 방언을 금하고 싶었더라면 방언을 금하지 말라는 이 경고를 덧붙이지 않았을 것이다! 바울이 은사의 남용을 바로잡고 있을 때조차 방언에 대해 지나치게 부정적인 견해를 경계한다면, 어떤 남용도 없는 경우에는 얼마나 덜 부정적이었겠는가?

바울은 그 대신 동기와 공적 질서를 다루고 있다. 공적 모임에서 해석되지 않은 방언을 사용하면 함께 모인 교회에 도움이 되지 않는다. 방언뿐만 아니라 다른 은사 및 관행과 관련해서도 오늘날 많은 교회들은 "예언하는 자들의 영은 예언하는 자들에게 제재를 받나니"(고전 14:32-33)라는 바울의 권고에 주의를 기울이는 것이 좋을 것이다. 하나님은 특정 은사를 우리가 필요로 하는 수준보다 더 많이 허락하실 수도 있지만, 우리는 예언의 은사에 관해서조차 우리의 표현을 제한할 준비가 되어 있어야 한다(14:29-33). 마찬가지로 나는 10시간 동안 계속 성경을 가르칠 수도 있지만, 그렇다고 해서 하나님이 언제나 내가 그렇게 하기를 원하신다는 뜻은 아니다. 사실 나는 여러 시간을 연이어 가르치기를 **좋아하지만** 대부분의 학생들은 한 번에 몇 시간의 가르침만 흡수할 수 있다. 신적 영감의 활용 가능성이 아니라, 교회의 필요가 특정 영적 은사의 사용 여부를 결정해야 한다.

바울은 고린도전서에서만 방언의 남용을 바로잡지만, 그렇다고 방언이 고린도에서만 행해졌음을 의미하지는 않는다. 그보다는 이는 방언 **남용** 문제를 다루는 다른 편지가 없음을 의미할 뿐이다. 첫째, 바울은 규칙적으로 방언으로 기도했고(14:18) 방언 기도를 특별한 형태의 기도, 곧 "영으로 기도하기"로 간주한 듯하다(14:14-15). 이는 바울이 실제로 다른 곳에서 **권장했을** 수도 있는 긍정적인 관행으로 보이지 않는가? 둘째, 비록 바울은 방언 은사를 남용하는 교회인 고린도 교회에서만 방언을 다루고 있지만, 사도행전은 방언이 많은 초기 기독교 공동체에서 신적 영감의 증거였음을 암시한다. 셋째, 우리는 바울이 고린도전서 12장에서 열거하는 여러 은사들이 바울의 다른 교회에서 표준적인 관행이었음을 알고 있다. 바울의 편지들은 주로 남용과 지역적 관심사에 초점을 맞추고 있지만, 바울은 분명히 예언이 정기적으로 발생하리라고 기대했다(살전 5:20). 자신이 한 번도 방문하지 않은 교회에서조차 말이다(롬 12:6). 바울과 동시대의 유대인들은 성령 회복에 예언이 수반될 것이라고 믿었으므로 바울의 기대는 놀랄 일이 아니다.

마지막으로, 사실 고린도 교인들이 방언을 남용하지 않았더라면 우리는 바울의 교회들에서 발생한 방언에 대해 거의 아무것도 알지 못했을 것이다. 그러나 고린도 교인들이 성찬을 남용하지 않았더라면 우리는 바울의 교회들이 성찬을 행했다는 사실도 몰랐을 것이다. 바울의 편지들은 보통 구체적인 상황을 다루고 있으며, 우리는 이 편지들을 읽고서 바울이 이런 상황들을 다룬 방식 및 최초의 그리스도인들의 믿음과 경험에 대해 배운다. 그들의 믿음과 경험에 관한 정보는 분명히 표현되기보다 바울과 그의 독자들이 (이미) 이를 잘 알고 있다고 전제된다.

에베소서

신약 학자 리처드 개핀은 특정한 영적 은사가 중지되었다는 성경의 근거를 거의 전적으로 에베소서 2:20에 두고 있다.[20] 이 텍스트를 근거로 그는 사도들과 예언자들이 (따라서 사도직, 예언, 방언의 은사가[방언은 예언 아래 포함된다]) 교회의 토대였다고 주장한다. 따라서 이 은사들은 신약 정경이 완성된 뒤에는 더 이상 필요하지 않았다고 한다. (개인적으로, 개핀은 오순절 교인이나 은사주의자에 대해 적대적이지 않으며, 신학교 박사 과정에서 자비롭게 그런 사람들을 지도한 매우 너그러운 은사 중지론자 중 한 사람이다. 내가 그의 말을 여기서 길게 인용하는 이유는 단지 그가 이 입장의 가장 명료한 옹호자 중 한 사람이기 때문이다.)

이 맥락에서 초기 기독교 사도들과 예언자들이 계시 기능을 수행했다는 개핀의 말은 옳다(엡 3:5). 그러나 바울의 사도적 사역은 복음의 첫 계시를 넘어 복음을 가능한 한 널리 알리는 일로 확대된 것으로 보인다(3:8-13을 보라). 그의 시대의 사도들과 예언자들만 터를 닦았다 하더라도, 이 사실은 필연적으로 그 터의 일부는 아니지만 그 복음을 알리는 일을 계속할 다른 사람들을 배제하는가? 결국 바울은 여기서 고대 이스라엘의 예언자들이 아니라 그리스도인 예언자들이 그 터라고 말하는 것으로 보인다(3:5; 4:11). 하지만 예언자들은 이스라엘 역

---

20 Gaffin, *Perspectives on Pentecost*를 보라. 은사 중지론의 논증을 제외하면 이 책의 대부분의 해석은 유용하다.

사 초기부터 존재해왔다. 따라서 우리는 그 터가 사도들과 예언자들 모두를 망라하지 않을 수도 있다고 결론지을 수 있다.

개핀은 정경의 완성으로 더 이상 사도들과 예언자들이 필요하지 않게 되었다고 주장할 것이다. 그러나 구약의 예언자들은 확실히 성경을 쓰는 일보다 훨씬 더 많은 일을 했다. 구약 역사서에 언급된 예언자들을 살펴보면 그들 대다수가 사실은 성경을 저술하지 않았다는 점을 알 수 있다. 더구나 바울의 사도적 사명은 바울이 **누군가**에게 복음을 알렸을 때 끝난 것이 아니다. 그 사명은 **모든 사람**에게 복음을 알리는 것이었는데(3:8-9), 이는 아직 완료되지 않은 사명이다. 게다가 개핀은 에베소서 2:20의 터의 비유에서 너무 많은 것을 읽어내는 듯하다. 사해 사본의 저자들과 마찬가지로, 바울과 베드로는 그들의 신앙 공동체를 성전의 이미지로 묘사했다. 그러나 연대기를 그 이미지 속에 억지로 집어 넣어 그 터의 모든 부분이 첫 세대에 속하게 하면 바울의 예시를 그가 의도한 것보다 더 구체화하는 셈이 될 것이다. 여러 각도에서 살펴보면 개핀의 가설은 예언과 같은 은사들은 중단되어야 한다는 점을 입증하지 못한다. 따라서 그 가설은 (그가 예언과 결부시키는) 방언의 중단은 더더욱 입증하지 못한다.

이 중요한 점에 있어서 개핀의 주장은 석의(성경 해석)를 사용하고는 있지만 엄밀하게 석의적이지는 않다. 개핀은 논리적 주장에서 시작한 다음 거기에 그 자체로는 자신의 주장을 뒷받침하지 못할 텍스트 석의를 덧붙인다. 어떤 "논리적 주장"이라도 그것을 뒷받침하는 체계 안에서는 일관되게 보이지만, 그 주장은 이를 뒷받침할 체계 안의 다른 요소에 의존하기 때문에 그 체계 밖에 있는 이들을 설득하지 못할 것이다. 이는 성서학자들이 종종 특정한 신학적 전제에 지나치게 의존한다고 생각되는 일부 조직신학자들이나 다른 성서학자들에 대해 제기하는 종류의 반론이다. 고든 피는 은사 중지에 대한 개핀의 핵심 주장에 관해 다음과 같이 논평한다.

> 논리가 석의에 **선행한다**. 사실, 그의 전체 석의 구조의 논리 형식은 어떤 성경 텍스트도 답하려고 의도하지 않은 질문을 던짐으로써 구성되었다. 개핀의 지배적인 질문은 언제 방언이 그칠 것이냐다. 이 질문을 조금이라도 다루는 하나의 텍스트는 고린도전서 13:10인데(그런데 심지어 거기서도 그 질문은 바울의 진짜 요점에 비해서는 매우 부수적이다), 이 구절은 그 질문에 대한 답으로 "종말에"를 의도한 것이 거의 확실하다. 그러나 개핀은 이 대답이 불편하기 때문에 자신의 질문에 "1세기 말"라고 대답하기 위해 논리적 순환 논법을 세운다. 하지만 그는 결코 그 질문에 대한 대답이 검토된 텍스트에서 성경 저자의 의도의 일부임을 보여주지 않으며 또한 이를 보여줄 수도 없다.[21]

아무튼 에베소서 4장을 포함한 다른 텍스트들이 더 강력하게 그와 반대 방향을 시사하는 상황에서, 에베소서 2장의 비유를 토대로 은사가 중단되었다고 주장하기에는 근거가 약하다.

에베소서 4장에서 바울은 또다시 그리스도의 몸의 하나 됨을 다

• • •
21 Fee, *Gospel and Spirit*, 77.

룬다(4:3-5). 비록 이곳에서 바울은 로마서나 고린도전서(여기서 은사는 다른 지체들에게 주어진 몇몇 지체들이다)에서 접근했던 것과는 다른 각도에서 은사와 그리스도의 몸에 접근하지만, 그렇다고 주제를 완전히 바꾼 것은 아니다. 이 문맥에서 바울은 여전히 로마서 12장과 고린도전서 12장으로부터 우리에게 친숙한 언어를 사용한다("분량", "은혜"). 바울은 하나님이 몸의 각 지체들에게 "은혜"("은혜의 선물"에서와 같이, 카리스마타)를 주셨고 각 사람에게 그리스도의 선물의 특별한 부분을 주셨다고 선언한다. 바울의 말은 그리스도의 몸의 지체들이 예수님 **자신의 사역**에서 속죄 사역이 아닌 측면들을 계속 수행하고 있음을 의미할 수도 있다(엡 4:7의 "그리스도의 선물"; 그러나 바울의 "그리스도의 선물"이라는 어구를 "그리스도를 특징짓는 선물"이 아닌 "그리스도로부터의 선물"로 이해하는 NIV의 해석도 보라).

바울은 그리스도의 은혜로운 선물이라는 주제를 도입한 뒤에, 승리한 통치자가 전리품을 받아 추종자들에게 나누어주는 것에 대해 이야기하는 시편을 다른 말로 바꿔 쓴다(엡 4:8). 로마서와 고린도전서에서 바울은 하나님이 각 신자에게 특별한 은혜를 부여하셨다고 쓴다. 그러나 이 구절에서 바울은 다른 종류의 선물을 맨 먼저 강조한다. 여기서 높임 받은 그리스도가 자신의 몸에 주시는 첫 번째 선물은 결국 그들의 사역을 위해 그리스도의 몸의 다른 지체들을 동원할 특별한 집단의 사람들이다.

이러한 특정 선물들에 대해서는 다음 장에서 더 자세히 논평하겠지만 여기서 사도직과 예언은 교회의 나머지 지체들이 서로를 섬기도록 준비시키는 데 필요한 다른 선물들과 연결되어 있다는 점을 지적해야겠다(4:11-13). 그렇게 해서 그들은 교회의 성숙과 예수를 믿고 아는 일에 하나 됨을 가져온다. 따라서 교회가 성숙과 하나 됨을 더 많이 필요로 하는 한 이 선물들은 계속될 것이다. 이러한 성숙에 이르기 위해 우리에게 목사와 교사가 계속 필요한 것처럼 우리에게는 바울이 언급하는 다른 은사들도 필요한 것으로 보인다.

결론

나는 사도행전에 나오는 것과 같은 기적들이 정기적으로 발생하고 있는 지역이 있다는 이야기를 들었지만, 나 자신이 그런 규모의 많은 기적을 목격하지는 못했다고 솔직히 고백한다. 나는 하나님이 오늘날에는 그런 기적을 행하기를 원하지 않으신다고 주장함으로써 내 경험 부족에 대해 신학적으로 합리화하려 할 수도 있지만, 내 경험을 정당화할 논거를 찾는 것은 내 경험을 성경에 비추어 해석하겠다는 내 서약에 위배될 것이다. 나는 성경은 하나님의 말씀임을 긍정하기 때문에, 성경을 편리하게 해석하기보다는 성경에 복종해야 한다. 신념에 따라 먼저 텍스트의 의미를 결정하고 나서 오늘날을 위한 시사점을 묻는 성서학자로서, 나는 성경을 내 경험에 맞추기보다 내 경험을 성경에 맞춰야 한다. 다시 말해서 (내 영적 경험은 여러 해 동안 가공할 만한 진보적 학문을 경험하는 동안 내 복음주의적 확신을 강화하는 데 종종 도움이 되었지만) 성경이 내게 충실한 것이 아니라 내가 성경에 충실하기 때문에, 나는 여전히 영적 은사를 신봉한다. 성경의 메시지는 나 자신의 기적 체험을 확인하기만 하는 것이 아니라, 나로 하여금 적절한 표징과 기적들에 대해 지금보다 더 열린 자세를 보이도록 요구한다.

하나님은 종종 부흥의 시대에 기적의 빈도를 늘리셨고 때로는 모세나 엘리야 또는 사도들과 같은 개인들을 통해 그런 기적을 행하셨다. 하나님이 우리 모두에게 똑같은 사명을 위한 은사를 주시는 것은 아니지만, 우리 가운데 가르침의 은사를 받은 사람들은 우리가 종종 그래왔듯이 성경에 관한 은사를 사용해서 단지 동료 교사들을 훈련시키기만 할 것이 아니라 그리스도의 몸을 동원해야 한다. 확실히 하나님은 주권적이시며 단지 우리가 기적을 요청한다고 해서 꼭 기적을 일으키실 필요는 없다. 그러나 우리가 하나님을 주님으로 인정한다면, 우리는 하나님이 기적을 일으키길 원하실 경우 우리의 기도를 통해 일하시도록 우리를 사용하실 수 있게 해야 한다. 우리는 어떤 수단이건 하나님이 선택하시는 수단을 통해 능력을 주실 수 있는 더 강한 성령의 사람들이 되어야 한다.

우리 세대는 절박한 상황에 처해 있다. 도심 전도와 기타 일선 사역에 관여하는 사람들은 예언자 엘리야나 엘리사가 치명적인 적대 세력으로 인해 큰 위험에 직면했을 때 구한 것과 같은 하나님의 보호하심에 대한 직접적인 믿음이 필요하다. 일부 세속 지식인들 중 그들의 반초자연주의라는 미몽(迷夢)에서 깨어난 사람들이 있지만, 그중 많은 이들이 우리가 섬기는 하나님보다 권능과 자비가 훨씬 덜한 초인간적인 힘에 의지하고 있다. 아마도 지금은 우리가 새롭게 능력을 받은 엘리사처럼 "엘리야의 하나님 여호와는 지금 어디 계시니이까?"라고 부르짖어야 할 때일 것이다(왕하 2:14, NIV).

동시에 우리는 바른 동기로 은사들을 추구해야 한다. 성령 충만한 삶을 살지 않으면서도 방언으로 기도할 수 있다(고전 14:20에 나오는 영적으로 미성숙한 이들과 비교해 보라). 구원 받지 않고도 예언할 수 있다(삼상 19:21-24; 마 7:21-23). 하나님 자신에게 주의를 기울이지 않고서도 은사적인 찬송을 부르며 하나님의 위대하심이 아니라 리듬이나 멜로디를 기뻐할 수도 있다(슥 7:5-10에 나오는 순전히 종교적인 의식들과 비교해 보라).

20세기 중반에 일어난 치유 부흥의 초기 선구자들 중 한 사람은 그 부흥의 시작이 대체로 하나님의 영으로부터 왔다고 믿는다. 많은 하나님의 사람들이 하나님의 얼굴을 구했으며, 그들이 하나님의 얼굴을 구하자 하나님은 손을 펴서 그들을 축복하셨다. 그러나 바로 그 목사는 하나님의 백성이 하나님의 얼굴을 구하는 대신 하나님의 손을 구하게 되자, 하나님께서 다시 그 손을 거두셨다고 결론지었다. 그때부터 "치유 부흥"의 대부분은 육신적으로 이루어졌으며 많은 신유 전도자들이 관심을 얻으려고 경쟁한 까닭에 하나님의 영의 축복을 상실했다. 이 리더는 하나님이 돈, 성, 또는 권력으로 인해 타락하지 않을 그리스도인들의 세대(그는 마침내 이 세대가 시작되고 있다고 생각한다)를 일으키시기 전에는 다시는 그런 식으로 손을 펴지 않으실 것이라고 생각한다고 경고했다.

하나님이 기적을 일으키신다면, 그 기적은 오직 하나님의 이름의 영광을 위한 것이어야 한다. 하나님은 가르침, 치유, 전도, 은사적 기도, 예언과 같은 다양한 은사로 우리를 사용하실 수 있지만, 우리가 먼저 하나님의 영광을 구하고 그리스도의 교회를 세우는 일과 이 세상에서 교회가 수행해야 할 사명을 위해 다른 모든 은사와 더불어 일하지 않는다면, 우리는 성령의 사람들로 행동하고 있는 것이 아니다. 하나님이 우리에게 표징과 기적 및 영적 은사들의 부흥을 허락해주시기를 기원한다. 그러나 성령의 능력(고전 2:4-5)은 강력한 표징에 있는 것이 아니라 십자가의 약함에 대한 메시지에 있기 때문에(고전 1:18; 2:6-8), 우리는 무엇보다도 하나님께서 우리에게 우리 자신의 마음이 하나님의 마음을 느끼게 하는 성령의 부흥을 보내 주시기를 기원한다. 우리는 바로 우리의 연약함, 그리고 하나님께 대한 절대적 의존 속에서 진정으로 하나님께 영광을 돌릴 준비가 된 그릇이 된다(고후 11:18-12:10; 13:3-4, 9).

6장

몇 가지 영적 은사들에 대한 자세한 고찰

오늘날 많은 교회와 사역자들이 "영적 은사 목록"을 사용하고 있는데, 이 목록은 종종 기독교 상담에서 사용되는 것과 비슷한 흥미 검사 혹은 성격 검사와 유사한 경향이 있다. 흥미 검사와 성격 검사는 대체로 유용하며, 하나님은 때로는 우리의 흥미와 성격에 부합하는 방식으로 우리에게 은사를 주시기도 하지만, 하나님의 은사를 그런 목록에서 발견되는 은사들로 제한해선 안 된다. 선천적인 은사가 아니라 그리스도의 몸을 세우기 위해 기도로 하나님께 구하는 은사에 대해 말할 때는 특히 더 그렇다(고전 12:31; 14:1).

이 반대편 극단에서는, 일부 그리스도인들은 선천적 재능이나 이점을 멸시하고 초자연적 은사를 선호하는 경향이 있다. 이는 바울의 본을 따르는 것이 아니다. 바울은 하나님 나라를 위해 로마 시민권이든, 그리스어와 아람어 구사 능력이든, 유대 정통 신앙이든, 자신의 모든 이점을 이용했다(행 21:37; 21:40-22:5; 22:25-29). 어떤 사회에서는 이 요소들 중 일부가 자신에게 불리하게 작용했지만 말이다(행 16:20-21). 특정 은사들을 강조하는 많은 교회들조차 (방언의 은사든 가르침의 은사든 예언의 은사든 전도의 은사든) 그 은사들 중 몇 가지만을 규칙적으로 활용한다.

이 장에서 우리는 그리스도인들이 선천적으로 부여받지 않은 종류의 영적 은사들을 다루는 두 구절(고전 12:8-10과 엡 4:11)을 살펴볼 것이다. 이 두 구절(최소한 첫 번째 구절)에 나오는 은사들은 표본에 불과할 수도 있지만, 그 목록은 몇몇 은사들을 더 자세하게 탐구할 기회를 제공한다. 이 은사들이 무엇과 관련이 있는지에 관한 대중적인 관념이 단지 은사주의적 "전통"에 바탕을 두고 있는 경우도 있고, 대중적 이해가 바울이 의도한 바와 가까운 경우도 있다.

고린도전서 12:8-10의 은사

고린도전서 12:8-10에 나오는 바울의 아홉 가지 은사 목록이 "성령의 은사"의 전체 목록이라고 주장해온 일부 대중적인 저자들이 있지만, 달리 생각할 타당한 이유가 있다. 바울은 다른 목록이 담긴 다른 구절에서 비슷한 언어를 사용한다. 바울의 다양한 은사 목록(롬 12:4-8; 고전 12:28; 12:29-30; 13:1-2; 8-9; 14:26; 엡 4:11. 벧전 4:10-11도 보라)을 비교해 보면 그의 목록들은 그때 그때 필요에 따라 만들어졌으며 (즉 그는 "즉석에서" 이 목록들을 만들어내고 있다) 상당히 다양하다는 것을 알 수 있다. 바울은 그가 열거하지 않은 다른 은사들을 열거할 수도 있었으며, 그의 최초의 독자들조차 이 각각의 예들이 무엇을 의미하는지 **정확히** 알지 못했을 수도 있다.

우리는 바울의 다른 편지들에서 예언이나 가르침과 같은 은사들에 대해 배우지만, 바울은 고린도전서에서 독자들의 상황에 가장 적절한 특정 은사들에 초점을 맞춘다. 고린도 문화는 말하고 추론하는 능력을 높이 평가했다. 심지어 고린도 근처에서 열린 이스트미아 제전에서는 정기적으로 말하기 경연대회가 열리기도 했다. 자연히 고린도의 그리스도인들은 "지혜로운 말"이나 "박식한 말"과 같은 은사를 높이 평가했다. 바울의 편지도 그들이 방언을 높이 평가했다는 점을 알려주는데, 이는 아마도 방언이 (최소한 오늘날에는) 최소의 노력으로 오는 은사 중 하나이기 때문이었을 것이다. 바울은 고린도전서 12:8-10에서 고린도 그리스도인들의 경험과 관련된 특정 은사들을 언급한다. 바울이 방언을 이 목록의 맨 아래에 둔(12:10) 이유는 바로 교회 안의 많은 이들이 다른 은사들에 비해 방언에 지나치게 중요한 역할을 부여하고 있었기 때문일 것이다(13:1; 14:2-5).

그러나 너무나 많은 저자들과 강연자들이 이 특정 구절에 있는 은사 목록을 강조해왔으므로, 우리는 이 은사들의 일반적인 의미를 살펴볼 것이다. 이 은사들이 무엇인지에 관해 오늘날 다양한 생각들이 만연해 있음을 감안할 때 특히 그럴 필요가 있다. 한 저자의 추측이 그다음 저자의 정보가 되고, 그 저자의 정보는 어떤 단체의 전통이 된다. 오순절 및 은사주의 학자들은 대중적 수준의 대부분의 은사주의 교사들보다 바울이 실제로 의미하는 바에 더욱 관심을 기울이는 경향이 있지만, 많은 은사주의자들은 이 은사들에 관해 성경 이해에 대한 건전한 접근보다는 은사주의적 전통에 바탕을 둔 개념을 받아들였다. 우리는 이 은사들을 바울의 최초의 수신자들이 받았던 바로 그 편지인 고린도전서의 문맥에서 나오는 단서들에 비추어 살펴볼 것이다.

이 목록에 나오는 몇 가지 은사들은 목록에 포함된 다른 은사들과 겹친다(예를 들어 병 고침, 기적, 그리고 아마도 믿음). 바울은 심지어 이 고린도전서의 목록에 나오는 은사들 중 몇 개의 이름을 즉석에서 지어 냈을지도 모른다(예를 들어 "지식의 말씀", 아래의 논의를 보라). 그러나 바울이 훨씬 더 자세히 설명하는 은사들도 있다. 사실 예언과 병 고침의 구약적 배경을 고려하면 이런 은사들에 대해 몇 권 분량의 책을 쓸 수도 있다.

지혜의 말씀

바울이 12:8에서 "지혜의 말씀"(utterance of wisdom)에 대해 말할 때 고린도의 그리스도인들은 아마도 바울의 요점을 즉시 이해했을 것이다. 그들이 사는 도시의 문화는 지식과 지혜뿐만 아니라 말하는 능력도 강조했다("말씀"[word]에 해당되는 그리스어 단어는 "발언"[utterance] 또는 "수사법"[rhetoric]으로도 번역될 수 있다). 고린도 사람들은 자신들이 2년마다 후원한 운동 경기 대회에 말하기 경연대회도 포함시켰다. 그 지역의 그리스도인들은 그들이 속한 문화의 본을 따라 박식하고 지혜로운 말, 특히 궤변론자들의 고담준론과 철학자들의 사려 깊음을 높이 평가했다. 사실 최소한 고린도 교회의 일부는 지혜롭고 박식한 말에 너무도 매료된 나머지, 그 교회의 지체들은 바울보다 능숙한 대중 연설가인 아볼로를 더 좋아했다(고전 1-4장을 보라).

그러나 바울은 그들에게 말과 지식 같은 은사들이 풍성하다고 인정하면서도(고전 1:5-7), 거기에 인상을 받지 않는다. 그는 참된 지혜는 하나님의 감추어진 지혜인 십자가의 메시지라고 주장한다. 하나님의 능력은 그리스도의 약함 속에서 계시되었는데, 이는 예수님이 하나님 나라의 비밀이라고 부르신 것에 어울리는 메시지다(고전 1:18-2:16). 바울은 아마도 자신의 말하는 능력이 부적절하다는 점을 과장하면서(당시 관습이 그랬다) 그들을 구원한 메시지는 수사학적으로도, 철학적으로도 심오하지 않다는 점을 강조한다. 그것은 단지 그리스도 안의 구원이라는 하나님의 메시지였다.

그렇다면 "지혜의 말씀"은 단순한 인간적 추론이 아니라 하나님의 목적에 대한 통찰에 바탕을 둔 신적 신비의 계시를 나타낼 수도 있다(하나님의 신비에 관한 통찰에 대해 이와 비슷한 표현이 사해 사본에 등장한다). 바울은 지역 교회 수준에서는 가르치는 이들도 이 은사를 발휘할 수 있다고 생각했을 수도 있지만, 다른 곳에서 사도들과 예언자들이 더 큰 규모로 그러한 지혜를 제공했다고 말한다(엡 3:4-6).

지식의 말씀

"지식의 말씀"은 "박식한 내용을 동반한 말"로 번역할 수도 있다. 고린도의 비그리스도인들에게는, "박식한 발언"은 대중 연설가들이 주로 과시용으로 다양한 주제에 대해 전달한 종류의 즉흥 연설을 의미했을 수도 있다. 마찬가지로 고린도의 많은 그리스도인들은 하나님에게서 나온 특별한 교리 지식을 가지고 있다고 주장했으며, 그 지식으로 인해 자신은 그 지식을 소유하고 있지 않은 그리스도인들보다 더 나은 존재라고 생각했다. 바울은 그들이 이 은사를 남용한다고 그들을 꾸짖었다(8:1-3). 방언 및 예언과 마찬가지로 지식은 사라질 것이며 (13:8), 불완전하고 때로는 부정확하다(13:9). 방언으로 인해 교만하다는 이유로 다른 이들을 올바르게 책망하는 사람들 자신이 지식으로 인해 교만하다! 교만의 이유가 무엇이든 간에 교만은 나쁜 것이다.

바울은 다른 은사의 경우와 마찬가지로 이 은사의 남용을 책망하지만, 이 은사의 긍정적인 형태는 권장한다(14:6; 고후 8:7; 11:6). "지식의 말씀" 즉 공개 석상에서 지식을 말할 수 있는 능력은 틀림없이 하나님에 대한 지식을 나누어주는 것, (예를 들어 스탠리 호튼과 J. 로드먼 윌리엄스와 같은 다른 많은 오순절 학자 및 은사주의 학자들이 동의하듯이) 가르침의 은사를 의미한다.

보다 전통적인 은사주의의 용례에서는 "지식의 말씀"은 어떤 인간적 필요나 상황에 관한 지식의 초자연적 전달에 적용된다. 이 은사에 대한 이러한 해석은 바울의 용례에는 잘 들어 맞지 않지만, 그러한 은사는 (우리가 그것을 무엇이라고 부르든) 구약과 신약의 내러티브에 자주 등장한다(예. 왕상 21:17-18; 왕하 4:27; 5:26; 6:12; 막 2:8; 행 14:9). 바울은 아마도 그 은사를 "예언"이나 "계시"라는 제목 아래 포함시켰을 것이다(고전 14:26, 30을 보라). 나는 그리스도인 청년이었던 1970년대 후반에 오하이오주에 있는 "하이밀 크리스천 센터"(High Mill Christian Center)라는 초교파 단체에서 이 계시의 은사를 정기적으로 목격했다. 그곳의 목사님은 누군가가 당시에 씨름하고 있던 문제를 자주 드러냈고 그분의 말은 언제나 옳았기 때문에 나는 언제나 기쁜 마음으로 불신자들을 주중 예배에 초대했다. 한번은 그날 밤에 자살하려던 한 방문자가 자살하는 대신 그리스도인이 되었다. 나는 이것이 바울이 여기서 말하는 "지식의 말씀"이라고는 생각하지 않지만, 그것은 예언의 은사의 한 가지 타당한 형태다(고전 14:24-25).

믿음

믿음은 모든 은사에 활력을 불어넣는다. 하나님은 모든 그리스도인에게 믿음을 공급하셔서 그리스도의 몸 안에서 자신의 역할을 수행하도록 하신다(롬 12:3, 6). 그러나 이 경우에 바울은 특별한 믿음, 곧 산을 옮기는 종류의 믿음의 수여에 대해 말하고 있다(고전 13:2). 하나님께는 모든 일이 가능하지만, 성경이나 교회 역사 어디에도 그리스도인이 (기도나 예배에 대한 응답으로 일어난 지진 외에는, 왕상 19:11; 행 4:31; 16:25-26; 계 6:10-12) 문자적으로 산을 움직였다는 기록은 없다. 하지만 요점은 그리스도인이 온전한 믿음을 발휘한다면 하나님이 우리에게 성취하기를 요구하시는 어떤 일도 불가능하지 않다는 것이다. "산을 움직이"는 것은 사실상 불가능한 일을 하는 것에 대한 유대인의 비유적 표현이었고, 예수님은 아주 작은 믿음이라도 발휘하는 이들에게는 어떤 일도 불가능하지 않으리라고 약속하셨다(막 11:23).

하나님이 우리의 믿음의 대상이시므로, 이 믿음을 소유하려면 우리가 자신의 뜻이 아닌 하나님의 뜻에 따라 행동하는 것이 전제되어야 한다(왕상 18:36; 왕하 4:28; 요일 5:14). 즉 이 진정한 믿음의 목표는 우리가 원하는 것은 무엇이든지 얻는 것이 아니라, 하나님이 맡기신 일과 하나님이 우리에게 하도록 요구하시는 일을 수행하는 것이다.

이는 우리가 하나님이 말씀하시지 않은 문제에 대해서는 믿음을 발휘할 수 없다는 말이 아니다. 하나님은 종종 그러한 요청도 들으신다(예. 삼하 15:31; 왕하 20:3-6; 막 2:4-5). 때로는 하나님이 안 된다고 말씀하시기도 한다(예. 렘 14:11; 고후 12:8-10).

모든 그리스도인이 이런 수준의 기능을 발휘하는 것이 이상적이겠지만, 바울은 일부 그리스도인들은 특별히 이런 종류의 믿음의 은사를 받았다는 점을 인식한다. 이례적인 믿음을 가진 사람들은 이 방면에서 은사를 덜 받은 그리스도인들을 업신여기기보다는, 다른 이들이 믿음 안에서 자라도록 격려하는 본을 보임으로써 그들의 은사를 그리스도의 몸에 속한 다른 이들을 위해 사용해야 한다.

병 고치는 은사들

이 어구의 복수형은 아마도 많은 주석가들이 제안하듯이 성령이 다양한 그리스도인들에게 다양한 종류의 질병에 대해 기도할 수 있는 믿음을 키워주신다는 점을 의미할 것이다. 그렇다고 해서 모든 종류의 질환에 대해 기도할 수 있는 은사를 받은 사람이 없다는 뜻은 아니지만(대부분의 1세대 사도들은 그렇게 한 것으로 보인다[행 5:15-16; 28:8-9]) 병 고치는 은사를 받은 많은 그리스도인들은 처음에는 특정 종류의 질환에 대해서만 특별한 믿음을 발휘할 수 있다. 사도행전 8:7은 행해진 기적의 구체적인 예를 나타내는 것일 수도 있지만, 이 점을 암시할 수도 있다. 비록 하나님은 종종 하나님의 자녀들의 필요를 충족시키거나 그들이 선포하는 복음에 주의를 끌기 위해 극적인 치유를 일으키기도 하시지만, 이러한 제약은 이 은사가 오늘날까지 지속된다 해도 모든 사람이 초자연적으로 치유되리라고 보장하지는 않는다는 점을 암시할 수도 있다.

성숙한 그리스도인들은 아마도 특정 상황에서 이 은사를 위한 믿음을 발전시켰을 것이다. 야고보와 같은 유대인 그리스도인들은 장로들이 믿음의 기도를 드릴 준비가 되어 있기를 기대한 것으로 보인다(약 5:14-15). 아마도 바울이 세운 교회들에서는 병 고침을 위한 믿음의 은사를 받은 사람은 누구든지 그에 따라 행동해야 했을 것이다. 엘리야와 엘리사 같은 기적을 일으키는 예언자들에 대한 성경의 증언에 다양한 기적이 언급된다는 사실은 한 사람의 믿음에 있어서 그 사람이 하나님의 뜻에 따라 행동하고 있다는 확신 외에는 필연적인 제약이 없음을 암시한다. 공식들이 이 확신을 주는 것이 아니라, 이 확신은 하나님과의 친밀하고 순종적인 관계라는 맥락 속에서 꽃핀다. 하나님께서 병을 고치시는 이유는 우리의 능력이나 경건 때문이 아니라 예수님의 이름에 대한 하나님의 신실하심 때문이다(행 3:12). 그러므로 우리는 하나님이 누군가를 고쳐 달라는 우리의 기도에 응답하실 때 우리 자신을 축하하고 싶은 유혹을 피해야 한다. 하나님만이 찬양 받으셔야 한다(막 2:12; 5:19).

우리는 하나님이 치유를 위한 기도에 종종(또는 심지어 일반적으로) 응답하실 것이라고 믿어야 하고, 정서적으로나 영적으로 상처 입은 이들뿐만 아니라 육신적으로 상처 입은 이들에게 주님이 베푸신 긍휼의 본을 따라야 하지만(마 9:35-36; 막 1:41), 고침을 받지 못한 사람은 영적으로 결함이 있다고 생각하지도 말아야 한다(비교. 욥 12:5; 42:7-

8). 하나님이 병을 언제나 당장 고쳐주시는 것은 아니며(욥 42:10; 갈 4:13-14; 빌 2:27; 딤후 4:20), 이유야 어쨌든 하나님은 때로는 이생에서의 병을 고쳐주시지 않는다(왕상 1:1; 왕하 13:14, 20-21; 딤전 5:23).

그러나 예수님이 자신에게 오는 모든 사람을 기꺼이 고쳐주셨다는 사실은 분명히 오늘날 병 고침은 비정상적이라고 생각하는 이들에게 도전을 제기한다. 만일 그들이 예수님의 성품이 변했다거나 이 세상에서 일하시는 예수님의 능력이 줄어들었다고 주장하고 싶어하지 않는다면 말이다. 사람들의 고통은 실제적인데 반해, 난처하게도 오늘날 고침 받는 사람들의 수는 하나님이 요구하시는 것보다 적을 수 있다. 성경은 어떤 경우에는 예수님이 사람들이 고침 받기를 원하셨지만 예수님의 제자들이 필요한 것을 공급할 영적 준비가 되어 있지 않았거나(마 17:16-17, 19-20; 막 9:18-19, 28-29), 사람들이 예수님을 믿기를 거부했음을 보여준다(마 13:58; 막 6:3-6). 언제나 그런 것은 아니지만, 다른 은사에서와 마찬가지로 이 은사에 있어서도 우리가 점점 더 깊어지는 하나님과의 관계에 뿌리박은 믿음 안에서 자라갈 수 있기를 소망한다(약 5:14-18).[1]

• • •

1   아마도 지금까지 성경신학에서 병 고침에 대한 가장 철저한 학문적 연구인 Michael L. Brown, *Israel's Divine Healer*, Studies in Old Testament Biblical Theology (Grand rapids: Zondervan, 1995)를 보라.

능력 행함(workings of miracles)

"기적"은 문자적으로는 "능력 과시"를 뜻하는데, 이 단어의 복수형은 병 고침의 경우와 같이 다양한 능력을 행하는 자들과 관련된 다양한 종류의 기적을 뜻할 수도 있다.[2] 구약과 바울이 고린도 교인들에게 말한 예수님에 관한 이야기에서 "기적"은 병 고침을 포함할 수 있으며, 아마도 산을 옮기는 것과 같은 믿음의 행위를 포함했을 것이다(고전 13:2). 이 은사는 이 목록의 다른 곳에 있는 "병 고침의 은사"나 "믿음"과 겹칠 가능성이 있으며, 분명히 자연계의 기적과 같은 다른 종류의 기적들도 포함한다. 예수님의 제자들이 생명을 위협할 것처럼 보이는 폭풍을 잠잠하게 해 달라고 주무시는 예수님을 깨우자 예수님은 제자들의 불신앙을 꾸짖으셨다. 아마도 예수님은 제자들이 두려워하며 예수님을 깨우는 대신 예수님이 그들에게 가르치신 대로 행동하지 않은 이유를 알고자 하셨을 것이다(막 4:40). 적어도 예수님은 제자들이 정말로 예수님이 타신 배가 가라앉을 것이라고 예상했는지 물으셨다.

이와 비슷하게, 또 다른 초기 기독교 저자는 하나님의 뜻에 따라 비를 통제하는 엘리야의 믿음을 신자들에 대한 예로 사용한다(약 5:17-18). 하지만 하나님이 언제나 신자들이 폭풍을 잠잠하게 하도록 인도하시거나 허락하시는 것은 아니다(행 27:24-26). 야고보는 이 예를 특별히 병 고침을 위한 믿음에 적용한다(5:14-16). 아마도 이 말

---

2 Carson, *Showing the Spirit*, 40.

은 보다 흔하게는 귀신 들린 불신자와 관련된 축귀와 같은, 사도행전에서 입증된 표준적인 종류의 "능력 행함"을 가리킬 것이다(행 5:16; 16:18).

자신의 능력으로 우주를 유지하시는 하나님은 종종 인간을 도구로 사용하지 않고도 일하시지만(출 3:2; 요 5:17, 21), 때때로 자신의 종들을 통해 일하기로 작정하기도 하신다. 그래서 예를 들어 한 예언자는 여로보암 왕과 맞서는데, 그는 먼 옛날의 완악한 바로처럼 표적을 통해 징계를 받아야 한다(왕상 13:1-6). 그러나 여로보암이 다음 번에 예언자의 말을 들을 때에는 예언자가 아닌 여로보암이 (먼저) 접촉을 시도한다. 하나님의 직접적인 심판으로 인해 왕의 아들이 죽어가고 있기 때문이다(14:1-3). 하나님은 직접적으로나 하나님의 종들을 통해 사람들의 이목을 끄신다. 예를 들어 하나님은 종종 심판을 통해 말씀하시지만(사 26:9-10), 대개 먼저 그 심판을 해석할 예언자들을 보내신다(사 48:3-5; 암 3:7-8).

어쨌든 기적을 일으키는 은사를 받은 사람들은 기적은 단순히 우리의 자기중심적 욕망(약 4:1-4을 비교하라)이 아니라, 하나님의 명령(왕상 18:36)이나 하나님과 가까이 동행하는 사람의 기도에 대한 반응(왕하 1:10)으로 찾아온다는 점을 기억해야 한다. 하나님을 기뻐하며 하나님의 뜻을 최고로 원하는 사람들의 소원이 허락된다(시 37:3-7). 주님께 받은 말씀에 따라 행동하는 것은 마치 하나님이 아닌 우리 자신에게 말로 사물을 존재하라고 말할 수 있는 권세라도 있는 것처럼 어떤 일이 일어나야 한다고 "고백"하거나 "주장"하는 것과는 다르다(애 3:37; 롬 4:17). 우리는 그리스도의 몸을 세우는 데 하나님의 말씀과 관련된 은사들이 이 극적인 은사보다 더 높게 평가받는다는 점을 인식해야 한다(고전 12:28). 이와 동시에 전도에서 사람들의 이목을 끄는 데 기적이 특별히 효과적이기는 하지만 말이다(예를 들어 행 14:3).

예언

예언은 하나님이 그분의 음성을 듣는 어떤 종에게, 또는 그 종을 통해 (또는 때로는 그 음성을 듣지 않는 사람을 통해, 예를 들어 삼상 19:22-24; 마 7:22; 요 11:51) 말씀하시는 것과 관련이 있다. 고린도전서 12-14장의 예언은 단지 말씀 선포(preaching)일 뿐이라고 생각하는 사람들은 이 단어의 구약에서의 용례(이는 바울이 그리스도인 독자들과 공유한 배경이다), 사도행전에서의 용례, 그리고 이 텍스트 자체에서의 용례를 이 단어와 관계없는 것으로 다뤄야 한다.

물론 예언자들은 "말씀을 선포"할 수 있었지만, 예언은 "마음의 비밀들이 드러나게" 할 수도 있었고(14:24-25), 즉흥적인 계시일 수도 있었다(14:29-31). 사실 예언에 대한 성경의 용법은 예언자가 하나님께 받아서 그것이 하나님으로부터 나왔음을 명백히 밝힌 어떤 메시지라도 다 포함할 만큼 폭이 넓다. 하나님은 처음부터 자기 백성에게 예언을 통해 말씀하셨지만 예언은 환상, 꿈, 들을 수 있는 음성, 황홀경 등 다양한 형태로 임했는데, 아마도 가장 흔하게는 성령이 예언자의 마음과 입에 말씀을 주셨을 것이다. 심지어 예언자가 자기 자신에게 예언함으로써 메시지를 받는 모습을 보여주는 텍스트들도 있다(삼하 23:2-3; 호 1:2; 렘 25:15. 27:2도 이에 해당할 수 있다). 예언적 영감은 예언하는 사람이 기도나 예배와 예언 사이를 쉽게 넘나들 수 있을 만큼 매우 다양한 형태로 임했다(예. 대상 25:1-8; 시 12:1, 5; 46:1, 10; 91:3, 14-16). 사실 예배는 흔히 예언의 분위기를 조성하거나 배경을 제공했다 (삼상 10:5; 왕하 3:15; 합 3:19도 이에 해당할 수 있다).

사용된 형태가 아니라 야웨의 말씀이 선포되고 있는지 여부가 그러한 예언의 현저한 특징이다. 구약 예언서의 대부분은 하나님의 백성이나 기타 집단을 향한 예언에 초점을 맞추고 있지만, 예언자들은 개인들에게도 많은 예언을 전달했다. 구약의 책들은 왕들의 중심적인 역할 때문에 흔히 왕들을 향한 개인적 예언을 기록하고 있지만, 그보다 덜 두드러진 사람들도 메시지를 받았다(예. 왕상 17:13-14; 왕하 4:3-4). 사무엘상 9:6-10과 같은 텍스트들은 개인들도 관례적으로 저명한 예언자들에게 물어봤음을 보여준다. 사도행전은 바울을 향한 개인적인 예언을 기록하고 있다(행 21:4, 11. 20:23을 비교하라).

포로로 잡혀가기 전에는 자신의 예언을 기록한 대부분의 예언자들은 시로 예언한 반면, 포로로 잡혀간 뒤에는 대부분의 예언이 산문으로 기록되었다(예. 학개서와 말라기서의 대부분). 예언은 본질상 즉흥적(spontaneous)이라고 주장하는 사람들이 있지만, 반드시 그럴 필요는 없다. 성경의 예언자들은 종종 어느 시점에 예언을 받고서 이를 나중에 전달했으며(렘 28:12-17), 어떤 예언자는 심지어 자기 예언을 기록했다가 다른 사람이 나중에 그 예언을 읽게 할 수도 있었다(렘 36:4-8).

영감 받은 모든 말씀은 가장 넓은 의미의 "예언의 말씀"이지만(예를 들어 행 2:4, 16-18; 계 19:10을 비교하라), 바울이 말하는 예언은 특히 계시의 말씀을 뜻하며, 이 경우에는 모임에서 선포된 말씀을 뜻한다.

비록 예언으로부터 배울 수도 있지만(고전 14:31), 바울은 이 은사를 가르침(성경이나 복음의 의미를 설명하는 일)과 혼동하지 않는다. 또한 바울은 예언은 가르침의 경우와 마찬가지로 권고의 기능을 포함할 수도 있지만(고전 14:3), 예언을 그와는 별개의 은사인 "권고"와 혼동하지도 않는다(롬 12:8. 바울은 롬 12:1에서 이 은사를 사용한다).

가르침에서는, 텍스트나 다른 선행 메시지에 하나님의 권위가 있고 가르치는 자가 그 텍스트나 메시지를 정확하게 설명하는 한 그 권위가 행사되었다. 예언에서는, (비록 신약의 예언도 구약의 예언처럼 종종 그 이전의 성경 예언들의 언어를 반영했지만) 그 예언이 성령이 말씀하고 있는 바를 정확하게 반영하는 한 예언 그 자체에 하나님의 메시지가 있었다. 예언에서는, 사람이 직접 하나님의 대리자로서 말하도록 영감을 받아 본질적으로 "성령께서 이렇게 말씀하신다"라고 말했다(행 21:11; 계 2:1; 3:1).[3]

바울은 하나님의 메시지를 선포하는 노련한 예언자들에 대해 알고 있었던 것으로 보이지만(행 11:28; 21:10; 엡 4:11), 고린도전서에서는 **예언자**라는 말을 예언하는 모든 사람을 묘사하는 말로 보다 넓게

∙∙∙

3   이 점에 대해 나는 내 친구 웨인 그루뎀의 예언에 대한 기본적인 방향에 공감하고 이 주제에 관한 그의 중요한 저작을 높이 평가하지만 그와 견해를 달리한다. 내 책 *Paul, Women, and Wives* (Peabody, Mass.: Hendrickson, 1992), 245를 보라. 그루뎀의 일차적인 관심사는 이미 입증되었고 현재 성경을 구성하고 있는 내용에 의해 검증되어야 하는 현재의 어떤 예언보다 정경의 계시를 더 높은 차원에 두는 것으로 보인다. 나는 이러한 관심사와 정경 계시의 절대적 우선성에 전적으로 동의한다. 이하의 "영 분별" 은사에 관한 내용을 보라.

사용한다(고전 14:29-32). 실제로 모든 사람이 예언을 하지는 않겠지만(고전 12:29), 모든 그리스도인은 성령을 받았으므로 적어도 이론상으로는 모든 그리스도인은 예언할 수 있다(14:5, 31. 민 11:29; 행 2:17-18를 비교하라). 그러나 예언자들이 수행하는 역할은 다양할 수 있을 것이다. 우리는 오늘날 흔해 보이는 격려의 예언을 인정할 수도 있지만, 불행하게도 가난한 이들, 태아, 기타 사회의 힘없는 계층이 받는 억압에 맞서 하나님의 정의의 이상을 대변할 예언자들은 부족하다. 성경 예언에서의 이러한 강조(예. 사 1:15-17; 58:1-14; 렘 22:13-17; 암 5:7-24; 약 5:1-6)를 심사숙고해 보면 오늘날의 예언의 범위가 넓어질지도 모른다.

영 분별

오늘날의 독자들은 이 어구를 다양하게 사용하지만, 이 텍스트의 문맥은 바울이 특히 예언을 정확하게 평가하는 은사를 말하고 있음을 암시한다. 그렇다고 예언과 관계없는 상황에서 오류를 찾아내는 능력은 성령에게서 비롯된 것이 아니라는 말은 아니다. 나는 이따금 사람들을 만날 때 그들이 아무런 구체적인 암시도 하기 전에 그들이 특정 신흥 종교나 거짓된 가르침에 속한 이들이라는 사실을 성령을 통해 알게 되었다. 나는 한번은 전도하러 나가면서 "더웨이인터내셔널"(The Way International)이라고 알려진 신흥 종교의 오류에 이의를 제기하는 소책자를 가지고 나가라는 성령의 인도하심을 느꼈다. 내가 그날 밤에 유일하게 만난 사람은 겉으로는 그리스도인으로 보였지만 주님은 내게 그가 혹시 "더웨이"에 속한 사람이 아닌지 물어보도록 인도하셨다. 그는 실제로 "더웨이"의 신자였다. 그래서 나는 그에게 그 소책자를 주었고 그 뒤에도 계속해서 그를 관리했다. 또 한번은 한 연사의 말을 듣기가 거북했고, 나중에 아무런 합리적인 이유도 없이 그에게 혹시 샘 파이프(1970년대의 한 신흥종교 지도자)를 아느냐고 물어보았다. 그 연사는 샘 파이프의 친구이자 샘이 창시한 집단의 일원으로 밝혀졌다.

그러나 바울은 영 분별이라는 말로 특히 예언을 평가하는 것을 지칭했을 가능성이 더 높다. 바울은 나중에 "분별"을 지칭하는 똑같은 그리스어 단어를 이런 식으로 사용하며(14:29), 다른 곳에서는 "영들"에 대해 예언과 함께 언급한다(14:32. 겔 13:3[도 아마 이에 해당할 것이다]; 요일 4:1-6; 계 22:6도 보라).

예언과 관련된 분별은 중요하다. 구약 시대에는, 경험 많은 예언자들이 흔히 초보 예언자들의 예언 계발을 지도했다(삼상 19:20; 왕하 2:15; 4:38). 그러나 1세대와 2세대 그리스도인들 사이에서는, 성숙해지고 있는 예언자들이 서로의 예언을 평가함으로써 서로에게 멘토가 되어야 했다(고전 14:29). 우리는 모두 "부분적으로 알고 부분적으로 예언"하기 때문에(고전 13:9), 우리의 가르침과 마찬가지로 우리의 예언도 완벽하거나 완전하지 않다. 성령의 감동으로 하나님의 메시지를 전해야 할 부담을 느끼는 것과 정경을 기록하는 것은 같은 일이 아니다. (예언이 자동적으로 성경이 되지는 않는다는 점은 성경에서 분명히 알 수 있다. 성경 시대의 대부분의 예언은 성경에 기록되지 않았다. 예를 들어 왕상 18:13을 보라.) 더구나 예언에 인간적 오류가 끼어들 수도 있다. 이 문제에서는 사도들도 일부 주장이나 행동에서 실수를 저지르거나(행

11:1-2; 갈 2:11-14) 더 깊은 통찰을 필요로 할 수도 있었다(행 15:6).

그러나 하나님은 우리에게 인간적 오류가 예언을 왜곡시킬 수 있다고 경고하시고 성령이 우리에게 말씀하고 계신다는 우리의 모든 유한한 확신을 시험해보도록 요구하심으로써, 교회가 예언의 은사를 사용하는 것에 안전장치를 마련해두신다. 그래서 예언을 소멸하지 말고(살전 5:19) 시험해봐야 한다(살전 5:20-22). 하나님의 음성을 들었다고 말하는 사람들의 주장을 평가해보지 않는 사람들과, 모든 초자연적 계시를 무비판적으로 거부하는 사람들 모두 성경에 불순종하는 것이다(고전 14:39-40).

오늘날 예언하는 이들 중에는 상투적인 어구와 문맥을 벗어난 증거 텍스트들만 사용하는 사람들이 있으며, 먼저 성경의 하나님과 더 깊은 관계를 발전시키지 않은 채 예언하려고만 하는 사람들도 있다. 이런 식으로 예언하는 이들은 성령의 영감을 희미하게 느끼기는 하지만, 그런 감정을 하나님이 말씀하시는 바에 대한 보다 정확한 이해로 바꾸기에는 아직 성경의 계시를 충분히 모르고 있는 경우도 있다. 언제나 그들에게 예언의 은사를 입증하는 아무런 증거가 없다고 생각하기보다는, 그들이 성경에 깊이 잠기고 적절한 문맥과 그들의 문화적 배경에 비추어 민감하게 해석된 하나님의 말씀의 예언을 통해 지도받도록 그들을 격려해야 한다. 성경에 나오는 예언자들의 언어는 그 이전의 예언자들에 대한 언급, 특히 모세 언약에 대한 언급으로 가득하다. 아마도 심지어 예레미야 시대의 거짓 예언자들조차 진정으로 하나님의 음성을 듣고 하나님이 불순종하는 백성들에게 주신 인기 없는 메시지를 선포하는 법을 배웠더라면, 그들도 진리 가운데로 돌이

켜서 다른 이들을 그런 방향으로 인도할 수 있었을 것이다(렘 23:21-22. 딤전 1:12-13, 20을 비교하라). 예외는 있었지만(행 8:13; 딤후 2:25-26), 완전히 거짓된 예언자들은 대개 자기 잘못을 너무 늦게 인정한다(왕상 22:24-25).

모든 예언은 성경에 의해 검증되어야 하며, 예언의 주제로 인해 그럴 수 없는 경우에는 성령에 민감한 성숙하고 성경 중심적인 다른 예언자들을 통해 검증되어야 한다(고전 14:29). 가장 민감한 신자라도 성령에 대한 민감성에 관해 더 많이 배워야 하며, (문맥 안에서 이해한) 성경에 순종해야 한다. 그래서 성경이 "규범", "척도", 계시의 최종 결정자다. 주님의 말씀을 들었다는 주장을 평가하지 않는 것은 교만이며 주님의 징계를 자초한다. 우리가 사도들 및 예언자들(하나님께서는 여러 세기에 걸쳐 그들에게 영감을 주셨고, 그들의 예언은 시간의 검증을 받았고 성취되었다)과 모순된다면, 우리 중 누가 하나님의 말씀을 정확히 듣는다고 생각할 수 있겠는가? 예언하는 자들이 성경의 문맥을 따르지 않고 그들 자신의 은사주의 진영에서만 통용되는 가르침에 따라 성경을 적용한다면 그들을 더욱 경계해야 한다. (이 문제는 마지막 장에서 더 자세히 논의할 것이다.)

방언

바울은 방언을 고린도전서 14장에서 상당히 긴 분량으로 다루고 있고 오늘날 이 은사에 관해서 많은 의문이 제기되고 있기 때문에 이 은사의 몇 가지 측면들을 살펴보고자 한다.

예배를 위한 은사로서의 방언

기록된 방언의 주된 공적 기능은 방언의 사적 기능과 마찬가지로 기도와 찬양이었다(고전 14:14-17. 행 2:11; 10:46도 보라).[4] 사람이 아는 언어로 하는 기도이든 알지 못하는 언어로 하는 기도이든, 바울은 기도를 성령의 영감과 능력 주심 없이는 할 수 없는 매우 중요한 것으로 간주했다(엡 6:18. 유 20도 보라). 방언이 아마도 한 개인에게 임하는(고전 14:28) 하나님으로부터의 메시지 역할을 하는 데 대한 성경의 증거가 가능하기는 하지만, 결정적이지는 않다. 이는 하나님이 오늘날에는 성경에서와 달리 공적 방언을 주권적으로 사용하지 않으실 수도 있다는 말이 아니다(비록 이것이 인간 전통을 수용해서 하나님의 뜻을 전달하기로 했음을 의미할지라도 말이다). 오순절 학자들은 여전히 그들 사이에서 이 문제에 대해 논쟁을 벌이고 있지만, 나는 하나님이 최소한 이따금은 그렇게 하실 수 없는 이유를 알 수 없다. 그러나 방언에 대한 성경의 강조점은 분명히 성령이 이끄시는 기도에 있다.[5]

바울은 방언이 모든 사람에게 좋을 것이라고 생각하지만 예언이 더 나을 것이라고 주장한다(14:5). 방언은 영으로 기도하고 있는 그 사

• • •

4 행 19:6은 "방언으로 말함"을 "예언함"과 구별하는 특별한 구조를 보여준다. 행 10:46의 그리스어 표현은 기술적으로 방언과 찬양을 동일시할 수 있게 한다.
5 William Graham McDonald, "Biblical Glossolalia Thesis 7," 데이비드 번드릭(David Bundrick)과 베니 에이커(Benny Aker)의 논문들을 포함한 *Paraclete* (spring 1994) and *Paraclete* (winter 1995)에 대한 다양한 찬반 의견을 보라. 번드릭은 공적인 방언의 일차적인 기능은 기도라는 입장을 취하는 하나님의 성회에 속한 다른 이들(앤서니 팔마와 고든 피)의 글을 인용하며 이는 교파의 교리의 요소들을 위반하지 않는다고 말한다(번드릭 자신도 이 입장에 대한 몇 가지 암묵적인 성경적 근거를 발견한다).

람이나 다른 누군가가 방언을 해석해서 회중에게 방언을 이해할 수 있도록 해주지 않는 한, 기도하는 그 사람을 제외한 다른 사람들에게는 가치가 없다(14:13-19). 물론 바울이 여기서 적용하는 원리는 방언 이외의 영역으로 확대된다. 모임에서 우리는 (초자연적 은사든 노래든 또는 설교 등) 무엇으로 기여하든 간에 우리의 말을 듣는 이들이 거기에 시간을 들일 만한 가치가 있게 해야 한다. 우리가 제공하는 것이 오로지 자신의 유익을 위한 것이라면 그것을 개인적으로 드려야 한다.

바울은 해석된 방언은 금하지 않지만 해석되지 않은 방언은 자신이 그 은사를 사용하는 상황, 즉 개인 기도로만 한정한다(14:28, 14:18-19와 비교하라). 아마도 바울은 사무엘상 10:5-6과 19:20에 묘사된 경험과 비슷하게 많은 사람들이 동시에 영감을 받아 말하는 기도 모임에는 반대하지 않았겠지만, 회중의 관심을 모임의 주된 목적인 덕을 세우기, 권고, 복음 전도에서 멀어지게 할 수 있는 것에는 무엇이든 반대했다(14:3, 23-25).

비록 고린도전서 12-14장에서 바울은 교회를 세우기 위한 은사에 초점을 맞추지만(따라서 그는 공개석상에서의 방언은 해석되어야 한다고 주장한다), 우리는 잠시 본론에서 벗어나 방언의 개인적인 사용에 대해 살펴볼 것이다. 대체로 공개석상에서 방언을 하면 덕을 세우기보다는 분열을 조장할 가능성이 있는 교회에서 사역하는 이들은 방언의 개인적인 사용에 더 초점을 맞추는 경향이 있다. 그럼에도 바울에 따르면, 교회들이 방언의 기능을 이해하고 인정한다면 방언은 유효한 공적 은사다.

바울은 방언이 사람의 영으로 드리는 기도이며(14:14-16), 기도하는 사람의 덕을 세운다는 점을 시사한다(14:4). 자기의 덕을 세우는 것은 그리스도인으로서 가지는 열등한 목표는 아니다. 비록 그것이 "교회 사역"의 목표라고 할 수는 없지만 말이다(예를 들어 유 20을 보라). 우리는 부분적으로는 하나님과 우리 자신과의 관계를 증진시키기 위해 개인 기도와 성경 연구를 계속하지 않는가?[6]

예언은 온 교회에 덕을 세우므로 예언이 더 가치가 있지만(14:5), 누군가가 방언으로 기도하더라도 바울은 개의치 않을 것이다. 공개석상에서 해석되지 않은 방언은 아무런 역할을 하지 못하며 바울은 공개석상에서 방언으로 기도하는 것에 대해 신중한 것으로 보이지만, 그럼에도 불구하고 바울은 (틀림없이 개인 경건 생활에서) 상당히 많이 방언으로 기도한다(14:18-19). 또한 바울은 자신의 마음에 덕을 세우기 위해(그래서 14:13-16의 문맥에서 "이해하며 기도하기"를 의미한다) 개인적으로 기도할 때의 방언들을 해석하기로 했을 수도 있다.

또한 방언은 그리스도인의 삶의 궁극적 목표나 그리스도인의 경험의 절정이 아니다(내가 아는 대부분의 오순절 교인들은 그렇게 주장하지 않지만, 오순절 교인들은 때로는 그렇게 주장한다고 비난받는다). 우리 각자는 단지 하나님의 영광을 미리 맛보고, 하나님의 능력의 작은 분량만을 경험하고 있을 뿐이다. 우리는 다른 사람들의 분량을 비판해선 안 된다.

• • •

6 고전 14:4에서 자기에게 덕을 세우는 것에 대한 바울의 견해는 부정적일 수 없다. 바울은 14:5에서 해석되지 않은 개인적인 방언을 권장하기 때문이다(Carson, *Showing the Spirit*, 102 n. 89).

언어로서의 방언

일부 오순절 교인들과 달리 나는 사도행전과 고린도전서에 나오는 "방언"은 비록 말하는 사람이 알지 못하는 언어라 하더라도 진정한 언어를 뜻한다고 믿는다. 비록 논의를 계속하기 전에 내 의견에 제한을 가해야 하지만, 나는 성경의 방언은 오늘날에도 동일해야 한다고 믿는다. 많은 경우의 방언에서 그 언어의 "해석"에 관한 번 포이스레스(Vern Poythress)와 D. A. 카슨의 견해가 옳을 수도 있으며,[7] 나는 하나님이 성경의 은사보다 낮은 차원에서 모종의 방법을 통해 역사하실 수도 있음을 부정하지 않는다. 또한 나는 오순절 교인들이 방언이 진정한 언어처럼 **들리는지**를 확인하기 위해 서로 감독해야 한다고 주장하지도 않을 것이다. 나는 내가 듣기에 뜻 모를 말처럼 들리는 진짜 외국어를 들은 적이 있다. 또한 우리는 예언이나 가르침 또는 다른 모든 은사에서와 마찬가지로, 특정 은사에 미성숙한 이들이 그 은사를 사용함에 있어서 성숙해지도록 허용해야 한다. 방언을 말하는 사람의 초점은 자신의 영으로 하나님께 진지하게 기도하고 성령께서 그 말이 바르게 나오게 하시도록 허용하는 데 있어야 한다.

그러나 방언을 말하는 사람들 중 일부는 성령에 대한 민감성을 기르기보다는 습관적으로 또는 기계적으로 그들의 "은사"를 실행하는 듯하다. 어떤 특정 어구(예를 들어 "숀다 마 키")가 열 번 반복되고 그 뒤에 그보다 훨씬 더 분명한 "해석"이 뒤따르는 것을 들으면 "방언"에 관

•••
7   Carson, *Showing the Spirit*, 84-86.

해 다소 회의적인 유혹이 든다. 진정한 은사의 실재를 믿는다고 해서, 은사의 발현이라고 주장되는 모든 것을 진정한 은사로 받아들여야 하는 것은 아니다. 조나단 에드워즈(Jonathan Edwards)는 진정한 부흥의 시대에 나타나는 영적 모조품에 대해 경고했고, 윌리엄 시모어(William Seymour)는 하나님과 하나님의 거룩하심보다 표징에 더 초점을 맞추는 사람은 모조품을 얻게 될 것이라고 주장했다. 내 관심은 목회적이기 때문에, 나는 이러한 견해가 진지하지만 불안정한 추구자들로 하여금 그들의 영적 경험의 실재를 의심하도록 이끌기보다는, 우리로 하여금 성령께 더욱 민감한 자세를 추구하게 만들기를 소망한다. 공인된 교회 예언자들의 예언도 검증되어야 했듯이, 가르치는 자들도 그들의 은사에 있어서 성숙할 수 있듯이, 우리가 "부분적으로 알고 부분적으로 예언"하듯이, 방언으로 기도하는 이들 또한 점점 더 능숙해지고 점점 더 성령의 인도를 잘 받도록 성숙할 수 있을 것이다.

　　13년 전에 내가 그리스도인으로서 직면했던 가장 큰 위기를 경험하고 있었을 때 한 가족이 나를 은사주의 교회로 데려갔다. 기도 중에 누군가가 다가와서 나를 위해 기도하기 시작하며 마치 벌이 내는 소리 같은 웅웅거리는 소리를 냈는데 그는 그것을 방언이라고 생각하는 것 같았다. 나는 그가 나를 위해 기도해 주기를 원치 않았다. 나는 그가 멀리 가버려서 내가 방해받지 않고 기도할 수 있게 해 주기를 원했다! 나의 당혹감을 눈치챘는지 그는 이렇게 설명했다. "저는 주님이 제게 당신이 어떤 일을 겪고 있다는 걸 보여주셨고 당신에게 다가와 기도해야만 한다고 느꼈습니다." 나는 그가 기도하도록 허락했지만 그의 웅웅거리는 소리가 너무 신경에 거슬려서 그에게 사실은 내가 위기를 겪고 있다고 말하지 않았다. 나중에 나는 나를 데려온 사람들 중 한 사람에게 윙윙거리는 소리는 분명히 방언이 아니라고 투덜댔다. 그녀는 이렇게 설명했다. "그는 벌의 기름부음을 받았어요." 그 때 나는 훨씬 더 짜증이 났다. 나는 그가 성경적인 방언으로 기도하고 있다고 믿지 않았고 지금도 믿지 않는다. 하지만 그 사람은 성령에 민감하고 형제에 대한 관심이 있기 때문에 나를 위해 기도해 주었다. 나는 그가 "벌의 기름부음"을 받지 않았다고 확신하지만, 또한 그는 그리스도 안에서 내 형제이며 아마도 성령의 인도하심을 따르기 위해 자기가 아는 최선을 다했다고 생각한다.

영으로 기도하기

오늘날 기독교 일부 진영에서는 인간의 인격 중 다른 측면들을 배제할 정도로 지성을 강조하는가 하면, 어떤 집단들은 이성을 배제할 정도로 감정을 강조한다. 방언은 주로 이성적인 측면이 아니다. 신앙의 다른 측면들에서 합리성을 강조하는 이들은 특히 방언이 제공하는 것과 같은 감정적 해방을 필요로 할지도 모른다. 심지어 자기가 무엇을 기도하고 있는지 즉시 이해하지 못할 때조차도 "영으로 기도하기"(고전 14:14-16)의 가치를 보여주기 위해, 내가 알게 된 아래의 이야기를 소개한다.

북미 지역의 어느 신학생이 빌립보서의 한 구절에 대한 해석을 놓고 성경 해석학 교수와 격렬한 논쟁을 벌였는데, 그 뒤에 하루 종일 이해할 수 없는 위압감을 느꼈다. 그는 그 교수에게 화를 낸 일에 대해 사과해야 한다는 것을 알았지만 왜 그 논쟁이 그토록 그를 괴롭혔는지 알 수 없었다. 그는 방언으로 기도하기 시작했고, 그의 영이 기도할 때 그의 정신적 방어기제는 더 이상 그의 진정한 감정을 억누를 수 있는 위치에 있지 않았다. 그가 방언으로 자기 마음을 쏟아내자, 성령께서도 그가 느끼는 감정에 대해 해석해주기 시작했다. 그는 아버지(그가 성장기에 알았던 권위 있는 인물)에게 언제나 위압감을 느꼈기 때문에 자신이 권위 있는 인물에게 위압감을 느낀다는 것을 깨달았다. 그가 기억하는 한, 그의 아버지는 항상 그가 무슨 말을 하든, 그가 아무리 타당한 논거로 자신을 변호하려 해도 그를 조롱했다. 묻혔던 감정들이 계속 쏟아져 나옴에 따라, 그는 자신이 결코 말로 표현하지 못했을 다른 무언가를 깨달았다. 그는 아버지에 대해 증오를 느끼고 있었다. 그러나 그는 계속 기도하면서 자신이 아버지를 얼마나 사랑하고 있었는지 깨닫고 울기 시작했다.

그다음 날 그는 교수에게 사과했고, 교수 역시 그에게 사과하며 이렇게 말했다. "하지만 이제 우리는 그 일 때문에 더 좋은 친구가 될 겁니다." 그러나 이 신학생은 여전히 아버지와의 문제를 해결해야 했는데, 그의 아버지는 그리스도인이 아니었고 그는 아버지와 친밀한 대화를 나눈 적이 한 번도 없었다. 그는 아버지와의 관계를 해결해 달라는 기도를 드리기 시작했고, 그 해 여름에 몇 년 만에 처음으로 아버지를 만나러 갔다. 어느 날 오후 다른 가족들이 집에 없을 때 그는 아버지가 신문을 읽고 계신 모습을 발견했다. 그는 "아버지, 같이 이야기 좀 해도 돼요?"라고 물었다. 그 주제를 꺼내기조차 어려웠다.

"물론이지, 아들아." 아버지는 여전히 신문을 들여다보며 그렇게 대답했다.

"아버지, 내가 하려는 이야기는요. 내가 자랄 때 아버지는 이런 분이었다는 말이 아니라 단지 아버지에 대한 내 인상이 이랬다는 거예요. 아버지, 난 아버지와 어떤 일에 대해서든 대화할 수 있다고 느껴본 적이 없어요. 난 아버지가 내가 하는 어떤 말도 듣지 않으신다고 느꼈고, 그 때문에 내가 아버지를 미워한다고 느꼈어요. 하지만 난 아버지에 대해 그런 식으로 느꼈다는 사실을 정말 죄송하게 생각한다는 걸 알려 드리고 싶어요. 왜냐하면 이제 난 아버지를 정말로 사랑하기 때문이에요."

아버지는 여전히 신문을 들여다보며 이렇게 대답했다. "괜찮다, 아들아. 자식이라면 누구나 자기 아버지에 대해서 그렇게 느끼는 법이지." 하지만 그 젊은이는 자신에게 요구되는 일을 했다는 사실을 알았다.

훗날 그 신학생의 어머니는 그에게 그날 아버지와 무슨 대화를 나누었는지 물어보았다. 그 신학생의 어머니는 남편이 아직 집에서 지내고 있는 막내아들과 함께 시간을 보내고 있다고 말하면서 이렇게 말했다. "네 아버지가 그때 이후로 행동이 달라지셨어." 그가 어머니에게 아버지가 했던 말을 들려주자, 어머니는 이렇게 대답했다. "아버지도 **자기** 아버지에 대해 그런 감정을 느꼈단다. 하지만 아버지는 그분이 돌아가시기 전에 그분과 화해하지 못했어." 이제 이 아버지와 아들은 서로에 대한 사랑을 마음껏 표현한다.

이 신학생은 자신의 영에서 우러나온 기도 때문에 자신에게 그런 것이 있다는 사실을 결코 인정하지 않았을 감정적 갈등을 해결할 수 있었다. 그의 영은 머리로는 인정하고 싶지 않았던 어떤 감정을 솔직하게 인정했기 때문에 대를 이어 계속되는 고통의 악순환을 끊을 수 있었다.

에베소서 4:11의 은사들

많은 그리스도인들, 특히 "5중 사역"을 강조하는 진영에서는 오늘날 에베소서 4:11을 이용한다(그리스어의 표현은 아마도 5중적인 표현이 아니라 4중적인 표현이겠지만 교회에는 모든 은사가 필요하다는 기본 개념은 여전히 유효하다. 4:11-13의 문맥과 이전 장의 논의를 보라).

그리스도는 다양한 형태의 말씀 사역자들을 공급하신다. 에베소서 4:11에 열거된 사역자들의 대부분은 복음 전도자 외에는 부분적으로(사도들), 또는 주로(예언자들과 목사-교사들) 교회에 하나님의 메시지를 전달한다(4:12). 문맥을 고려하면 여기서 복음 전도자들도 모종의 방식으로 교회를 섬기는 듯하다.

이 네 가지 명칭이 반드시 서로를 배제하지는 않는다. 바울은 사도의 사명을 시작하기 전에 예언자와 교사의 역할을 수행했을 수도 있다(행 13:1, 주석가들은 문법에 대해 논쟁을 벌인다). 오랜 후에도 바울은 예언자(고전 14:37-38)와 교사(딤전 2:7; 딤후 1:11)로서의 역할을 계속했다. 최소한 초기 안디옥 교회에서는 예언자들과 교사들이 감독자 역할을 수행했던 것으로 보이며(목사; 행 13:1), 훗날 바울이 세운 교회들에서는 최소한 일부 장로들(목사들)이 예언의 언사를 받았다(딤전 4:14). 디모데는 교사인 동시에(딤후 2:24) 복음 전도자다(딤후 4:5). 또한 사도행전 13-28장을 읽으면 바울이 초기에는 빌립과 마찬가지로 순회 전도자였음을 알게 된다. 확실히 이러한 사역의 소명들은 겹칠 수 있다. 그럼에도 우리는 각 직분의 기본 측면들을 요약하고자 할 것이다.

사도들

먼저, 바울은 사도들에 대해 이야기한다. 내가 이 직분을 다른 직분보다 더 길게 다루는 이유는 이 직분의 중요성 때문만이 아니라 신약의 어느 곳에서도 이 직분을 구체적으로 정의하지 않으므로 이 직분에 대해 더 면밀히 살펴볼 필요가 있기 때문이기도 하다. 오늘날 일부 진영에서 많은 사람들이 이 호칭을 사용하기를 좋아하지만, 모두가 이 소명에 수반된 성경적 대가를 알고 있는 것은 아니다.

바울은 결코 하나님의 사도들이라는 용어를 열두 사도나 열두 사도와 자신에게만 한정해서 사용하지 않았다(롬 16:7; 고전 15:5-7; 갈 1:19. 행 1:26; 14:4, 14을 비교하라). 그리스도의 몸을 성숙하게 하는 데 있어서 사도들의 필요성에 비추어볼 때(엡 4:12-13), 바울은 아마 이 은사가 그가 언급하는 나머지 은사들과 마찬가지로 그리스도가 다시 오실 때까지 계속 역할을 수행하리라고 가정했을 것이다. (어떤 이들은 고전 9:1에 근거해서 사도들을 그리스도를 본 사람들로 한정하지만 바울은 거기서 "내가 자유인이 아니냐?"라는 질문을 포함하여 네 개의 서로 다른 질문을 던진다. 성경에 나오는 대부분의 사도들은 성경을 기록하지 않았지만, 어떤 이들은 사도들이 성경을 기록했다고 생각하기 때문에 사도의 지속성에 반대한다. 하지만 사도들의 의미가 구체적으로 무엇이든 정경으로서의 성경은 정의상 완결되었다. 앞에서 논의했듯이 사도들과 예언자들이 1세기 이후에도 지속될 수 있다고 믿는다 해서 누군가가 여전히 성경을 기록하고 있음을 의미하지는 않는다. 오늘날 어떤 정통적 은사주의자도 성경이 지금도 기록되고 있다고 믿지는 않는다.)

오늘날 많은 그리스도인들은 신약의 사도들을 선교사들로 보지만, 바울은 분명히 선교사였음에도 이방인 선교는 그의 특별한 소명이었다. 다른 대부분의 사도들에 대한 신약의 증거는 불확실하다. 비록 사도들이 생애 만년에 효과적인 선교 사역을 했다는 후대의 기독교 전승이 있지만, 최초의 사도들 대부분은 예수님이 부활하신 지 거의 20년 뒤에도 명백히 예루살렘에 머물렀다(행 15:4). 그런 증거로부터 우리는 기껏해야 몇몇 사도들에 대해서만 그들이 선교사, 즉 전략을 짜고 새로운 지역에 교회의 터를 닦은 "뛰어난 건축가"였다고 말할 수 있을 뿐이다. 나는 오늘날 이런 범주에 들어맞는 몇몇 선교사들을 알고 있다.

신약에 나타난 **사도**라는 용어의 모든 용례에 대해 검토한 것을 근거로, 나는 사도들은 다른 측면에서는 다양했지만(바울과 열두 사도는 여러 가지 측면에서 매우 달랐다) 종종 사도들을 특징짓는 몇 가지 특징이 있다는 결론을 내렸다. 첫째, 사도들은 새로운 지평을 열고 하나의 사역을 시작한 것으로 보인다. 하지만 사도들은 그들이 개척한 새로운 지평의 종류에 있어서는 다양하다. 열두 사도들은 예수님의 메시지를 전함으로써 예루살렘에 교회를 세우고 그곳에 머물렀다. 바울은 다른 사람의 터 위에 세우기를 원치 않고(고후 10:15-18; 11:5-6. 롬 15:17-20과 비교하라), 지중해 세계 전역에 점차 확산된 소규모 성경 공부 모임을 세웠다. 바울은 그들과 계속 연락했지만 대부분의 시간에는 그들과 함께 있을 수 없었다. 그럼에도 그들은 여전히 바울의 사역의 증거였다(고전 9:1-2; 고후 3:1-3). 하나님은 사도들을 특별한 영역(또는 민족들, 롬 11:13; 갈 2:8-9; 딤전 2:7)으로 부르실 수 있었다. 사도들은 황제의 특사들과 마찬가지로 자기를 보내신 분의 권위를 대표했지만, 바울과 그의 동료들은 열두 사도보다 더 많은 새로운 영역을 개척했다.

둘째, 사도들은 분명히 교회 제도의 구조에 의해서가 아니라 그들의 사역의 역할로 인해 생겨난 권위를 행사했다. 예루살렘의 열두 사도들은 감독자들로서 예수님의 메시지에 대해 특별한 권위를 행사했다(행 4:35-37; 5:2). 그러나 이 권위는 순전히 관리상의 권위는 아니었다. 오히려 열두 사도들은 이 권위를 기꺼이 일곱 집사들과 공유했고(행 6:6) 특히 예루살렘 교회의 지역 "장로들"과 공유했다(행 15:2, 4, 6, 22-23; 16:4). 그들은 기꺼이 다른 사람들의 리더십에서 하나님의 역사를 인정했으며(행 8:14), 다른 그리스도인들의 말을 들었다(행 9:27).

참된 사도들은 결코 지위를 악용하는 사람이 아니라 종이어야 한다(행 15:22; 고전 4:9-16; 고후 11:5-15; 골 1:24-25를 비교하라). 바울은 가끔(필요할 때만 그렇게 했지만) 지위를 이용해 자신의 교회들에게 명령했다(고전 4:17; 5:3-5; 고후 2:9; 13:1-3, 10. 예언자로서는 고전 14:36-38). 하지만 바울은 그보다 자주 교회들을 설득하고(고후 1:24; 8:8), 겸손한 섬김의 본을 보인다(고후 1:3-7; 4:15). 바울은 지속적으로, 심지어 성도들을 책망할 필요가 있을 때도, 성도들에 대한 자신의 사랑을 재확인한다(예. 고후 4:15; 5:13; 6:11-13; 7:3; 11:2, 11; 12:14-15, 19). 바울은 자신이 그들을 자랑스러워하는 것처럼(고후 7:4, 14; 9:2), 그들도 자신을 자랑스러워할 수 있어야 한다고 강조한다(고후 5:12). 바울은 아버지가 자식을 돌보듯이 그들을 돌보는 일에 헌신했기 때문에 그들의 돈을 거절했다(고전 4:14-16; 고후 12:14). 바울은 그들을 위해 재물을 사용하고 자신도 사용되기를 원하며(고후 12:15), 그들이 고난을 당하게 하느니 차라리 자신이 고난을 당하려 한다(13:9. 4:12; 엡 3:13; 살전 2:18을 비교하라). 바울은 주께서 자신에게 주로 성도들을 세우라고 권위를 주셨다고 말한다. 바울은 성도들이 자신으로 하여금 무너뜨리지 않을 수 없게 할 경우에만 그들을 무너뜨리려 한다(고후 13:10; 12:19을 비교하라). 이것은 사랑하는 관계의 언어이지, 순전히 제도적인 권위가 아니다. 사도의 권위는 흔히 예언자들의 메시지보다 더 권위 있는 메시지인 사도들의 메시지에서 나오는 것으로 보인 듯하다(행 2:42; 4:33. 그러나 눅 11:49; 엡 3:5를 비교하라).

셋째, 표징들과 희생적이고 검소한 생활은 사도적 사역의 특징이었다. 예수님은 처음으로 자신의 대리자들을 보내셨을 때("apostled"), 그들에게 표징들을 행하고 가벼운 차림으로 다니라고 위임하시면서(마 10:1-2; 막 6:6-10, 30) 박해를 예상하라고 경고하셨다(마 10:16-39를 비교하라). 예루살렘의 사도들은 고난을 받았고(눅 11:49; 행 5:18, 29, 40; 12:2), 계속 희생적으로 살았으며(행 3:6), 분명히 기적을 행한 것으로 보인다(행 2:43; 5:12; 8:18; 14:3-4). 성경은 바울이 희생적으로 살았음을 분명히 밝히는데, 이는 바울이 사도라는 자신의 소명, 그가 특별한 고난을 요구한다고 시사하는 소명과 관련지을 수 있는 생활 방식이었다(고전 4:9-13. 고후 11:12-13을 비교하라). 또한 바울은 특히 전도 사역을 하던 특정 시기에 표징을 행했고(행 19:11-12; 롬 15:18), 이런 표징들을 자신의 사도로서의 소명과 사역의 증거라고 말할 수 있었다 (고후 12:11-12).

그러나 빌립은 가벼운 차림으로 다녔고 사마리아에 교회를 세웠으며 기적을 행했지만, 사도가 아닌 "복음 전도자"라고 불리는데 이는 아마도 그가 사도적 권위를 행사하지 않았기 때문일 것이다. 신약은 결코 사도 직분을 정의하지는 않지만, 사도 직분은 비록 고난을 통해 입증되는 권위이기는 해도 특정한 권위를 전제하는 것으로 보인다. 사도 직분은 또한 하나님만이 택하실 수 있는 부르심이다(막 3:14; 롬 1:1; 고전 1:1; 고후 1:1). (하나님은 예컨대 고전 14:1; 딤전 3:1 등 일부 텍스트들이 암시하듯이 다양한 사역에 지원자들을 초대하실 수도 있다. 그러나 결국 하나님이 누구를 세우고 누구를 높일지를 결정하신다. 따라서 어떤 그리스도인도 자신의 소명을 근거로 자신을 2류로 생각해서는 안 된다는 점을 기억할 필요가 있다. 하나님은 궁극적으로 그분이 우리에게 주시는 소명에 따라서가 아니라 우리가 그 소명을 받아들이고 그 소명에 충실했는지에 따라 우리를 평가하신다.)

사도라는 말과 그 용례는 이 역할에 대해 더 많은 것을 말해줄 수도 있다. 바울은 때로는 이 말을 보다 일반적인 의미로 사용하는데("교회들의 사도들", 고후 8:23), 이 말은 그 자체로 사용될 때는 하나님의 특사 또는 대사를 나타낸다. 사도는 문자적으로는 고대의 전령 개념 또는 유대의 "샬리아흐" 관습과 비슷한 위임 받은 "메신저"다. 자신을 보낸 사람이 지명한 대리인으로서 "샬리아흐"는 (그가 자신의 임무를 정확하게 대변하는 한) 자기를 보낸 사람의 모든 권위에 의해 지지되었다.

유대인들은 때로는 성경의 예언자들을 하나님의 "샬리아힘"으로 간주했는데, 구약성경의 그리스어 역본에서는 종종 사도들과 관련된 동사를 하나님이 모세와 예언자들에게 위임하시는 데 사용한다. 신약은 아마도 이런 개념을 기반으로 삼고 있겠지만, 사도라는 말을 좀 더 구체적인 방식으로 사용한다. 신약의 사도 직분을 위해 유일하게 인용되는 구체적인 구약의 모델은 모세다(요 1:14-18; 고후 3:6-18; 딤후 3:8). 하나님은 예언자들에게 자신을 대변할 권위를 주셨지만, 하나님의 사명은 모세나 예언자적인 사사들(드보라, 사무엘), 그리고 예언자 운동을 일으킨 지도자들(엘리야와 엘리사)과 같은 일부 예언자들에게 특별한 권위를 부여했다. (또한 하나님은 최초의 왕들인 사울과 다윗에게 예언적으로 기름을 부으셨는데, 이는 지도자들에게서 영적 통찰과 행정 관리의 특별한 조화를 원하셨음을 암시한다[삼상 10:10-11; 16:13; 행 2:30]. 불행하게도 어느 정도는 권력이 두 사람 모두, 특히 사울을 타락시켰다.) 그리스도는 분명히 전략을 세우고 권위있게 행동하도록 기독교 사도들(특별한 의미의 사도직)에게 일반적인 예언자들보다 더 높은 지위를 맡기신다.

예언자, 복음 전하는 자, 목사와 교사

둘째로, 바울은 하나님이 그들에게 주신 예언의 메시지에 초점을 맞추는 예언자들을 다룬다. **예언자**라는 말은 일반적으로 하나님을 대변하는 모든 사람에게 적용되었다. 가장 넓은 의미로는 (행 1:8 및 2:16-18에서와 같이) 이 말은 복음을 증언하는 모든 그리스도인에게 적용될 수 있었다(계 19:10). 그러나 에베소서에서는, 바울은 종종 예언자들을 성경에서 발견되는 하나님의 신비를 당대에 설명한 사람들로서 사도들과 연결시킨다(2:20; 3:5). 따라서 여기서 바울은 예언자라는 말을 통해 단지 격려의 예언을 제공하거나(고전 14:31), 사람들에게 잃어버린 나귀가 어디 있는지 말해주는 사람들(삼상 9:6-9, 20) 이상의 존재를 의미할 수도 있다.

바울은 이 경우에 예언자라는 말을 세상에서 그리스도의 몸을 위한 신적인 방향과 전략을 제공하며 하나님의 백성들이 그들의 세대에 가장 지혜롭게 영향을 끼칠 수 있도록 하나님의 목적을 드러내는 사람들을 가리킬 수도 있다. 바울은 아마 이따금씩 예언하는 사람이 아니라 공인된 예언자 직분을 지칭했을 것이다(행 11:27; 13:1; 21:10). 교회가 참된 예언자들의 메시지를 받아들여야 한다면, 그것은 오로지 그들이 철저히 검증되었고 성경에 나오는 이전 세대의 사도들과 예언자들의 메시지에 충실했던 것으로 밝혀졌기 때문이다. 예언자들은 사도들보다 공적인 권위는 덜했지만, 하나님의 목적을 드러내는 예언자들의 사명으로 인해 그들은 사도에 버금간다(고전 12:28).[8]

세 번째 집단인 복음 전도자들은 구원하는 복음에 초점을 맞췄다. 복음 전도자는 문자적으로는 "좋은 소식의 전령" 혹은 "복음을 전하는 사람"이다. 따라서 복음 전도자들은 우선 사람들을 교회로 인도하는 말씀을 전함으로써 교회를 섬겼다(엡 1:13). 그들은 최전선의 전사들이었다. 특히 적진으로 진격하기 위한 장비 하나(복음의 신발―편집

---

8 때때로 성경 저자들은 "첫째, 둘째, 셋째"라는 말을 단지 시간 순으로 요약하기 위해 우선순위 없이 사용한다(창 32:19; 마 22:25-26). 그러나 고전 12:28에서 바울은 시간 순서와는 관련이 없고 번호 매기기가 불필요한 특정 항목들을 열거한다. 많은 학자들과는 달리, 나는 최소한 사도를 맨 위에 언급하는 처음 세 개의 직분에 대한 열거는 순위를 암시한다고 생각한다.

자 주)와 공격용 무기 하나(성령의 검—편집자 주)가 복음과 관련이 있기 때문이다(엡 6:15, 17).

이 은사를 받은 복음 전도자들은 아마도 그들의 모범을 통해 교회 안의 다른 이들에게 복음을 증언하도록 자극하거나 동원하고, 이를 통해 계속 그리스도의 몸을 세워 나갔을 것이다(4:11-13). 일부 교파에서 이 용어를 사용하는 방식과는 달리, 성경의 복음 전도자들은 단순히 이 교회에서 저 교회로 다니며 한 주 동안 교회 지체들을 고무시키는 사람들이 아니다. 복음 전도자들은 직접 길거리, 양로원, 캠퍼스 등에 복음을 들고 가서 그리스도의 구원의 메시지를 전하는 사람들이다(행 21:8. 딤후 4:5를 비교하라). 그들 중 일부가 이 교회에서 저 교회로 다니며 교인들을 격려한다면, 아마도 그것은 단순히 그들에게 복음을 전해야 한다고 가르치기만 하는 것이 아니라, 예를 들어 그들을 거리로 데리고 나가 그들에게 복음 전하는 방법을 보여주기 위해서일 것이다. 이 은사의 다른 형태(군중을 끌어 모으고 그들에게 그리스도를 전할 수 있는 음악인, 대중 전도자 등)도 있을 수 있지만, 이 소명의 기본적인 핵심은 복음 전파와 관련된다.

넷째로, 바울은 회중에게 성경을 설명하는 목사와 교사를 언급한다. 바울의 그리스어 표현은 목사-교사를 하나의 소명으로 언급하며, 그들의 초점은 하나님이 구약과 (현재 신약에 기록된) 예수님에 대한 전승에서 이미 주신 말씀을 설명하는 것이었다. 위의 모든 은사들은 겹칠 수 있지만 목사는 정의상 하나님의 말씀의 교사여야 한다. 목사라는 말은 "목자", 즉 이스라엘의 영적 지도자들과 같이 하나님이 양들을 감독하고 그들의 필요를 돌보도록 세우신 이들을 뜻한다(겔

34:2-4). 이 목자들은 "감독"(KJV: "주교"), "장로들"(행 20:17, 28; 딛 1:5-7; 벧전 5:1-4)이라고도 불린다.

사람들이 다른 영적 은사들을 추구할 수 있었던 것처럼(고전 14:1), 자신이 교회 지도자의 역할을 하고 있는 지역 공동체에서 책망할 것이 없다는 조건을 충족시킨다면(딤전 3:2-7) 감독자의 직분을 원할 수도 있었다(딤전 3:1). (1세대에서 그런 지도자들은 흔히 지역 회중에서 양성되었고[행 14:23] 따라서 그들이 속한 공동체에 대한 실용적인 지식을 가지고 시작했다.) 성경 읽기와 강해는 구원에 이르는 인내에 필수적이었기 때문에(딤전 4:16; 딤후 3:14-4:4), 회당과 마찬가지로 교회에서도 표준이 되었다(딤전 4:13). 교회 지도자들은 하나님의 은사에 의존해야 했다(딤전 4:14; 딤후 1:6). 목사-교사는 분명히 하나님의 말씀을 설명하고 이를 교회 지체들의 필요에 적용하는 일에 초점을 맞췄다.

이 은사들의 목적

에베소서 4장은 이러한 말씀 사역자들의 목적을 가장 두드러지게 보여준다. 그들은 전도와 가르침과 영감 받은 인도함을 통해 모든 하나님의 백성이 섬김의 일을 하도록 준비시켜 교회가 마땅히 갖춰야 할 모습을 갖추게 해야 했다(엡 4:12-13). 따라서 **모든** 그리스도인은 사역자로 부름 받기 때문에 이러한 말씀 사역자들의 가장 중요한 역할은 나머지 그리스도의 몸을 동원하는 것이었다. 그리스도인들이 일하고 공부하고 거주하는 장소는 그들의 교구다. 모든 그리스도인들을 그들이 사는 곳에서 사역하도록 동원할 수 있다면, 우리는 그리스도를 선포하고 우리 사회의 필요를 충족시키며 우리 사회의 윤리를 위한 더 나은 기초를 닦을 영적 군대를 갖게 될 것이다. 이런 사역의 은사들이 제 역할을 하기 시작한다면 교회와 세상에 어떤 영향을 끼칠지 상상할 수 있는가? 어느 세대에서든 이 일이 아직 끝나지 않는 한, 바울이 이 목적을 위해 부름 받았다고 표현하는 사도들, 예언자들, 복음 전하는 자들(엡 4:11-13)이 계속 필요할 것이다.

이런 은사들 중에서 마음이 끌리는 은사가 있거든, 이 은사들을 어떻게 추구해야 할지에 관해 보다 구체적으로 인도해달라고 하나님께 기도하기를 시작해야 한다. 가능하다면 다른 사람들에게 배우는 것도 지혜로운 일이다. 1세대 그리스도인들은 예수님을 알았던 이들에게 직접 가르침을 받았다. 우리는 그런 가르침들을 공부하고, 그런 가르침들이 최초로 다루었던 문화와 배경에 대해 배워야 한다. 부르심이 우리를 시작하게 하지만, 고난의 세월을 통해서든(요셉, 다윗) 기다림의 세월을 통해서든(아브라함과 사라, 바울. 행 9:30; 11:25; 13:1-2; 갈 1:18; 2:1을 비교하라), 우리를 준비시키는 일도 (특히 몇몇 은사에 대해서는) 시간이 필요하다. 종종 교육적 준비가 유익할 때도 있지만(행 7:22; 17:28; 18:24; 22:3), 성경 대학도 신학교도 누군가를 하나님의 사람으로 만들 수는 없다. 하나님만이 그 일을 하실 수 있으며 우리는 하나님의 은사와 부르심을 절실히 필요로 한다.

은사 추구

우리 중에 많은 이들이 아무런 특정한 은사도 경험하지 못하는 다른 이유가 무엇이든, 그 한 가지 이유는 우리가 바울이 명령하는 대로 은사를 추구하지 않기 때문일 것이다(고전 12:31; 14:1). 확실히 바울은 교회가 전체로서 은사를 추구하기를 원했으며, 따라서 그의 권고는 하나님이 반드시 모든 그리스도인들이 바라는 모든 은사를 다 허락하실 것임을 의미하지는 않을 수도 있다(12:11). 또한 바울은 확실히 모든 그리스도인이 모든 은사를 발휘해야 한다고 시사하지도 않는다(12:28-30). 그러나 하나님은 종종, 특히 그리스도인들이 하나님의 영광을 위해 기도할 때 기도를 들어주신다. 바울은 하나님이 우리에게 어떤 종류의 은사를 가장 주고 싶어 하시는지에 대한 몇 가지 지침을 준다.

어떤 번역자들은 고린도전서 12:31의 동사를 명령("사모하라")이 아니라 진술("너희는 사모한다")로 번역한다. 그러나 이와 똑같은 단어가 고린도전서 14:1에 등장해서(거기서 이 단어는 14:39에서와 같이 분명히 명령이다), 13장을 둘러싼 문학적 틀을 형성한다. 이 두 명령 사이에 들어 있는 13장은 어떤 은사들이 우리가 추구해야 할 "가장 좋은" 은사들인지 정의한다. 그것은 곧 사랑으로 교회를 세우는 은사들이다. 예언의 은사에 대한 편견이 분열을 조장하지 않을 교회에서는, 예언은 확실히 교회를 세우는 데 기여하며 따라서 그런 환경에서는 "가장 좋은" 은사들에 속한다(14:1). (오늘날 일부 교회와 교파들에서는 예언조차 분열을 일으키므로, 그런 곳에서는 최소한 단기적으로는 예언이 "가장 좋은" 은사가 아닐 수도 있다. 우리는 최소한 은사와 은사의 올바른 사용에 대한 가르침으로 토대를 준비하고 분별력을 발휘할 준비가 되어 있을 필요가 있을 것이다.)

어떤 저자들은 성경이 우리에게 은사를 추구하는 사람들의 모델을 제시하지 않는다고 말하며 이의를 제기한다. 그러나 내가 이 책의 다른 곳에서 우리가 바울의 편지들이 직접적으로 다루지 않는 사안에 대한 내러티브의 가르침을 수용해야 한다고 주장하듯이, 여기서 우리는 내러티브가 그 사안을 다루지 않더라도 해당 사안에 대한 바울의 편지를 받아들여야 한다. 우리는 이 주제에 대해 참조할 만한 많은 내러티브를 갖고 있지 않다. 사도행전은 복음서를 제외하면 유일한 신약의 내러티브이며, 경건하게 은사를 추구하는 아무런 예도 제공하지 않는다(방언이 임했을 때 그것은 성령과 함께 자연스럽게 임했다). 사도행전은 누가의 시야를 벗어나는 사안은 거의 포함하고 있지 않으며, 교회 안에서 사용되는 은사보다는 주로 전도에서 사용되는 은사를 보여준다. (사람들이 이 은사를 받기 위해 하나님께 나아가지 않고 사도들로부터 능력의 은사를 얻으려 시도했던 몇 가지 부정적인 예가 있다[8:18-24; 19:13-19]).

그러나 성령으로부터 오는 능력 주심을 추구하는 몇 가지 성경의 모델이 있다. 구약에서 엘리사는 엘리야가 자신에게 능력을 주겠다고 보장하지는 않았지만, 스승의 곁을 따라 다니며 엘리야의 능력을 구했다(왕상 2:1-14). 그리고 신약에서는 사마리아인들이 즉시 성령의 은사를 받지 못했을 때 두 사도가 가서 그들로 하여금 성령을 받게 했다(행 8:14-17). 이런 경험과 이와 비슷한 경험들은 하나의 모델 역할을 하며(부록을 보라), 우리에게 능력이 없다면 우리 역시 초기 교회가 지녔던 것과 같은 능력을 추구해야 함을 시사한다(눅 11:13을 비교하라). 예수님의 한 제자는 심지어 기적적인 믿음을 배울 기회를 요청하며, 비록 불완전하지만 그를 비판하는 우리들 대다수보다 더 오래 물 위를 걷는다(마 14:28-21).

하나님이 주권적으로 은사를 나누어주신다는 사실(고전 12:7)이 은사를 추구하지 말아야 할 이유는 아니다. 하나님은 우리의 음식에 대해서도 주권을 갖고 계시며 자기 자녀들에게 음식을 공급해주시기를 원하시고(마 6:25-34를 보라) 우리가 하나님 나라를 우선적으로 구하기를 원하기는 하시지만(마 6:9-10, 33), 동시에 우리가 하나님께서 우리의 음식을 공급해주시도록 기도하기를 기대하신다(마 6:11; 7:7-11). 우리는 결코 은사를 추구하지 말아야 하고 하나님은 우리가 은사를 구하든 그렇지 않든 은사를 주실 것이라고 주장하는 이들은 "하나님이 우리를 예정하셨다면 우리를 구원하실 테니 우리가 이와 관련해서 뭔가를 하려고 하는 것은 아무런 의미가 없다"고 생각하고서 현실에 안주한 18세기와 19세기의 미국의 일부 교인들처럼 거짓된 경건의 말을 하고 있는 것일지도 모른다. 성경은 하나님의 주권과 우리가 기도해야 할 의무를 모두 가르친다. 하나님이 우리의 마음속에 그분에 대한 열정을 불러일으키셨다면, 하나님을 찾는 우리의 행동 또한 그분에게서 온 선물이다. 하나님은 우리의 요청을 모두 허락하지는 않으시지만 그것이 곧 구하지 말아야 할 이유는 아니다.[9] 우리는 (은사

• • •

9 Michael Green, *I Believe in the Holy Spirit*, 2d rev. ed. (Grand Rapids: Eerdmans, 1989, 『성령을 믿사오며』, 서로사랑 역간), 252-53; Carson, *Showing the Spirit*, 41-42. 고전 12:31과 14:1, 39에서의 명령문 사용에 대해서도 Carson, *Showing the Spirit*, 57-58을 보라.

를) 구하는 과정에서도 하나님에 대해 더 많은 것을 배우며, 하나님께서 우리가 구하는 은사를 주시리라고 계속 믿으면 하나님은 종종 우리에게 그 은사나 그 은사 대신 다른 은사를 갖춰주기 시작하신다.

은사, 그리고 그것을 넘어서

바울이 언급하는 은사들의 다양성 자체가 하나님이 과거에 우리 가운데서 역사하셨던 방식보다 더 많은 하나님의 역사에 마음을 열도록 우리에게 요청한다. 우리는 하나님이 우리에게 주실 어떤 은사의 중요성도 경시하지 말아야 하지만, 한 가지 은사에 지나치게 초점을 맞춘 나머지 그 특정한 은사와 관련되지 않은, 성경에 나오는 영적 체험의 영역 전체를 알지 못하기 쉽다. 바울은 방언으로 기도했을 뿐만 아니라(고전 14:18), 성령 안에서 더 깊은 계시도 경험했다(고후 12:1). 그러나 바울은 그런 경험들을 주로 자신의 개인 경건의 영역에 남겨두기를 선호했고, 그 대신 자신의 고난과 연약함으로 인해 하나님만 영광을 받으실 수 있다라며 그러한 고난과 연약함을 자랑했다(고후 12:1-10).

우리 중 일부는 하나님의 영에게서 더 많이 배울 수 있다는 점을 생각하지 않고 단지 방언으로 기도하거나 다른 은사를 사용하는 데 만족한다. 에스겔은 야웨의 두려운 위엄을 보았을 때 완전히 압도되어 하나님 앞에서 바닥에 얼굴을 대고 엎드렸지만(겔 1:28), 성령이 그에게 계시의 영광을 견뎌내고 하나님이 하실 말씀을 받을 수 있는 능력을 주셨다(겔 2:1-2). 여기서 성령은 우리 하나님의 위엄을 드러내시는 동시에 우리로 하여금 우리 세대를 향한 하나님의 메시지를 구비하게 해주신다.

구약을 읽어본 사람이라면 성령의 사역의 다양성에 놀라지 않을 것이다. 하나님의 영은 온 창조세계에서 활동하시지만(창 1:2; 시 104:30; 139:7. 아마도 욥 33:4; 사 34:16; 40:7도 이에 해당할 것이다), 구약은 특별히 성령을 예언(민 11:25-29; 24:2; 삼상 10:6, 10; 19:20, 23; 삼하 23:2; 왕상 22:24; 대상 12:18; 대하 15:1; 18:23; 20:14; 24:20; 느 9:30; 사 61:1; 미 3:8; 슥 7:12), 계시(겔 2:2; 3:12, 14, 24; 8:3; 11:1, 5, 24; 37:1; 43:5), 하나님을 대변함(사 42:1; 44:1-5; 48:16; 59:21. 43:10을 보라), 그리고 (아마도) 예언자들에게 기적을 행하는 능력 부여(왕하 2:9, 15;. 왕상 18:12를 비교하라)와 관련짓는다.

그러나 구약은 또한 성령이 사람들에게 하나님께 바쳐진 예술과 건축(출 31:3; 35:31. 28:3을 보라), 군사적·정치적 지도력(민 27:18; 신 34:9; 삿 3:10; 6:34; 11:29; 13:25; 14:6, 19; 15:14; 삼상 11:6; 16:13-14; 사 11:2; 슥 4:6. 아마도 시 51:11도 이에 해당할 것이다)을 포함한 다양한 기술을 익힐 능력을 주시는 모습도 보여준다. 때로는 예언의 능력 부여가 리더십의 능력 부여의 증거가 되었다(민 11:17, 25-26; 삼상 10:6, 10). 바울은, 비록 구약에서와 같이 다양한 형태의 예언의 말이 지배적이기는 하지만, 성령 사역의 다양성을 똑같이 강조한다.

결론

하나님은 자신의 교회를 세우기 위해 다양한 은사를 제공하셨다. 앞에서 다룬 은사들은 표본에 지나지 않지만, 그럼에도 하나님이 자기 백성을 위해 주시는 은사의 범위가 매우 넓다는 점을 보여주었을 것이다. 우리는 하나님이 자신의 사역을 위해 우리에게 주시는 은사와 소명에 대해 확신하는 법을 배워야 한다. 왜냐하면 우리는 우리에게 그것들을 주시는 하나님에 대해 확신하기 때문이다. 우리는 결코 감히 우리의 특정 은사들을 비하하거나 자랑하지 않는다. 하나님은 우리 각자에게 서로 다른 과업을 주시고, 우리의 과제가 얼마나 극적으로 보이는지에 따라서가 아니라 우리가 자신의 과업에 충실한지에 따라 우리를 판단하신다. 동시에, 바울 또한 우리에게 우리 시대에 교회를 위해 어떤 은사가 가장 필요한지 고려하도록 요구한다. 은사들을 고려한 뒤에, 우리는 하나님께 자신의 몸에 그런 은사를 주시도록 요청하고, 하나님이 원하시면 우리를 사용하시도록 열린 마음을 가져야 한다.

우리는 특히 그리스도의 몸을 가장 잘 세우는 은사들을 계발하기를 추구해야 한다. 우리는 서로의 은사를 받아들이고 격려하며, 은사를 추구하는 데 있어 그리스도의 몸의 연합을 존중해야 한다. 은사가 교회의 "은사적인" 부분들로 분리되어선 안 된다. 은사는 그리스도의 몸 전체에 속하는데, 은사주의자건 은사주의자가 아니건 많은 신자들은 흔히 이 실재를 인식하지 못하고 있다.

그러나 우리의 삶 속에서 성령의 역사의 핵심은 기적을 일으키는 능력이 아니라 사랑하는 법을 배우는 변화된 마음이다. 사랑이 없는 영적 능력은 위험하지만, 사랑의 계획을 실행할 어느 정도의 영적 능력이 없는 사랑은 무능력하다. 우리의 마음이 사랑 안에서 하나님의 마음에 맞추어져 있다면 우리는 하나님의 영광을 위해, 그리스도 안에서 우리의 형제자매를 섬기기 위해, 그리고 그리스도의 능력에 의한 변화를 절실히 필요로 하는 우리 주변의 세상을 변화시키기 위해 다양한 영적 은사들을 추구할 수 있다. 우리는 우리 자신의 나라가 아닌 하나님 나라를 세우기 위해 함께 기도하며, 하나님이 우리에게 그렇게 되라고 요구하시는 서로를 위한 선물이 될 수 있다.

7장

성령과 구원

앞에서 말했듯이, 성령의 열매를 논할 때 이 시대에 성령의 가장 위대한 사역은 우리를 그리스도 안에서 새로운 피조물로 변화시키는 것이다. 내가 이 사역을 가장 위대한 사역이라고 말하는 까닭은 그것이 하나님의 가장 위대한 능력의 행동인 예수 그리스도를 죽은 자들 가운데서 일으키신 일과 조화되기 때문이다(엡 1:19-23; 2:1, 6). 하나님이 세상을 말씀으로 창조하신 일은 능력의 행동이었다. 그러나 다가올 새 창조는 하나님의 더 큰 능력의 표현이며, 예수님의 부활에서 시작된 그 새 창조의 능력은 우리 안에서 계속된다(엡 3:16, 20; 4:22-24). 하지만 우리 안에서 역사하는 하나님의 능력이 얼마나 큰지를 인식하는 이들은 별로 없다!

성령의 열매는 우리의 삶 속에서 계속되는 하나님의 창조 능력을 반영한다. 그러나 우리가 예수 그리스도를 주로 인정할 때, 하나님 자신이 우리에게 들어오셔서 우리를 새 피조물로 변화시키실 때, 우리의 삶 속에서 그러한 창조 활동이 시작됨을 인식하는 것도 중요하다. 우리는 하나님이 우리가 어떤 존재가 될 수 있게 하셨는지뿐만 아니라, 하나님이 이미 우리 안에서 시작하신 변화에도 초점을 맞출 필요가 있다.

성령의 사역의 다양한 측면들

회심과 같은 기본적인 문제에 대해 이미 다 안다고 생각하고 다음 장으로 넘어가려는 유혹을 받는 독자들에게 나는 어쨌든 이 장을 읽도록 추천한다. 회심에 대해 모든 것을 이해한다고 하더라도, 회심을 소개하는 몇몇 성경 구절들에 대한 논의가 재미있음을 알게 될 것이다. 구원에 있어서 우리를 변화시키는 성령의 사역을 증언하는 성경 구절들은 많지만, 이 짧은 장에서 나는 단 두 가지 예에만 초점을 맞출 것이다. 이 두 가지 예는 모두 성령 세례에 관한 다음 장을 위한 필수 전제 조건이다.

유대인들은 물 세례를 정화(淨化), 회심, 변화에 대한 상징으로 사용했기 때문에, 그것은 회심 때 성령에 의한 정화와 변화에 대한 유용한 유추를 제공했다. 우리는 요한복음에서 가장 충분하게 발전되었지만 세례 요한의 설교에서도 분명히 표현된 이 주제를 살펴볼 것이다. 다음 장에서 "성령 세례"일 수도 있는 그 이후의 경험을 뒷받침하는 데 사용될 수 있는 사도행전의 몇 가지 예를 살펴볼 것이다. 이 장에서는 회심 때의 성령 세례를 뒷받침하는 데 사용될 수 있는 두 가지 예를 살펴본다.

대부분의 쟁점에 대한 논의는 다음 장을 위해 남겨 두겠지만, 여기서는 회심에서의 성령의 사역을 간단하게 강조할 것이다. 신약의 다른 부분들보다 특정한 주제에 초점을 맞추는 누가복음과 사도행전은 우리에게 하나님을 대변할 능력을 주시는 성령의 사역을 강조한다(성령과 복음 전도에 대해서는 3장을 보라). 그러나 대부분의 다른 신약 저자들도 성령을 하나님을 대변하는 일과 관련짓지만(아마도 특히 요한복음, 예를 들어 15:26-27이 그럴 것이다), 그들도 회심에서의 성령의 역할을 강조한다.

"성령 세례"라는 어구가 우리의 삶 속에서 일어나는 성령의 사역 전체에 적용된다면, 다양한 구절들이 이 어구를 우리의 삶 속에서 일어나는 성령의 사역의 다양한 측면에 적용하는 것은 완전히 합리적이다. 몇 가지 차이점들은 대체로 의미론적인 차이다. 대부분의 그리스도인들은 성령이 회심 때 우리를 변화시키시지만, 회심 이후에 성령과의 특별한 경험을 접할 수 있도록 우리 안에서 계속 일하신다는 데 동의한다. 그러므로 나는 성령 세례 논쟁의 어느 한 쪽 진영에 속해 있는 독자들에게 이 장과 다음 장에 나오는 내 말을 끝까지 들어보도록 촉구한다. 그리스도인들이 의견 일치를 향해 나아갈 수 있으려면 그 전에 논의에서 양쪽 모두에게 유용한 모든 증거를 제시할 필요가 있다.

성령으로 정결케 됨

예수님은 니고데모와의 대화에서 새로운 탄생이라는 주제를 꺼내신다(요 3:3-5; 1:12-13; 갈 4:29; 딛 3:5; 벧전 1:3, 23을 비교하라). "새로운 탄생"에 대한 이 대화는 잘 알려져 있지만, 많은 그리스도인들은 요한이 단지 이 한 구절만이 아니라 훨씬 더 많은 구절에서 영적 정화에 대해 말한다는 사실을 알지 못한다.

요한이 이 새로운 탄생을 묘사하는 한 가지 방식은 "물"로 태어나는 것이다(3:5). 물에 대한 이 언급은 요한복음을 관통하는 한 주제, 즉 하나님이 우리에게 주시는 씻음은 단순한 의식(ritual)을 넘어서 성령에 의한 변화라는 점을 반영한다.[1]

물과 성령으로 남(요 3:3-5)

니고데모가 밤에 예수님께 왔을 때 예수님은 그가 반드시 "다시 태어나야"한다는 사실을 알려주신다(3:3). 우리는 오늘날 예수님이 영적인 거듭남, 곧 하나님의 영에 의한 우리의 성품의 기적적인 변화를 말씀하셨다는 점을 알고 있지만, 니고데모는 그런 개념을 이해할 수 없었다. 니고데모는 예수님이 자기가 어머니의 모태로 다시 들어가서 육체적으로 다시 태어나야 한다고 말씀하신 것으로 생각했다(3:4). 그로서는 다른 대안은 전혀 생각할 수 없었다. 니고데모가 알고 있는 유

---

1 나는 *The Spirit in the Gospels and Acts*, 135-89에서 요한이 성령과 정화를 어떻게 다루고 있는지에 대해 더 충분한 설명을 제시했다. 개종자의 세례에 대해서는 같은 책 63-64; 또는 *A Commentary on the Gospel of Matthew* (Grand Rapids: Eerdmans, 1999), 120-22를 보라.

일한 종류의 영적 거듭남은 이방인들에게만 해당되는 것이었지, 자신과 같은 독실한 유대인들에게 해당되는 것이 아니었다. 유대인들은 일반적으로 유대교로 개종하는 이방인은 세례를 받아야 한다고 믿었다. 이방인들은 부정했기 때문에, 유대교로 개종할 때 그 부정을 씻어낼 필요가 있었다. 일부 유대인 선생들은 이방인이 개종한 후에 그 사람을 새롭고 "깨끗한" 법적 지위를 가진 "신생아"로 간주했다.

니고데모는 세례 요한이 마태복음 3:9에서 훈계한 종교인들처럼 자신이 이런 의미에서 "거듭 날" 필요가 있다는 사실을 상상할 수 없었다. 그런 회개의 세례는 오직 이방인들만을 위한 것이었다! 그래서 예수님은 다시 태어난다는 개념을 더 명확히 밝히신다. 즉 사람은 반드시 "물로써 그리고 성령으로써" 나야 한다는 것이다. "물"은 곧바로 니고데모에게 법적으로 유대인으로 "거듭난" 이방인들에게 사용된 유대교 의식의 세례식 부분을 상기시켰을 것이다. 니고데모가 이 비유를 이해했다면 그는 이 비유에 기분이 나빴을 것이다. 예수님이 이스라엘의 선생조차 하나님의 자녀가 되기 위해서는 회개해야 한다고 시사하셨기 때문이다.

니고데모에게는 물 세례만으로도 매우 당황스러웠겠지만, 예수님은 니고데모에게 단지 유대인의 의식에 따라 물로 세례를 받도록 요구하기만 한 것이 아니었다. 예수님은 니고데모가 영적인 물로 태어나고 "성령의 물"로 영적으로 회심하기를 원하셨다. 그리스어에서는, 하나의 전치사가 "물"과 "성령" 모두에 적용된다. 그래서 "물과 성령으로써"라는 표현은 "성령의 물로써"라고 번역될 수도 있다. 여기서 이런 뜻일 수 있다는 점을 의심하지 않도록, 이 복음서의 뒷부분에서 예수님이 물을 성령의 상징으로 사용하신다는 점에 주목해야 한다(요 7:37-39). 이러한 물의 상징적 용법은 예수님의 동시대인들 사이에서 여전히 통용된 성경 비유의 맥을 잇는다(겔 36:25-27). 예수님은 이어서 "영으로 난 것"에 대해 말씀하신다(요 3:6). 자연적 출생은 성령의 중생으로 보완되지 않으면 하나님 나라에 전적으로 부적합하다. 하나님의 영에 의한 중생은 영생의 시작이다(3:16).

요한복음의 나머지 부분은 똑같은 종류의 비유를 발전시키면서, 예수님의 영적인 "물"이 인간의 종교가 제공하는 어떤 종류의 의식(儀式) 상의 "물"보다 낫다는 점을 강조한다. 세례 요한은 자신은 물로만 세례를 주지만(이는 좋은 것이다), 예수님은 성령으로 세례를 주실 것이라고 선언한다(이는 더 좋은 것이다, 요 1:31-33). 이와 유사하게, 가나에서 예수님은 한 친구의 필요를 물과 관련된 유대인의 전통적인 의식보다 더 중히 여기신다. 결혼식은 보통 7일간 계속되었지만 결혼식에서 포도주가 떨어지는 것은 예수님의 친구가 몇 년 동안 가나의 웃음거리가 될 만큼 창피한 일이었다. 그래서 예수님은 하인들에게 정결 예식에 사용될 여섯 개의 항아리에 물을 채우게 하신다(요 2:6). 그 물을 포도주로 바꾸는 일은 유대인의 전통에 관한 한 그 항아리들의 대체로 거룩한 용도에 대한 모독이었지만, 예수님은 의식적인 정결이나 전통에 개의치 않으셨다. 예수님께서는 단지 물의 의식적인 용도를 존중하는 것보다 더 높은 우선순위가 있었다.

우물(요 4장)

4장에서 예수님은 죄 많은 어느 사마리아 여인을 만나신다. 이 여인은 처음에는 예수님의 의도를 이해하지 못하지만, 예수님은 이 여인과 만나시기 위해 세 가지 장벽을 넘으셨다. 첫째로 그녀는 여성이었고 많은 유대인 교사들은 여성과 공개적으로 이야기하는 것을 부도덕한 일로 여겼다(제자들조차 놀랐다, 4:27). 그녀가 사마리아 사람이었다는 점은 문제를 더 악화시켰다. 많은 유대인 교사들은 사마리아 여성들을 아기 때부터 부정한 존재로 간주했다. 예수님이 죄인과 대화하셨다는 점은 최악이었다. 혼자서 우물가로 올 수밖에 없는 여자는 죄악된 행동(최소한 현재 결혼하지 않은 남자와 함께 살고 있는 일, 4:18) 때문에 다른 여자들로부터 고립되었음이 분명하다는 점은 누구나 알 수 있었을 것이다.

이 만남의 장소는 예수님의 친절을 보다 모호해 보이게 했을 수도 있다. 야곱, 이삭의 종, 모세는 모두 우물에서 아내를 발견했으며, 일부 유대인 교사들은 우물이 여전히 배우자를 찾기에 좋은 장소라고 인식했다. 따라서 사마리아 여인이 처음에 예수님의 말을 잘못 해석한 것은 놀랄 일이 아니다. 그녀는 "나는 남편이 없나이다"라고 넌지시 말한다(요 4:17). 예수님의 대답은 대화를 다시 제자리로 돌려놓는다. 그녀는 결국 믿음에 이를 뿐만 아니라 자기 민족을 예수님께 인도하기까지 한다(4:28-42).

사마리아인들에게는 신성한 물인 야곱의 우물이 이 이야기의 배경을 이룬다. 이 우물은 종교 의식의 또 다른 측면을 보여준다. 즉 고대인들은 흔히 특별한 성지에서 하나님을 만날 수 있다고 생각했다 (만일 이것이 오늘날 우리에게 미신적으로 보인다면, 얼마나 많은 명목상의 그리스도인들이 이와 비슷하게 주중에 하나님을 무시하고 나서는 일요일 아침마다 하나님을 만나러 교회에 오는지 기억해야 한다). 예수님은 야곱보다 위대하고 야곱의 우물보다 위대한 분이시다. 예수님은 영생의 물, 즉 성령을 주신다(4:14). 따라서 예수님은 요한의 세례나 의식용 물 항아리보다 위대할 뿐만 아니라 사마리아인들이 거룩하게 생각한 물보다 위대한 분이시다.

치유하는 물(요 5:1-9; 9:1-7)

예수님은 요한의 세례의 씻음(1:31-33), 정규적인 유대인의 정결 예식의 씻음(2:6), 유대교로 개종한 사람의 세례의 물(3:5), 야곱의 우물(4:14)보다 우월할 뿐만 아니라, (아마도) 벳새다 연못을 포함한 오래된 치유 성지들의 물보다도 우월하다. 고대인들은 종종 신성한 연못에서 병 고침을 구했다. 고고학자들이 주장하는 이 연못의 위치가 정확하다고 가정하면, 일부 고고학적 증거는 이방인들이 예루살렘에 재정착한 뒤인 이후 몇 백 년 동안에도 벳새다 연못이 치유 성지의 역할을 했을 수 있다고 암시한다.

  그 못에 있던 한 다리 저는 사람은 거기서 38년 동안이나 머물렀지만 병을 고치지 못했다. 이와 대조적으로 예수님은 그를 즉시 고쳐주셨다(요 5:5-9). 요한은 이 사람을 요한복음 9장에서 예수님이 연못가에서 고쳐주신 또 다른 사람과 비교하고 대조한다. 요한복음 5장의 이 사람은 자신의 죄에 대한 벌로 병에 걸렸지만(5:14), 요한복음 9장에 나오는 사람은 죄를 짓지 않았는데도 시각 장애인으로 태어났다(9:3). 둘 다 연못에서 고침을 받았지만 첫 번째 사람은 본질적으로 예수님을 관원들에게 누설하는 반면(5:10-16), 두 번째 사람은 그로 인해 처벌을 받음에도 불구하고 예수님께 점점 더 많이 헌신한다(9:24-39). 고침 받은 이 두 사람은 우리의 삶을 변화시키시는 예수님에 대한 대조적인 반응을 보여준다. 우리는 예수님을 계속 따를 수도 있고, 예수님에게서 돌아설 수도 있다.

요한복음 9장에 나오는 연못은 실로암 연못인데, 이 연못은 그때 막 끝나가던 초막절 기간의 특별한 의식을 위해 사용되었었다. 이 명절의 처음 7일 동안, 제사장들은 실로암 연못에서 성전까지 행진하곤 했다. 여덟째 날에 제사장들은 언젠가는 성전의 주춧돌에서 생수의 강이 흘러나와 온 땅에 생명을 가져올 것이라는 고대의 예언을 낭송하곤 했다(겔 47:1-6; 슥 14:8).

생수의 강(요 7:37-39)

초막절 마지막 날에 예수님은 성전에서 무리 가운데 서서 듣는 자들에게 성령의 약속을 외쳐 말씀하셨다(요 7:37-39). 그런데 이 구절에서 누구에게서 성령이 흘러나오는가? 최초의 그리스어 텍스트들에는 구두점이 포함되어 있지 않아서 학자들은 이 텍스트에 어떻게 구두점을 찍을 것인지에 관해 의견이 갈렸다. 많은 이들은 다음과 같은 전통적인 영어 독법을 따른다. "누구든지 목마르거든 내게로 와서 마시라.

7장 / 성령과 구원

나를 믿는 자는 성경에 이름과 같이 '그 사람의 가장 깊숙한 부분에서 생수의 강이 흘러나오리라'"(요 7:37-38). NRSV는 심지어 이 견해를 텍스트에 반영해서 "신자의 마음에서"라고 읽는다.

그러나 이 문맥에서 나는 구두법과 관련하여 많은 그리스 교부들이 주장한 고대의 다른 견해가 더 개연성이 높을 수 있다고 생각한다. "누구든지 목마르거든 내게로 와야 한다. 나를 믿는 자는 누구든 마시게 하라. 성경에 이름과 같이 '그 사람의 가장 깊숙한 부분에서 생수의 강이 흘러나오리라.'" 이 둘의 차이는 후자의 구두법이 예수님 자신이 새로운 성전의 주춧돌, 곧 신자를 위한 생수의 근원이라는 점을 아는 데 도움이 된다는 것이다. 신자 안에서 솟아나는 우물이 있을 수도 있지만(4:14), 예수님이 곧 생명수의 근원이며 이 본문은 예수님을 믿는 자들이 성령을 주는 것이 아니라 받을 것이라고 말한다(요 7:39). 제사장들은 방금 말세에 하나님의 성전에서 흘러나오는 생수에 관한 텍스트를 읽었다. 우리가 예수님의 성전이겠지만, 예수님은 이 새 성전의 기초다. 이 텍스트의 어느 쪽에 구두점을 찍든, 이 점만은 분명하다. 예수님이 곧 물의 근원이시다.

요한은 우리에게 예수님이 영광을 받으시기 전까지는, 즉 예수님이 십자가에 " 들리기" 전까지는(요 12:23-25, 32-33;. 8:28; 17:1-5도 보라) 성령이 주어질 수 없다는 점을 알려준다(요 7:39). 요한복음의 뒷부분에서 요한은 예수님이 십자가에 달리신 후 이러한 성령 주심을 생생하게 보여준다. 내러티브들은 요한계시록과 같은 보다 예언적인 책들과 달리 대개 많은 상징적 표현을 포함하지 않는다. 그러나 내러티브 책들 중에서도 요한복음은 때로는 그런 예를 보여 준다. 예를 들어 "밤"에 대한 예수님의 상징적 용법(9:4; 11:10)을 고려하면, 요한복음에서 겁(3:2)이나 악(13:30)의 경우에 "밤"을 언급하는 것은 놀랄 일이 아니다.

예수님이 십자가에서 죽으신 뒤 요한은 다른 복음서들이 전해주지 않는 한 가지 사건을 기술한다. 이 사건은 요한의 독자들에게 특별한 의미가 있기 때문이다. 한 병사가 예수님의 옆구리를 창으로 찔렀을 때 피뿐 아니라 물도 흘러나왔다(19:34). 물이 나온 의학적인 이유가 무엇이든, 요한복음의 다른 곳에 등장하는 물에 대한 요한의 설명은 여기서 우리에게 한 가지 주제의 절정을 보게 한다. 즉 예수님의 옆구리에서 나온 물은 드디어 예수님의 죽음 이후에 마침내 받을 수 있게 된 성령의 선물을 나타낸다. 하나님과 어린 양의 보좌에서 생명의 강의 샘이 흘러나온다. 원하는 사람은 와서 값없이 마시게 하라(계 22:1, 17을 비교하라).

단순히 의식에 사용되는 물과 대비되는 예수님의 성령의 물에 의한 정화라는 이 주제는 요한복음 전체를 관통한다. 따라서 니고데모 이야기를 읽을 때, 참된 개종의 세례, 참된 회심은 오직 성령을 통해서만 이루어진다는 3:5의 메시지가 얼마나 핵심적인지를 인식해야 한다. 우리가 신자가 될 때 자기 수양, 감정, 또는 지적 설득이 우리를 변화시킨 것이 아니다. 우리 안에 들어오신 하나님의 영이 우리를 변화시켰다. 우리는 믿음으로 "우리가 처음 믿은 순간에" 하나님이 우리 안에서 이루신 결정적인 일을 인식해야 한다.

성령의 지속적인 사역(요 14-20장)

예수님은 그의 백성들에게 생수와 같은 성령, 곧 우리가 회심 때 받아들이는 선물을 주신다(요 4:13-14; 고전 12:13도 보라). 그러나 중생은 성령과 관계된 우리의 경험의 시작이지 끝은 아니다. 성령은 신선한 강물처럼 계속 흐른다(요 7:37-38을 비교하라). 진정으로 영생에 참여한 사람들은 계속 그리스도를 먹고 마시는 사람들이다(요 6:53-71; 8:31을 8:59와 비교하라). 예수님은 자신이 아버지께로 간 뒤에 성령이 계속 제자들에게 예수님의 메시지를 이해하고(요 14:26; 16:12-15), 예수님에 대해 증언할(요 15:26-16:11) 능력을 주실 것이라고 약속하셨다. 요한복음의 이 부분은 예수님이 성령을 통해 계속 우리와 함께 계시며(14:16-23), 풍성한 영적 생활을 위해 우리가 계속 그분께 의지해야 한다는 점을 강조한다(15:1-7; 1장과 2장을 더 보라).

누가는 그보다 얼마 뒤에 발생한 성령에 의한 완전한 능력 부여를 보다 완전하게 설명하지만, 요한복음 20:19-23은 요한복음에 관한 한 성령에 대한 이전의 언급들을 한데 묶는다. 요한은 예수님의 승천 이전에 복음서를 끝내기 때문에 오순절을 포함시키지 않는다. 따라서 요한은 부활 직후에 성령에 대한 이 약속이 어떻게 이미 성취되기 시작했는지를 강조한다. 그래서 요한은 예수님이 죽은 자들 가운데서 부활하신 직후에 제자들에게 성령을 나누어주러 오셔서, 하나님이 처음으로 아담에게 생명의 숨을 불어넣으신 것처럼 그들에게 숨을 내쉬실 때 일어난 한 사건을 포함시킨다(창 2:7; 요 20:22; 욥 27:3; 사 32:15; 겔 37:5-14; 요 3:8을 보라). 이렇게 해서 제자들은 새 생명으로 "새로 태어났고" 사명을 위해 준비도 되었다. "아버지께서 나를 보내신 것 같이 나도 너희를 보내노라"(요 20:21).

"그는 성령과 불로 세례를 베푸실 것이요"(마 3:11)

오늘날 많은 그리스도인들은 불로 세례를 받는 것을 마치 즐거운 일인 것처럼 말하지만, 그것은 세례 요한이 불 세례에 대해 의미한 바가 아니다. 이와 대조적으로, 모든 사람이 성령 세례가 긍정적이라는 데 동의한다. "불로 세례를 받는" 것의 의미를 어떻게 확실히 알 수 있는가? 마가가 마가복음의 서론을 생략하는 것과 달리(이에 대해서는 앞에서 다뤘다), 마태와 누가는 세례 요한이 광야에서 성령에 대해 선포한 내용을 보다 자세히 묘사한다. 마태복음의 문맥에서 우리는 세례 요한이 불 세례에 대한 이 약속을 대체로 비우호적인 군중에게 했다는 것을 알 수 있다.

요한의 시대에 대다수 사람들은 예언이 드물고 예언자는 더 드물다고 생각했다. 많은 사람들은 참된 예언자들이 광야에 출현하는 것이 하나님 나라가 이르렀다는 전조가 된다고 생각했다. 그래서 세례 요한이 광야에서 다가올 하나님 나라에 대해 예언하기 시작하자, 사람들이 사방에서 그에게 몰려오기 시작했다. 요한은 오래 전의 엘리야 같은 옷을 입었기 때문에(왕하 1:8; 마 3:4), 요한의 추종자들 중 많은 사람들은 아마도 요한을 새로운 엘리야로 간주했을 것이다. 예언자들이 엘리야가 마지막 때 직전에 돌아올 것이라고 약속했었기 때문이다(말 4:5-6). 요한의 음식 또한 그가 자신의 사명을 막중하게 여기고 있음을 보여주었다(마 3:4). 다른 일부 유대인들도 메뚜기를 먹었지만, 오로지 곤충과 천연 감미료에 제한된 식사는 진지한 헌신을 보여주었다.

물론 요한은 자신의 식사나 거처에 관해 선택의 여지가 별로 없었다. 거침없이 말하는 예언자들은 기성 사회에서 거의 환영받지 못한다. 세례 요한 같은 참된 예언자들이 현대 사회에서 말하기 시작하면, 우리는 대개 과거의 유대인들이 그랬던 것처럼 그들을 쫓아낸다. (어떤 예언자가 일요일 아침에 교회에서 성찬 상을 뒤엎고 우리가 물질주의적이면서 어떻게 그리스도의 제자라고 자처할 수 있는지, 또는 우리가 인종적으로 분리된 지역사회에서 의도적으로 인종이 분리된 교회에 다니면서 어떻게 그리스도의 몸에 참여할 수 있는지 물었다면, 우리가 어떤 반응을 보일지 상상해보라.)

요한은 사회의 많은 사람들에게서 환영받지 못했을 뿐만 아니라, 청중 일부를 비난하기까지 했다! 요한은 군중을 보고서(마태는 요한을 조사하러 온 종교 지도자들에게 초점을 맞춘다) 그들을 "독사의 새끼"라고 부르는데(마 3:7), 이는 오늘날의 독자들이 생각하는 것보다 훨씬 더 끔찍한 모욕이다. 요한의 시대에 많은 사람들은 독사가 어미의 태를 뜯어먹고 나와서 자기 어미를 죽인다고 생각했다. 고대인들은 부모를 살해한 사람을 도덕적으로 가장 타락한 사람으로 간주했기 때문에, 누군가를 독사의 새끼라고 부르는 것은 그를 독사라고 부르는 것보다 더 심한 말이었다. 확실히 종교인들은 요한의 말을 좋아하지 않았겠지만, 요한은 그 모욕으로 멈추지 않는다. 당시의 종교인들은 오늘날 대부분의 종교인들과 마찬가지로 자신의 구원에 대해 안심했다. 일반적으로 유대인들은 자신들은 아브라함의 자손이므로 구원받았다고 생각했다(마 3:9). 그러나 요한은 그들에게 오직 진정한 회개만이 그들을 다가올 진노에서 구해줄 것이라고 경고한다(마 3:7-8).

요한은 "다가올 진노"를 애매모호하게 남겨두지 않고, 청중에게 그들이 어떤 종류의 진노를 예상할 수 있는지 설명한다. 요한은 그들을 나무와 비교하면서, 그들이 회개의 열매를 소홀히 하면 베어져 심판의 불 속에 던져질 것이라고 경고한다(마 3:10). 장차 오실 분은 알곡은 곳간에 모으시지만 쭉정이는 꺼지지 않는 불에 던져 태워버리실 것이다(마 3:12). 농부들은 곡식을 수확할 때 곡식을 공중에 던져 잘 타는 땔감으로밖에는 쓸 데가 없는 쭉정이가 바람에 날아가게 했다. 요한은 청중에게 회개하여 회개의 행동의 열매를 맺지 않는 사람은 멈추지 않고 타는 불, 즉 지옥불 속에 던져질 것이라고 말한다.

이것이 성령 세례에 관한 요한의 예언의 맥락이다. 약속된 하나님 나라와 이스라엘의 회복의 때가 다가오고 있었다(마 3:2). 하나님은 하나님의 종들을 모으고 악인들을 불에 태우실 준비를 하고 계셨다. 다양한 구절들에서 "불"은 다양한 것을 상징할 수 있지만, 이 문맥에서 (성경에서 가장 빈번하게 사용되듯이) 불은 심판을 상징한다(마 3:10, 12). 요한의 모든 청중이 회개하지는 않을 것이다. 알곡이 될 사람들도 있고, 쭉정이가 될 사람들도 있을 것이다. 성령으로 세례를 받을 사람들도 있을 것이고, 불로 세례를 받을 사람들도 있을 것이다.

따라서 요한이 장차 오실 분은 성령과 불로 세례를 베푸실 것이라고 선포할 때, 청중은 그의 선포가 전적으로 좋은 소식만은 아니라는 것을 인식할 것이다. 이 문맥에서 불 세례는 악인들에 대한 심판의 세례에 대한 부정적인 약속일 수밖에 없는 반면, 성령 세례는 의인들에 대한 긍정적인 약속이다. (내 학생들은 때때로 이는 불 세례 성결 교회라고 불리는 교파는 이름을 잘못 지었다는 뜻이라고 한탄한다. 하지만 대부분의 불 세례 교회들이 그 이름을 통해 의미하는 바는 성결이며, 이 점에 대해서는 우리 모두가 긍정한다. 문제는 이 명칭의 근거를 이 구절에 두어야 하느냐 하는 것이다.)

요한이 말한 성령 "세례"는 무슨 의미인가? 의심할 여지없이 요한은 자기 백성에게 자신의 영을 물처럼 "쏟아 부으시는" 하나님에 관한 구약의 예언을 생각하고 있었을 것이다(사 44:3; 겔 39:29; 욜 2:28). 따라서 요한은 요엘서 그리고 아마도 이사야서에서와 같은 예언의 능력(사 42:1; 44:8)과 에스겔서에서와 같은 정화(겔 36:25-27) 모두를 생각했을 수도 있다. 전자의 강조점은 대부분의 오순절 교인들(그리고 내 생각에는 사도행전)이 말하는 성령 세례의 의미와 관련되어 있는 반면, 후자는 대부분의 침례교 및 개혁주의 사상가들(그리고 고전 12:13에서 바울)이 말하는 성령 세례의 의미와 관련되어 있다. 그러나 성령의 부어짐에 대한 요한의 예언은 최소한 회심을 포함해야 한다. 요한은 이를 악인에 대한 심판의 세례와 명시적으로 대조하고 있기 때문이다.

아마도 보다 중요한 점은, 요한이 성령 세례를 불 세례와 마찬가지로 말세의 세례, 즉 임박한 종말의 시대에 속한 사건으로 보았다는 점일 것이다. 요한은 자신이 선포하고 있는 하나님 나라와 하나님의 불같은 진노만큼이나 임박한 성령 세례를 예언했다. 물론 요한은 예수님의 초림과 재림이 있을 것이라는 점을 이해하지 못했다. 따라서 요한은 하나님 나라가 두 단계로 임할 것이라는 점을 알지 못했다(마 11:2-3에 나오는 요한의 혼란을 보라). 그러나 우리는 과거를 뒤돌아보는 가운데 언젠가 오셔서 다스리실 왕이신 주님이 그분을 따르는 이들 가운데서 이미 통치를 시작하셨다는 점을 이해할 수 있다. 비록 그 통치의 시작이 거대한 식물로 자라나기 이전의 겨자씨처럼 (미래의 하나님 나라에 비하면) 눈에 띄지 않지만 말이다(마 4:30-32).

요한은 인식하지 못했을지도 모르지만, 우리는 요한의 예언이 지닌 다양한 측면들이 서로 다른 시대에 성취되었음을 안다. 이 책의 앞에서 언급한 바와 같이, 예수님을 따르는 이들은 다가올 하나님 나라의 능력을 맛보았다(엡 1:13-14; 히 6:5). 장차 오실 왕은 이미 한 번 오셨고, 따라서 자신의 통치로 역사 속에 침입하셨다. 사람들은 대부분 자신의 정체성을 자신의 과거나 현재의 관점에서 정의하는 반면, 복음은 신자들에게 그들의 정체성을 우리가 변화될 모습의 관점, 곧 하나님이 우리를 그렇게 되도록 부르신 모습의 관점에서 정의하도록 요구한다. 우리는 성령의 능력을 받아 현재의 악한 시대 가운데서 미래의 하나님 나라를 나타내야 한다.

결론

성경은 성령이 회심에 관여하신다는 점을 분명히 한다. 해석자들은 오늘날 성령이 회심에 관여하시는지에 관해서가 아니라, "성령 세례"라는 어구의 구체적인 의미에 관해 견해가 나뉜다. 이 어구를 회심 때 일어나는 일에 적용하는 사람이 있는가 하면, 이를 회심 이후의 체험을 묘사하는 데 사용하는 사람들도 있다.

세례 요한은 성령 세례를 지옥불과 대조하므로, 요한은 분명히 성령 세례를 참된 신자 모두에게 적용한다. 예수님이 "물과 성령"으로 나는 것을 "영적" 개종의 세례로 말씀하시는 것으로 보이는 요한복음 3:5에서 예수님은 중생을 "성령 세례"로 묘사하시는 듯하다.

그러나 사도행전에는 그리스도인들이 회심한 뒤에, 사도행전의 몇몇 구절들에서 "성령 세례"라고 부르는 것과 동일한 방식으로 성령의 능력 주심을 경험하는 것처럼 보이는 구절들이 있다. 두 견해 모두 성경적일 수 있는가? 성령 세례가 아마도 회심 때 시작되었겠지만 때로는 그 후에 나타나는 성령의 사역의 여러 측면에서도 발견되는, 우리의 삶 속에서 일어나는 성령의 사역 전체를 가리킬 수도 있는가? 이 질문에 대해서는 다음 장에서 살펴볼 것이다.

8장

우리는 언제 성령 세례를 받는가?

성경은 오늘날 그리스도인들이 흔히 논쟁하는 것보다 성령 세례에 대해 할 말이 많다. 따라서 언제 어떻게 성령 세례를 받는지에 관한 현재의 논쟁의 와중에서 우리는 종종 주님이 제자들에게 성령으로 세례를 주시는 **이유**를 망각한다. 그래서 우리는 보다 논쟁적인 이 문제를 살펴보기 전에 복음 전도를 위한 능력, 성령의 열매, 성령 사역의 그 밖의 측면들에 초점을 맞췄었다.

그러나 이제 우리는 자주 논쟁거리가 된 이 주제를 다뤄야 한다. 성령은 내가 회심했을 때 나를 변화시키셨지만, 나는 이틀 뒤에 훨씬 더 압도적인 성령과의 만남처럼 보이는 일을 경험했는데, 나는 그때 내가 한 다짐의 성격을 더 잘 이해하게 되었다. 이 중 어떤 경험이 "성령 세례"였는가? 우리는 회심 시에 성령 세례를 받는가, 아니면 그 이후에 받는가? 아니면 성경은 우리에게 이 두 대안들을 뛰어넘도록 도전하는가?

의미의 문제

성령 세례의 시기에 대한 논의에서 몇 가지 의미에 관한 논쟁을 벗어날 수 있다면, 성령의 능력 주심을 둘러싼 보다 실제적인 문제에 더 많은 시간을 할애할 수 있을 것이다. 예를 들어 거듭난 덕분에 모든 그리스도인은 성령을 모시고 있다는 데 거의 모든 그리스도인이 동의한다. 또한 우리는 우리 모두가 규칙적으로 성령 충만한 삶을 경험하고, 성령 안에서 행하며, 우리의 행동과 복음 증거에서 성령의 능력을 의지하고, 회심 이후에 하나님의 영으로부터 비롯된 체험에 대해 열린 마음을 가져야 한다는 데 동의한다. 우리는 매일 성령님께 더 깊이 의지하는 태도를 기르고, 이 세상에서 하나님을 섬기고 그리스도인의 삶을 살기 위해 우리에게 성령님이 얼마나 절실히 필요한지를 이해하기 원한다. 실제로 우리는 우리에게 깊이 영향을 끼치는 대부분의 문제들에 대해 동의한다. 다시 말해서 오늘날 의견이 불일치하는 가장 중요한 몇 가지 영역은 단지 의미에 관한 영역일 수도 있다.

성령과 관련된 문제에서 그리스도인들이 언어 배후의 이슈보다는 단어나 어구에 관해 의견이 나누어지는 예는 이외에도 많이 있다. 예를 들어 은사주의자가 아닌 신자들 중 은사주의자들이 **계시와 영감** 같은 단어들을 성경 이외의 것에 대해 사용한다는 이유로 비난하는 사람들이 있지만, 그들도 하나님의 영이 우리의 일상의 삶을 인도하실 수 있다는 데는 동의한다. 그런데 대부분의 은사주의자들은 계시와 영감을 그런 의미로 사용한다. 성령의 인도하심에 대한 우리의 경험을 성경과 구별하는 것이 유익하다는 점은 분명하다. 성경이야말로 하나님의 음성을 듣는다는 다른 모든 주장에 대한 척도이기 때문이다. 그러나 다른 사람들이 특정 용어들을 우리 자신의 성경 번역에서 사용하는 방식으로 사용한다는 이유로 비난하지 않아야 한다.

앞의 예에서와 같이, 우리 모두는 성경이 성령께서 우리를 인도하고 계신다는 주장에 대한 평가 기준이며 성경이 기록된 궁극적인 "계시"라는 데 동의한다. 그러나 **계시**라는 용어를 성경에만 국한시키는 사람들도 있지만, "계시"라고 번역된 성경의 용어는 성경에 국한되지 않는다. 이 말은 다메섹 도상에서 일어난 일과 같은 그리스도와의 만남을 가리킬 수도 있고(갈 1:12, 16), 예언에서 드러난 정보를 가리킬 수도 있다(고전 14:26, 30; 갈 2:2를 행 11:28-30과 비교하라).

마찬가지로 많은 그리스도인들은 **성화**(sanctification)라는 용어를 그리스도 안에서 성숙해진다는 성경의 개념에 적용한다. 그러나 그리스도 안에서 성숙해지는 것이 성경적 개념이기는 하지만, 성구 사전을 조사해 보면 신약에서는 우리가 "성화"라고 번역하는 용어가 좀처럼 그런 개념을 묘사하는 데 사용되지 않는다. 신약에서 성화를 언급한 구절들을 살펴보면 대부분의 텍스트들이 회심 때 하나님을 위해 구별되는 것을 가리킨다는 점을 발견할 것이다. 그러나 우리가 회심할 때 하나님께서 우리에게 요구하시는 대로 사는 법을 배워야 한다는 점을 보여주는 텍스트들이 있다(일부 텍스트들은 우리에게 "거룩해지라"[be holy]고 요구하는데, 이는 **거룩하게 하다**[sanctify]라는 동사와 관련된 형용사다). 우리가 이를 묘사하기 위해 사용하는 특정 용어들과 관련해서 정말로 싸울 필요가 있는가?

우리는 종종 용어들에 대한 실무상의 특정 정의를 가정하는데, 이에 대해 모든 사람들이 다 동의하는 것은 아니다. "회심"이나 "성령 충만" 같이 완전히 중립적인 용어와 어구를 선택하면 갈등을 훨씬 줄이면서 주된 이슈들을 다룰 수 있을 것이다. 따라서 나는 공개적으로 가르칠 때 보통 의미상의 이슈는 건너뛰고, 하나님의 일을 하기 위해 하나님의 능력을 구하는 실제적인 문제를 강조한다. 어쨌든 성경은 의미에 관한 논쟁을 금한다(딤후 2:14).

그러나 이 실제적인 해결책이 성경에 나오는 "성령 세례"와 같은 어구들의 의미를 풀어주는 것은 아니다. 그런 표현에 대한 다른 해석들이 과연 의미상의 차이가 될 수도 있는가? (이 어구에 대한 성경의 용례가 너무 적어서 다른 제안들도 가능성이 있다는 점을 인정하지만) 나는 그렇다고 주장할 것이다.

성령 세례의 "시기" 문제에 대한 다양한 견해들

성령 세례가 신자의 삶 속에서 언제 발생하는지에 관한 논쟁은 상당히 오랫동안 계속되어왔으며 줄어들 기미를 보이지 않는다. 마치 오순절 교인들만 회심 이후의 분명한 성령 사역을 고수하는 것처럼 말하는 사람들도 있지만, 사실 이 개념은 현대 오순절 운동이 탄생하기 백년 전부터 흔히 볼 수 있었다.

존 웨슬리와 그의 많은 추종자들은 성경이 회심 이후에 신자의 삶에서 두 번째 은혜의 역사가 있으며 이를 통해 성령이 신자에게 더 높은 수준의 내적 정결함을 주신다는 사실을 가르쳐준다고 확신하게 되었다.[1] 리처드 백스터와 그 밖의 청교도 및 성령의 인침을 강조한 개혁주의자들(Reformed sealers)도 회심 이후의 역사(work)가 있다고 생각했다. 이러한 더 깊은 성결 체험의 추구는 19세기 중엽에서 말까지 북아메리카에서 일어난 부흥에서 공통된 특징이 되었다. 어떤 이들은 회심 이후의 능력 부여에 대해 "성령 세례"라는 명칭을 사용하게 되었다. 19세기 말과 20세기 초에 이르러서는, 무디 성서 학원 원장인 R. A. 토리와 같은 몇몇 개혁파 목사들, A. J. 고든 등과 같은 침례교인들, 그리고 앤드류 머레이나 F. B. 마이어도 두 번째 은혜의 사역으로서의 성령 세례를 강조했다. 실제로 찰스 피니, 드와이트 무디, 토리를 포함한 역사상 가장 효과적인 일부 복음 전도자들은 성령 세례를 회심에 뒤이은 섬김을 위한 능력 주심으로 보았다.[2]

• • •

1   이 두 번째 체험에 대한 감리교, 성공회, 가톨릭의 견해에 대해서는 W. J. Hollenweger, *The Pentecostals* (Peabody, Mass.: Hendrickson, 1988), 21, 26 n. 2를 보라. 더 자세히 다룬 책으로는 여러 관점에 대한 자세한 고찰을 제공하는 H. I. Lederle, *Treasures Old and New: Interpretations of "Spirit-Baptism" in the Charismatic Renewal Movement* (Peabody, Mass.: Hendrickson, 1988); Vinson Synan, *The Holiness-Pentecostal Movement in the United States* (Grand Rapids: Eerdmans, 1971), 18-21을 보라. 이 용어의 감리교, 성결교적인 뿌리에 대한 가장 철저한 논의는 Donald W. Dayton, *Theological Roots of Pentecostalism* (Metuchen, N.J.: Scarecrow; reprint: Peabody, Mass.: Hendrickson, 1994)를 보라. (가톨릭과 성공회 가톨릭 진영에서의) 이 어구의 일반적인 성례전적 용법은 여기서 우리가 논의하고 있는 경험과 다르지만 이런 경험들을 배제하는 것은 아니기 때문에, 우리는 그런 용법을 이 구체적인 논쟁의 일부로 다루지 않는다.
2   피니에 대해서는 예컨대 John L. Gresham Jr., *Charles G. Finney's Doctrine of the Baptism of the Holy Spirit* (Peabody, Mass.: Hendrickson, 1987)을 보라. 토리와 고든에 대해서는 *Initial Evidence* (Peabody, Mass.: Hendrickson, 1991), 101에 수록된 Gary B. McGee, "Early Pentecostal Hermeneutics: Tongues as Evidence in the Book of Acts," 96-118을 보라. 청교도와 성령의 인침을 강조한 개혁파들에 대해서는 Lederle, *Treasures*, 5; Dayton,

최초의 오순절 교인들은 (회심과 이 두 번째 성화 체험에 뒤이은) 세 번째 성령 체험을 발견했다고 생각했지만, 다른 오순절 교인들(오늘날에는 아마도 이들이 다수파일 것이다)은 그들의 경험이 두 번째이자 마지막 경험인 성령 세례라고 결론지었다. 아무도 하나님의 거룩하심을 보다 열정적으로 추구한다는 이유로 다른 그리스도인을 비난해서는 안 되지만, 다른 많은 그리스도인들은 "성령 세례"라는 특정 표현이 회심 이후의 그러한 성령 체험에 적용된다고 생각하지 않는다. 성령 세례라는 말은 오직 회심 그 자체에만 적용된다고 믿는 사람이 많다.

오늘날 대부분의 효과적인 복음 전도 운동은 양 진영 모두에서 나타난다. 예를 들어 대부분의 남침례교인들은 "성령 세례"를 회심과 동일시하는 반면, 대부분의 오순절 교인들은 "성령 세례"를 회심 이후의 능력 부여와 동일시한다. 내가 이 차이를 이야기하는 까닭은 논의를 계속하기 전에 하나님이 이 문제에 대해 의견이 다른 그리스도인들을 풍성하게 사용해오셨고 또 계속 사용하신다는 점을 지적하기 위해서다. 견해가 다른 그리스도인들에 대한 하나님의 축복에 비춰볼 때, 실제로 성령의 능력을 받는 것이 성령이 우리에게 능력을 주시는 **방식**에 대한 우리의 견해보다 더 중요해 보인다. 그렇다고 해서 이 주제가 중요하지 않다거나 독자들이 이 장의 나머지 내용을 건너뛰어야

⋯

Theological Roots, 37을 보라. 회심 이후의 성령 세례에는 동의하지 않지만 웨슬리, 피니, 토리, 앤드류 머레이, A. J. 고든, F. B. 마이어의 회심 이후의 성령 세례 입장을 기록하는 Frederick Dale Bruner, *A Theology of the Holy Spirit: The Pentecostal Experience and the New Testament Witness* (Grand Rapids: Eerdmans, 1970), 76, 323-41도 보라.

한다는 것을 암시하지는 않는다. 오히려 그런 인식은 더 큰 질문으로 우리의 시선을 이끌어간다.

다른 출발점

오늘날 대부분의 복음주의적인 그리스도인들은 성령 세례를 다음 두 가지 중 한 가지 방식으로 생각한다. 그리스도인들은 회심 때 완전하게 성령을 받거나(전형적인 개혁주의 입장), 아니면 회심 후에 특별한 능력을 받는다(일반적인 성결교와 오순절파의 입장). (바울의 언급과 같은) 성경의 신학적 진술을 (사도행전의 이야기들과 같은) 내러티브의 예보다 강조하는 이들은 대개 성령 세례를 그리스도에 대한 믿음으로의 회심과 동일시한다. 바울에 비해 사도행전을 강조하는 이들은 대개 회심 뒤에 성령 세례가 발생할 수 있다고 믿는다.

각각의 전통은 자기 주장의 근거를 성경 텍스트(서로 다른 텍스트)에 둔다. 나는 두 전통 모두 각자 선호하는 텍스트들을 정확히 해석했을 수 있으며, 사실 두 해석자 집단 모두 그들이 주장하는 바에 있어서 대체로 옳다고 주장할 것이다. 신약은 두 견해 모두를 가르치는 것으로 보인다. 서로 다른 텍스트들이 "성령 세례"라는 어구를 서로 다른 방식으로 사용하는 것처럼 보이기 때문이다. 다른 강조점들이 모두 같은 성령 사역의 일부라는 점을 인식하면, "성령 세례"라는 어구가 다른 성경 구절들에서 성령 사역의 다른 측면들을 강조할 수도 있다는 사실을 어렵지 않게 수긍할 수 있다. 누군가 그런 접근법은 너무 편의적이라고 생각하기 전에, 나는 이것이 성경 텍스트들을 그 자체의 관점에서 읽을 수 있는 가장 공정한 방식이라고 생각하는 이유를 제시할 것이다.

성령 세례라는 어구에 대한 (불 심판과 대조되는) 세례 요한의 용법에 비춰보면, 요한은 아마도 성령의 사역에 구원과 그 이후의 모든 능력 부여를 포함한 많은 측면들이 있다고 생각했을 것이다. 예수님이 니고데모에게 "성령의 물"로 태어나야 한다고 말씀하실 때, 예수님은 "영적" 개종의 세례, 즉 성령 세례를 받으라고 요구하시는 것이다. 이와 유사하게, 신약 저자들이 신자들이 성령을 받는 것에 대해 언급할 때마다, 그들은 항상 회심 때 임하시는 성령에 대해 말한다(예를 들어 행 2:38; 갈 3:2). 그리스도의 사역은 완결되었고(골 2:6-23), 우리는 회심에서 하나님이 우리에게 베풀어주신 것에 아무것도 덧붙일 수 없다(롬 5:5; 갈 3:2-5). 이 입장에 대해서는 앞 장에서 다소 자세하게 살펴보았다.

그러나 회심 때 하나님의 변화시키는 능력에 완전히 접근할 수 있다고 해서 반드시 우리 각자가 우리의 일상의 삶 속에서 그 모든 능력을 사용하고 있음을 의미하지는 않는다. 나는 우리들 대부분이 실제로는 회심 이후에 우리 삶의 더 많은 부분을 하나님의 영의 인도하심에 맡길 수 있다는 점을 인정하리라고 생각한다. 사도행전의 내러티브에 나오는 예들은 신자들이 회심 이후의 체험에서 성령의 몇 가지 측면을 받아들였음을 시사한다(2:4; 8:15-16; 9:17; 19:4-6, 뒤에서 다룸).

한편, 이 논쟁에서 어느 편에서도 잘 인용하지 않는 다른 구절들은 성령의 사역이 회심보다 많은 것을 의미할 뿐만 아니라, 그 이후의 어떤 단일한 체험보다도 많은 것을 의미한다는 점을 보여준다. 사도행전은 신자들이 그들의 "두 번째 체험"에 뒤이은 능력을 받을 수도 있음을 암시한다(4:8, 31; 13:9). 바울은 마찬가지로 성령 충만한 삶을 사는 것(엡 5:18), 이미 받은 동일한 성령에 따라 행하는 것(갈 5:16-23)에 대해 말한다. 이는 확실히 우리들 대부분이 살아가는 방식에 있어서 더 많이 강조되어야 할 구절들이다.

이 구절들은 회심으로 성령 사역의 전 범위를 활용할 수 있게 되지만, 신자들은 성령 사역의 몇 가지 측면들을 오직 회심 뒤에만 경험할 수 있음을 시사한다. 전통적인 의미상의 논쟁을 접어두면, 신약의 이 묘사는 우리들 대부분의 개인적인 삶에서 참으로 일리가 있다. 그리스도의 완성된 사역을 규칙적으로 활용하는 일에 관한 신약의 다른 가르침들을 비교해볼 수도 있다. 예를 들어 바울은 신자들이 회심 때 죄에 대해 죽게 된다고 가르치지만, 우리의 일상 생활 속에서 그 사실을 적용하는 법을 배워야 한다는 점에 이의를 제기하는 사람은 별로 없다. (이 사실은 끔찍할 수도 있지만, 내가 아는 대다수 그리스도인들은 회심한 뒤에 죄를 지어왔다.) 그리스도 안에서 우리의 완전함과 구원에서 우리에게 제공된 영적 자원의 충분함을 강조하는 해석자들의 말은 옳다. 성령이 우리의 삶 속에 들어오실 때, 하나님은 우리를 새롭게 만드시고 우리에게 성령의 자원을 이용할 수 있는 완전한 권리를 주신다. 동시에 우리는 실제로 그 능력을 이용할 필요가 있으며, 모든 그리스도인은 성령 충만한 정도와 관계없이 하나님을 더 깊이 추구하도록 성장할 수 있다는 점을 강조하는 것도 성경적이다.

성령 세례에 대한 신약의 가르침을 살펴보기 전에, 예수님의 동시대인들이 하나님의 영에 관해 어떻게 생각했는지에 대한 배경을 살펴보아야 한다. 그들은 구약이 성령에 대해 말한 내용의 특정 요소들을 강조했기 때문에, 최초의 그리스도인들은 성령에 대한 어떤 개념들을 항상 설명하지 않아도 이를 당연한 것으로 받아들일 수 있었다. 신약 저자들이 당연하게 여긴 몇 가지 개념을 이해하고 나면, 성령 세례에 대한 신약의 관점을 깊이 살펴볼 준비를 갖추게 될 것이다.[3]

"성령 세례"라는 어구는 1세기의 청중에게 어떤 의미였는가?

"성령 세례"라는 어구에 "세례를 주다"와 "성령"이라는 두 가지 주된 요소가 포함되어 있다는 점은 자명하다. 이 두 요소 중 "세례를 주다"를 요약하기가 더 쉽다. 유대인들은 유대교로 개종하기 원하는 이방인들로 하여금 스스로 물속에 잠기게 함으로써 세례를 주었다. 그래서 세례의 이미지는 고대 유대인 청중에게 회심과 물에 잠김이라는 두 가지 개념을 내포했다. 성령 세례를 회심과 동일시하는 이들은 회

...

3 초기 유대교의 성령에 대한 관점들(그리고 유대교의 개종 세례의 오랜 기원과 같은 아래의 요점들)을 훨씬 더 자세히 다룬 글을 보려면 내 책 *Spirit in the Gospels and Acts* (Peabody, Mass.: Hendrickson, 1997)의 광범위한 첫 장과 그 뒤의 여러 장에 나오는 관련 요점들을 보라. 성령의 예언적 측면을 강조하는 탁월한 저작 R. P. Menzies, *The Development of Early Christian Pneumatology with Special Reference to Luke-Acts* (Sheffield, England: Sheffield Academic Press, 1991)도 보라. 막스 터너(Max Turner)는 *The Holy Spirit and Spiritual Gifts* (Peabody, Mass.: Hendrickson, 1996, 『성령과 은사』, 새물결플러스 역간)에서 내 책이나 멘지스의 책보다 더 광범위한 성령의 활동을 유익하게 강조한다.

심 개념에서 자신들의 주장을 뒷받침할 수 있으며, 성령 세례를 성령이 신자를 압도하는 성령의 두 번째 역사와 동일시하는 이들은 잠김 개념에 호소할 수 있을 것이다.

이 어구의 두 번째 요소는 "성령"인데, 예수님과 동시대의 유대인들은 이를 하나님이 자신의 백성을 정결케 하거나 (그보다 훨씬 더 자주) 그들에게 예언할 능력을 주시는 하나님의 방식으로 보았다. 전자의 이미지는 성령 세례가 회심 때 발생한다는 개념을 뒷받침할 수 있고, 후자의 이미지는 성령 세례가 회심에 뒤이은 능력 부여의 체험을 반영한다는 개념을 뒷받침할 수 있다. 따라서 이 어구 자체로는 앞의 시기 문제를 정확하게 해결할 수 없다.

그럼에도 연대기 문제를 제쳐두면, 1세기의 청중이 성령에 대해 알았던 내용은 예수님의 최초의 제자들이 예수님의 약속을 어떻게 이해했을지 설명하는 데 도움이 된다. 성경은 고대 이스라엘의 예언자들이 성령을 체험했다고 말한다(삼상 19:20-23; 겔 3:12; 벧전 1:10-11; 벧후 1:21). 그들 중 다수는 자기 백성 중 모든 사람이 성령을 더 충만하게 체험하기를 바랐음이 분명하다(민 11:29). 주전 7세기 초에, 이사야는 하나님이 그분의 영을 더 널리 경험할 수 있게 하실 것이라고 선언하기 시작했다. 하나님은 자기 백성을 심판하신 뒤에 그들을 구원하시고 회복하시며, 마른 땅 위에 물을 붓듯이 그들에게 성령을 부어주실 것이다(사 44:3. 42:1; 59:21을 비교하라). 바빌론 포로 기간 동안에 예언자 에스겔도 그와 같이 선언했다. 하나님은 자기 백성을 하나님의 영의 깨끗한 물로 씻으시고(겔 36:26-27), 자신의 영으로 그들을 되살리시며(37:14), 그들 위에 자신의 영을 부으실 것이다(39:29). 예언자 요엘은 (다시 물이라는 성령의 이미지를 사용하여) 하나님이 자기 백성에게 자신의 영을 부으실 것이고, 그들은 옛 예언자들처럼 예언하게 될 것이라고 선언했다(욜 2:28-29).

그러나 예수님이 오시기 몇 세기 전에, 많은 유대인들은 이러한 성령과 예언자들의 완전한 회복은 전적으로 먼 미래에 속한 일이라고 판단했다. 그들은 (예언이 이따금씩 계속된다는 점은 인정했지만) 자신들의 시대에는 예언자들이 그쳤으며, 성령은 일반적으로 개인들에게는 더 이상 임하지 않는다고 믿게 되었다. 사해 사본을 기록한 에세네파와 같은 소수의 집단은 성령이 그들 가운데 여전히 역사하신다고 믿었지만, 대부분의 유대인들은 당대에는 성령이 대체로 소멸되었다고 믿었다. 그들은 하나님이 자기 백성을 회복시키시고 하나님의 영을 부으실 미래 시대를 갈망했다.

모든 유대인들은 성령에 대한 구약의 가르침에 익숙했지만, 다양한 유대인 집단들은 성령의 다양한 측면들을 강조했다. 가장 자주 강조된 점은 정화의 영과 (보다 흔하게는) 예언의 영이었다. 어떤 해석자들, 특히 에세네파는 하나님이 자기 백성을 죄에서 정결케 하실 것이라는 에스겔의 약속을 암송했다(겔 36:26-27. 18:31; 37:14도 보라). (정도는 좀 덜하지만 에세네파를 포함하여) 거의 모든 유대인들은 성령을 예언과 관련지었는데, 이는 구약에서 훨씬 더 일반적인 강조점이었다 (민 11:25-29; 삼하 23:2; 대하 15:1-7; 18:23; 미 3:8). 유대인 사상가들은 대체로 지속적인 도덕적 능력 부여나 신자 개인 안에서의 하나님의 임재와 같이 신약에서 흔히 등장하게 된 몇 가지 개념들에 대해서는 거의 논평하지 않았다. 그러나 신약성경의 유대인 독자들은 정화의 영("물과 성령으로 태어나는" 것)과 예언의 영(성령이 그리스도인으로 하여금 예언하거나 강력한 성령의 인도를 받는 다른 형태의 말을 할 수 있게 하는 것)에 대한 초기 기독교의 강조를 쉽게 알아챘을 것이다.

신약성경의 많은 구절들은 독자들이 성령과 예언의 관련성을 이해한다고 가정한다(마 22:42; 눅 1:17; 2:27; 4:18; 행 11:28; 21:4; 고전 7:40; 12:3; 살전 5:19; 딤전 4:1; 벧전 1:11; 요일 4:1-6; 계 1:10; 2:7; 3:6; 4:2; 14:13; 17:3; 19:10; 21:10; 22:17. 살후 2:2를 비교하라). 이러한 관련성은 복음 전도에서 하나님을 대변할 수 있는 능력 부여(마 10:20; 행 1:8; 6:10; 8:29; 10:19; 11:12; 16:7; 고후 3:3-8; 엡 6:17), 복음을 진정으로 이해하게 하는 계시(고전 2:10-14; 엡 1:17; 3:5), 사도적 기적(롬 15:19; 아마도 고전 2:4)을 포함한다. 다른 텍스트들은 우리가 생명을 주는 일과 변화에 있어서 성령의 중요성을 이해한다고 가정한다(요 3:5-8; 고전 6:11; 갈 4:29; 5:17-18, 22-23; 6:8; 유 19). 이 두 강조점은 오늘날의 많은 그리스도인들이 성령에 관해 의견을 달리하고 있는 측면, 즉 회심에서의 성령의 역할과 신자들에게 성령의 감동을 받아 말할 수 있는 (방언, 예언, 복음 전도 등의) 능력을 주시는 데 있어 성령의 역할에 대한 어느 정도의 기본 개념들을 나타낸다.

은혜의 역사는 하나인가, 둘인가, 그보다 더 많은가?

앞에서 언급한 것처럼 감리교, 성결교, 오순절 전통에 속한 많은 그리스도인들은 회심 이후에 자주 나타나는 두 번째 은혜의 역사를 옹호해 왔다. 그런 진영에서는 이 역사가 때때로 "성화"나 "성령 세례"라고 불린다. 일부 집단들은 성화와 성령 세례도 구분하며, 이로 인해 세 가지 은혜의 역사를 제시한다. (여러 청교도 저자들과 같은) 몇 가지 주목할 만한 예외는 있지만, 개혁파 전통에서는 대개 신자는 회심 때 모든 것을 받는다고 주장한다.

역시 앞에서 언급했던 것처럼, 두 전통 모두 각자 주장하는 바에 있어서는 대체로 옳다. 사실 대다수 그리스도인들은 기본적인 이슈, 즉 성령이 회심 때 우리를 변화시키시지만 하나님은 그 후 특별한 방식으로 특별한 과업을 위해 그리스도인들을 성령으로 충만케 하실 수 있다는 점에 동의한다. 용어와 관련된 불일치는 주로 신약 저자 자신들이 성령에 대해 다양한 방식으로 말하는 것에서 비롯된다. 성령 사역의 다양성 때문에 바울은 성령 사역의 한 측면을 "성령을 받음"이라는 어구로 표현하지만, 누가는 같은 어구를 사용해서 그와는 다른 측면을 지칭할 수도 있다. 이 저자들은 서로 모순된 말을 하는 것이 아니다. 하나님은 그들로 하여금 서로 다른 이슈들을 강조하게 하셨다.[4]

---

4   나는 스스로 이런 견해들을 생각해냈지만, 다른 이들도 그와 비슷한 입장들을 표명했다. 예를 들어 모든 그리스도인에게는 성령이 있지만 모두가 성령으로 충만한 것은 아니며 ("성령 세례"라는 어구는 그 둘 중에 어느 한 쪽을 포함한다), 어쨌든 능력과 실재가 용어보다 더 중요하다는 (Lederle, *Treasures*, 151에 요약된) 데이비드 왓슨(David Watson)의 견해를 보라.

바울의 성령 신학

바울은 신자는 회심 때 그리스도가 베푸시는 모든 것을 받는다는 점을 명확하게 밝힌다. 그리스도의 완성된 사역에 무언가를 덧붙이려 하는 자들은 갈라디아의 할례파든, 골로새의 신비주의자들이든 복음 그 자체를 훼손한다. 회심 때 우리는 그리스도 안에서 구속의 날을 위해 "인치심"을 받았다(엡 4:30). 성령이 없는 사람은 한 마디로 그리스도인이 아니다(롬 8:9).

이런 결론을 반박하는 일부 그리스도인들은 에베소서 1:13에 사용된 동사의 시제는 대개 연이어서 일어남(subsequence)을 의미하기 때문에, 이 구절에 나오는 성령으로 "인치심"은 복음을 믿은 뒤에 발생한다고 주장하려 했다. 이런 주장의 문제점은 이 주장이 문맥과 저자의 문체보다는 문법 패턴에 더 초점을 맞춘다는 것이다. 이런 전형적인 문법 패턴의 예외는 아주 많다. 거기서 겨우 몇 구절 뒤에 바울이 똑같은 구조를 사용하는 곳에서는 동사의 시제가 연이어서 일어남을 의미할 리 없다. 만일 그렇다면 그것은 하나님이 그리스도를 부활시키심을 통해서가 아니라 그리스도를 부활시키신 뒤에 그리스도 안에서 자신의 위력을 발휘하셨다는 의미가 될 것이기 때문이다(엡 1:19-20; 롬 1:4를 비교하라). 더 중요한 점은, 이 텍스트가 이러한 성령의 인치심은 우리의 몸이 구속될 때 우리의 미래의 상속을 보증하는 계약금임을 암시한다는 점이다(엡 1:13-14). 이러한 인치심이 회심 뒤에 발생한다면, 회심은 우리에게 하나님 나라에서 우리의 자리를 보증하기에 불충분하다! 우리는 "구원의 날"을 위해 성령으로 인치심 받았다(엡 4:30).

바울은 다른 텍스트들에서 성령 받음에 대해 성령의 인치심에 관한 텍스트들 못지않게 분명하게 말한다. 누가가 제자들의 "성령 받음"이라는 말로 무엇을 의미했든(아래를 보라), 바울이 말하는 "성령 받음"은 분명히 회심을 뜻한다. 갈라디아 사람들은 율법을 지키는 유대 그리스도인 선교사들의 문화 기준에 도달함으로써 영적 체험을 얻고자 했다. 따라서 바울은 그들이 율법을 준수해서가 아니라 믿음으로 "성령을 받았다"는 점을 강조한다(갈 3:2; 고전 2:12를 비교하라). 성령은 언제나 우리가 행한 대가로 버는 것이 아니라 선물로 임하신다(롬 5:5). 심지어 에베소서 5:18의 "성령으로 충만함을 받으라"는 명령은 수동태인데, 이는 신적 행동에 대한 수용성을 암시할 수도 있다. 성령 안에서의 그들의 생명의 시작(회심)이 하나의 선물이라면, 갈라디아 그리스도인들은 어떻게 율법주의적인 행위를 통해 그리스도인의 삶을 완성하기를 소망할 수 있는가?(갈 3:3)

고린도전서에서, 바울은 인류를 성령이 있는 사람("신령한 자")과 그렇지 않은 사람("육신에 속한[fleshly] 사람" 또는 "자연인")이라는 두 집단으로 나눈다(2:10-16). 물론 그리스도의 완성된 사역이 우리를 성령을 따라 살도록 강요하지는 않는다. 고린도 그리스도인들은 회심으로 인해 성령에 속한 사람들이었지만(고전 6:11), 그들은 분열하고 영적으로 경쟁함으로써 세상과 같이 행동하고 있었다. 바울은 두 가지 그리스어 표현을 사용하는데 하나는 "육신과 같은"(fleshlike)이라는 뜻이고 다른 하나는 "마치 너희가 육신에 속한 것처럼"(as if you were fleshly)이라는 뜻이다(고전 3:1-3). 때때로 우리는 성령이 우리를 다스리시지 않는 것처럼 행동하지만, 바울은 여전히 진정한 그리스도인을 완전히 "육신에 속한" 그리스도인이라고 부르기를 주저한다.

로마서 8장

성경에서 다른 어떤 장보다도 하나님의 영을 많이 언급하는 로마서 8장 역시 같은 주장을 펼친다. 로마서 8장을 충분히 이해하기 위해서는 그 앞장, 즉 많은 논란의 대상이 되는 로마서 7장에서 출발해야 한다. 그리스도인들은 로마서 7장이 그리스도인으로서의 바울의 경험을 묘사하는지 여부에 대해 논쟁한다. 나는 문맥과 여기서 묘사된 죄의 깊이로 볼 때 그리스도인으로서의 경험을 배제한다고 주장하고 싶다. 따라서 나는 현재 시제 동사들은 (복음서의 그리스어에 나오는 역사적 현재 시제처럼) 생동감을 위해 사용된 것이라고 주장하고자 한다. 그러나 내 견해가 잘못됐더라도(그럴 수도 있다), 우리는 모두 이 장의 초점은 율법 아래 속한 삶이라는 점에 대해서만큼은 동의할 수 있다 (7:5-14).

만일 우리의 삶이 어느 정도는 로마서 7장을 닮았다면, 그 이유는 우리가 예수 그리스도 안에서 하나님의 의의 선물을 받아들이고 그에 따라 사는 것이 아니라 우리 자신의 의를 성취하려 애쓰기 때문이다. 율법이 자신들에게 영적 이점을 제공했다는 일부 유대인 그리스도인들의 관점을 반박하기 위해 바울은 자신도 한때 율법 아래서 살았다고 주장한다(7:9-14). 그러나 대부분의 유대인 교사들은 율법이 사람들에게 그들 안에 있는 악한 충동을 극복할 수 있는 능력을 부여한다고 생각한 반면, 바울은 자신에게 율법은 단지 악에 더 초점을 맞추게 해서 결국은 악이 자신을 통제하기에 이르렀다고 단언했다. 율법을 성취할 수 있는 능력에 의존해서는 의를 이룰 수 없다. 사람은 오직 그리스도를 통해서만(그리스도의 완성된 사역을 받아들이고 믿음을 통해 이를 지속적으로 재확인함으로써) 죄에 대해 죽는다(롬 6:1-11). 바울은 자신이 율법 아래서 "육신에 속하여", "죄에게 노예로 팔렸다"는 사실을 발견했다고 말했다(7:14). 그러나 그는 그리스도 안에서 "육신에 있지 아니하고"(8:9), 죄의 노예에서 구속받았다(6:18, 20, 22).

율법은 더 이상 사망 선고만이 아니었다. 이제 신자의 마음속에 기록된 율법은 하나님 자신의 영의 도덕적 지침이었다(8:2; 렘 31:33-34; 겔 36:26-27을 비교하라). 그 사람 안에 거하는 죄가 더 이상 그 사람을 통제하지 못할 것이다(롬 7:17-18). 이제 성령이 신자 안에서 사시며, 신자라고 공언하지만 성령이 없는 사람은 누구든 그리스도께 속한 사람이 아니다(8:9).

그렇다고 우리가 "약속의 땅"에 이르렀음을 의미하는 것은 아니지만, 우리는 확실히 그곳에 이르는 여정을 시작했다! 로마서 8장에서, 바울은 하나님이 그의 백성 이스라엘을 처음 구원하셨던 때와 관련된 이미지를 빌려와서 이 이미지들을 그리스도인들에게 적용한다. 이스라엘처럼 우리도 노예 상태 때문에 "신음"한다(출 2:23; 롬 8:23). 하나님은 그 속박에서 우리를 풀어주기 시작하셨다(출 2:24; 롬 8:15). 하나님은 우리를 자신의 자녀로 입양하셨다(출 4:22; 롬 8:14-16). 하나님은 현재 우리의 길을 인도하신다(출 13:21; 롬 8:14). 하나님께는 우리를 위한 미래의 유산이 있으며(민 33:53-54; 롬 8:17), 따라서 우리의 구속의 성취는 그 미래의 약속된 유산을 기다린다(롬 8:23).

마치 이스라엘과 함께 계신 하나님의 임재가 그들의 승리를 보증했던 것처럼, 그리스도인들은 처음부터 끝까지 그들 안에 계신 하나님의 영에 의해 미래의 소망이 보장된 사람들이다(롬 8:9-11, 14-16, 23, 26-27). 확실히 로마서 8장의 의미에서 성령이 없는 사람은 아무도 아직 구원 받지 못했다. 바울이 구원 사역과 구별되는 두 번째 역사로서의 성령 받음을 믿었다 하더라도, 그는 이곳에서뿐 아니라 바울 서신의 다른 어느 곳에서도 그런 단서를 조금도 주지 않는다.

성령은 바울에게 과거 시제일 뿐인가?

그와 동시에, 바울은 신자들이 성령의 지속적인 "공급"을 활용할 수 있음을 인정한다(빌 1:19).[5] 바울은 신자들에게 지속적으로 "성령으로 충만한 상태를 유지하라"고 요구하며(엡 5:18), 신자들이 성령 안에서 행하고 성령의 열매를 맺기를 기대하는데(갈 5:16-23), 바울이 신자들

---

5 고든 피(Gordon D. Fee)의 *God's Empowering Presence: The Holy Spirit in the Letters of Paul* (Peabody, Mass.: Hendrickson, 1994, 『성령: 하나님의 능력 주시는 임재』, 새물결플러스 역간)과 이 구절에 대한 그의 어휘상의 논증을 보라. 그의 주장은 단순한 전제의 결과일 것 같지는 않다. 고든 피는 바울 서신에서 "두 번째 역사"라고 제안된 대부분의 해석을 올바르게 부정한다. 그는 바울과 누가 모두 "성령의 선물은 그리스도인의 경험에 대한 일종의 부속물도 아니고 그리스도인의 경험에서 더 중요한 일종의 두 번째 부분도 아니라는 점"을 보여준다고 생각한다. "그것은 오히려 처음부터 끝까지 그리스도인의 삶의 주요 요소였다"(*Gospel and Spirit: Issues in New Testament Hermeneutics* [Peabody, Mass.: Hendrickson, 1991], 98).

에게 그렇게 권고하는 이유는 바로 그들이 기대에 미치지 못하기 때문이다. 아마도 하나님이 갈라디아 교인들에게 계속해서 성령을 "주신다"(현재 시제)는 바울의 관점 또한 하나님의 능력의 지속적인 공급을 시사할 것이다(갈 3:5). (이 구절이 새신자들을 공동체 안으로 영접하는 지속적인 경험을 가리킬 수도 있지만, 바울은 이 편지의 다른 어느 곳에서도 새신자를 염두에 두고 있지 않다.)

　다시 말해, 우리가 회심하는 순간에 하나님의 모든 충만함이 그리스도 안에서 우리의 것이 되지만, 우리는 여전히 일상생활 속에서 그 충만함을 실현해야 한다. 앞의 비유로 되돌아가자면, 그리스도 안에서 죄에 대해 죽는 것(그것은 회심 때 성취된다[롬 6:3-4; 골 3:3])과 죄에 대해 죽은 것처럼 사는 것(롬 6:11-14; 8:13; 골 3:5)은 전혀 다른 문제다. 회심 이후에 죄를 지은 그리스도인이라면 누구나 이 차이를 안다. 마찬가지로, 전도나 하나님의 인도하심에 대한 민감함에 있어서 흔들린 적이 있는 그리스도인이라면, 누구나 하나님이 그리스도 안에서 우리에게 완전한 접근권을 주신 성령의 능력에 더 많이 의지해야 할 필요성을 인식한다.

사도행전에 나오는 그리스도인의 성령 체험

하나님이 영은 그분의 인도하심에 순종하는 선택된 사람들을 통해 성경에 영감을 불어넣으셨을 때(롬 1:2), 그들의 특징적인 문체와 표현 방식을 통해 역사하셨다. 이사야서가 예레미야서와 다르게 읽히고, 예레미야서가 에스겔서와 다르게 읽히는 것은 바로 그 때문이다. 하나님은 심지어 에스겔에게 대부분의 예언자들에게는 주시지 않은 "인간의 아들" 즉 "인자"라는 특별한 별명까지 주셨다. 이런 차이점들은 무언가를 여러 방식으로 말할 수 있다는 언어의 본질 그 자체를 반영한다. 따라서 특정 어구가 모든 구절 또는 모든 저자에게 그 의미가 똑같다는 결론으로 함부로 비약하지 말아야 한다. 종종 같은 어구가 명확히 다른 뜻을 나타낼 때가 있다. 야고보와 바울이 믿음에 대해 매우 다른 말을 하더라도 서로 모순되지 않는 것도 바로 그 때문이다. 그들은 같은 용어를 다른 의미로 사용하고 있는 것이다(롬 4:5; 약 2:14). "성령 받음"이라는 어구의 경우, 요한이나 바울은 성령 사역의 특정한 측면을 가리키는 반면, 누가는 그와 다른 측면을 가리킬 수도 있다.

우리는 앞에서 1세기 유대인들이 성령에 대한 견해가 다양했다는 점을 언급했다. 요한과 바울은 그중 두 가지 강조점(중생과 예언의 능력 부여; 삼상 10:6, 10을 비교하라)을 하나로 합친 반면, 누가의 글은 거의 전적으로 예언의 능력 부여에 초점을 맞춘다. 따라서 "성령 충만"은 보통 일종의 예언적인 말(눅 1:15, 41-42, 67; 행 2:4; 13:9-10)이나 복음 증거(행 4:8, 31. 오직 9:17만 결과에 대해 언급하지 않으며, 13:52는 예외적인 경우로 보인다)로 귀결된다.

바울의 글을 읽어보면 성령 세례와 성령 받음은 회심 때(그러나 성령 충만은 그 이후에) 일어나는 일처럼 생각할 수도 있지만, 누가는 이러한 최초의 예언의 영의 충만을 성령 세례(행 2:4는 1:4-5를 성취한다. 2:33, 39를 보라) 및 "성령 받음"(2:38-39)과 동일시하는 것처럼 보인다.

성령은 신자들이 그분을 "받을" 때(10:44, 47; 19:2, 6) (성령이 옛 예언자들에게 임하신 것처럼) 신자들 "위에 임하실" 수 있다. 이는 최초의 제자들의 오순절 체험과 동일시되고 "성령으로 세례받는다"고 일컬어진다 (10:47; 11:15-17; 10:45에 나오는 "부어 주심"이라는 표현도 주목하라). 따라서 사마리아인들은 회심했지만, 아직 누가가 말하는 의미에서의 "성령을 받지" 않았을 수도 있었다(8:15-16, 아래의 논의를 보라).

그러나 누가에게 있어서조차 회심은 성령을 받기 위한 유일한 전제 조건이다(행 2:38). 직접적인 신학적 진술 차원에서는, 누가는 아마도 바울이나 요한과 정확히 같은 메시지, 즉 그리스도를 주와 구주로 받아들이면 성령을 받는다는 메시지를 선포했을 것이다. 그러나 경험적 차원에서는, 누가는 최소한 어떤 사람들은 회심 뒤에 더 충만한 성령의 예언적 능력을 경험한다고 지적하는 듯하다. (초기 그리스도인의 경험의 다른 측면들에 대해서는 이를 다루는 편지들을 통해 추론할 수 있지만) 사도행전은 초기 그리스도인들의 경험을 직접적으로 기술하는 신약의 유일한 책이기 때문에, 누가의 증언의 중요성을 감히 과소평가 할 수 없다. 사도행전에 나오는 예들의 절반을 바울의 글과 조화를 이루도록 해석하기보다는, 아마도 신약의 신학적 진술들이 실제로 어떤 역할을 하는지 이해하도록 사도행전을 살펴볼 필요가 있을 것이다. 누가는 명백히 사도행전 2:38에 나오는 그의 직접적인 진술과 그의 내러티브의 예들을 각각에 비추어 해석하도록 의도한다.

한 가지 주의 사항을 덧붙여야겠다. 나는 "성령 받음"이나 "성령 세례" 같은 어구들을 서로 대체 가능한 용어로 사용하고 있다. 기술적으로는, 누가는 "성령 세례"라는 표현을 두 경우, 즉 오순절과 관련해서

(행 1:5. 2:1-4을 비교하라) 그리고 고넬료 가정의 회심에 대한 베드로의 묘사에서(행 11:15-16. 10:44-47을 비교하라)만 명시적으로 사용한다. 그래서 이 표현은 회심에만 적용된다고 주장하는 동료들이 있다. 나는 사도행전에서는 (앞의 몇 단락에서 언급한 것처럼) 각기 서로 동일시되는 다양한 동의어 표현들을 사용하며, 이런 표현들을 (아래에 언급한 바와 같이) 능력 부여 체험에 적용한다고 (그것이 회심 때 발생하든 그렇지 않든 간에) 답변하고자 한다.

따라서 나는 이 표현을 성령 사역의 전 범위에 적용하고자 하며, 누가는 항상 회심과 동시에 발생하는 것은 아닌 성령 사역의 특정한 측면에 초점을 맞추고 있다고 생각한다. 그러나 이 장에서 내 주된 관심은 정확한 용어가 아니라 그 경험과 그 경험의 효과다. 나는 최소한 누가가 회심 이후에라도 성령에 의한 능력 부여의 체험은 바람직함을 보여준다는 점을 모든 독자들에게 납득시키길 원한다. 누가는 문화적 경계를 뛰어넘어 세계를 복음화하기 위한 이 특별한 능력 부여를 강조하는데, 나는 누가가 때로는 그리스도인들이 회심 이후에 이런 능력을 체험한다는 사실을 전해주고 있다고 믿는다.

사도행전에서 성령을 받는 예들

사도행전에서조차 성령은 때로는 회심 때 임하셨다. 어떤 이들은 고넬료와 그의 가정(행 10:2)은 베드로가 복음을 전파하기 이전에 (이미) 신자였다고 주장했지만, 이 텍스트의 증거는 그렇지 않다고 주장한다. 사도행전은 다른 곳에서 하나님이 바로 이 이방인들이 복음을 듣고, 믿고, 구원 받고, 믿음으로 마음이 깨끗해지게 하시려고 베드로를 보내셨다고 증언한다(11:14; 15:7-11). 베드로는 그보다 전에 회개하고 세례를 받는 사람은 누구나 성령의 선물을 받을 것이라고 선포했는데(2:38), 고넬료 가정의 회심은 순서의 문제를 제외하면 이 약속에 완벽하게 들어맞는다. 그들은 복음을 듣고, 물 세례를 받기 이전인데도 즉시 성령 세례를 받았다(10:44-48; 11:15-17). (이 일이 이런 식으로 일어난 것도 좋은 일이었다. 그렇지 않았더라면 베드로의 동료들은 먼저 그들에게 할례를 주려고 했을 수도 있다.) 여기서는 성령 신학이 (2:38에 나오는) 이론에서와 똑같은 방식으로 실제로 작동했다. 즉 사람이 회심한 순간에 믿음을 통해 압도적으로 충만하게 성령을 받았다.

하지만 원리가 실제로 언제나 이렇게 쉽게 작동하는가? 예를 들어 대부분의 그리스도인들은 회심할 때 이 텍스트가 묘사하는 것과 똑같이 극적이고 압도적인 성령을 경험하지 못한다. 최소한 그 점에 대해서는, 이 구절을 보편적인 모델로 삼지 않고 경험에 있어 어느 정도의 다양성을 인정한다. 복음은 우리가 그리스도를 받아들였을 때 죄에 대해 죽었다고 선언하는데, 이는 정상적인 그리스도인의 삶은 죄가 없어야 함(완벽한 생각과 태도를 포함한다)을 의미한다. 그러나 비록 우리의 회심에 죄로부터의 구원이 함축되어 있더라도, 내가 아는 대부분의 그리스도인들은 회심했을 때 즉시 그런 "정상적인" 그리스도인의 삶을 살기 시작하지 않았다(또는 지금도 그렇다). 그것은 우리가 바라야 할 기준이지만, 회심의 모든 예상되는 열매가 즉시 맺히지 않더라도 그 회심이 진짜가 아니라고 단언해선 안 된다. 성령 세례에는 또 다른 종류의 지연된 행동이 있을 수도 있다.

성령의 오심을 언급한 사도행전에 나오는 회심의 다른 예들은 사도행전 10장처럼 단순하지 않다. 성령에 대해 전혀 명시적으로 언급하지 않으며, 어느 방향의 증거도 제시하지 않는 예들이 있다. 어떤 경우에는, 누가는 회심 이후의 성령 체험만을 언급한다. 바울은 최초로 성령 충만해지기 전에 그리스도가 주님이라는 사실을 받아들인 것으로 보인다(9:17). 사도행전 9:5에서 바울은 예수님의 신분을 인정한다. 일부 저자들은 이 시점에서의 예수님에 대한 바울의 이해를 지나치게 강조해서 바울의 복음 전체가 이 계시 속에 함축되어 있다고 주장할지도 모른다. 아무튼 바울은 분명히 최소한 그리스도인이 되는 데 필요한 기본 사항을 인정했다. 바울은 예수님이 주님이심을 인정하고 나서, 예수님이 무슨 말씀을 하시든 그 말씀에 복종했다(행 9:5-6, 8; 22:10; 26:15-16). 일부 저자들이 주장하는 바와 달리, 이곳에서 바울이 말하는 "주"(Lord)는 단지 "선생님"(sir)을 의미하지 않는다. 예수님이 바울에게 주신 계시의 성격은 구약에서 하나님의 영광의 나타남과 유사했고, 바울에게 예수님의 주 되심이 실제로 어떤 의미가 있는지에 관한 의문의 여지를 거의 남겨 두지 않았을 것이다.

확실히, 바울이 세례 받기 전까지는 "공식적인" 그리스도인이 아니었을 수도 있지만(22:16), 그렇다고 해서 그가 아직 그리스도께 내적으로 헌신하지 않았음을 의미하지는 않는다. 유대인들은 유대교로 개종하는 행위로서 이방인들에게 세례를 주었고, 따라서 세례를 회심의 행위로 이해했다. 그러나 이렇게 이해한다고 해서 성령께서 물이 몸에 뿌려질 때까지 기다리셨다가 그때야 비로소 회개하는 마음을 변화시키신다고 주장하지 않아야 한다. 세례에 대한 신약의 묘사는 약혼반지의 비유로 설명할 수 있다. 남자가 여자에게 청혼할 수 있지만, 보통 여자는 남자의 요청 이상의 것을 원한다. 즉 여자는 반지를 보고 싶어 한다. 세례는 그리스도께 대한 헌신의 공적인 증거로서 그 헌신을 공개적으로 표현한다. 그러나 세례는 한 사람의 내적 헌신의 (원인이 아니라) 결과다. 내가 올바로 이해했다면(나는 침례교인이 되기 전에 세례에 대해 이렇게 이해하고 있었다), 누가는 바울이 성령으로 충만해지기 사흘 전에 이미 그리스도의 부르심에 복종했음을 보여준다.

그리스도에 대한 바울의 믿음이 그가 성령께 능력을 받은 일보다 앞섰다는 데 동의하든 그렇지 않든, 대부분의 독자들은 신자가 회심 이후에 성령으로 "충만"해질 수 있다는 점에 동의할 것이다. 그러나 (이 구절에는 나타나지 않는) 성령을 "받는다"는 표현이 거슬리는 사람들이 있다. 그래서 우리는 다른 두 구절들을 살펴보아야 한다. 모종의 형태의 성령을 "받음"은 1:8, 2:33, 38, 8:15-19, 10:47, 19:2에서 나타난다. 성령은 2:38, 8:20, 10:45, 11:17에서 "선물"이라고 불린다. 이런 구절들은 한 번 이상 발생할 수 있는 "성령 충만"(2:4; 4:8, 31; 9:17; 13:9, 52)보다 더 좁게, 특히 예언의 능력을 처음 받는 일에 적용되는 것으로 보인다. (누가는 죄나 다른 부정적인 행동을 묘사하는 데도 "충만한"이란 표현을 사용했다. 5:3, 17; 13:45; 19:28-29).

사도행전 19장은 "어떤 제자들"이 성령을 받는 사건에 대해 언급한다. "제자들"은 고전적인 오순절 학자들이 지적하듯이[6] 사도행전

---

6 부분적으로는 바울의 질문의 문법을 근거로, 이 "제자들"은 이미 그리스도인이었다는 주

의 다른 곳에서 ("어떤 제자[들]"라는 묘사를 포함해서) 그리스도인을 가리 킨다(9:10, 36; 16:1). 그와 동시에, 이 특정 제자들은 요한의 세례만 받았고 아직 성령이 오셨다는 말을 듣지 못했는데, 이는 그들이 오순절 이전에 팔레스타인을 떠났고 그리스도인들과 교제하지 않고 있었음을 암시한다. 달리 말하자면, 이 특정 제자들은 아마도 그리스도인이 아니라 요한의 제자들이었을 것이라고 주장하는 학자들의 말은 옳은 견해일 것이다.

그럼에도 그들은 그리스도를 더 온전하게 믿은 때 또는 기독교식 세례를 받은 바로 그 순간에 누가가 말하는 의미에서의 성령을 받지 못했다. 그들은 나중에 바울이 그들에게 안수할 때 성령을 받는다(19:6). 그들이 세례를 받기 위해 물이 있는 곳으로 가는 데 시간이 얼마나 걸렸는지는 확실하지 않다. 아마도 그들은 샘이나 공중목욕탕, 또는 근처의 강을 이용할 수 있었을 것이다. 이 일이 최소한 30분은 걸렸을 것이라고 추측할 수는 있지만, 그들이 에베소에서 어디에 있었는지(회당 근처인지 광장이나 시장 근처인지, 바울이 사역한 곳이었는지) 알지 못하기 때문에 확신할 수는 없다. 어쨌든 이 제자들은 **최소한** 세례 받기 몇 분 전에는 회심한 상태였다. 그렇지 않다면, 그들은 안수를 통해 회심 시에 성령을 받았는가? (그것이 이 텍스트가 가르치는 내용이라

• • •

장에 대해서는 Stanley M. Horton, *What the Bible Says about the Holy Spirit* (Springfield, Mo.: Gospel Publishing House, 1976), 159-62를 보라. 호튼의 책은 전반적으로 많은 타당한 요점을 제시하지만, 그가 언급하는 문법 규칙에 많은 예외가 있음을 고려하면 여기서 문법을 근거로 한 주장은 그의 입장을 뒷받침하거나 반박하기에는 근거가 부족하다.

면, 확실히 최소한 침례교회에서라도 결신 초청[altar call] 방식을 조정해야 할 것이다.) 회심은 흔히 어떤 이들이 주장하듯이 일련의 과정을 수반하지만, 우리가 영적 연옥을 믿지 않는다면, 분명히 안수가 아니라 믿음이 한 사람이 영적 죽음에서 영적 생명으로 넘어가는 시점이다.

사도행전 8장의 사마리아인들

사도행전 2장은 이미 그리스도를 따른 이후에 성령을 받은 신자들에 대해 언급하지만, 많은 해석자들은 이 사례를 예외로 간주한다. 나는 누가가 이 사건을 여러 측면에서 예외가 아닌 모델로 의도했다고 생각하지만, 논증을 위해 나는 이 본문 대신 사람들이 분명히 회심하고 난 뒤에 성령을 받은 사도행전 8장을 살펴볼 것이다.

존 맥아더 같은 일부 해석자들은 사도행전 8장을 사도행전이 과도기를 다루고 있기 때문에 나타나는 또 다른 예외로 간주한다. 그러나 사도행전에서 후속되는 예들을 예외로 다루는 해석자들은 그들의 접근 방식이 함축하는 바를 정직하게 인정해야 한다. 회심의 순간에 성령을 받는 것(행 10장)만 정상적이라면, 신자들이 어떤 의미에서 회심 이후에 (몇 분부터 며칠까지의 어느 시점에; 행 2장, 8장, 9장, 19장을 보라) 성령을 받은 사건들을 예외라고 설명해야 한다. 그러나 성경의 다섯 가지 예 중에 네 가지가 "예외"라면, 그 "규칙"의 타당성에 의문을 제기하고 싶어진다.

사도행전은 역사이지만, 오늘날 사도행전을 연구하는 학자들 중에 누가가 역사를 통해 신학을 가르쳤다는 사실을 무시할 사람은 거의 없다. 특히 하워드 마셜, 찰스 톨벗, 로버트 태니힐은 이 사실을 강력하게 입증했다. 바울은 역사에서 신학을 도출해낼 수 있다고 믿었다(고전 10:6, 11, 딤후 3:16; 이 책의 부록도 보라). 모든 예가 긍정적이거나 보편적인 예는 아니지만, 우리의 패러다임에 들어맞지 않는 하나님의 역사의 예들은 우리에게 자신의 패러다임을 수정하도록 요구할 수도 있다.

누가는 초기 사도들의 역사를 모두 다 다루지는 않지만, 독자들에게 도움이 될 주제들을 진척시키는 특징들을 강조한다. 고대 저자들은 일반적으로 독자들이 그들의 내러티브에서 교훈을 도출하기를 기대했다는 점을 고려하면, 자신의 주장을 입증할 책임은 누가의 역사가 신학을 가르친다고 주장하는 이들에게 있는 것이 아니라 신학을 가르치지 않는다고 주장하는 이들에게 있다.

확실히 누가가 전하는 대부분의 사건들은 어떤 의미에서는 예외적이며, 다양한 집단에게 복음(과 그에 수반된 기독교식 세례와 성령의 선물)을 전하는 과정을 서술한다. 그렇다고 해서 누가는 우리가 자신이 다양한 집단 가운데서 확립한 이 패턴이 자기 시대에 끝났다고 생각하기를 원했다는 뜻은 아니다. 오히려 누가는 우리가 모든 그리스도인은 그들의 배경과 상관없이 이 패턴을 따른다는 점을 인식하길 원한다. 성령 충만은 모든 그리스도인의 삶의 일반적인 일부여야 한다.

사도행전은 빌립을 스데반처럼 명백히 긍정적인 관점에서 표현한다(6:3-7; 8:4-5). 빌립은 사도들과 달리 처음부터 문화적 장벽을 넘기 시작할 준비가 되어 있었기 때문이다. 아마도 고대의 세겜으로 보이는 사마리아의 한 주요 도시의 주민들은 빌립의 복음 전파와 치유

사역에 기쁨으로 반응했다(8:6-8). 바울의 청중의 대부분은 수용적인 반응과 더불어 적대적인 반응도 보였지만, 이런 식의 기뻐하는 반응은 바울의 사역의 특징이기도 했다(13:48, 52). 표징과 기적에 대한 묘사는 사도행전에서 하나님이 다른 종들을 통해 역사하신 일들과 비슷해 보인다(2:43; 3:6-7; 4:30; 5:12-16; 6:8; 14:3; 19:11-12). 빌립은 바울이 훗날 그랬듯이(20:25; 28:31), "그리스도"(8:5)와 "하나님 나라의 복음"(8:12)을 전파했다. 사람들은 빌립이 복음을 이해했고, 무엇이 회심에 필수적인지 이해했으며, 아직 그리스도께 헌신하지 않은 이들에게 세례를 줄 만큼 어리석지 않았다고 생각할 것이다.

또한 이 텍스트는 사마리아 사람들이 "믿었다"고 말한다(8:12). 이 단어는 사도행전의 다른 곳에서 구원 얻는 믿음에 대해(예를 들어 4:4; 10:45; 11:17; 14:1-2; 15:7, 9; 16:1; 17:12, 34; 19:18), 특히 여기서와 같이 세례가 수반되었을 때(16:31-34; 18:8) 적용되었다. 이 텍스트는 "빌립이 하나님 나라의 복음을 전도"하는 것을 그들이 믿었음을 보여준다. 즉 그들은 복음을 받아들였다. 예수님의 제자들이 세례를 주는 사도행전의 다른 모든 곳에서, 그들이 세례를 주는 이유는 세례 받는 이들이 복음을 받아들였기 때문이다(2:41; 9:18; 10:47; 16:33; 18:8; 19:5). 그들은 "하나님의 말씀을 받았다"(8:14). 이는 사도행전 전체에서 보통 회심을 가리키는 표현이다(2:41; 11:1; 17:11을 비교하라). 하나님의 메시지를 기쁨으로 받은 이 세례 받은 신자들이 회심하지 않았다면, 사도행전 전체에서 회심한 사람이 누가 있는가?

어떤 이들은 누가가 사마리아 사람들의 회개를 언급하지 않는다는 이의를 제기한다. 회개는 믿음과 세례의 일부로 여겨진 것으로 보인다. 회개는 2:38 이후에 언급되는데(11:18; 13:24; 14:15; 17:30; 20:21; 26:18), 회심에 대한 묘사에서는 거의 언급되지 않는다. 사도행전에서 회개가 명시적으로 언급되지 않은 모든 회심을 의심한다면, 사도행전에 나오는 회심자들 중 참된 회심자로 인정될 수 있는 사람은 별로 없을 것이다. 누가는 명시적으로 언급하든 그렇지 않든, 일반적으로 믿음과 세례에 대한 묘사에 회개 개념을 포함시킨다. 마찬가지로 세례는 흔히 **믿었다**는 말 속에 전제되어 있다. 그러나 여기서는 세례가 명시적으로 언급됨으로써 사도행전에 나오는 회심의 다른 몇 가지 예들보다 더 분명한 회심의 증거를 제공한다.

그러나 이 새로운 그리스도인들은 성령을 "받을" 필요가 있었는데(8:15), "받는다"는 단어는 사도행전 2:38에서 회심에 대한 응답으로 약속된 바로 그 표현이다(10:47; 19:2). 그 약속은 회심할 때 활용될 수 있었지만, 명백히 아직 개별 신자들에게 적용되지 않았다. 초기 그리스도인들이 이러한 지연을 정상적인 것으로 간주했든 그렇지 않든(사도들은 그것에 대해 염려했던 것으로 보인다), 사도행전에서는 약속이 되고 있음이 명백히 드러나고 있다. 지연이 비정상적이라 하더라도, 그러한 지연은 어떤 이유에서든 간에 약속이 지연되는 일이 일어날 수 있다는 증거로 간주되었을 것이다.[7]

- - -

7 브루너(Bruner)는 *Theology of Holy Spirit*, 177-88에서 오순절 교파 저자들을 주의 깊게 조사해서(비록 오늘날의 많은 오순절 교인들은 여기 요약된 이전의 여러 입장과 생각이 다르겠지만) 관대한 비은사주의적 관점에서 신약 텍스트들에 대한 진지한 분석을 제시한다. 그는 사마리아에서의 지연 현상은 비정상적이었고 여기서 성령은 기독교식 세례 체험을 완성한다고 주장한다. 텍스트가 이 체험이 비정상적으로 지연되었음을 시사하

사도행전 8장에 대한 반응들

사도행전 8장에서 회심 이후에 성령을 받는 현상을 설명할 수 있는 다른 방법이 있는가? 실제로 있다. 성령 세례에 대한 신약의 가르침에 대해 많은 면에서 매우 유익하고 탁월한 고전적인 책을 쓴 제임스 던은 사마리아 사람들은 진정으로 회심한 사람들이 아니었다고 주장한다. 사마리아 사람들은 그 이전에 성령을 받았지만 현상은 나중에 나타났다거나(장 칼뱅, F. F. 브루스, G. R. 비슬리-머리), 이 이야기는 두 번째로 성령을 받은 일을 가리킨다고 주장한(대부분의 로마 가톨릭 및 성공회 가톨릭[확인 목적으로]과 오순절 교인들) 이전의 많은 학자들과 대조적으로, 던은 사마리아인들이 사실상 예루살렘의 사도들이 그들에게 안수하기 전까지는 회심하지 않았다고 주장한다.[8]

> 더라도, 우리는 여전히 여기서 묘사된 종류의 사건이 경험의 차원 없이도 가능한지 질문해야 한다. 그렇지 않다면, 회심은 일반적으로 때로는 (아마도 그 때보다 오늘날에는 더 자주) 지연되기도 하는 체험인 극적인 성령 체험을 포함해야 한다. 이는 (성령 세례는 다른 종류의 성령의 능력 주심을 나타낸다는 앞에서의 내 견해와 대조적으로) 성령 세례를 구원의 완성으로 보는 일부 은사주의자들의 견해와 일치할 것이다.

8 James D. G. Dunn, *Baptism in the Holy Spirit: A Re-examination of the New Testament Teaching on the Gift of the Spirit in Relation to Pentecostalism Today* (Philadelphia: Westminster; London: SCM, 1970). 이 책에서는 55-72쪽에서 행 8장을 다룬다. 사도행전 8장은 확실히 **표준적인** 패턴은 아니다. 하나님은 유대인과 사마리아인의 분열을 치유하시기 위해 이 지연 현상을 허락하셨을지도 모른다(Michael Green, *I Believe in the Holy Spirit*, 2d rev. ed. [Grand Rapids: Eerdmans, 1989], 167-68; D. A. Carson, *Showing the Spirit: A Theological Exposition of 1 Corinthians 12-14* [Grand Rapids: Baker, 1987], 144-45도 그렇게 주장한다). 그러나 그것은 하나님이 지연을 허락하실 수도 있다는 점을 보여주며, 하나님이 그 때 그런 일을 허락하셨다면 오늘날에도 그런 일을 (다른 이유로, 그리고 다른 상황 아래서) 허락하실 수도 있다.

이 텍스트에 대한 던의 해석이 회심의 한 모델을 제시한다면, 그 것은 사람들이 하나님의 말씀을 기쁨으로 받고, 믿고, 기독교식 세례 를 받았더라도 여전히 그들의 회심을 완성하기 위해 사도들이 그들 에게 안수할 필요가 있다는 특이한 선례(다행히 던 자신이 도출해내지는 않는 선례)를 암시할 것이다! 설상가상으로 이 텍스트는 누가가 회심 에 대해 일반적으로 사용하는 용어에 의문을 제기하며, 그 결과 사람 들은 세례와 그리스도의 복음에 대한 믿음이 구원을 얻기에 충분한지 의문을 갖게 될 것이다.

던은 누가가 사도행전 8장에서 이 용어를 사용한 것이 예외적 이라고 설명함으로써 이런 결론을 피하려 한다. 그러나 (아래에서 설명 하는) 누가의 용어 사용을 살펴보면, 던 이전에 사도행전을 읽은 일반 적인 독자들이 알아채기에는 그 차이점이 너무 미묘하다는 것을 알 수 있다. 누가의 첫 번째 청중들의 대부분은 단지 교회 예배에서 사도 행전이 낭독되는 것을 들었을 터이므로, 그들은 분명히 지나치게 미 묘한 던의 주장을 이해하지 못했을 것이다. 그와는 달리, 나는 그들이 이 텍스트를 대체로 오순절 교인들이 해석하는 대로 읽었을 것이라고 생각한다.

신약의 다른 본문들에 바탕을 둔 그의 명제로 인해 던은 이곳에서 회심 이후의 성령 체험을 받아들이지 못한다.

오랫동안 오순절 교인들(성령 세례)과 가톨릭 교인들(견진 성사)의 주요 근거였던 사도행전 8장의 문제점은 다음 두 가지 사실에 집중 된다. 사마리아인들은 믿고 세례를 받았다. 그들은 일정 기간이 지나 서야 성령을 받았다. 문제는 신약의 나머지 문맥에서 이 두 사실이

상호 배타적이고 전적으로 조화를 이룰 수 없는 것으로 보인다는 것이다.⁹

하지만 사도행전 8장의 세부적인 내용을 "신약의 나머지"에 억지로 끼워 맞추어야 하는가? (나는 던이 그렇게 한다고 생각한다.) 아니면 더 그럴듯한 설명이 존재할 수 있는가? 클라크 피녹(Clark Pinnock)이 다양한 신약 저자들이 자신의 메시지를 서로 다른 방식으로 표현했을 수도 있다는 던 자신의 신념을 언급하면서 표현한 대로 "역설적으로, 최소한 이 지점에서는, 신약에는 심지어 제임스 던이 인정할 준비가 되어 있는 정도보다 큰 다양성이 존재한다!"¹⁰

던은 자신이 생각하기에 이 내러티브에서 특별히 불규칙해 보이는 현상에 호소함으로써 사마리아인들의 회심은 진정한 회심이 아니었다고 주장한다.¹¹ 그는 사마리아인들은 미신적이었고 마술에 쉽게 빠졌다고 주장한다. 그러나 고대 문헌들은 다른 대부분의 고대 민족들에 대해서도 그와 똑같이 말하고 있으며, 특히 에베소 사람들이 그랬는데(행 19:18-19) 그곳에서도 믿고 성령을 받은 사람들이 있었다(행 19:1-6). 더 나아가 던은 누가가 여기서 여격(dative)이라고 불리는 그리스어 형태를 사용하기 때문에 사마리아인들이 여기서 "믿는" 방식은 구원 얻는 믿음과는 대조적인 지적인 동의일 뿐이라고 주

• • •

9   Dunn, *Baptism in the Holy Spirit*, 55.
10 Roger Stronstad, *The Charismatic Theology of Saint Luke* (Peabody, Mass.: Hendrickson, 1984), vii에 쓴 클라크 피녹의 서문.
11 Dunn, *Baptism in the Holy Spirit*, 55-72.

장한다. 이 주장이 그리스어를 알지 못하는 이들에게 근거 있게 들린다 해도, 던은 이러한 여격의 의미가 있는 목적어와 함께 쓰이는 "믿다"라는 단어의 예를 두 가지만 들고 있는데 두 경우 모두 확실하지 않다는 점을 명심해야 한다. 누가는 보통 믿음의 대상이 사람일 때 "믿는다"는 말과 더불어 여격을 사용하는데, 그 믿음이 불완전하다는 암시는 전혀 없다(예를 들어 행 16:34; 18:8; 27:25). 1세기 그리스어에서 예외 없이 기능하는 "규칙"은 별로 없었으므로, 문법을 바탕으로 한 논증은 유익할 수도 있지만 언제나 신중하게 검토해야 한다.

뿐만 아니라 사도들의 세례는 언제나 그리스도에 대한 믿음을 전제로 하며(22:16), 사도들은 믿는 사마리아인들에 대한 빌립의 세례를 적법한 것으로 받아들였다. 우리는 사도들이 사마리아인들의 세례를 받아들였음을 안다. 사도행전 19:5(세례 요한에게만 받은 불완전한 세례)과 대조적으로, 사도들은 사마리아인들에게 다시 세례를 주지 않기 때문이다.[12] 마술사 시몬의 처음 믿음은 사마리아인들의 믿음처럼 지속적인 믿음이 아닌 것으로 보이지만(8:18-24), 누가는 (신약의 나머지도 마찬가지다) 처음의 신앙고백뿐만 아니라 (어떤 이들이 주장하듯이 자신의 구원을 입증하기 위해서든, 또는 다른 이들이 주장하듯이 구원을 유지하기 위해서든) 인내도 요구한다는 던의 말은 옳다. 어빈이 지적한 대로, 유다

• • •

12 이러한 여러 요점들에 대해서는 Howard M. Ervin, *Conversion-Initiation and the Baptism in the Holy Spirit* (Peabody, Mass.: Hendrickson, 1984), 28-32를 보라. 나는 어빈과 달리 던의 견해에 더 자주 동의하지만, 행 8장에서는 어빈이 해석학적으로 더 낫다고 생각한다.

의 배교가 열두 사도의 배교에 대해 아무것도 말해주지 않는 것과 마찬가지로(행 1:17), 시몬이 거짓 회심자 또는 배교한 회심자로 밝혀진 것은 사마리아인들의 믿음의 실재에 대해 아무것도 말해주지 않는다.

고든 피는 던과 같이 성령 세례를 회심과 구별하지 않는 오순절 학자다. 그는 성령 세례를 회심의 체험적 측면으로 간주한다. 그럼에도 불구하고 고든 피 또한 사도행전 8장에 대한 던의 주장은 근거가 약하다고 생각한다. 그는 사도행전 8장의 요점은 회심 이후에 성령을 받음이 아니라고 생각하며, 그러한 사례는 확실히 이상적인 기독교 체험으로 보이지 않는다. (사도들은 사마리아 회심자들이 가능한 한 빨리 성령을 받도록 애썼다는 점에 주목하라.) 오히려 이 구절은 회심 체험을 완성하는 "성령의 은사의 체험적이고 역동적인 속성"을 강조한다. 피는 후대의 교회가 이러한 회심의 체험적 측면을 기대하지 않음으로써 대체로 이를 포기했다고 믿는다. 피는 이 경험이 결여된 이들은 회심하지 못했다고 말하고 있는 것이 아니라, (내가 그를 정확히 이해했다면) 대부분의 그리스도인들이 자신이 그리스도인으로서 영적으로 타고난 권리를 누리지 못하는 수준에 안주해왔다고 말하고 있다.[13]

회심의 체험적 측면보다 예언적 능력 부여를 더 강조하는 내 입장은 피의 입장과 (실제로는 밀접하게 관련되어 보이지만) 다소 다른 것 같다. 사도행전에서는 그리스도인들이 회심 때 성령의 완전한 역사를 경험하는 것이 지극히 정상적이라는 피의 말은 옳지만, 내가 보기에

...

13　Fee, *Gospel and the Spirit*, 96-99, 117-19.

사도행전 8장은 (회심 시에 암묵적으로 가능한) 이 예언적 능력 부여 경험이 회심 이후에 발생할 수도 있음을 인정한다. (나 자신의 경험은 사실 내 자신의 견해뿐만 아니라 피의 견해와도 들어맞지만, 내가 아는 대부분의 다른 헌신된 그리스도인들의 견해와는 들어맞지 않는다. 결국 우리의 경험은 물론 유익할 수 있지만, 어쨌든 궁극적인 규범은 아니다.)

그러나 여하튼 (누가복음의 의미에서의) "성령 받기"와 회심의 관계에 대한 의견 불일치의 많은 부분은 의미상의 차이다. 여기서 던의 견해를 취하지 않는다면, 이 그리스도인들은 명백히 사도들이 그리스도인들에게 필수적인 것으로 간주한 어떤 것을 경험했으며, 그것을 회심 이후에 경험했다. 그와 같은 지체는 그때든 오늘날에든 이상적이지 않았을 수도 있지만, 사도행전은 우리에게 단지 신학적 이상이 아닌 실제적인 기독교 체험을 보여준다. 우리가 이상적인 기독교 체험을 추구한다 할지라도, 교회는 일반적으로 실제적인 기독교 체험에 거하고 있다.

사도행전에는 두 가지 경험밖에 나오지 않는가?

사도행전에 나오는 그리스도인들은 때로는 회심 직후에 이 새로운 영적 체험의 영역에 들어갔지만(행 8:14-17; 9:17; 1:4-5; 19:5-6도 보라), 그들은 때로는 회심 중이나 회심과 거의 동시에 그런 경험을 했다(행 10:44; 11:14-15; 거의 동시의 경험으로는 19:4-6). 그러나 의심할 여지없이 어떤 이들이 "두 번째 은혜의 역사"라 부르는 성령의 온전한 "분량"을 받았던 사람들에게서조차 성령께서 능력을 수여하는 일이 거기서 멈추지 않았다는 데 대해 놀라는 독자들도 있을 것이다.

예를 들어 베드로와 요한은 의심할 나위 없이 오순절에 성령을 받은 사람들 가운데 속해 있었지만(행 2:1-4, 14), 그들은 나중에 특별한 상황을 위한 추가적인 능력, 즉 고대 이스라엘에서 하나님의 영이 하나님의 예언자들이나 그 밖의 종들에게 "임하는" 사건을 상기시키는 능력을 받았다(행 4:8; 삿 6:34; 13:25; 14:19; 삼상 10:6; 19:20을 보라). 마찬가지로, 바울은 사도행전 9:17 직후에 성령으로 충만해졌지만, 하나님은 사도행전 13:9에서 특별한 상황을 위해 바울을 새롭게 성령으로 충만하게 하셨다. ("충만"이라는 용어는 적어도 13:9에서의 충만과 9:17에서의 바울의 첫 성령 충만이라고 부를 만한 사건, 또는 2:4에서의 교회의 최초의 성령 충만을 분명히 구별해주지 않는다.) 회중 전체도 열렬한 기도 모임 중에 성령의 부으심을 경험했다(4:31과 13:52). 다른 성령 체험도 의심할 여지없이 발생했다. 누가는 대개 기도나 말씀 사역 중에 경험되는 성령 사역의 표본을 제공할 뿐이다.

달리 말하자면, 사도행전은 바울과 마찬가지로 단순히 우리를 제2의(또는 제3, 제4의) 영적 체험으로 초대하고 있는 것이 아니다. D. A. 카슨이 말하듯이, "나는 제2의 축복 신학에 대한 아무런 성경적 근거도 찾을 수 없지만 제2, 제3, 제4, 또는 제5의 축복 신학에 대한 근거는 찾을 수 있다."[14] 사도행전은 우리에게 (최초의 체험을 통해 그러한 삶으로 들어가든, 계속되는 체험을 통해 그러한 삶으로 들어가든) 성령의 능력

---

14 Carson, *Showing the Spirit*, 160. 수를 세다가 도중에 잊어버린 사람들도 있다.

을 받는 삶을 요구한다. 즉 초기 그리스도인의 체험을 가장 생생하게 묘사하는 신약의 한 책은 우리가 믿음에 대한 순전히 지적이고 합리적인 검토에 안주하도록 허용하지 않는다. 믿음의 합리적 측면이 필요하기는 하지만(예. 행 19:9; 딛), 우리가 이성적으로 연구하는 바로 그 성경이 또한 우리 안에서, 그리고 우리를 통해 하나님의 능력을 **경험하도록** 권고한다.

한편으로, 사도행전은 방언으로 기도하는 데 만족하고 다른 측면에서는 하나님의 능력(특히 복음 전도를 위한 능력)은 무시하는 많은 오순절 교인들과 은사주의자들에게 도전한다. 다른 한편으로, 사도행전은 진정한 열정이나 능력이 결여된 정적인 경건 생활에 만족하는 많은 비오순절 교인들에게 도전한다. 즉, 사도행전은 **대부분의** 교회에게 하나님의 영과 더 깊이 만나도록 도전한다. 오늘날의 교회에 대한 내 관찰이 정확하다면, 나는 사도행전에서 발견되는 것과 같은 하나님의 능력을 가장 분명하게 경험하는 사람들은 복음 전도의 최전선에서 살아가는 사람들, 즉 복음을 접하지 못한 사람들과 흔히 복음에 적대적인 사람들에게 나아감으로써 자신의 세력권에 있는 어둠의 세력에 도전하는 그리스도인들이라고 생각한다. 성령으로 난 이들이 하나님의 부르심에 순종하여 위기 상황 속으로 들어가면, 그들은 하나님의 영에 의지하는 법을 배운다.

제2의 성령의 역사를 믿는 오순절 교인들과 그들의 신학적 사촌인 감리교 및 성결교 전통에 속한 교인들은, 다른 전통들이 그리스도의 완성된 사역에 의지해야 할 필요성을 바르게 강조한 것처럼, 우리 모두가 성령의 능력 부여 체험을 필요로 한다는 점을 상기시킴으로써 그리스도의 몸의 나머지 지체에 선물을 가져다주었다. 우리가 그러한 능력 부여를 우리의 회심이나 물 세례나 제2 또는 제3의 특별한 역사 중 어느 것에 내포된 것으로 여기든, 실제로 우리는 우리의 삶 속에서 하나님의 은혜와 능력에 더 완전히 순복해야 한다는 것을 안다.

그러나 사도행전에서 주요 이슈는 회심 이후의 경험이나, 회심 이후의 경험의 결여가 아니다. 회심 때 성령의 완전한 영향을 받는 것이 신학적으로 이상적이었지만, 사람들이 능력을 부여받는 경험을 했는지 여부가 그들이 능력을 받은 시기보다 중요했다. 우리는 회심 때나 그 이후에 찬양이나 예언이나 복음을 전하는 데 있어서 성령의 압도적인 인도하심에 하나님이 원하시는 방식으로 우리 자신을 맡겼는가? 사도들이 사마리아의 그리스도인들이 성령을 받도록 그들에게 안수했다는 사실은 사도들이 이런 능력 부여라는 의미에서 성령을 받는 것을 규범적이라고, 즉 그리스도인들이 가져야 할 어떤 것으로 간주했다는 점을 보여준다.

누가는 그 어디서도 우리에게 구원이나 영적 미덕을 위해 이 특별한 성령의 역사가 필요하다고 암시하지 않는다. 그것은 복음 전파와 하나님 나라의 사역을 위한 특별한 능력의 부여다. 사람들은 모든 그리스도인들이 회심할 때 이 능력에 대한 완전한 접근권을 받는지 여부에 대해 견해가 갈린다(나는 그리스도인들이 항상 모든 경험을 하는 것은 아니지만, 완전한 접근권을 받는다고 믿는다). 또한 사람들은 신자의 능력 체험에 어떤 종류의 징후가 수반되는지에 대해서도 논쟁한다(이러한 논쟁들 중 하나를 다음 장에서 논의할 것이다.) 그러나 이런 이슈들을 제쳐두면, 실제로 우리에게 성령의 능력이 필요하다는 사실은 변함이 없다. 성령은 단지 우리가 **소유하는** 물건이 아니다. 성령은 우리가 그분의 능력을 받아들이고 그 능력에 의지할 필요가 있는 인격체다. 우리는 하나님과의 친밀한 관계를 발전시키고자 하기 때문에, 우리의 삶 속에서 하나님의 능력과 활동이 나타나도록 하나님을 추구할 수 있다. 누가가 우리에게 특별히 무언가를 가르쳐주기 위해 사도행전을 썼다면, 그는 선교적 교회가 단지 이론적으로만 아니라 경험적으로 성령의 능력을 받은 교회가 되기를 기대한다.

결론

우리는 그리스도 안에서 온전하며 죄에 대해 죽었지만, 그렇다고 해서 실제로 우리 모두가 언제나 그에 걸맞게 산다거나 우리가 언제나 우리로 하여금 그렇게 살 수 있게 하는 성령의 능력을 사용하고 있다는 뜻은 아니다. 회심은 우리에게 필요한 모든 것에 대한 접근권을 주지만, 회심했거나 회심 이후에 성령의 능력을 한번 경험했다고 해서 실제로 하나님의 능력 부여를 구할 필요가 없어지지는 않는다. 그것은 우리가 한 번의 경험이 아닌 지속적인 관계, 즉 성령의 능력 안에서 우리 주님을 매일 만나고, 우리가 예수 그리스도의 제자가 되었을 때 이미 우리에게 부여된 능력으로 살아가기를 추구하는 것을 의미한다. 그러나 우리가 사도행전에서 묘사하는 것과 같은 경험을 통해 우리의 삶 속에서 그분의 능력에 더 복종하게 되면, 우리는 틀림없이 그런 식으로 하나님을 만날 준비가 될 것이다.

모든 그리스도인은 매일 하나님께 순종하는 믿음으로 살아가는 가운데 성령의 능력에 더 깊이 의지하는 태도를 길러야 한다. 나는, 최소한 나 자신은 성령의 도움 없이는 감히 내 소명과 이 소명에 수반되는 갈등을 직면하지 못할 것이라고 확신한다. 일반 대학에서 복음서의 역사적 신빙성에 대한 외부 강의를 하건, 신학교 수업에서 신학생들에게 믿음과 순종의 문제에 대해 강의를 하건, 내게는 성령의 힘과 인도와 담대함이 필요하다.

이 시대의 많은 교회들이 성령 세례가 회심 때 발생하는지 회심 이후에 발생하는지에 대해 견해를 달리 하지만, 우리는 흔히 이 성령 세례가 그리스도 안에서 우리의 일상생활에 정확히 무엇을 의미하는지에 대한 인식을 소홀히 했다. 성령 세례의 시기에 관해 우리가 어떤 견해를 택하든(일부 독자들은 우리와 같이 두 견해 모두를 선택할 수도 있다), 모든 신자는 성령이 실제적인 측면에서 우리와 그리스도와의 관계에 어떤 의미가 있는지 알 필요가 있다.

성령 세례란 무엇인가? 하나님의 능력 부여의 얼마나 많은 부분이 신자의 생애에서 어떤 시점에 일어나는지에 관한 논쟁을 제쳐 두면, 성령 세례는 하나님이 자신의 교회인 우리에게 주신 사명을 위한 하나님의 능력 부여를 포함한다. 나는 이 책의 앞 부분에서(전도, 성령의 열매, 구원에 관한 장에서) 이 능력에 대한 다양한 강조점 중 몇 가지를 요약했다. 하나님은 자신의 영을 통해 우리를 새롭게 하셨고 이제 성령의 열매와 은사를 통해 우리로 하여금 거룩한 삶을 살고 동료 신자들을 세워줄 수 있게 하신다(바울). 하나님은 우리를 씻으셔서 우리로 하여금 새로운 성품을 가지고 하나님으로부터 나게 하신다(요한). 하나님의 영의 능력 부여를 통해 우리는 예수님의 메시지를 우리 주변 사람들과 땅 끝까지 전하도록 부름받았다(사도행전). 하나님의 영의 능력 부여를 통해 예수님은 우리가 우리의 사명과 관련된 갈등에 직면하여 우리가 필요로 하는 시점에 마귀를 대적하여 물리칠 수 있도록 우리를 준비시키신다(마가). 우리가 그리스도께로 올 때 성령은 우리를 변화시키신다. 그 순간부터 우리는 예수님이 우리에게 주신 사명을 수행하기 위해 계속 성령의 능력을 의지해야 한다.

9장

방언과 성령

내가 듀크 대학교 대학원에 다닐 때 "영라이프"에서 활동하는 가톨릭 학부생이었던 줄리는 내게 방언 기도에 대해 궁금한 듯이 물었다. 나는 그 주제에 대해 줄리와 대화를 나누었고, 줄리는 흥미롭다는 반응을 보였지만 자신에게는 그런 일이 결코 일어나지 않을 거라고 장담했다. 하지만 약 한 달 뒤에 그녀는 다른 "영라이프" 직원들과 함께 조용히 기도하고 있었는데, 그녀의 조용한 기도는 다른 언어로 나오기 시작했다.

어느 날 나는 우리 기독 학생회(InterVarsity) 그룹의 성공회 소속 회계 담당자인 미시와 대화를 나누고 있었는데, 줄리가 우리를 향해 다가왔다. 줄리와 나는 그녀의 새로운 경험에 대해 이야기하기 시작했다. 그때 나는 불현듯 우리가 미시를 놀라게 할 수도 있다는 생각이 들었다. "미시, 혹시 우리의 대화가 거북한가요?" 나는 미시를 배려하기 위해 그렇게 질문했다.

"아니에요. 나도 방언으로 기도해요." 미시가 대답했다.

나는 미소를 지어보이며 이렇게 말했다. "기독 학생회에 속한 많은 사람들이 내게 자기는 개인적으로 방언으로 기도한다고 말했어요. 하지만 어느 누구도 내가 다른 사람에게 그 사실을 말하는 걸 원치 않더군요. 그들은 다른 사람들이 그 사실을 알게 되면 자기를 이상한 사람으로 여길거라고 생각해요."

"데릭은 방언으로 기도하나요?" 미시가 물었다. 데릭은 남침례교단에 속한 큰 그룹의 리더였다. 나는 잠시 망설였다. 데릭은 아무도 그 사실을 알기를 원치 않았다.

나는 이렇게 제안했다. "당신이 데릭에게 직접 물어보는 게 좋겠어요." 그 순간 갑자기 어디선가 데릭이 나타났다. 웨스트 캠퍼스는 상당히 넓기에, 이 일은 의미심장한 "우연의 일치"였다.

"안녕, 무슨 얘기를 하고 있어요?" 데릭이 물었다.

"데릭, 당신은 방언을 하나요?" 미시가 단도직입적으로 물었다. 데릭은 잠시 머뭇거리며 고개를 숙이더니 조용히 그 사실을 인정했다.

"나도 방언으로 기도해요." 미시가 말했다.

"당신도요?" 데릭이 반갑게 되물었다. 우리는 미시의 방으로 가서 기념 삼아 작은 "은사주의적" 기도회를 열기로 결정했다. 하지만 우리가 기도회를 준비하고 있을 때 장로교인 신입생인 앨리슨이 우리에게로 다가왔다.

"안녕, 뭐하고 있어요?"

"아, 우리 같이 기도 좀 하려고." 데릭이 조심스럽게 대답했다.

"오, 멋진데요. 저도 함께 할 수 있을까요?" 그녀가 물었다.

"물론이죠." 우리는 그렇게 대답하고는 미시의 방으로 연결된 계단을 올라가기 시작했다. 미시의 방에 도착하기 전에 나는 앨리슨에게 방언으로 기도하는 사람이 있으면 마음이 불편할지 한번 물어보는 게 좋겠다고 생각했다.

앨리슨은 이렇게 대답했다. "아니요. 나도 방언으로 기도하는 걸요." 그 뒤로는 몰래 방언으로 기도하던 그리스도인들이 공개적으로 그 사실을 밝히기 시작했다.

방언은 특정인을 위한 것인가, 모두를 위한 것인가, 아니면 누구를 위한 것도 아닌가?

이 장에서 나는 전통적인 오순절 교파의 입장과, 은사는 인정하지만 성령 세례에는 언제나 방언이 수반된다는 주장에는 회의적인 이들의 입장 모두에 대해 최선의 주장을 공정하게 제시하도록 노력할 것이다. 각 진영의 논거들은 다른 진영에서 상대편에 대해 일반적으로 인정하는 것보다 낫다.

하지만 이 주제를 논하기 전에, 이 주제에 대해 올바른 시각을 갖춰야 한다. 다양한 은사를 가진 그리스도의 몸의 지체들은 그 은사가 방언이든 지혜든 지식이든 간에 다른 사람의 은사를 부정하는 것이 아니라 자신의 은사를 나누어줌으로써 서로를 도울 수 있다. 특정 은사를 한 번도 경험하지 못한 이들은 그 은사를 경험한 이들의 경험에서 많은 것을 배울 수 있다. 마찬가지로, 대부분의 그리스도인들은 성경을 가장 잘 알고 이해하는 이들에게서 성경을 읽는 법에 대해 더 많이 배울 수 있으며, 고통을 겪고 다른 사람의 고통을 나누는 법을 배운 이들에게서 깨지고 상한 이들에 대한 하나님의 관심에 대해 더 많이 배울 수 있다. 우리는 한 몸이며, 서로의 은사를 필요로 한다. 사탄의 나라도 분열되면 서지 못하듯이, 우리도 지체들이 서로 분열되면 교회가 그리스도를 가장 잘 섬길 수 있는지를 질문해봐야 한다. 우리는 서로의 지체이며 그리스도의 한 몸을 세우기 위해 우리의 모든 은사를 동원해야 한다(롬 12:4-8; 고전 12:7).

오늘날의 논쟁

방언은 성령의 열매 가운데 열거되어 있지도 않고, 가장 극적인 성령의 은사도 아니다. 그러나 방언은 여전히 오늘날 가장 논란이 되고 있는 성령의 은사다. 그래서 방언은 이 책에서 특별히 다룰 가치가 있다. 영적 은사들에 관한 장에서 방언에 대해 간략하게 다루었지만, 이 장에서는 방언과 성령 세례와의 관계에 대한 제안들을 논할 것이다.

    성령에 관해 많은 점에서 의견이 일치하고 있는 것으로 보이지만, 방언에 관한 의견 차이는 여전하다. 구원에 방언이 필수적이라는 극단적이고 비교적 보기 드문 견해는 현재 그런 견해를 공식적으로 지지하는 진영에서조차 쇠퇴하고 있다. 하지만 이 견해 외에도, 많은 견해 차이가 있다. 방언은 오늘날에도 유효한 은사이며 방언을 하는 이들에게는 유용하지만, 모든 사람에게 필요한 것은 아니라고 주장하는 사람들도 있다. 하지만 대부분의 은사주의자들과 많은 독립적인 은사주의자들은 방언을 성령 세례의 최초의 물리적 징표로 본다.

나는 대부분의 독자들이 방언을 오늘날에도 유효한 은사로 받아들인다고 가정하고 논의를 시작할 것이다. 방언이 오늘날에도 일어난다는 점을 인정하지 않는 이들조차 대부분은 방언으로 기도하는 사람들이 헌신된 그리스도인일 수 있음을 믿고, 그리스도를 위해 이런 그리스도인들과 기꺼이 협력한다. 최소한 내가 아는 기독교권에서는 오순절 교인들과의 모든 교제를 거부하는 그리스도인들은 대개 그리스도의 몸에 속한 다른 대다수 지체들과도 교제하지 않는다.

수천만 명의 그리스도인들이 성령 세례에 방언이 수반되어야 한다고 믿기 때문에 (그리고 다른 수천만 명의 그리스도인들은 그렇게 믿지 않기 때문에) 오늘날 그리스도의 몸 안에서 이 주제에 대한 열린 대화를 계속할 충분한 이유가 있다. 이 이슈에 대해서는 다른 사안에 대해서보다 중간 지대가 적은 것으로 보이고, 이 책의 내용 대부분에 동의할 수 있다고 생각하는 다양한 관점을 가진 독자들도 여기서는 내 주장에 동의하지 않을 수도 있다. 모든 독자가 내 모든 결론에 동의하지는 않겠지만, 나는 대화를 진척시키기 위해 다양한 입장들의 논거를 충분히 명확하고 공정하게 제시하기를 바란다. 나는 입장을 달리하는 그리스도인들이 최소한 서로의 주장을 분명하게 들을 수 있다면, 다른 사람들이 그런 입장을 취하는 이유를 이해하고 더 너그럽게 협력할 수 있을 것이라고 생각한다. 그리스도인들이 모든 문제에 대해 동의할 필요는 없지만, 우리는 서로를 경멸하거나 불신할 여유가 없다.

방언과 성령 세례

성령 세례에 방언이 항상 동반된다는 주장은 D. A. 카슨의 다음과 같은 말처럼 전통적인 오순절 교인들과 그들에게 동의하지 않는 이들 사이의 해소할 수 없는 주된 차이를 대표할 것이다.

> 은사주의 운동이 성경적인 토대에서 방언 은사 자체를 부인하는 것이 아니라 방언이 제2의 축복의 특별한 징표가 된다는 생각을 확고히 거부한다면, 은사주의자들과 비은사주의자들 사이의 벽의 상당 부분이 무너져내릴 것이다. 고린도전서 12장이 바로 이것을 요구하지 않는가?[1]

방언으로 기도하면서도 논쟁은 피할 수 있다. 내가 활동하고 있는 진영에서는, (방언으로 기도하는 이들을 포함한) 대부분의 신자들이 방언을 단순히 여러 은사 중 하나이자 기도를 위한 유용한 자원으로 취급한다(영적 은사에 관한 장에서 고전 14장의 방언에 대한 논의를 보라).

그러나 전통적인 오순절 교인들과 많은 은사주의자들은 대개 방언을 사도행전에 나오는 성령 세례와 관련시키는데, 이 입장은 보통 오순절 진영 밖에서 일반적으로 받고 있는 평가보다 더 공정한 평가를 받을 가치가 있다. 우리가 방언을 사도행전의 성령 세례 체험과 관련시키고 싶어 하든 그렇지 않든, 사도행전에서 최소한 때때로, 그리

---

1 Carson, *Showing the Spirit*, 50(186쪽도 비교하라).

고 아마도 여러 번 방언과 성령 세례를 관련시킨다는 사실을 회피할 수는 없다. **우리**가 그 관련성을 어떻게 이해해야 하는가가 오늘날의 주요 쟁점이다.

방언에 대해 그저 바울이 말하는 식으로 (영으로 기도하는 하나의 방식이라고) 말하기가 가장 쉽다. 이 은사가 오늘날에도 존재한다는 데 동의하는 대부분의 사람들은 바울의 묘사에서 별다른 반감을 느끼지 않는다. 그러나 우리는 사도행전에 나오는 명백히 더 "오순절적인" 누가의 관점에 대해서도 공정해야 한다. 누가가 그 이후의 모든 신자들이 본받기를 기대한 하나의 모델을 제시했는가가 실제적인 핵심 질문이다. 나는 누가가 하나의 모델을 제시했다고 믿는다(성경의 이야기들에서 무엇을 배울 수 있는지에 대한 부록의 논의를 보라). 그러나 그 모델이 우리에게 정확히 무엇을 가르쳐주는가는 보다 복잡한 문제다.

사도행전에서 신자들이 "성령을 받을" 때, 세 번의 경우 그들은 방언으로 말한다. 최소한 두 번의 다른 경우에는 방언으로 말하는 것이 명시적으로 언급되지 않는다. 여기서는 사도행전에 나오는 증거에 초점을 맞추고 있으므로, 나는 다음 두 가지 입장을 명확하게 하는 데 집중할 것이다. (1) 방언은 언제나 사도행전에 묘사된 성령의 능력 부여에 동반된다는 믿음, (2) 방언이 사도행전에 묘사된 성령의 능력 부여에 동반되는 것은 정상적이며, 그것이 놀라운 일은 아니지만, 그렇다고 필수적이지도 않다는 믿음.

나의 방언 체험

영적 은사에 대해 글을 쓰는 이들이 자신의 배경을 (은사주의자인지, 비은사주의자인지, 반은사주의자인지) 알려준다면 독자들에게 도움이 된다. 과거의 경험이 이 주제에 접근하는 방식을 결정할 수도 있기 때문이다. 방언 체험은 내 신앙생활의 매우 중요한 부분이기에, 나는 독자들이 내가 이 주제를 다루는 방식을 읽을 때 그 점을 고려할 수 있게 해야 한다.

나는 방언으로 기도하지만, 내 첫 방언 체험은 전혀 기대하지 않게 찾아왔다. 나는 어느 날 고등학교에서 귀가하는 길에 처음으로 복음을 들었고, 내게 복음을 전해준 근본주의 침례교인과 45분간 논쟁을 벌인 뒤 몸을 떨며 집으로 걸어갔다. 나는 무신론자였고 그들의 지적 논증은 설득력이 없다고 생각했지만, 성령님은 내게 결정을 내리도록 강하게 압박하셨고 내가 항복하거나 성령께 나를 떠나 달라고 말할 때까지 그 압박을 멈추려 하지 않으셨다. 한 시간 뒤에 나는 침실 바닥에 무릎을 꿇고 비록 이해하지는 못했지만 예수님이 나를 구원하기 위해 죽으시고 부활하셨다는 하나님의 주장을 받아들였음을 인정했다. "하지만 저는 어떻게 구원받는지 모릅니다." 나는 그렇게 고백했다. "하나님, 제발 저를 구원해주십시오." 나는 그 즉시 전에 한 번도 느껴보지 못한 무언가가 내 몸으로 몰려드는 것을 느꼈고, 무슨 일이 일어나는지 의아해하며 재빨리 벌떡 일어났다.

나는 별로 알지도 못하는 기독교의 주장에 대해 오래도록 의심해왔지만, 만일 내가 기독교가 참이라는 것을 발견한다면 내 모든 존재와 소유로 창조주를 섬기겠다고 결심했다. 나는 심지어 만일 하나님이 계시다면 내게 하나님 자신을 계시해달라고 남몰래 간구했다. 나는 경험적 증거를 원했지만, 그날 하나님은 먼저 자신의 임재의 증거로 나를 대면하셨다. 하나님의 임재의 능력은 매우 강력해서, 나는 비록 이 헌신이 정확히 어떤 내용을 수반하는지는 아직 잘 몰랐지만, 앞으로 그리스도인이 되기로 결심했다. 나는 주일에 교회에 갔고, 어떤 목사님이 내 삶을 그리스도께 맡기도록 나와 함께 기도해주셨다. 이제 그리스도를 "제대로" 영접했다고 확신한 나는 이틀 전에 느꼈던 바로 그 압도적인 하나님의 임재를 느꼈고, 이번에는 이 임재에 전적으로 복종하기로 결심했다.

나는 순식간에 하나님의 놀라운 위엄과 임재에 완전히 압도되어, 하나님만이 내게 그분을 찬양할 수 있는 적절한 말을 주실 수 있다는 사실을 이해했다. 그리고 나는 하나님이 모든 언어를 아신다는 것을 직관적으로 이해했기 때문에, 성령이 내게 하나님을 찬양할 또 다른 언어를 주셨을 때 별로 놀랍지 않았다. 나는 한두 시간 동안 ([그 이후로 종종 반복된] 깊고 속이 후련한 웃음으로 간간히 중단되기는 했지만) 방언으로 하나님께 예배하며, 전에는 결코 알지 못했던 기쁨을 경험했다. 방언을 그쳤을 때, 나는 내가 오래도록 찾아왔던 인생의 목적은 오직 예수 그리스도의 영광을 증진하는 것이어야 한다고 확신하게 되었다.

그 뒤로 하나님은 내게 방언 체험 외에도 (성경을 문맥 속에서 읽는 법을 포함한) 다른 여러 체험들을 주셨지만, 방언 체험은 여전히 내 개인 기도생활의 중요한 부분으로 남아 있다. 나는 그날 이전에는 성경을 읽어본 적도 없고 방언을 말하는 것을 본 적도 없어서 "방언"이 존재한다는 사실을 몰랐고, 방언이 무엇과 관련되어야 하는지에 대한 선입견도 없었다. 하나님은 그저 하나님의 임재의 압도적인 체험을 절실히 필요로 하는, 교회에 가보지 않은 어느 회심자에게 베푸시는 은혜의 행위로 내게 이 은사를 허락하셨다.

나는 모든 사람의 경험은 서로 다르다는 것을 알지만, 하나님이 어떻게 방언에 대한 찬반 입장을 전혀 배운 적이 없는 사람에게 사도행전에 나오는 체험들과 비슷한 체험을 주실 수 있는지를 보여주는 하나의 예로 내 자신의 이야기를 제시한다. 또한 나는 독자들이 내 경험이 어떻게 내가 알지 못하는 방식으로 내 관점을 형성했을 수도 있는지를 가늠해볼 수 있도록 이 이야기를 언급한다. 나는 다만 독자들에게 독자 자신의 경험 또는 무경험이 어떻게 성경의 증거에 대한 접근 방식에 영향을 줄 수 있는지에 대해 나처럼 솔직해지기를 요청할 뿐이다.

우리가 활동하고 있는 진영이 우리가 특정 이슈들에 접근하는 방식에 영향을 끼칠 수 있기 때문에, 또한 나는 내 개인적 경험에 방언이나 예언 같은 은사가 진하게 스며들어 있기는 하지만, 내가 교제하고 가르치고 있는 많은 사람들 또는 대부분의 사람들은 이런 은사들이 실행되고 있는 진영에 속하지 않는다는 점을 인정해야겠다. 게다가 내가 현재 교제하고 있는 은사주의자들 중 다수는 방언이 성령의 역사의 "정상적인"(일반적인) 증거이기는 하지만, "규범적인"(필수적인) 증거는 아니라고 생각하는 부류의 은사주의자들이다.[2] 방언은 "규범

---

2 내가 침례교인이라는 사실을 좋아하는 한 가지 이유는, 우리에게는 성경 외에는 어떤 "신

적"이라고 믿는 다른 은사주의자 친구들은 그럼에도 자신들이 느끼기에 더 중요한 다른 특징들을 강조하기를 선호한다.

방언은 성서학자로서의 내 저술에는 드물게 등장한다(방언은 성경의 여섯 장에서만 명시적으로 등장한다). 더구나 은사 중지론자들을 포함해서 방언으로 기도하지 않는 내 가까운 친구들 중 아무도 내가 방언 기도를 하는 데 반대하지 않으며, 따라서 내가 방언을 문제시할 개인적인 이유는 거의 없다. 앞에서 언급했듯이, 나와 가장 가까운 동료들, 내가 나 못지않게 하나님의 영의 능력으로 사역한다고 믿는 사람들 중 많은 이들이 방언으로 기도하지 않는다. 나이지리아에서 수백만 명의 사람들을 섬기는 친구인 대니 맥케인 박사가 생각난다. 나는 그에게 책 한 권을 헌정했으며, 내게는 그의 사역이 대체로 "사도적"으로 보인다. 그는 방언으로 기도하는 사람들을 인정하지만, 이 책을 쓰고 있는 현재 그 자신은 방언으로 기도한 적이 없다. 가난한 사람들 가운데서 섬기는 일, 특히 매춘부들에게 다가가 그들을 변화시키는 일에 자신의 삶을 바친 아프리카에 있는 또 다른 친구도 생각난다. 그녀는 하나님 나라를 위해 문자적으로 자신의 모든 소유를 바쳤고, 하나님의 일이라면 아무것도 꺼리지 않으며, 그녀 또한 어떤 의미에서는 "사도적"이라는 인상을 준다. (그녀는 겸손하게도 내가 그녀의 이름을 밝

• • •

조"도 없어야 하기 때문이다. 나는 (어떤 주제에 대해 성경의 증거가 어떤 교파를 지지하더라도) 내가 성경에서 발견한 것에만 충실하며, 그래서 나는 즐겁게 계속 방언으로 기도한다. 아마도 방언으로 기도하는 침례교인과 반대되는 입장은 *How to Be Pentecostal without Speaking in Tongues* (Dallas: Word, 1994)를 쓴 내 동료 침례교인인 토니 캠폴로 (Tony Campolo)가 잘 설명했을 것이다.

히기를 원하지 않는다!) 그러나 그녀 역시 방언이 좋은 은사라고 인정하지만, 정작 자신은 아직 그 은사를 받지 못했다. 방언이 그들에게 원기를 더해주고 힘을 북돋아줄까? 그들 자신은 그런 생각에 열려 있을 수도 있다. 그러나 나로서는 성령이 방언으로 기도하는 많은 사람들의 사역보다 그들의 사역에 (하나님이 그들을 불러서 시키신 일들을 위해) 더 강력한 능력을 주신다는 사실을 의심하기 어렵다.

동시에, 나는 종종 젊은 신자들이 앞 장에서 묘사된 능력 부여를 경험하도록 그들을 위해 기도해줄 때 그들이 방언으로 기도하는 모습을 본다. 이런 기도 시간에 나와 함께 기도하는 절대 다수는 극적으로 하나님의 영의 압도적인 임재를 느끼는데, 그들 중 다수는 이전에는 한 번도 느껴 보지 못했던 방식으로 그러한 임재를 느낀다. 그때 그들은 (언제나 그런 것은 아니지만) 흔히 방언으로 기도하기 시작한다. (모두가 그런 것은 아니지만) (자기는 결코 방언으로 기도하지 않을 거라고 주장한 사람들을 포함해!) 다른 많은 사람들은 결국 나중에 방언으로 기도한다.

내가 순전히 내 경험으로부터만 논증하길 원한다면, 아마도 방언은 유용하지만 누군가의 영적 헌신을 측정하기에는 타당하지 않은 방식이라는 일반적인 의견 일치에 이르게 될 것이다. 그러나 우리의 경험은 제한적이므로 성경이 이 문제에 대해 어떻게 가르치는가라는 질문은 여전히 남아 있다.

사도행전에서 성령의 증거로서의 방언

어떤 텍스트들은 많은 비오순절 교인들이 인정하는 것보다 전통적인 오순절 모델에 더 잘 들어맞는 듯하다. 성령 세례에 대한 누가의 초점은 방언보다는 복음 전도에 있지만(행 1:8), 방언은 분명히 사도행전 2장에서 성령 세례의 최초의 표징 역할을 한다.

그 장에서, 그 언어들을 알아듣는 청중은 "이것이 무엇을 의미하느냐?"라고 묻는다(2:12, NIV). 청중 가운데 다른 이들은 제자들을 술에 취했다고 비난한다(2:13) 베드로는 이 말들에 순서를 바꾸어 대답한다. 술에 취했다는 비난은 터무니없다(2:15). 그와 반대로, 이것이 의미하는 바(2:12)는 분명하다. 이것은 요엘이 성령이 부어지고 하나님의 백성이 예언하게 될 것이라고 한 말이 의미하는 바다(2:16-18). 그리고 요엘의 예언에서 그 부분이 성취되었다면, 구원의 때 역시 다 가온 것이다(2:19-21). 베드로는 방언을 성령이 오셨다는 증거, 곧 요엘이 약속한 예언적 능력이 부여된 증거로 간주했다. 따라서 사도행전 2장은 사도행전에서 성령이 교회에 능력을 부여하시는 사건의 모델이 된다.

누가는 다른 그리스도인들도 이 모델을 따르기를 의도하는가? 흥미롭게도, 오순절 모델의 몇 가지 측면들과 달리 방언은 사도행전에서 나중에 반복된다(행 10장과 19장). 방언은 사도행전 10:46-47에서 성령을 받았다는 사실을 입증한다("이 사람들이 우리와 같이 성령을 받았으니"). 사도행전 19:6에서는 예언적 능력을 받았다는 증거로 방언이 예언에 동반된다(이는 아마도 다른 종류의 영감을 받은 말도 똑같은 역할을 할 수 있음을 암시할 것이다). 사도행전 8장에서 사마리아인 회심자들이 성령을 처음 받았을 때나 사도행전 9장에서 바울이 성령을 받았을 때는 방언이 언급되지 않는다. 그러나 많은 학자들은 사도행전 8장에서 모종의 감지할 수 있는 사건이 발생했다고 지적하며(시몬은 그것을 보았고 원했다), 고린도전서 14:18은 바울이 어느 시점에 방언으로 기도하기 시작했음을 암시한다.

사도행전 9장의 내러티브는 바울이 성령을 받을 것을 예언하기 때문에(그러나 묘사하지는 않기 때문에), 누가의 침묵을 근거로 그 경우에 방언이 발생하지 않았다는 결론을 내릴 수는 없다. 하지만 방언이 발생했든 그렇지 않았든, 누가는 그 시점에서는 방언을 강조하려고 하지 않았다는 결론을 내릴 수 있다. 일부 오순절 학자들은 회심에 물 세례가 동반되는 것처럼 성령 세례에 방언이 동반된다고 주장해왔다. 누가는 모든 회심 이후에 세례를 언급하지는 않지만, 독자들이 회심이 언급되는 경우 그렇게 추론하기를 기대한다는 것이다. 그들은 아마도 방언 체험은 누가가 전해주는 기독교 진영에서 하도 전형적이다 보니, 심지어 방언이 언급되지 않은 때에도 독자들은 성령 세례에 방언이 동반된다고 가정했을 것이라고 주장한다.

이러한 패턴에서 도출되는 결론과 그에 대한 반론

전통적인 오순절 교인들은, 이것을 방언이 성령 세례의 최초의 물리적 증거를 제공한다는 자신들의 믿음에 대한 증거로 간주한다. 초기 오순절 교회 역사에 대한 하나의 견해에 따르면 찰스 파럼(Charles Parham)은 1900년 12월에 학생들에게 사도행전에 나오는 성령 세례의 증거를 귀납적이고 독립적으로 찾아내라고 지시했다. 모든 학생들이 독립적으로 방언은 성령 세례의 증거라는 결론에 도달하자, 이들은 이 은사를 위해 기도하기로 결정했다. 하나님은 특별히 아주사 거리(Azusa Street)에서 윌리엄 시모어(William Seymour)의 지도 아래 시작되었고 현재 전 세계적으로 4억 명의 오순절 교인들과 은사주의자들을 두고 있는 부흥 운동을 일으키셨다. 시모어 자신도 방언은 성경적이라고 깊이 확신한 나머지 자신이 직접 방언을 체험하기 몇 달 전부터 방언에 대해 설교하기 시작했다.

대부분의 전통적인 북미 오순절 교인들은 방언이 **언제나** 성령 세례에 동반된다고 주장한다. 그러나 일부 오순절 교인들(특히 칠레나 독일 같은 북미 이외 지역의 오순절 교인들)은 이에 동의하지 않으며, 성장 중인 빈야드 운동에 속한 이들을 포함하여 상당한 비율의 초교파 및 주류 은사주의자들도 이에 동의하지 않는다.

앞에서 언급한 증거에 비추어, 성령의 은사들이 오늘날에도 지속된다고 믿는 이들은 방언이 종종 사도행전의 성령 세례에 동반되었다는 점을 인정하며, 오늘날 그 두 현상이 함께 일어나도 놀라지 않는다. 이 책의 부록에 수록된 "성경 이야기는 우리에게 무엇을 가르쳐 줄 수 있는가?"에서 제시된 이유로 인해 많은 이들은 사도행전은 단지 교회의 초기 단계에 대한 묘사일 뿐만 아니라, (특히 성령 자신이 직접 역사하시는) 성령 충만한 교회의 모델을 제공한다는 점을 인정한다.

그러나 이런 인정에도 불구하고, 비은사주의자들 또는 많은 은사주의자들과 일부 오순절 교인들은 오늘날 누가가 가르칠 목적으로 내러티브를 사용했다고 해서 자동적으로 누가가 가르치고자 한 내용에 관한 의견 일치를 보장하지는 않는다는 점을 지적한다. 따라서 영국 신약학자 제임스 D. G. 던은 사도행전 전체에 걸쳐 처음으로 성령을 받는 사건을 조사해서 성령을 받는 사건을 묘사하는 모든 경우에 그리스도인들이 방언을 말한 것으로 보인다고 다음과 같이 결론짓는다. "이에 대한 추론으로서 누가가 '방언으로 말함'을 성령이 부어짐에 대한 '최초의 물리적 증거'로 묘사하려 했다는 자연적인 결론은 설득력이 없지 않다." 그러나 던은 계속해서 누가는 그러한 가시적인 성령의 임재의 증거들에 초점을 맞추고 있지만, 거기에 찬양(10:45-46), 예언(19:6), 담대함(4:8, 31)도 명백히 포함시키며 만일 누가가 방언을 필수적인 증거로 강조하고자 했다면 사도행전 8장에서 방언을 더 분명히 언급했을 것이라고 지적한다.[3]

따라서 방언은 믿지만 방언이 언제나 성령 세례에 동반되는지에 대해서는 회의적인 이들은, 방언은 언제나 성령 세례에 동반된다는 견해에 대해 중요한 반론을 제기할 수 있다. 문제는 누가가 자신의 내러티브를 통해 무언가를 가르치고 있는지 여부가 아니다(딤후 3:16; 부록을 보라). 그가 **무엇을** 가르치고 있는가가 문제다. 방언은 영감을 받은 말의 한 형태이기 때문에, 누가는 종종 방언을 사용해서 독자들에

---

[3] James D. G. Dunn, *Jesus and the Spirit: A Study of the Religious and Charismatic Experience of Jesus and the First Christians as Reflected in the New Testament* (London: SCM, 1975), 189-91.

게 그의 내러티브에 등장하는 사람들이 예언의 능력을 받았다는 사실을 알려줄 수 있었다. 그러나 참된 방언 현상이 예언의 능력이 임했음을 보증한다고 말한다 해서 예언의 능력에는 언제나 방언이 수반된다고 결론 지을 필요는 없다. 즉 참된 방언을 말하는 사람이 성령 세례를 받았다고 해서, 성령 세례를 받은 모든 사람들이 방언으로 말해야 함을 의미하지는 않는다. (마찬가지로 모든 참된 사도는 그리스도인이지만, 모든 참된 그리스도인이 다 사도인 것은 아니라고 추론할 수 있다.)

누가의 텍스트에서 추론하자면, 누가의 의도는 오순절에 성령이 부어진 사건은 계속해서 기독교가 모든 민족에게 전파됨을 나타낸다는 점을 보여주는 것이다. 사도행전에 나오는 복음의 확장에서의 각 단계는 교회의 첫 경험에서와 같이, 방언을 통해 경험적으로 입증되는 예언의 능력 부여를 통해 표시된다. 즉 누가는 우리에게 사람들이 성령을 받는 예를 통해 방언에 대해 가르치는 것이 아니라, 성령의 역사가 방언의 증거에 의해 문화를 초월하여 확산되는 것에 대해 가르친다.

누가는 왜 그가 언급할 수도 있었던 다른 은사나 표징들보다 방언을 더 많이 강조하려 했을까? 누가의 핵심 주제는 성령의 능력을 받아 문화를 초월한 복음 전도라는 점을 기억하라(행 1:8). 성령께서 우리에게 문화적 장벽을 뛰어넘을 수 있는 능력을 주신다는 더 결정적인 어떤 표징을 주실 수 있겠는가? 이 경우, 누가는 기회가 있을 때마다 방언을 언급했을 것이다. 그렇다면 누가가 방언을 언급하지 않을 때는 최소한 그 당시에는 방언이 발생하지 않았을 수도 있다.

사도행전에서 방언이 명시적으로 언급되지 않은 경우에 무슨 일이 발생했을지에 관해 어떻게 추론하고 싶든, 대부분의 독자들은 누가 방언의 발생을 언급하지 않았다는 사실은 그가 의도적으로 방언은 언제나 성령 세례에 동반된다고 **가르치고 있지 않음**을 암시한다는 점을 알아차린다. 그리고 만일 누가가 그것을 가르치고 있지 않다면, 독자들은 그 교리를 명시적으로 가르치는 단 하나의 신약 텍스트도 없다는 점을 알아차린다.

2라운드: 반론에 대한 반론

그러나 고전적인 오순절 교인들은 이러한 주의 사항이 방언이 성령 세례에 동반되지 않는다는 주장을 확정하지는 않는다고 대응할 수 있다. 어떤 이들은 사도행전이 이 교리를 명시적으로 가르치지는 않지만, 그럼에도 불구하고 사도행전이 초기 그리스도인의 체험을 들여다볼 창문 역할을 할 수도 있다고 주장해왔다. 최소한 사도행전은 그 안에 묘사된 체험에 종종 방언이 동반되는 패턴을 보여준다. (이 사실만큼은 반박하기 어렵다. 사도행전이 많은 예를 제공하기에는 너무 짧다 해도, 사도행전의 텍스트에는 그 패턴이 존재한다.)

사도행전의 간결함과 제한된 초점에 비춰볼 때, 우리는 성령이 다양한 방식으로 역사하셨지만 그에 대한 명확한 기록이 별로 남아 있지 않다고 가정할 수 있다. 초기 기독교의 중요한 많은 교리들이 신약에 등장하는 이유는 단지 이 교리들을 둘러싼 논쟁이 있었기 때문이다(예. 고전 11:17-34에 나오는 성만찬). 신약은 신학자들의 학술 토론회에 의해 기록된 교리 책자가 아니라, 우리 주님께 사명을 받은 최초의 그리스도인들이 영감을 받아 쓴 중요한 저작들의 모음집이다. 따라서 성경의 어떤 텍스트도 오순절 교회의 입장을 **결정적으로** 입증하지 않는다고 주장하는 것과, 이는 오순절 교회의 입장이 틀렸음을 입증한다고 말하는 것은 동일한 것이 아니다. 방언은 필연적으로 그리고 즉시 성령 세례에 동반된다는 일반적인 고전적 오순절 교회의 견해는 여전히 옳을 수 있는데, 이는 오순절적인 체험과 같은 다른 몇 가지 수단들을 통해 입증된다. 더구나 사도행전에서 방언과 성령 세례와의 밀접한 관계는 그 둘이 빈번하게 함께 발생하는 것을 본 청중에게는 매우 잘 이해되었을 것이다.

그러나 비오순절주의자들도 이러한 오순절 교회의 반론에 응답할 것이다. 초기 그리스도인들은 당사자가 방언으로 말하기를 시작하지 않는 한 성령 세례가 발생했음을 인정하지 않았다면, 신약의 나머지 부분에 그처럼 핵심적인 증거에 대한 더 많은 증언이 보존되어 있지 않다는 것은 놀라운 일이다. 더구나 심지어 현대 오순절 교회의 체험이 (강력한 은사적 체험은 방언이 없이는 진정한 성령 세례가 아니라고 순환 논법적으로 주장하지 않는 한) 방언은 언제나, 최소한 즉시 성령 세례에 동반되어야 한다는 점을 입증하는지도 의심스럽다. 통계 수치는 상당한 비율의 오순절 교인들이 방언을 하지 않는다고 암시한다! (어떤 이들은 이 비율이 전체 오순절 교인의 절반을 넘는다고 주장한다.[4] 이 점에서는 성경을

• • •

4 *Initial Evidence: Historical and Biblical Perspectives on the Pentecostal Doctrine of Spirit*

근거로 한 오순절 교인들의 논거가 경험을 근거로 한 그들의 논거보다 더 강력하다.) 내가 아는 어떤 은사주의자들은 방언이 성령 세례에 동반된다고 주장하는 것은 주제넘은 일이며, 우리에게 충분한 믿음이 있다면 하나님은 예외 없이 병을 고쳐 주신다고 말하는 것만큼이나 주제넘은 일이라고 여긴다.

더구나 혹자는 대부분의 오순절 교인들은 하나님을 성경의 다른 모든 패턴에 제한시키지 않는다고 주장할 수도 있다. 사도행전과 고린도전서 모두에서 방언은 기도에서만 사용되는 것으로 보이지만(영적 은사들 중 방언에 관한 논의를 보라), 일부 오순절 교인들은 하나님은 자신이 원하시는 일은 무엇이든 하실 수 있다고 주장함으로써 "방언으로 된 메시지"를 정당화한다. 나는 이 응답을 받아들이겠다. 하나님은 당신이 오랫동안 그렇게 해오셨기 때문이든 아니면 우리가 하나님께 듣기를 기대하는 방식으로 우리에게 기꺼이 말씀해주시기 때문이든 간에 원하신다면 "방언으로 된 메시지"를 주실 수 있다.

하지만 일반적인 성경적 패턴이 모든 상황에 들어맞지는 않는다 해도 (결국 하나님은 자신의 본성과 모순되지 않는 일이면 어떤 일이든 하실 수 있다), 하나님은 자기 자녀에게 성령으로 세례를 주실 때 언제나 방언을 주셔야만 하는가? 예를 들어 하나님은 방언을 두려워하도록 배운 이들에게 하나님의 영의 능력 부여를 유보하시겠는가? 하나님은 그

...

Baptism, ed. Gary B. McGee (Peabody, Mass.: Hendrickson, 1991), 136에 수록된 "Evidence and Movement"에서 헨리 레덜리(Henry Lederle)는 전체 오순절 교인 중에 35 퍼센트만 방언으로 기도해본 적이 있다고 주장한다..

들이 이 특정한 은사에 대한 두려움을 극복할 때까지 그들에게 복음 전도 능력을 주시기를 미루시겠는가? 은사주의에 속하지 않은 진영에서 활동하는 이들 대부분은 방언 없이도 성령의 인도하심을 깊이 받는 삶을 사는 많은 그리스도인 친구들을 가지고 있으며, 그들 중에는 방언을 말하는 많은 이들보다 더 능력있게 성결과 전도를 위해 활동하는 사람들도 있다. 방언이 더해지면 그들의 기도 생활이 훨씬 더 풍성해질 수도 있지만, 그들에게는 이미 그리스도의 몸의 나머지 지체에 줄 수 있는 더 큰 은사가 있다. 또한 비은사주의자들은 모두가 방언을 말하는 것은 아니라는 바울의 주장을 지적한다(고전 12:30). 이 문맥에서, 바울은 우리에게는 그리스도의 몸 안에서 모든 은사가 필요하지만, 자신의 은사를 다른 사람의 은사보다 우월하거나 열등하다고 간주해선 안 된다고 주장하고 있다.

오순절 교인들은 보통 이 주장에 다음 두 가지 중 하나의 방식으로 응답한다. 첫째, 그들은 전통적으로 바울은 여기서 사적인 기도 언어가 아니라 공적인 방언 은사를 언급하고 있다고 주장한다. (문맥은 비록 이 두 가지 형태의 방언들 자체의 본질적인 차이보다 이 은사가 사용되고 있는 방식과 더 관련이 있을 수도 있지만, 이러한 구별을 지지할 수도 있다.) 둘째, 일부 은사주의자들은 고린도전서 14:5을 인용해서 모든 그리스도인이 방언을 말하지는 않더라도, 바울은 모든 그리스도인이 방언을 말하는 것이 바람직하다고 생각한다고 주장한다. 그러나 고린도전서 14:5을 고린도전서 12:30에 비추어 해석할지, 아니면 12:30을 14:5에 비추어 해석할지는 흔히 이 이슈에 대해 애초에 지니고 있는 견해에 의존하며, 이로 인해 이 주제에 대한 양쪽의 주장은 좁혀지지 않는다.

오순절 교인들 사이의 차이

일부 은사주의 저자들은 전통적인 오순절 교회의 입장은 획일적이지 않다는 점을 지적해왔다. 사실 일부 고전적 오순절 교인들은 언제나 방언이 성령 세례에 동반된다는 입장을 거부했다. 아그네스 오즈먼(20세기 오순절 부흥 초기에 방언으로 말한 최초의 인물), F. F. 보스워스, 그 밖의 저명한 초기 오순절 교인들은 방언이 언제나 성령 세례에 동반되는지에 대해 의문을 제기했다.⁵ 실제로 오늘날에도 그 경험을 같은 방식으로 표현한다는 사실이 아니라, 그 경험을 공유한다는 사실 자체가 오순절 교회와 다양한 독립 교회 및 주류 교회에서 방언으로 기도하는 이들을 엮어준다.

...

5   McGee, "Hermeneutics," 108-10. 초기 오순절 교인들 사이의 견해 차이에 대해서는 McGee, "Hermeneutics," 107; *Initial Evidence*, 131-32에 수록된 H. I. Lederle, "Initial Evidence and the Charismatic Movement: An Ecumenical Appraisa."을 보라. Lederle, *Treasures*, 29-31도 다른 관점을 갖고 있었던 초기 오순절 신학자들의 관점을 요약하면서, 복음에 비해 부차적인 주요 이슈에 대한 교리적 자유가 초기 오순절주의의 특징을 이루었다고 말한다(특히 29쪽을 보라. Hollenweger, *Pentecostals*, 32, 331-36도 보라). 고전적인 오순절 교회의 입장에 대한 잘 다듬어진 성서 해석학적 옹호론을 보려면 *Initial Evidence*, 145-67에 수록된 Donald A. Johns, "Some New Directions in the Hermeneutics of Classical Pentecostalism's Doctrine of Initial Evidence"를 보라. 역사적으로 현대 오순절 운동이 탄생한 해(1901년)에 마지막 사도가 죽은 19세기 가톨릭 사도 교회는 방언을 성령 세례의 두드러진 표징으로 보았다(*Initial Evidence*, 41-56에 수록된 David W. Dorries, "Edward Irving and the Standing Sign' of Spirit Baptism"을 보라. Gordon Strachan, *The Pentecostal Theology of Edward Irving* [Peabody, Mass.: Hendrickson, 1973]; Larry Christenson, *A Message to the Charismatic Movement* [Minneapolis: Bethany Fellowship, 1972]를 비교하라).

아주사 거리 부흥의 지도자인 윌리엄 시모어는 방언이 성령 세례의 "증거"라는 주장을 궁극적으로 부정했다는 점이 가장 중요할 것이다. 시모어는 원래 방언이 성령 세례의 첫 표징을 나타낸다는 찰스 파럼의 가르침을 받아들였지만, (전해지는 바에 따르면 흑인이었던 시모어를 겨냥한 파럼의 백인 인종주의적 어투를 포함해서) 시모어는 파럼의 삶 속에는 성령의 열매가 없다는 이유로 그가 과연 구원을 받았는지조차 의심하게 되었다고 전해진다. 시모어는 계속 방언의 중요성을 긍정했지만, 성령 세례에 언제나 방언이 동반되어야 한다는 교리는 거부했다. 시모어는 이를 하나님을 제한하는 거짓 교리로 간주하고, 일종의 우상숭배로 보았다.[6]

초자연적 능력 부여를 긍정한 사람들 중 일부는 또한 성령의 열매

• • •

6 *Initial Evidence*, 81-89에 수록된 Cecil M. Robeck Jr., "William J. Seymour and 'the Bible Evidence,'"; Synan, *Holiness-Pentecostal Movement*, 180을 보라. 다른 오순절 교인들은 곧바로, 예를 들어 방언은 모르는 언어를 말하는 초능력이라거나 방언을 말하는 사람만이 환란 전 휴거를 경험할 것이라는 생각(*Initial Evidence*, 64-65, 67에 수록된 James R. Goff Jr., "Initial Tongues in the Theology of Charles Fox Parham"을 보라.)과 같이 방언에 관해서 파럼이 원래 가졌던 생각 중 일부를 거부했다. 오순절 교인들은 파럼이 옹호한 영국-이스라엘주의(영국인이 이스라엘의 사라진 열 지파의 후손이라는 사상—역자 주)도 거부했다. 초기 오순절 진영에서 일반적으로 인종 간 장벽을 철폐하고 사회 전반의 편견과 싸운 일에 대해서는 Synan, *Holiness-Pentecostal Movement*, 80, 109-11, 165-69, 172, 178-79, 182-83, 221; *Dictionary of Pentecostal and Charismatic Movements*, ed. Stanley M. Burgess, Gary B. McGee, and Patrick H. Alexander (Grand Rapids: Zondervan, 1988), 778-81에 수록된 Synan, "Seymour, William Joseph"; *Dictionary of Pentecostal and Charismatic Movements*, 76-84, 특히 83에 수록된 Leonard Lovett, "Black Holiness-Pentecostalism"; Burgess, McGee, and Alexander, "The Pentecostal and Charismatic Movements," *Dictionary of Pentecostal and Charismatic Movements*, 3을 보라.

가 방언보다 성령의 역사에 대한 더 분명한 표징이라고 강조했다. 웨슬리는 그의 추종자들 사이에서 발생한 계시, 예언, 치유 등을 받아들였지만, 성령의 참된 증거는 그리스도인의 완전함을 향한 성숙이라는 점을 강조했다. 일부 초기 오순절 교인들은 또한 사랑이 일차적인 증거라고 강조했다. 예를 들어 20세기 초에 인도에서 일어난 성령 부으심의 주요 인물인 판디타 라마바이(Pandita Ramabai)는 방언이 성령 세례의 한 표징이지만 본질적이고 필연적인 표징은 사랑이라고 강조했다.[7]

고전적인 오순절 교인들은 보통 성령의 열매가 성령의 임재의 본질적인 표징이지만, 방언은 (앞에서 말한 대로) 사도행전에 묘사된 최초의 경험의 가장 빈번한 표시이며 이는 대부분의 오순절 교인들이 규범적이라고 믿는 패턴이라고 응답한다.

많은 오순절 교인들과 비오순절 교인들 사이의 논쟁에서 인정되는 성경의 증거는 바로 다음과 같은 점까지다. 사도행전은 방언이 종종 예언의 능력이 부여된 최초의 성령 충만에 동반된다는 것을 보여주지만, 사도행전 자체가 반드시 언제나 그래야 함을 입증하기에는 부족하다. 따라서 대부분의 비오순절 교인들은 누군가가 방언을 말하지 않았다고 해서 (사도행전적인 의미에서조차) 그가 성령 충만하지 않다고 결론지을 수 있는지에 대해 여전히 회의적이다. 이 지점을 넘어서

• • •

7   *Initial Evidence*, 33-34에 수록된 Stanley M. Burgess, "Evidence of the Spirit: The Medieval and Modern Western Churches" I; McGee, "Hermeneutics," 107-8.

면, 각 진영은 흔히 상대편이 자기편의 영적 체험을 무시한다고 느끼기 때문에 이 논쟁은 종종 양편 중 한편이 입증에 대한 책임을 지는 논쟁이 된다.

그럼에도 텍스트에 민감한 모든 사람은 최소한 전통적인 오순절 학자들이 사도행전에 나오는 이야기들의 불가피한 특징에 관심을 기울이게 한 점을 인정해야 한다. 사도행전에서 방언은 때로는 예언과 같은 다른 성령의 기름 부음을 받은 말과 더불어 최초의 성령 충만에 빈번히 동반된다.

그리스도인들은 방언이 사도행전에서 모든 경우에 발생하는지에 대해 계속 논쟁을 벌이고 있지만(그리고 방언이 오늘날에도 정기적으로 발생해야 하는지에 대해서는 훨씬 더 많이 논쟁하지만), 누가는 신자들이 성령께서 수여하시는 예언의 능력을 받았음을 나타내기 위해 다른 어떤 표징보다 방언을 훨씬 더 많이 사용한다. 방언을 지적함으로써 오순절 교인들은 누가적인 의미에서의 성령 충만은 하나님의 메시지를 말할 수 있는 능력(행 1:8), 즉 성령이 우리 마음속에 두신 내용을 특별히 민감하게 말할 수 있는 능력(행 4:31. 엡 5:18-20을 비교하라)이라는 점을 상기시켰다. 나는 누가 역시 우리로 하여금 이 은사에서 하나님이 교회에게 모든 민족과 문화에 복음을 전하도록 부르신 한 가지 표징을 발견하도록 의도했다고 믿는다.

방언 기도를 통해서든 다른 수단을 통해서든, 우리 모두는 우리의 말 속에서 성령의 인도하심에 대한 더 깊은 민감성을 고취함으로써 유익을 얻을 수 있다. 방언으로 기도하는 사람들 중 일부는 우리가 알지 못하는 언어로 기도하는 중에 개발된 영적 민감성이 우리가 아는 언어를 사용하여 더 효과적으로 기도하고 전도하는 데 도움을 주었다는 사실을 발견해왔다. 그러나 궁극적으로 모든 그리스도인은 기도와 전도 자체가 그것이 알지 못하는 언어로 행해지느냐 여부보다 더욱 중요하다는 데 동의할 것이다.

실제적인 문제들에 대한 고찰

앞의 질문들을 완전히 제쳐두면, 은사주의자들과 비 은사주의자들 모두 우리의 영적 추구는 방언이 아닌 성령을 강조해야 한다는 데 동의한다. 하나님께 방언으로 기도할 수 있는 능력을 달라고 간구할 때 영적 경험을 했다는 "증거"를 구해야 하는가, 아니면 하나님께 기도하고 예배하는 새로운 방법을 구해야 하는가? 누군가가 방언은 사도행전에서 성령을 받았다는 증거라고 믿더라도 (세 번의 사례에서 누가는 그런 목적으로 방언을 언급한다), 사도행전은 그리스도인들이 이 목적으로 방언을 **추구해야** 함을 암시하지 않는다.

    나는 오랫동안 금식하거나 환상을 체험하거나 담대히 복음을 전했지만 훗날 기독교 신앙을 거부한 친구들을 기억한다. 궁극적으로 그리스도께 대한 충성을 대체하는 어떤 초점도 (그것이 그 자체로 얼마나 선하든) 모조품이 될 것이다. 다른 모든 은사와 마찬가지로, 방언은 은사가 아닌 그리스도께 우리의 관심을 집중시킬 때 기능을 가장 잘 발휘한다. 나는 우리말로 하나님께 예배드리기를 좋아하는 것과 똑같은 이유에서 방언으로 하나님께 예배드리기를 좋아한다. 하나님은 우리의 예배를 받으시기에 합당하시며, 우리의 마음은 하나님께로 향해 있을 때 가장 평안하다.

이 책이 방언과 성령 세례에 대해 고전적인 오순절 교회와 비오순절 교회의 입장만큼이나 다른 두 입장을 조화시킬 수는 없을 것이다. 그럼에도 나는 그 두 집단에 속한 그리스도인들 모두가 다른 그리스도인들이 자신과 견해를 달리하는 이유를 이해하고, 그들의 영적 헌신의 깊이를 인식할 수 있기를 소망한다. 어느 한편의 부정적인 예를 사용해서 그 그룹 전체를 희화화해서는 안 된다. 더구나 핵심적인 문제에 대해서는, 양편 모두 차이점보다는 성경적 공통점이 더 많을 수도 있다. 성경적으로 우리는 방언이 종종 사도행전에서 묘사된 영적 체험에 동반된다는 점을 인정해야 한다. 또한 우리는 그 경험에 있어서 더 중요한 것은 방언을 말하는 것 자체가 아니라 사명을 위한 능력 부여라는 데에도 동의할 수 있다.

실제로는, 전통적인 논쟁의 일부는 최초의 증거에 대한 것이라기보다는 다른 관심사에 관한 것일 수도 있다. 전통적인 오순절 교회에서 "최초의 증거" 교리를 집요하게 주장하는 표준적인 실용적 이유 가운데 하나는, 이 교리를 포기하면 오순절 교인들이 방언으로 기도할 수 있는 능력을 구하기를 멈출 것이라는 우려였다. 전통적인 오순절 교인들과 은사주의자들이 자신들이 이 은사를 추구하는 유일한 사람들이라고 믿는 한, 많은 이들은 가급적 많은 수의 사람들이 이 은사를 사용하게 해야 한다는 압력을 계속 느낄 것이다. 그러나 (내가 영적 은사에 대한 논평에서 제안하듯이) 방언은 개인 기도를 위해 유용한 은사이며 기도 중에 하나님께 나아가 영적 은사를 구할 수 있다면, "성령 세례의 필연적 증거"라는 점이 이 은사를 추구하는 유일한 이유는 아니다. (실제로 나는 일부 오순절 학자들이 이 교리의 세부 사항을 장려하기보다 영적 체험이나 은사뿐만 아니라 하나님의 영에 대한 다른 측면에서의 열린 태도를 장려하는 것이 더 오순절적이라고 제안하는 말을 들었다.)

방언 기도는 다른 형태의 기도와 마찬가지로 한 사람의 기도 생활에 새로운 차원을 더해줄 수 있다. 우리 중 모든 형태의 기도에 다 능통하다고 주장할 사람은 거의 없을 것이고, 우리 중 대부분은 기도할 때 성령께 더 많은 도움을 받기를 원한다. 이러한 강조점은 또한 직접적인 결과를 덜 긴급해 보이게 만들고, 방언을 하는지 여부를 근거로 사람들을 영적으로 등급 매기려는 유혹을 피할 수 있게 도와주며, 이 은사를 오랫동안 구했지만 받지 못한 이들이 절망하지 않도록 만들 수 있을 것이다. (이는 방언이 성령을 받은 증거라는 입장을 옹호하는 이들은 방언을 하지 못하는 사람들이 그 때문에 자신을 2류 신자라고 느끼기를 원한다는 말이 아니다. 하지만 나는 그런 식으로 느끼는 그리스도인들을 알고 있다.)

나는 여기서 결과를 바탕으로 고전적인 오순절 교회의 입장의 진실성을 판단하는 실용적인 진실 테스트를 제안하는 것이 아니다. 오순절 교인들은 전 세계적인 전도에서의 성공을 자신들의 입장이 하나님의 축복을 받았다는 실용적인 증거로 손쉽게 제시할 수 있다(나는 최소한 성령의 능력에 대한 그들의 강조를 하나님의 축복이라고 생각한다). 내 요점은 방언 은사를 강력히 지지하는 입장을 취하면서도, 이를 그리스도의 몸의 더 넓은 부분에 추천하는 방식으로, 즉 고전적인 오순절 신학의 세부 사항을 모두 공유하지는 않더라도 실제로 더 많은 사람들이 그 은사를 공유하는 결과를 가져올 수도 있는 방식으로 표현할 수 있다는 것이다.

오늘날 대부분의 그리스도인들은 이전 시대와는 달리 방언을 말하는 것에 반대하지 않기 때문에, 일부 오순절 교인들은 이 교리를 수호하는 일에 많은 관심을 집중하는 것이 이전보다는 덜 중요한 일이라고 느끼기 시작했다. 오순절 교인들이 주장하는 것을 배운 다른 많은 그리스도인들은 방언에 관한 논쟁을 넘어 하나님의 영이 교회를 위해 예비해 두신 모든 것(방언 기도를 포함하되 거기에 국한되지 아니함)을 탐구하기 시작할 준비가 되어 있는 것으로 보인다.

결론

나는 양편 모두를 공정하게 표현하려고 노력했다. 나 자신의 신념은 어떤 전통적인 "진영"에도 정확히 맞아떨어지지 않기 때문에, 나는 각 진영의 최상의 성경적 논증에서 배우고자 했다. 내가 보기에는, 사도행전에서 하나님은 종종 사람들에게 방언으로 말할 수 있는 능력을 주심으로써 자신이 그들에게 예언적으로 말할 수 있는 능력을 주셨음을 입증하셨다. 사도행전의 패턴은 하나님이 오늘날 그와 유사한 방식으로 자기 백성에게 능력을 주실 때 놀랄 필요가 없음을 시사한다. 그러나 누가는 모든 경우에 그 패턴을 보고하지는 않으며, 따라서 우리는 누가가 그것을 모든 경우에 필수적인 것으로 "가르치고" 있다고 주장해선 안 된다. 방언은 좋은 은사이며 기도에 도움이 되지만, 우리는 어떤 그리스도인들이 방언으로 기도하지 않는다는 이유만으로 감히 그들에게는 성령의 특별한 능력이 없다고 주장할 수 없다.

의심스러운 경우, 대부분의 그리스도인들은 (자신이 속한) 교파의 견해에 의지하는데, 나는 그들이 다른 교파에 속한 그리스도인 형제 자매들을 멸시하지 않기를 바란다. 그러나 나는 대부분의 독자들은 신약의 증거로부터 다음과 같은 몇 가지 분명한 실제적인 이슈들에 대해 동의할 수 있다고 믿는다. (1) (비록 우리 중에 많은 이들이 성령의 능력을 받은 모든 사람이 방언을 체험한다는 데 대해서는 여전히 회의적이지만) 방언으로 말하는 것은 복음 증거를 위해 성령께서 능력을 주셨다는 성경적 증거다. (2) 방언은 하나님을 향한 타당한 형태의 예배에 해당한다(영적 은사에 관한 장을 보라). (3) 이 은사를 사모하는 목적은 영적 엘리트주의가 아니라 하나님께 대한 예배가 되어야 한다. (4) 개인적인 예배를 위해 사용되는 방언은 한 사람의 기도 생활을 강화할 수 있다. 일부 그리스도인들이 방언을 과소평가하는 이들에 대한 반응으로 방언을 지나치게 강조한다면, 그들은 최소한 교회를 향해 이 은사에 대한 성경의 인정으로 돌아오라고 촉구한 것이고, 가장 중요하게는, 많은 이들에게 하나님과의 더 깊은 친밀감에 대한 갈망을 촉구한 것이다.

성령에 관한 성경 전체의 관점에 비춰볼 때, 우리는 성령이 우리에게 부활하신 주 예수와의 친밀한 관계를 제공하며, 우리가 그분을 알리고 하나님의 성품의 열매를 삶으로 보여줄 수 있도록 우리에게 능력을 주시는 것에 초점을 맞춰야 한다. 우리는 성령이 우리가 그리스도의 성품을 본받고, 시련당할 때 인내하도록 우리의 마음을 변화시키시게 할 필요가 있다. 방언은 기도에 유용하고 성령에 대한 민감성을 기르는 데 도움을 줄 수 있다. 그런 이유로 우리는 다른 은사를 달라고 요청하듯이, 이 은사를 달라고 하나님께 간구할 수 있다. 하나님은 그분의 지혜로운 판단에 따라 모든 요청을 다 허락하지는 않으시지만, 일반적으로 우리를 그분께 더 가까이 인도할 은사들로 우리에게 복 주시기를 기뻐하신다. 따라서 우리는 기대하는 마음으로 기도하고 나서, 하나님이 우리에게 어떻게 능력을 주시든지 그분을 예배해야 한다.

그러나 우리가 방언을 말한다는 이유로 우리 자신이 하나님의 영으로 충만하다고 생각하면서 세상에 복음을 전하고 억눌린 자들과 하나님의 말씀의 의(義)를 위해 정의의 편에 서라는 하나님의 부르심을 소홀히 한다면, 그것은 자신을 속이는 것이다. 참으로 성경적인 오순절 교인들과 은사주의자들은 모든 삶을 하나님의 영의 능력으로 살아야 한다. 모든 그리스도인들이 내일부터 방언으로 말하기 시작하더라도, 그것이 곧 부흥은 아닐 것이다. 그러나 모든 그리스도인이 지상명령을 성취하기에 충분할 정도로 예수님과 형제자매를 열정적으로 사랑하기 시작한다면, 우리는 세상이 이전에 한 번도 보지 못한 부흥을 경험하게 될 것이다.

10장

왜 영을 분별해야 하는가?

하나님의 음성을 듣는 법을 배운 지 약 1년이 지난 뒤인 열여덟 살 때 나는 몇몇 친구들과 내 새로운 통찰을 나누었는데, 나는 그중 한 친구인 새신자를 로다라고 부를 것이다(그녀의 본명은 아니다). 한두 달 뒤에 나는 성경 대학에 입학하기 위해 떠났고, 다른 사람들이 그녀를 제자로 양육했다. 내가 떠나 있는 동안에 로다는 하나님의 음성을 듣는 능력에 있어 나를 능가하게 되었고, 나는 성경 대학에서 돌아와 그녀가 환상을 보고 있음을 알게 되었다. 나는 환상을 본 적이 없었기에 그녀에게는 환상을 주시고 내게는 주지 않으시는 것은 불공평하다며 질투하듯이 하나님께 따졌다. 나는 그리스도인이 된 지 3년이 넘었고 그녀는 그리스도인이 된 지 1년도 안 됐으니 이 상황은 불공평하다고 확신했다. 독자들도 짐작할 수 있듯이, 나는 어떤 면에서는 하나님을 열렬히 갈망하면서도 영적으로 별로 성숙하지 못했다.

    나는 로다가 정말로 하나님과 가까이 동행하고 있었다고 믿는다. 그러나 나는 이제 그녀도 어떤 영적인 위험에 처해 있었으며, 내가 영적으로 불안정하게 보낸 시간이 더 적었더라면 내가 그녀에게 더 도움이 될 수도 있었을 것이라는 점을 안다. 내가 그녀를 만났을 때 그녀는 곧바로 내가 왜 메마른 학자가 되었는지 추궁했다. 내 영적 생활 속에는 잠깐 동안 메마른 학자가 될 위험이 있었지만, 이때는 그런 시기가 아니었다. (역설적이게도 내 메마른 시기는 사실 목회를 시작한 때였다.) 그럼에도 나는 아마도 정보의 역할에 대해 너무 오만해서 내 친구들 대부분이 갖지 못한 정보를 갖고 있다고 자랑했던 것 같다.

반면에, 로다는 기도 중에 하나님의 음성을 듣는 자신만의 특별한 능력에 대해 오만해질 위험이 있었다. 그녀는 성경은 다른 사람들의 계시를 담은 유익한 기록이지만, 이제는 자신만의 계시를 받고 있으므로 성경 읽기에 원하는 만큼 많은 시간을 보내지 못하는 것을 속상해 하지 않는다고 설명했다. 더 솔직히 말하자면, 그녀는 성경을 많이 읽고 있지 않았다. 나는 그 점에서 그녀에 대해 약간 걱정하기 시작했다.

어느 날 밤 나는 로다와 만나기로 했는데, 나는 그녀를 만나기 전에 하나님께 기도하며 내게 말씀해 달라고 간구했다. 내 동기는 사실 개선할 점이 많았다. 나는 로다가 최근에 하나님께 무언가를 들었을 것이라는 점을 알았고 그래서 나도 하나님께 무언가 듣는 것이 좋겠다고 생각했다. 그렇지 않으면 그녀는 또다시 나를 영적이지 못하다고 비판할 것이 뻔했다. 하나님은 은혜로우셔서 내 동기를 용서해 주셨고, 기도 중에 내게 말씀하시며 성경에서 그리스도의 신성을 변호하는 데 사용할 수 있는 또 다른 논거를 내게 알려주셨다. 우리가 그 주제를 놓고 대화하는 동안 나는 사실 성자는 성부가 아닌데도 왜 주님은 자신과 아버지가 하나라고 말씀하셨는지 주님께 물었다. 주님은 자신도 제자들이 하나가 되도록 기도하셨지만, 그렇다고 해서 제자들이 똑같은 사람이 되지는 않는다고 대답하셨다. 나는 그런 관계에 대해서는 이전에 한 번도 생각해 본 적이 없었고 따라서 그 말씀을 듣고 매우 기뻤다.

그날 저녁에 로다가 나타났을 때 나는 그리스도의 신성에 대한 내 새로운 통찰을 진지하게 이야기했다. 로다는 경멸하는 투로 손사래 쳤다. 그녀는 "하나님은 내게 여러 달 전에 그걸 알려주셨어요"라고 말했다. 내 자존심은 무너졌고 또다시 풀이 죽었다. 그녀는 자신을 제자로 훈련해온 친구의 집으로 나를 데려가겠다고 우겼고, 그곳으로 가는 길에 자신이 받은 다음과 같은 새로운 계시를 내게 말하기 시작했다. "삼위일체만 있는 게 아니에요. 결국 그리스도인들은 하나님, 곧 삼위일체의 **네 번째** 위격이 될 거예요."

그녀는 내게 영적인 통찰력이 부족하다고 핀잔을 줄 것이 분명했지만, 나는 이의를 제기하며 성경에선 **그렇게 가르치지 않는다**고 지적했다. "아, 나도 알아요"라고 그녀는 대답했다. "성경은 오래 전에 기록됐지만 이 진리는 겨우 몇 주 전에 계시됐어요."

재차 나는 "하지만 성경은 그렇게 말하지 않아요"라고 반박했다. 그녀는 자신이 우리가 신이라고 말하는 것이 아니라, 단지 우리가 먼 훗날에 신적인 존재가 될 것이라는 뜻이라고 대꾸했다. 나는 하나님의 종들이 하나님의 면전에서 영원히 하나님을 섬기는, 성경의 마지막 장인 요한계시록 22장을 지적했다.

그녀는 "그것은 요한계시록 22장의 사건보다 훨씬 더 미래의 일이에요"라고 대답했다. 우리가 그녀의 친구 집에 도착하자, 그녀와 그녀를 제자로 양육한 친구는 함께 나를 공격하면서 내가 교리에 집착하고 있으며 그들이 성령께 받은 새로운 계시를 받아들여야 한다고 말했다. 내 영성이 부족하다는 그들의 책망을 들으니 나 자신이 다소 완고한 사람처럼 느껴졌지만, 나는 계속해서 성경으로 응수했다. (그들은 우리가 각자 나니아 연대기에 나오는 아슬란처럼 다른 행성들의 구원자가 될 것이라고 말했다. 그들은 C. S. 루이스의 책을 읽는 동안 그런 "계시"를 받았다.)

마침내 나는 그들이 주장하는 계시의 근거 중 일부를 알게 되었다. 제자 훈련하는 친구는 예수님과 성부는 하나이므로 같은 위격이며, 따라서 성부 및 성자와 하나가 되면 우리도 하나님과 같은 위격이 될 것이라고 믿었다. 나중에야 나는 그날 밤에 그들을 만나기 전에 기도 중에 똑같은 주제에 대해 주님이 전혀 다른 말씀을 하신 것을 들은 기억이 났다.

여기서의 요점은 우리가 기도 중에 얻는 모든 통찰이 잘못됐다는 것이 아니다. 요점은 그 통찰이 성경적이지 않다면 그것은 확실히 옳지 않다는 점이다. 우리 중 어느 쪽도 그날 밤에 상대방을 설득할 수 없었다. 나는 끈질기게 성경을 고수했고, 그들은 자신들의 계시를 고수했다.

왜 영을 분별해야 하는가?

내 소중한 친구 로다와 그녀를 양육하는 친구는 모두 나중에 자신들의 오류를 깨닫고 삼위일체에 대한 성경적 관점으로 되돌아왔다. 그러나 불행히도 로다는 한두 해 뒤에 자기가 다니는 은사주의 교회에서 자신의 일부 "예언"에 대해 상당한 거부감이 있는 것을 알고 신앙에서 멀어졌다. 나는 그녀가 그리스도와 교제하기 시작했을 때의 그 열정과 그녀에게 지지와 교정이 필요할 때 더 나은 지지와 교정을 제공해주지 못한 사실을 기억하면 아직도 마음이 아프다. 하지만 로다만 잘못된 "계시"에 빠진 것은 아니다.

앞의 여러 장에서 우리는 하나님의 음성을 듣는 것, 전도에 있어서의 성령의 인도하심, 영적 은사를 위한 능력 주심에 대해 이야기했다. 이제 우리는 분별이라는 덜 유쾌한 주제를 다뤄야 한다. 분별은 참 예언자와 거짓 예언자를 구별하거나(요일 4:1-6), 참 예언자의 부정확한 예언과 정확한 예언을 구별할 때(고전 14:29)에만 중요한 것이 아니다. 분별은 우리 자신을 위해 하나님의 음성을 듣는 데 있어서도 중요하다.

성숙한 그리스도인들은 많은 부정확한 예언들이 성령의 탓으로 돌려지거나, 그 점에 있어서는 성경 탓으로 돌려지는 모습을 보아 왔다. 수십 년간 신앙생활을 한 그리스도인들은 분명히 주의 재림에 관해 성취되지 않은 많은 주장들을 기억한다. 우리 시대의 악명 높은 주장 중 하나는 예수님이 재림하시는 해를 계산한『휴거가 1988년에 일어날 수 있는 88가지 이유』라는 책에 담긴 내용이었다. 이 책은 1988년에만 3백만 부가 넘게 팔렸다. 예수님이 1989년에 오실 수도 있는 89가지 이유를 제시하는 개정판은 그만큼 팔리지 않았다. (북미 복음주의자들이 쉽게 속는다는 말은 하지 말자. 그들은 적어도 똑같은 저자에게 2년 안에 두 번이나 속지는 않는다.)[1]

은사주의자들에 대한 은사주의자의 비판

계시는 기도 중의 영적 통찰을 근거로 하든 성경 연구를 근거로 하든 오해될 수 있으며, 성경을 통해 검증되어야 한다. 내가 영적 은사들을 지지하고 그런 은사들 중 몇 가지를 직접 활용하기도 한다는 점을 감안하면, 독자들은 내가 여기서 참된 영적 은사를 비판하고 있는 것이 아니라는 점을 이해하리라 믿는다. 대신에, 나는 성경에 근거하지 않은 진영들에서 종종 발생한 지나친 사례들(어떤 은사주의자들이 농담 삼아 "은사주의 그라놀라"[성령의 견과류, 과일 또는 시리얼]라고 부르는 사례)에 대해 응답하고 있는 것이다.

「카리스마」지의 편집장 J. 리 그래디(Grady)는 많은 은사주의자들이 읽어볼 필요가 있는 『불이 어떻게 된 것인가?』라는 책을 썼다.[2] 다양한 독자들은 그가 든 몇 가지 예에 대해서 견해가 다를 수도 있지만, 은사주의자인 그래디는 은사주의 오류의 많은 예를 애정 어린 자세로, 그러나 철저하게 기록한다. 그래디는 은사주의자들이 하나님이 그들에게 주신 은사로 더 큰 그리스도의 몸에 기여하려면 더 건전한

---

1 그와 같은 잘못된 종말에 관한 예언을 보다 완전하게 열거한 내용을 보려면 내 책 *Revelation*, NIV Application Commentary (Grand Rapids: Zondervan, 2000), 61-65를 보라. 다른 예도 얼마든지 들 수 있다. 예컨대 조지 벨은 종말의 날을 1763년 2월 28일로 예언했고, 웨슬리는 그를 쫓아냈지만 이 예언은 초기 감리교인들에게 수치를 가져왔다. *Christian History*, no. 1 (1983): 11을 보라.

2 J. Lee Grady, *What Happened to the Fire? Rekindling the Blaze of Charismatic Renewal* (Grand Rapids: Chosen, 1994).

자기비판이 필요함을 보여준다.

내 비판도 그래디의 비판과 마찬가지로 "내부의" 비판이다. 나는 영적 은사들을 공격하는 것이 아니라, 영적 은사의 이름으로 전파되는 영적 오류를 공격하고 있는 것이다. 은사주의 교리의 "나쁜 열매"에 대한 많은 반은사주의적 비판은 성령이나 은사 그 자체와 관련이 있는 것이 아니라, 일부 은사주의자 그룹에서 나타나는 율법주의 및 진지한 성경 연구에 대한 반대와 관련이 있다. 때로는 이런 문제들은 비은사주의적인 민간 신앙에서 비롯된 것이지만, 어디에 기원을 두든 오류에 빠진 일부 그리스도인들은 자신을 은사주의자로 인식하므로, 보다 건전한 은사주의자들은 다른 사람들이 그런 관행을 멀리하도록 인도할 특별한 책임을 감당해야 한다. 이것이 내가 이 단락에서 강조하고자 하는 바다.

성숙한 은사주의자들은 오늘날 그리스도인들 사이에서 성령의 역사로 통하는 것들이 모두 실제로 성령에게서 비롯되지는 않는다는 사실을 알고 있다. 어떤 교회의 이름이 당신에게 그곳에 성령이 계신지를 미리 알려주지는 않을 것이다. 예를 들어 일부 은사주의 교회들은 그들 자신의 주장과는 반대로 순전히 기계적으로 은사주의 전통을 따른다. 이와 대조적으로, (내가 안수를 받은 흑인 침례교회 같이) 어떤 비은사주의 교회들에서는 영적으로 가장 둔감한 사람만이 하나님의 영의 압도적인 임재를 느끼지 못한다. 더 오래된 교회들의 "전통"을 거부하는 어떤 은사주의자들은 그와 유사하게 겨우 몇 년밖에 안 된 "계시"에 바탕을 둔 보다 최근의 전통에 매여 있지만, 최근의 전통 또한 전통이다.

다른 사람들이 인용하는 구절의 문맥을 먼저 검토하지 않은 채 그들의 가르침을 앵무새처럼 따라한다면, 하나님의 말씀을 충실히 설명하고 있는 것이 아니라 단순히 전통을 영속화하고 있는 것이다. (많은 "말씀 신앙"[word-of-faith, 하나님의 뜻을 따르는 사람들에게는 건강과 장수가 약속되었다는 가르침—편집자 주] 교사들이 흔히 인용하는 텍스트들을 열거한 다음 각각의 텍스트를 문맥 속에서 살펴보기만 해도 이런 일이 얼마나 자주 발생하는지 보여줄 수 있다. 그렇게 하면 남아 있는 텍스트가 많지 않을 것이다.) 자기 교회의 전통을 하나님의 말씀보다 더 귀하게 여긴다면, 하나님이 아니라 자기 교회의 전통을 섬기고 있는 것일 수도 있다(막 7:6-13을 비교하라).

문제가 있는 "계시"의 예

마찬가지로, 계시라고 알려진 것들이 다 성령에게서 나온 것은 아니다. 초기 오순절 교인들이 성령 세례의 본질이 무엇인지 결정하는 동안 한 가지 심쩍은 계시가 발생했다. W. H. 더럼의 침례교의 영향을 받은 많은 오순절 교인들은 성령 세례가 은혜의 세 번째 역사가 아닌 두 번째 역사라고 판단했다. 그러자 세 단계를 옹호하는 이들 중 한 사람이 마귀가 오순절 운동에 참여한 사람들이 성화되지 않도록 두 단계 교리를 부추겼음을 폭로하는 환상을 받았다고 주장했다.

다른 "계시"들도 초기 오순절 교회의 연합에 계속해서 문제를 일으켰다. 오순절 운동에 속한 대부분의 교인들이 2단계설을 교리로 정한 지 얼마 안 되어, 어떤 사람이 예수의 이름으로만 세례를 받아야 한다고 주장하며 "성부, 성자, 성령의 이름으로" 세례 받는 것이 적절하지 않다고 하는 바람에 이 운동의 주요 분파가 분리되어 나갔다. 이 계시는 많은 이들에게 예수가 성자일 뿐만 아니라 성부이자 성령이라는 견해(성경에서 거의 지지를 얻지 못하는 사벨리우스주의라는 고대의 가르침)를 취하게 했다.

하지만 많은 오순절 교인들은 "오직 예수" 교리를 따르는 개인적 계시에 감히 이의를 제기하지 못했다. 하나님의 성회 초기 지도자들 중 한 명인 J. R. 플라워는 이 계시가 비성경적이라고 선언하며 이에 공개적으로 반대했다. 처음에는 공개적으로 그렇게 선언한 사람은 사실상 그가 유일했지만, 그의 용기 있는 입장으로 인해 그 계시를 받아들였던 대부분의 오순절 교인들이 성경적 삼위일체 입장으로 돌아왔다. 그러나 어떤 이들은 오늘날까지 계속 사벨리우스주의적인 ("오직 예수") 입장을 가르치고 있다.

D. R. 매코넬은 오늘날의 많은 "신앙 교육"(faith teaching)이 이 운동 초기의 창시자 중 한 명에게서 비롯되었는데, 그 창시자는 E. W. 케니언에게서 많은 아이디어를 얻었다고 주장했다. 이 창시자는 이런 아이디어들이 성령에 의한 직접 계시에서 나온 것이라고 주장했지만, 그의 말은 때로는 케니언이 이전에 한 말과 거의 동일하며 때로는 몇 단락씩 동일하다. 케니언은 오순절 교인이 아니었다. 사실 케니언은 방언에 반대했다. 매코넬은 케니언이 크리스천사이언스를 낳은 "신사고"(New Thought) 체계를 읽은 데서 상당히 큰 영향을 받았음을 입증했다.[3] 한 아프리카인 친구와 나는 그의 고국에서 사용할 목적으로 우리가 번영 신학 및 "믿음" 신학에 있는 몇몇 심각한 오류라고 믿는 바

에 대한 성경적 답변을 담은 책을 공동으로 저술했다. 나는 많은 선의의 은사주의 진영에 오류가 스며들었으며, 그 오류는 보다 넓은 많은 복음주의 및 주류 진영에서 정당한 은사주의자들까지도 불신하게 만들었다고 생각한다. 여기서는 이 정도로만 말해도 충분할 것이다.

성령에 대한 나쁜 설교, 나쁜 개념 따위를 탓하기는 너무도 쉽다. 성령의 지혜와 우리 자신의 지혜의 차이를 참으로 배울 수 있을 만큼 겸손해질 때, 우리는 비로소 영적 성숙으로 나아가게 될 것이다.[4]

분별에서 성경의 역할

우리 자신과 성령과의 관계가 중요하기는 하지만, 균형 감각을 유지해야 한다. 많은 그리스도인들과 마찬가지로, 내 친구 로다와 앞에서 언급한 다른 그리스도인들은 성경을 올바른 위치에 두지 않았다. 성경에 있는 모든 사도들과 예언자들에게 임한 하나님의 계시는 이미

...

3 R. McConnell, *A Different Gospel: A Historical and Biblical Analysis of the Modern Faith Movement* (Peabody, Mass.: Hendrickson, 1988), 137-40을 보라.
4 "자기 홍보적인" 계시의 예도 얼마든지 들 수 있을 것이다. 1965년에 한 오순절 교단의 전임 감독자의 아들인 호머 톰린슨은 자신이 세상의 왕이라고 선언했다. 그러나 존 알렉산더 도위나 윌리엄 브래넘과 같은 다른 "종말의 예언자들"과 마찬가지로 그의 계시도 그의 대부분의 추종자들에게 좋은 인상을 주지 못했다. 그는 1969년에 죽었다(Vinson Synan, *The Holiness-Pentecostal Movement in the United States* [Grand Rapids: Eerdmans, 1971], 196-97; 도위와 브래넘에 대해서는 David Edwin Harrell Jr., *All Things Are Possible: The Healing and Charismatic Revivals in Modern America* [Bloomington, Ind.: Indiana University, 1975], 13-14, 27-41, 159-65를 보라.

검증받았다. 따라서 성경은 규범, 즉 오늘날 계시에 대한 모든 주장을 헤아리는 신뢰할 만한 척도 역할을 한다.

예레미야 시대에 많은 예언자들이 예언했지만, 예루살렘 멸망은 그들 중 오직 한 사람(예레미야)만 하나님을 대변했음을 보여주었다. 그러니 누구의 책이 성경에 포함되었겠는가? 예레미야는 이전의 참된 예언자들은 심판을 예언했고 이 사실은 하나님의 백성은 만사형통할 것이라고 말하는 예언자에게 자신의 말을 입증할 책임을 부과한다고 주장했다(렘 28:8-9. 23:16-32을 비교하라). 역사는 성경의 계시를 검증해왔는데, 우리는 그 계시를 사용해서 성령에 대한 우리 자신의 민감성을 평가하고 인도해야 한다. 성경에서 하나님의 음성을 인식하는 법을 배우는 이들은 하나님이 그들의 마음속에서 말씀하실 때 성령을 인식할 것이다.

그러나 성경에서 하나님의 음성을 듣는 것은 단지 여기저기 흩어져 있는 구절들을 인용하는 것이 아니다. 많은 사람들이 성경 구절들을 인용하고 그 구절을 이용해서 서로에 대해 반론을 주장한다. 하나님은 우리에게 성경을 각 구절 사이는 빈 칸으로 남겨진, 서로 떨어져 있는 구절들로 주신 것이 아니라 단번에 한 책으로 주셨다. 이것이 하나님의 영이 성경에 영감을 불어넣으신 방식이며, 따라서 이것이 우리가 그 안에서 하나님의 음성을 가장 잘 들을 수 있는 방식이다. 우리는 단순히 우리 자신의 (또는 다른 누군가의) 계시에 의존하는 것이 아니라, 문맥에서 구절별로 또는 책별로 성경을 배워야 한다. 하나님이 성경 속에서 우리에게 이미 주신 계시를 무시하고 성경에 위배되는 새로운 계시를 더 선호하는 것은 위험한 일이다. 그것은 마치 자기가 이미 받은 계시를 무시하고 또 다른 예언자가 받았다고 주장한 (잘못된) 계시에 귀를 기울인 어떤 예언자와 비슷하다. 그는 하나님께 불순종해서 죽었다(왕상 13:16-22).

성경 해석에 관한 상황은 은사주의자든 비은사주의자든 간에 많은 이들이 인식하고 있는 것보다 더 심각하다. 교회에서 무작위로 인용되는 대부분의 구절들이 먼저 문맥 속에서 그 구절을 연구한 다음에 인용되는 것이 아니라, 기계적으로 인용된다. 그 결과 이러한 많은 구절들의 의미가 우리가 그 구절들을 사용할 때 의도하는 바와 달라진다. (예를 들어 요 10:10의 문맥에서 "도둑"은 단순히 마귀가 아니며, 요 12:32-33에서 "예수님이 들어 올려지는 것"은 일차적으로 찬양을 가리키는 것이 아니다[흥미 있는 독자라면 이 구절들을 문맥 속에서 검토해보면 바로 확인할 수 있을 것이다]. 시 118:22-24에서 "이 날은 여호와께서 정하신 것이라"라는 말은 실제로는 역사상의 어느 구체적인 중요한 날을 가리킨다!)

유명한 목사들 중 일부는 그들이 사용하는 거의 모든 구절을 문맥에서 벗어난 채로 인용함에도 불구하고, 진지하고 열정적인 형제 자매들은 너무도 자주 그런 목사들이 한 말을 무비판적으로 받아들인다. 어떤 이들은 하나님이 문맥을 벗어나 취해진 성경 구절을 통해 말씀하실 수도 있다고 주장한다. 물론 하나님은 주권적이시며 자신이 원하는 대로 증거 텍스트, 시 또는 발람의 나귀를 통해 말씀하실 수도 있다. 그러나 우리는 우리의 나귀에게 정기적으로 우리가 어떻게 살아야 하는지 말해달라고 요청하지 않는다. 마찬가지로 우리는 실제로 성경 텍스트에 들어 있지도 않고 모두 접근할 수 있는 것도 아닌 성경 해석을 아무거나 그리스도의 몸의 나머지 지체에 대해 권위 있는 것으로 **가르칠 수**는 없다. 우리가 겸손히 이런 목사들을 위해 기도하고 또 그들에게 하나님 앞에서 겸손한 마음이 있다면, 하나님은 그들이 더 잘 이해하도록 인도하실 수 있다. 하지만 그들이 그토록 많은 사람들을 잘못 인도하기 전에 오류를 바로잡았더라면 얼마나 더 좋았을까!

하나님의 종들이 하나님의 말씀을 잘못 다루는 동안 이를 외면한 우리도 공동 책임을 져야 한다. (누군가가 우리의 말을 문맥에서 벗어난 채로 인용해서 우리의 의도를 잘못 표현한다면 우리는 그를 고소할지도 모른다!) 오늘날 성령의 새로운 부흥을 위해 (하나님의 교회가 하나님의 말씀의 진리에 대해 깨어나도록) 기도하자.

은사주의자들에 대한 비은사주의의 부당한 비판

나는 기적적인 영적 은사는 중단되었다는 존 맥아더의 결론에 동의하지 않으며, 그의 책에 나오는 극단적인 예들은 대부분의 은사주의자들을 대표하지 않는다고 확신한다.[5] 맥아더는 사이비 종교집단과 은사주의자들 모두 새로운 계시를 인정한다고 비난한다.[6] 그러나 이런 비교로 그 둘을 자동적으로 같은 범주로 분류해서는 안 된다. 첫째,

---

5 John F. MacArthur Jr., *Charismatic Chaos* (Grand Rapids: Zondervan, 1992).
6 같은 책, 80-81.

연좌제는 불쾌한 결과를 가져오는 추론 형식이다. 예를 들어 "더웨이 인터내셔널"은 환난 전 휴거를 인정했는데 북미의 많은 침례교인들도 이를 인정한다. 그러므로 침례교인들은 사이비 종교 집단인가? 일부 사이비 종말론 집단은 환난 전 휴거를 부정한다. 따라서 환난 전 휴거설을 부정하는 대부분의 장로교와 침례교 신학교 교수들도 사이비 종교 집단의 일부인가? 만일 환난 전 휴거설을 인정하는 사람들과 부정하는 사람들 모두 사이비 집단이 분명하다면, 사이비 집단에 포함되지 않는 것이 가능한가? (따라서 내가 환난 중 휴거설을 옹호한다고 생각하는 독자가 없도록[나는 그 입장을 지지하지 않는다] 이것은 단지 하나의 예일 뿐임을 밝혀둔다.)

둘째, 대부분의 사이비 종교집단은 새로운 계시를 받아들이지만 그들 자신의 기초가 된 계시가 나온 시기까지의 계시만 받아들이며, 결국 그 과정에서 중요한 성경의 계시를 부정한다. 주류 은사주의자들은 그렇게 하지 않는다. 많은 사람들은 단지 일상생활에서 "성령의 인도"를 받는 일에 관한 성경의 명령을 따르려 애쓴다(롬 8:14; 갈 18). 마찬가지로 일부 젊은 은사주의자들이 거짓된 가르침을 잘 받아들이는 경향이 은사주의 운동 전체를 오염시킨다면, 오염된 은사주의자들이 그들의 모든 동료 복음주의자들을 오염시키는 것으로 간주되어야 하는가? (라틴 아메리카의 대부분 지역과 같이) 세계의 여러 지역에서 대부분의 복음주의자들은 은사주의자이거나 오순절 교인이다.

더구나 주류 은사주의자들은 그들이 성경에 나와 있다고 믿지 않는 새로운 교리적 계시를 받아들이지 않는다. 마지막으로, 맥아더 자신도 성경 이후의 교회 전통이 은사주의 전통이 아닌 한(즉 그것이 참

된 "계시"라기보다는 참된 지혜라고 주장한다면), 그런 전통에 호소한다.7

은사주의의 과도함에 대한 보다 공정한 비판

그럼에도 맥아더의 책은 은사주의의 과도한 사례들에 대한 유용하고 정확한 예를 제공하며, 불행하게도 신앙 연륜이 깊은 많은 은사주의자들은 더 많은 예를 제공할 수 있다. 1970년대에 나는 사람들에게 못된 태도를 유발하는 마귀(attitude-demon)를 항아리에 토해내게 한 뒤, 그 항아리를 밀봉하고 지하실에 저장한 비주류 은사주의자들에 대해 들었다. 언젠가 내가 방문한 교회에서 기도하러 앞으로 나아가고 있을 때, 그 교회 목사가 내 앞에 있는 여자의 부러진 손목에서 귀신을 쫓아내기 시작했다. 나는 가능한 한 빨리 내 자리로 돌아왔다! 영적 은사를 인정하고 실행하는 이들 중 많은 사람들은 그처럼 유별난 은사주의자들보다는 최소한 성경에 근거를 두고 있는 반은사주의자들과 함께 있는 것이 더 편안할 것이다.

일부 은사주의자들의 성경 해석 방법에 대한 맥아더의 비판은 보다 더 적절하다. 많은 은사주의자들(특히 "신앙 운동"에 속해 있는 사람들이 그렇지만 일부 비은사주의적인 경건주의적 그리스도인들 가운데도 그런 사람들이 있다)은 그 텍스트를 문맥에서 읽으면 자기들의 "계시"와 전혀

---

7   예를 들어 같은 책 75.

아무런 관계가 없음에도 불구하고 성령이 성경의 의미를 자기들에게 계시해주셨다고 주장한다. 영감을 받은 성경의 의미와 모순되는 계시를 받을 수도 있다면, 단지 새를 쳐다보거나 시를 읽다가 계시를 받는 것은 왜 안 되는가? 하나님이 원래 성경에 영감을 불어넣어서 하신 말씀이 적절치 않다면 왜 굳이 성경을 사용하는가?

누군가가 사실은 그렇지 않은데 성령이 자기에게 말씀하셨다는 확신을 가지고 행동하는 것보다 더 위험한 것은 없다. 우리는 사실 성경의 문맥이 우리가 하는 말을 뒷받침하지 않는데도 불구하고 마치 우리의 배후에 성경의 권위가 있는 것처럼 감히 설교해서는 안 된다. 은사주의적인 초기 그리스도인들은 계시와 관련된 모든 주장을 검증해야 한다는 점을 인식했으며(고전 14:29; 살전 5:20-22), 사도들의 가르침을 계속 이어갔다(행 2:42). 일부 비은사주의자들이 은사주의자들이 무모하게 행동할까 봐 두려워해도 놀랄 일이 아니다. 주의 깊게 성경에 근거하지 않으면, 선의의 은사주의자들조차 그들이 성령으로 간주하는 다양한 감정과 경향에 이끌려 때로는 바로 그렇게 행동했다.

영적 은사의 목적(고전 12-14장)

영적 은사가 있다 해서 모든 점에서 하나님의 음성을 바르게 듣도록 보장해주지는 않는다. 고린도 교회는 오늘날 일부 서구 교회와 닮아서 사회적으로 계층화되고, 개인주의적이고, 분열적이었다. 바울은 그들의 영적 은사 추구를 칭찬하지만(고전 1:5, 7), 그보다 훨씬 심각한

결함에 대해 그들을 책망한다. 그들은 자신들이 추구하는 은사의 지침이 되어야 할 원리인 사랑이 부족하다(고전 12-14; 1:10).

영적 은사는 몸을 세우기 위한 것으로서(고전 12장), 사랑이 영적 은사의 표현을 조정해야 한다(고전 13장). 따라서 해석되지 않은 방언보다는 다른 사람들을 세우는 은사인 예언이 공적으로 더 유용하다(고전 14장). 예언을 포함한 은사는 영적 헌신에 대한 보증이 아니며, 거짓 예언을 하거나 심지어 그리스도께 헌신하지 않고도 성령의 영감에 굴복할 수 있다(마 7:21-23; 삼상 19:20-24).[8] 바울은 고린도에 있는 그의 친구들에게 그들이 회심하기 전에 그리스 종교에서 무아지경의 영감을 경험했음을 상기시키며, 일반적인 영감이 아닌 그리스도의 메시지가 핵심이라고 지적한다(고전 12:1-3). 하나님의 메시지를 얼마나 무아지경 속에서 말하는가가 아니라, 그 메시지의 내용을 전달하는 것이 핵심이다. 이 원리는 방언을 말하는 이들과 예언자들뿐만 아니라, 건전한 성경적 가르침이 결여된 공허한 종교 강연을 전달하면서 열광을 기름 부음으로 착각하는 선의의 설교자들에게도 적용된다.

바울은 이어서 자신의 청중에게 모든 은사는 같은 성령에게서 나오며(고전 12:4-11), 은사들은 상호 의존적이라는 점을 상기시킨다(12:12-26). 바울은 주요 은사들(사도직, 예언, 가르침)의 등급을 매긴 다

・・・

8 삼상 18:10에서 사울이 "악한 영"에게 영감을 받은 것을 고려할 때 후자의 예는 보다 더 주목할 만하다. 이 영의 본질은 논란의 여지가 있고 내가 아는 몇몇 박식한 동료 구약 학자들은 삼상 18:10이 귀신을 가리키고 있는지 의문을 제기하지만, 나는 (특별히 내 과거 제자인 이매뉴얼 이탭슨[Emmanuel Itapson]이 쓴 책에 비추어 보면) 이 구절이 아마도 귀신을 가리킬 것이라고 생각하고 싶다.

음, 다른 은사들은 그 중요성이나 권위에 대해 명시적으로 등급을 매기지 않은 채 나열한다(12:27-30). 바울은 교회에 "가장 좋은" 은사(즉 교회에 가장 덕이 될 은사, 12:31), 특히 예언을 추구하도록 촉구한다(14:1). 따라서 영적 은사를 추구하는 것은 타당하지만, 우리는 어떤 은사가 그리스도의 몸에 가장 도움이 될지 판단함으로써 어떤 은사를 추구할지 선택한다. 즉, 우리는 사랑을 선택의 지침으로 삼는다(고전 13장).

바울은 이 점을 좀 더 자세하게 다룬다. 우리는 때때로 고린도전서 13장을 결혼식에서 사용하도록 격하시키지만, 바울은 이 말씀을 영적 은사에 대해 논의하는 맥락에서 기록했다. 우리에게 가장 강력한 모든 영적 은사가 있더라도 사랑이 없다면 우리는 아무것도 아닐 것이다(13:1-3). 은사는 궁극적으로 사라질 것이지만, 사랑은 영원하다(13:8-13). 바울은 영적 은사보다 사랑이 더욱 중요하다고 언급하면서 사랑의 특징들을 묘사한다(13:4-8). 바울이 열거하는 많은 특징들(예를 들어 자랑하지 않는 것)은 그가 앞에서 고린도의 독자들이 보이고 있다고 간주한 특징들과 정확히 반대된다(5:2; 8:1을 보라).

따라서 고린도의 그리스도인들은 성령의 인도를 받는 은사들에 있어서는 강했지만, 성령의 인도를 받는 성품에 있어서는 약했다. 이런 이유로 바울은 말하는 사람에게만 덕을 세우는 해석되지 않은 방언보다 교회 전체에 덕을 세우는 예언의 은사의 중요성을 강조할 필요가 있었다(고전 14장). 바울은 교회 전체에 기여할 은사에 초점을 맞추었지만, 방언을 부정적으로 묘사하지 않도록 주의했다(14:4, 14-19, 39). 바울은 후대의 일부 그리스도인들이 고린도전서 14:39과는 달리

이 은사를 멸시할 것이라는 사실을 알지 못했겠지만, 이 점에 주의를 기울였다.

바울의 메시지를 오늘날에 적용하기

바울이 고린도 그리스도인들에게 한 말의 적절성은 바울이 당대의 모든 교회에 동일한 논거를 적용하려 했을까라는 질문을 제기한다. 많은 오순절 교인들과 은사주의자들이 말하듯이, 은사에 대한 바울의 몇 가지 구체적인 제한들은 모든 교회가 아니라 고린도의 과도한 상황에 적용되었을 수도 있다. 그럴 가능성이 높겠지만, 고린도의 대다수 가정 교회의 출석 교인이 40명 정도에 불과했다면, 나는 거기서는 영적 은사의 역학 관계가 교인 수 2천 명인 교회(더 많은 제약이 필요했을 것이다)나 다섯 명이 모이는 기도 모임(제약이 덜 필요했을 것이다)에서와는 다르게 적용되었을 것이라고 생각한다. 마찬가지로 대부분의 영적 은사들이 의심스럽게 여겨지는 오늘날의 교회에서는, 다른 믿을 만한 예언자들이 인정한 가장 순수한 예언조차 분열만 일으킬 것이기 때문에, 예언은 방언과 마찬가지로 교회에 덕을 세우지 못할 것이다.

 어떤 은사주의자들은 방언과 예언을 포함한 모든 은사의 공적 기능은 매우 중요하므로, 은사를 추구하면 교회가 분열된다 해도 우리는 은사를 추구해야 한다고 주장한다(고전 12:31; 14:1). 그러나 (나 자신을 포함한) 다른 은사주의자들은 이런 견해는 바울의 요점을 놓친다고 주장한다. 은사의 목적은 그리스도의 몸을 더 강화시키는 것이기 때문에, 은사를 공적으로 사용할 경우 비은사주의 회중이 분열된다면 은사주의 교인들은 다른 무엇보다 몸의 연합을 존중해야 한다. 이는 적절한 수단을 통해 회중이 영적 은사 문제에 있어서 성경적으로 보다 더 성숙해지게 하는 일도 해서는 안 된다는 말이 아니다. 은사는 중요하고 성경적이지만, 그리스도의 몸에서 가장 중요한 문제는 아니다. 성숙의 가장 큰 표징은 사랑이다.

내가 예언을 수용하는 회중의 일원이었을 때, 성령님은 거의 매주 내게 예배에서 예언하도록 감동을 주셨다. 예언이 어떤 주에는 많은 사람들이 씨름하고 있는 문제를 다루었고, 어떤 주에는 특정 성경 텍스트(그 교회 목사님이나 나나 둘 다 주님이 어떻게 상대방을 인도하고 계신지 알지 못했지만 목사님이 바로 그 주에 설교하라는 인도하심을 느낀 텍스트)의 말씀과 관련된 특정 주제에 주의를 환기시켰다. 거기서 2년을 보낸 뒤 나는 비은사주의 교회로 되돌아가 한 침례교회에서 사역했다. 담임 목사님은 내게 방언과 예언을 포함해서 주님이 내게 주신 은사는 무엇이든 잘 사용하라고 말씀하셨다. 이 교회에서 나는 특히 매주 강단에서 가르치는 일을 통해 더 많은 사역의 기회를 얻었다. 그러나 성령님은 이 교회에서 한 번도 내게 예언하도록 감동을 주시지 않았다. 그 대신 성령님은 내게 그 교회에서 받아들여진 은사인 가르치는 은사를 주셨다.

한번은 담임 목사님의 전폭적인 지원을 받아 성령의 은사에 대해 가르쳤지만, 이 가르침은 결코 분열의 원인이 되지 않았다. 그러나 대부분의 주간에 나는 영적 은사를 다루지 않았다. 교회에서 다루어야 할 다른 많은 주제들(성적인 성결, 배우자를 올바로 대하는 법, 이웃에 사는 가난한 이들에 대한 관심 등에 대한 하나님의 요구)이 있었기 때문이다. 낙태, 혼전 성교, 남편이 아내를 대하는 법, 지역 사회에서의 전도 방법에 대한 가르침이 방언이나 예언보다 오히려 훨씬 더 논쟁을 불러일으켰다. 성령님은 이 교회에서 계속 다양한 방법으로 역사하셨지만, 다른 몇 가지 주제들은 약간 분열을 일으킨 반면 영적 은사는 한 번도 그런 적이 없었다.

나는 자신의 영적 체험에 대해 아무것도 숨기지 않았고, 목사님의 승인을 받아서 성령님이 내게 감동을 주실 때에는 개인적으로 예언을 통해 사역했다. 그러나 거기서 나를 가장 깊이 섬겨준 친구들 중 일부는 내 특정 경험들을 공유하지 않았다. 우리의 연합은 그리스도 안의 공통된 교제에 뿌리를 두고 있었다. 궁극적으로, 내가 같은 주의 다른 지역에서 가르치는 자리로 옮겨가고 난 뒤에 일부 교인들이 그 교회에서 가끔씩 예언하기 시작했고, 그 교회는 단 한 마디의 불평도 없이 그 예언들을 받아들였다. 모든 상황이 똑같은 방식으로 전개되지는 않지만, 고린도전서 12-14장은 하나님이 교회를 분열시키기 위해서가 아니라 섬기기 위해 우리에게 은사를 주신다는 성경의 원리를 제공한다.

영적 은사 문제로 교회들이 종종 분열되었다는 존 맥아더와 은사주의의 극단적 사례를 비판하는 다른 이들의 말은 맞는 말이다. 그러나 나는 개인적으로 주류 교회들이 은사를 신봉하는 복음주의 목회자들이나 헌신된 교인들을 통해 활기를 되찾고 되살아난 경우를 훨씬 더 많이 목격했다. 회중이 영적 은사들은 오늘날에도 지속될 수 있음을 인정하고 특정 은사를 사용하거나 사용하지 않는 사람들을 멸시하지 않는 한, 영적 은사는 결코 분열을 일으키는 문제가 될 소지가 없다.

    은사가 종종 분열을 일으키는 이슈였다는 사실은 은사의 올바른 사용을 논박하는 근거가 아니다. 실제로는 흔히 은사에 반대하는 이들이 은사를 신봉하는 교인들과 평화롭게 살기를 거부하며 분열을 일으켜왔다. 또 어떤 때에는 은사주의자들이 영적 은사나 경험(또는 다소 덜 성경적인 개념)은 강조하는 반면, (영적인 열매나 건전한 성경 이해와 같은) 성령 사역의 다른 측면들은 무시할 때 분열이 발생했다. 분열은 양쪽 어느 편에서든 지나친 열정이나 지나친 반응에서 나올 수 있다. 그러나 모든 신자는 (가장 열렬한 오순절 교인부터 가장 열성적인 은사 중지론자까지) 그리스도가 우리를 사랑하신 것처럼 담대히 서로를 사랑한다면 연합하여 동행할 수 있다. 연합은 결국 우리 가운데 계신 한 성령으로부터 나온다(고전 12:13; 엡 4:3). 그러나 우리 중 많은 이들은 이 연합의 장기적인 한 가지 열매로 인해 영적 은사들이 감소하는 것이 아니라, 이 은사들이 그것들이 마땅히 속해 있는 그리스도의 몸 전체에 회복될 것이라고 믿는다(고전 12:12-26).

은사주의적 분리주의

이 책 전체를 통해 확인해왔듯이 은사는 좋은 것이지만, 우리들 대부분은 은사가 그 자체로 모든 것은 아니라는 점도 알고 있다. 성령에게서 비롯되었다고 받아들여지는 것 중 일부는 진짜가 아닐 뿐만 아니라, 진정으로 성령에게서 비롯된 것 중 일부는 우리의 편견과 전통 때문에 그 가치를 인정받지 못할 수도 있다. 영적 은사와 열매들은 마땅히 그리스도의 몸 전체에 속하지만, 일부 분리주의 은사주의자들은 영적 은사는 오늘날에도 유효하다고 믿는 사람은 누구나 자신들이 속한 교회에 동참해야 한다고 주장한다. 영적 은사를 자유롭게 발휘할 기회를 제공하는 교회에 다니는 것에는 아무 문제가 없지만, 그렇다고 해서 하나님이 모든 신자들이 은사주의 교회에 다니기를 요구하신다는 것을 의미하지는 않는다.

영적 은사를 긍정하고 이를 실행하는 다른 많은 그리스도인들은 하나님의 영이 그들을 침례교회, 감리교회, 성공회, 아프리카 감리교 감독 교회, 루터교회, 가톨릭교회, 장로교회, 메노파 교회, 또는 그 밖의 교회로 인도하셨거나 그 교회에 남아 있도록 인도하셨다고 믿는다. 많은 은사주의자들 또한 성경에 충실한 목소리가 필요한 곳에서 그러한 목소리를 내는 역할을 한다.

은사주의 교회들이 언제나 다른 교회들보다 성령의 인도를 더 많이 받는 것도 아니다. 은사주의 교회들은 비은사주의 교회들과 마찬가지로 복음과 충돌하는 이데올로기와 개성의 지배를 받을 수도 있다. 어떤 교회들은 사실 성령이 주시는 어떤 말씀에 대해서도 우호적이지 않은데, 여기에는 일부 은사주의 교회 및 오순절 교회들이 포함된다. 일부 은사주의 교회들은 율법주의나 우상적인 요소들로 복음을 왜곡해왔다. 은사주의자인 내 친구 한 명은 자신이 몇 년 전에 속해 있었던 어느 은사주의 공동체에 대해 내게 말해주었는데, 그 공동체는 가혹한 형태의 "목양"을 실행했다. 그 친구는 일부 지도자들과 의견을 달리하자 출교당했다. 그 공동체의 지도자들은 너무 오만하고 사이비적이어서 결국 교회는 분열되었고, 복음에 큰 불명예가 가해졌으며, 일부 신자들은 교회를 완전히 떠나거나 회복되는 데 몇 년이 걸렸다.

하나님은 종종 다른 사람들이 "죽은 교회"라고 부르는 교회에도 경건한 남은 자를 남겨두신다(계 3:4). 내게는 바로 그런 교회에서 목사가 되어 길거리에서뿐만 아니라 교회 예배 중에도 복음을 전하는 친구들이 있다. 많은 경우에, 교회에 오래 다닌 교인들을 회심시키는 일은 치아를 뽑기만큼 어려우며, 그보다 훨씬 작지만 열심 있는 교회에서 시작해 그 지역 사회를 복음화하는 것이 그보다 훨씬 쉬웠을 것이다. 그러나 하나님은 어느 쪽으로든 역사하실 수 있으며, 누군가를 부르셔서 "죽은 교회"에 생명을 가져오기도 하신다. 하나님은 우리 중 어느 누구도 결코 쉬운 사명으로만 부르시지는 않는다.

그러나 성경이 말하는 "죽은" 교회는 사람들이 흔히 정의하는 것과 반드시 일치하지는 않는다. 보다 극단적인 은사주의자들 중 일부는 죽은 교회란 방언을 하지 않는 모든 교회라고 주장했지만, 이는 분명 잘못된 말이다. 성경적으로 죽은 교회는 그리스도의 부르심에 불순종하는 교회이며(계 3:1-2), 그런 교회에서는 대부분의 교인들이 진정한 그리스도인이 아니다(계 3:4-5). 헌신적이고 복음을 전하며 성경을 읽고 성경에 순종하는 그리스도인인 교인들의 비율이 교회 안의 영적 생명을 판별하는 데 방언보다 훨씬 나은 시금석이다. 또한 방언이 반드시 "은사주의" 교회를 식별해주는 것도 아니다. 나는 방언이 교회의 공적인 예배에서 거의 역할을 하지 않거나, 아무런 역할을 하지 않는 많은 은사주의 교회를 알고 있다.

교회에서 카리스마적인 은사가 사용되는 것은 성경적이고 바람직한 일이지만, 다른 상황이 동일하다면 분리주의적 사고방식에는 심각한 약점이 있다.

첫째, 그리스도의 몸에는 다양한 은사들이 있는데, 그중 일부는 공적인 예배에서 다른 은사보다 더 중요하다. 모든 은사가 충분히 활용되는 교회는 드물며, 이는 대부분의 은사주의 교회들도 마찬가지다. 가르침은 중요한 은사지만, 앞에서 언급했듯이 그리고 대부분의 건전한 은사주의자들이 알고 있듯이 많은 불건전한 은사주의자들이 존재한다. 은사주의자든 은사주의자가 아니든 성경을 문맥 안에서 규칙적으로 공부하는 사람이라면 누구라도 목사가 성경 구절의 맥락을 무시하는 설교를 끝까지 듣고 앉아 있기가 고통스러울 것이다.

많은 사람들이 부주의하게 성경의 문맥에서 벗어나고서도 겸손히 하나님의 진리를 바라지만, 오만하게도 변화의 필요성을 인정하지 않고 자신들의 문맥에서 벗어난 해석을 성령의 책임으로 돌리는 사람들도 있다. 언젠가 나는 어떤 목사가 요엘 3:10에 나오는 "약한 자도 이르기를 '나는 강하다' 할지어다"라는 말씀에 대해 설교하면서, 우리는 우리 자신이 강하다고 고백할 필요가 있다고 선언하는 것을 들었다. 물론 하나님의 능력은 약한 데서 완전해지지만(고후 12:9-10), 요엘 3:10의 문맥상 요점은 그와는 다른 의미다. 하나님은 악한 나라들을 불러 예루살렘과 전쟁하게 하시면서 그들을 조롱하고 계신다. "너희는 약하지만 내게 대하여 강한 척 하라! 내가 너희를 멸하리라"(욜 3:2-16). 우리는 모두 실수를 저지르며, 나와 그 목사 모두 그날 실수를 저질렀다. 내가 한 실수는 그 문제에 대해 그와 이야기를 나누려 했다는 것이었다. 나는 예배 후에 그 구절의 문맥에 흥미로운 내용이 있음을 암시했다. 그는 퉁명스럽게 이렇게 대답했다. "문맥이 뭘 말하는지는 나도 압니다. 하지만 이것이 성령님이 내게 설교하라고 주신 말씀이에요." 불행하게도 성령이 그에게 주신 말씀은 성령이 요엘에게 주신 말씀과 달랐다! 그의 실수는 내 실수와 마찬가지로 교만이었다. 그는 사실 자신의 요점이 그 텍스트의 요점과는 아무런 관계가 없었는데도 불구하고 공개적으로 자신이 설명하고 있는 성경 텍스트의 권위에 근거하여 말하는 척 했다. 그의 요점은 사실 타당한 성경적 요점이었지만, 그가 자신의 메시지에 대해 성경의 권위를 주장하고 싶었다면 자신의 메시지에 적합한 텍스트(예를 들어 고후 12:9-10)를 찾거나 자신의 텍스트에 적합한 메시지(예를 들어 교만한 자들에 대한 하나님의 심판)를 찾았어야 했다.

누군가에게 방언, 예언, 또는 치유의 은사가 있다는 사실이 곧 그가 좋은 성경 교사임을 의미하지는 않는다. (과거의 유명한 은사주의자였던 바울의 말을 빌리자면) 비록 내가 그들 중 대다수보다 방언을 더 많이 할지도 모르지만(고전 14:18), 나는 개인적으로 목사가 자신의 불건전한 설교를 성령의 인도하심 탓으로 돌리는 은사주의 교회에서 사역하느니 차라리 목사님이 성경 텍스트를 정확하게 설명하는 비은사주의(심지어 반 은사주의) 교회에서 사역할 것이다. 가르침이 빈약한 은사주의 교회들이 영적 능력과 더불어 더 건전한 가르침을 제공할 수 있을 때까지는, 그런 교회들 중 다수는 신선한 영적 경험이 필요하지만 그런 경험을 하고 나면 결국 다른 곳으로 옮겨가는 그리스도인들을 위한 중간 기착지로 계속 머무를 수밖에 없을 것이다. 설상가상으로 어떤 교회들은 "하나님의 모든 뜻"에 미치지 못하는 부족한 영성을 지닌 신자들을 길러내 그들의 양 떼를 장차 박해나 거짓된 가르침이나 민족적 심판의 때에 위기에 취약한 상태로 남겨둘 것이다(행 20:26-31).

둘째, 모든 은사는 마땅히 그리스도의 몸 전체에 속한다. 개인적으로 방언으로 기도하는 모든 사람이 주로 특정 은사를 공개적으로 사용하는 특징을 보이는 교회에만 다닌다면, 누가 비은사주의 교회에 남아 분열적이지 않은 방식으로 이 은사들을 다른 이들에게 소개해줄 것인가? 하나님은 방언으로 기도하는 모든 사람이 은사주의 교회에서만 예배드리도록 요구하시는가?

셋째, 모든 은사는 그리스도의 몸을 분열시키기보다는 세워야 한다. 내가 안수 받은 침례교단의 어떤 목사들은 여러 은사주의 목사들이 자신들의 교회를 침례교단에서 탈퇴시키거나 의도적으로 침례교회에서 교인들을 데려갔다는 이유로 은사주의 목사들에 대해 우려했다. 나는 우리 교단의 목회자들 중 초자연적 은사는 중단되었다고 믿는 사람은 별로 없다고 생각한다. 개인적으로 방언으로 기도하거나 비분열적인 방식으로 방언에 대해 이야기하는 교인들에 반대하는 목회자는 분명히 소수였을 것이다. 그러나 두려운 것은 분열이었는데, 분열은 하나님의 영에게서 나오지 않는다(롬 16:17; 유 19).

넷째, 교회마다 강점과 소명이 다르다. 우리가 다양한 교회들의 강점이 서로를 보완할 수 있을 만큼 충분히 연합하는 것이 가장 이상적이다. 우리는 가르침이든, 전도든, 교회 안의 아픈 교인들을 위해 기도할 수 있는 더 많은 믿음이든, 서로의 은사에서 배우고 성장할 수 있어야 한다. 내가 처음에 침례교회에서 사역한 이유는 부분적으로는 그곳의 다른 교회들은 별로 하지 않는 방식으로 그 지역사회의 전도 받지 않은 사람들에게 전도하려는 목사님의 마음을 보았기 때문이다. 성령님은 내게 전도에 대한 열정을 주셨고, 내게는 전도가 사람들에게 방언으로 큰 소리로 기도하도록 권하는 교회에 출석하는 일보다 훨씬 중요했다.

마지막으로, 우리를 그리스도인으로 하나 되게 하는 공통의 사명에 비하면 다른 모든 의제들은 부차적일 뿐이다. 복음주의 안에서 오늘날의 몇 가지 이슈들(예를 들어 내가 생각하기에 예수님의 최초의 제자들이 전파한 복음의 핵심 주장인 예수님이 유일한 구원의 길인지 여부)은 확실히 분열을 감수할 만한 가치가 있다. 나는 세상의 상대주의적인 풍조가 계속 교회에 침투함에 따라, 이 이슈가 다음 10년간 분열의 핵심 쟁점이 되지 않을까 두렵다. 그러나 우리 사이에서 논쟁을 벌이는 대부분의 이슈들이 우리가 그리스도를 위해 공통의 사명을 이루어 가는 데 방해가 되어서는 안 된다.

그래서 나는 다른 곳에서 현재 그리스도인들 사이에서 논쟁거리가 되는 문제들에 대한 글을 써왔다. 그러나 나는 여성 사역에 대해 웨인 그루뎀에 동의하지 않고 이혼에 대해 윌리엄 헤스에게 동의하지 않지만, 그들 두 사람은 내가 존경하는 친구들이다. 나는 여성 사역에 관해 J. I. 패커와 견해가 다를 수도 있지만, 패커가 그리스도의 몸에 큰 기여를 했다는 점을 진심으로 인정한다. 우리가 어떤 문제에 대해 동의하지 않을 때마다 다른 신자들과의 교제를 끊는다면, 우리들 대부분은 다른 그리스도인과의 교제를 거의 누리지 못할 것이다! 은사주의 진영이 내세우는 방언과 그 밖의 영적 은사들 및 성령에 관한 믿음과 성령 체험은 중요할 수도 있지만, 이 은사들이 곧 성령이 우리에게 가르치기를 원하시는 모든 주제를 대변하는 것은 아니며 연합의 궁극적인 기초를 의미하지도 않는다. 가장 은사주의적인 교회들조차 이런 주제들을 항상 가르치지는 않는다. 성령은 사람들이 다른 주제들을 바라보는 방식에 변화를 일으키실 수 있지만, 사람들을 그리스도와의 더 깊은 관계로 인도하는 것이 단지 그들에게 방언에 대해 가르치는 것만을 의미하지는 않는다. 거기에는 사람들에게 성경을 이해하는 법, 복음 전파에 대한 성경의 요구를 실행하는 법, 하나님의 음성에 민감해지고 순종하는 법을 가르치는 일이 포함되어야 한다.

따라서 나는 영적 은사들에 대해 열심인 이들에게 타당한 이유 없이 비은사주의적인 교회들을 포기해서는 안 된다고 촉구하고자 한다. 당신의 강조점들이 그리스도의 몸의 다른 지체들에게 갱신이 필요한 분야에 갱신을 가져다줄 수 있다. 마찬가지로 특정 은사에 대해 열심인 이들은—다른 참된 그리스도인들의 다른 은사들 중 일부가 그 순간에는 덜 화려해 보일지라도—그 은사들을 필요로 한다. 그리스도인들로서 우리 각자는 그리스도의 몸 안에 있는 우리 형제자매들 앞에서 우리 자신을 낮추고(벧전 5:5), 하나님이 주신 은사들의 다양성을 인정해야 한다(롬 12:4-8; 고전 12:14-26; 벧전 4:10). 사실 겸손이라는 영적 훈련은 모든 표징 중에서 가장 눈에 띄지 않는 표징 중 하나지만, 그럼에도 우리 안에 주님이 임재하신다는 참된 표징이다(고후 10:1; 갈 6:1; 엡 4:2-3).

물론 모든 교회가 모든 문제에 관해 성경적으로 행동할 뿐만 아니라 영적 은사에 관해 성경적으로 행동하는 것이 이상적이다. 그러나 우리가 지금 사랑, 화평, 자비, 오래 참음 등 성령의 열매를 추구할 때만 그 목표를 달성하기를 바랄 수 있다. 고린도전서 13장은 은사에 대한 강조와 열매에 대한 강조 중 하나를 선택해야 한다면 어디에 강조점을 두어야 하는지 분명히 밝혀준다. 물론 성경은 우리에게 양자택일을 강요하지는 않지만 그럼에도 하나님이 강조하시는 곳을 강조하도록 초대한다.

성령이 우리 안에 성령의 열매, 곧 그리스도의 성품의 형상을 낳으셔서 우리 주위의 세상이 그들에 대한 하나님의 사랑이 어떤 모습인지 알게 될 수 있기를 소망한다. 예수님은 제자들의 발을 씻기신 후 십자가로 나아갈 준비가 되셨을 때 제자들에게 (그리고 우리에게) 이렇게 명령하셨다.

> 새 계명을 너희에게 주노니 서로 사랑하라. 내가 너희를 사랑한 것 같이 너희도 서로 사랑하라. 너희가 서로 사랑하면 이로써 모든 사람이 너희가 내 제자인 줄 알리라(요 13:34-35).

결론

나는 책의 첫머리로 되돌아감으로써 글을 마무리하고자 한다. 하나님은 우리가 우리 안에 하나님을 모시고 그분과 친밀한 관계를 갖게 하시려고 우리에게 성령을 주셨다. 우리는 자신의 힘으로 살아가는 대신, 우리 안에서 사시는 그리스도를 의지한다(갈 2:20). 하나님을 더 친밀하게 알기를 갈망하는 우리는 자신의 몸 된 교회를 하나로 만들기 위해 죽으신 주 예수 그리스도를 계시하시는 성령의 음성을 들어야 한다(엡 2:13-15). 또한 우리는 우리 안에 하나님의 성품을 보여주는 성령의 열매를 평가해야 한다. 우리는 전도를 위해, 그리고 우리의 동료 그리스도인들에게 덕을 세우기 위해 성령의 능력에 의지해야 한다. 하나님은 우리가 삶 속에서 행하는 모든 일에서 우리 자신이 아니라 하나님을 의지하여 그 일을 할 수 있도록 우리에게 성령을 주셨다. 우리가 기도 중에 더 큰 능력을 얻도록 하나님을 찾고 하나님이 우리를 외면하지 않으실 것이라고 믿을 수 있기를 소망한다(눅 11:11-13).

결론

성령 안에서 살아가는 삶은 우리의 삶 속에 있는 하나님의 능력, 즉 복음을 전파하고 시험을 이기며 최상의 영적 은사를 통해 그리스도 안에 있는 형제자매를 세워가기 위한 능력의 부여를 포함한다. 그러나 이 능력은 자신의 성령을 통해 우리 안에 거하시게 된 우주의 창조자와의 친밀하고 인격적인 관계에서 나온다. 성령의 인도하심을 받는다는 것은 우리의 일상생활의 세세한 부분들을 포함할 수도 있지만, 하나님을 알고 사랑하며 따라서 하나님께 순종하는 일과 훨씬 더 관련이 있다.

우리는 그리스도 안에서 완전하지만, 우리 가운데 많은 이들은 아직 매일의 경험 속에서 그 완전함의 보고(寶庫)를 여는 일을 시작하지 못했다. 그런 의미에서, 나는 진지하게 내게 "예수님을 아무리 취해도 충분하지 않아요!"라고 말한 주립대학 학부생의 마음을 칭찬할 수밖에 없다. 어떤 저자들은 그리스도 안에서의 우리의 위치에 대한 바울의 가르침을 "자신의 정체성에 걸맞게 행동하라"라고 정확히 요약한다. 하나님의 영은 우리가 실제로 하나님이 이미 우리를 그리스도 안에서 만들어두신 존재답게 변해갈 수 있도록 하신다.

우리는 성령의 음성을 알아듣기에 대해 살펴보았다(1-2장). 또한 우리는 종종 우리의 증언을 확인하는 하나님의 기도 응답을 포함한, 성령의 능력에 의한 복음 전파에 대해서도 살펴보았다(3장). 우리는 성령의 열매를 인식하고 이 열매를 맺는 것에 대해 논의했다(4장). 우리가 성경에서, 특히 예수님의 십자가에서 하나님의 성품을 배울 때, 성령의 방식이 우리가 하나님의 음성을 들을 때 어떻게 들리며 또 우리가 하나님께 순종할 때 어떻게 보이는지 인식하는 법을 배운다.

그다음 우리는 좀 더 논쟁적인 문제들을 살펴보았다. 나는 모든 영적 은사들이 오늘날에도 유효하다는 점을 성경 자체가 긍정한다고 주장했고, 이어서 여러 구체적인 은사들을 살펴보았다. 우리는 회심에서의 성령의 역할과 이것이 성령 세례와 어떻게 관련되는지를 논의했다. 또한 우리는 이 어구가 사도행전에 묘사된 체험들에 어떻게 적용될 수 있는지 논의했고, 많은 논란이 있는 성령 세례와 방언의 관계를 살펴보았다. (나는 성령 세례는 아마도 성령의 역사의 전체 범위에 적용될 것이라고 결론지었다. 따라서 다양한 신약 저자들은 이 어구를 사용하여 우리의 삶 속에서 성령의 사역의 서로 다른 측면들을 강조했다.) 마지막으로, 나는 성령에 대한 분별을 다루었다. 은사가 오늘날에도 유효하다고 주장하려면, 가짜 은사에 대해, 그리고 특정 은사를 행하는 이들 사이의 영적 엘리트 의식에 대해 그만큼 더 경계해야 한다.

영적 은사들과 교회 생활

오늘날의 교회에서 성령의 사역에 관해 보다 논란이 되고 있는 분야 중 하나는 은사의 실행인데, 성경은 성령이 교회에 은사를 공급하신다고 말한다. 따라서 이 문제는 자세한 논의를 요구했다.

은사적인(charismatic, 문자적으로는 "은혜의 선물을 받은")이라는 말의 가장 넓은 용법에서는 그리스도의 몸 전체가 이에 해당하는데, 모든 지체에는 발휘할 은사 또는 은사들이 있기 때문이다(고전 12:7-30). 확실히 대부분의 교회에서 많은 또는 대부분의 교인들은 소그룹 안에서조차 자신들의 은사를 발휘하지 않는다. 교회 안에서 소수의 사람들이 모든 일을 하며, 그 결과 교회가 성취할 수 있는 하나님 나라 사역의 대부분은 결코 이루어지지 않는다. 우리는 모든 지체를 동원해서 그들이 다른 이들과 더불어 하나님이 그들에게 주신 과업을 이행하도록 할 필요가 있다(엡 4:11-13).

성령의 사역에 대한 성경의 몇 가지 가르침을 살펴보면, 대부분의 오순절 교인들과 은사주의자들조차 성경이 우리에게 그렇게 되라고 초대하는 수준보다 덜 "은사주의적"임을 알게 된다. 우리들 대부분은 하나님과의 더 깊은 친밀감, 더 완전한 전도의 능력, 시험을 이겨내는 힘 등을 경험할 필요가 있다. 또한 성령은 변증, 가르침, 치유와 같이 확인하는 표징들, 우리의 문화와 다른 문화에 효과적으로 다가갈 수 있는 지혜로운 전략 등을 통해 교회를 도우신다.

따라서 모든 은사는 오늘날에도 유효하다고 인정하면서도 은사를 무시함으로써 실제로는 은사 중지론자가 되거나, 한두 가지 은사는 허용하지만 나머지 은사들은 무시할 수도 있다. (예를 들어 일부 오순절 교회들은 방언과 방언 해석만 행하고, 일부 장로교회들은 가르침만 행하며, 일부 은사주의 교회들은 예언만 행하고, 일부 침례교회들은 전도만 실행하는 식이다.)

몇 가지 은사는 행하면서도 실제로는 하나님이 우리에게 매일의 기도와 전도와 거룩한 생활을 위한 능력을 주신다는 사실을 부정할 수도 있는데, 이에 대해서는 은사 중지론자들조차 부정하지 않는다. 단지 영적 체험만이 아니라 우리의 희생적인 사랑의 삶이 우리의 마음에서 성령이 얼마나 많은 부분을 차지하고 계신지를 입증한다(요 13:34-35; 엡 5:18-21; 요일 2:3-6).

성령의 열매와 영 분별에 관한 논의에서 나는 성경이 영적 은사들, 특히 사랑에 대해 논하는 문맥을 지적했다(고전 13장). 그리스도 안에 있는 우리의 형제자매를 사랑한다면, 서로를 세워주기 위해 은사를 추구할 것이다. 따라서 교만이나 동료 그리스도인들로부터의 분리를 뒷받침하기 위해 은사를 사용하는 것은 하나님이 우리에게 은사를 주신 목적을 악용하는 일이다. 은사는 교회를 분열시키는 것이 아니라 교회를 도와야 한다. 반대로, 은사를 무시하는 것은 하나님이 우리에게 서로를 세우도록 주신 자원을 무시하는 것을 의미한다. 특정 은사의 활용이 분열을 일으키는 상황에서는, 은사는 다른 많은 변명거리들과 마찬가지로 가치 있는 분열의 원인이 될 수 없다. 교회가 은사에 대해 더 성경적인 열린 마음을 갖도록 온유하게, 그러나 교회의 연합과 경건한 리더십을 존중하는 방식으로 인도하는 것이 우리의 목표여야 한다.

어떤 교회들은 대화가 불가능할 정도로 영적 은사 및 은사를 긍정하는 이들에 대해 폐쇄적일 수도 있다. 내가 주장한 것처럼 성경이 은사를 사용하도록 가르친다면, 은사에 반대하거나 심지어 개인적으로 은사를 행하는 이들을 반대하고 그들과의 교제를 끊는 교회들은 분열적인 교회다. 설령 자기들이 반대하는 사람들을 분열을 조장하는 이들이라고 부르더라도 말이다. 그러나 대부분의 교회들은 과거보다는 분열을 조장하지 않는 교인들과 지도자들에 대해 더 열려 있다. 그리고 많은 교회에서, 영적 은사는 교회가 영적으로 성숙해질 필요가 있는 많은 사안들 중 단지 하나일 뿐이다.

믿음은 우리 모두를 그리스도의 몸의 지체로 만든다. 성경은 우리에게 그리스도의 몸을 세우기 위해 은사를 추구하도록 초대한다(고전 12:31; 14:1). 그러나 성령의 방식에 있어서 성숙한 이들은 성령께 의지하여 어려움을 극복하고 그리스도의 몸 전체를 존중하는 법을 배운 사람들이다. 특정한 은사나 경험이 없다는 이유로 다른 그리스도인들을 경멸하거나, 특정 은사를 멸시하고 그 은사를 가진 그리스도인들을 멸시하는 이들은 영적 성숙을 보여주지 못하는 것이다. 하나님의 목표는 우리가 그리스도 안에서 성숙해지는 것이며(골 1:28), 우리가 서로 사랑하고 서로를 강화시켜주지 않으면 이 목표는 성취될 수 없다. 은사가 우리에게 알려주는 가장 심오한 교훈은 은사를 주시는 분 자신(자신의 일을 하도록 우리를 부르시고 그 일을 위해 우리에게 필요한 모든 것을 공급하시는 분)을 바라보라는 것이다.

결론

성경은 모든 그리스도인에게 하나님이 맡기신 다양한 과업과 문화적 장벽을 넘어 세상에 복음을 전하는 일을 위해 성령의 능력 부여를 받아들이도록 요구한다. 참으로 오늘날과 같은 세상에서 우리가 하나님 없이 하나님의 일을 하려 한다면 우리에게 화가 있을 것이다!

우리를 한 몸으로 만드시는 한 성령께서 우리에게 한 몸을 섬기고, 함께 세상에 복음을 전하며, 함께 주님께 예배하라고 요구하신다. 우리가 그 일을 할 수 없다면, 실제로는 성령을 모시고 있다는 우리의 "은사주의적" 주장과 "비은사주의적" 주장은 모두 가치가 없다. 우리는 성령을 찬미해야 할 뿐만 아니라, 성령이 우리에게 오신 이유를 기억해야 한다. 우리 모두가 그리스도께서 우리에게 그렇게 되라고 요구하신 성령의 사람들(많은 은사를 받아 열매 가득한 그리스도의 몸)처럼 살 수 있기를 기원한다.

부록

성경 이야기들은 우리에게 무엇을 가르쳐줄 수 있는가?

우리의 결론 중 내러티브에만 의존한 것은 별로 없지만, 어떤 독자들은 우리가 사도행전과 그 외의 곳에서 내러티브를 오늘날을 위한 모델로 사용한 방식에 (심지어 그런 내러티브들이 하나님을 따르는 이들의 불완전한 행동이 아니라 하나님의 완벽한 활동을 기술했을 때조차) 불편함을 느낄 수도 있다. 다른 이들이 성령에 관한 바울의 논의에 대해 이미 아주 많은 글을 썼기 때문에,[1] 나는 이 책에서 종종 신약의 내러티브 부분, 즉 신약의 이야기들을 강조했다. 이야기들은 (성경의 역사나 전기처럼) 진짜 이야기일 수도 있고 (비유처럼) 지어낸 이야기일 수도 있는데, 우리는 역사와 비유를 다소 다르게 읽는다. 그러나 두 종류의 이야기 모두 구성이나 특성의 묘사와 같은 몇몇 공통된 내러티브 장치를 공유하며, 어떤 면에서 우리는 그 두 종류의 이야기에 똑같은 방식

---

1 피(Fee)의 *God's Empowering Presence*는 이 방면에서 가장 광범위하다. 카슨(Carson)의 *Showing the Spirit*도 탁월한데, 아마도 이 책은 특히 영적 은사를 다룬 가장 뛰어난 저작일 것이다.

으로 접근한다. 우리는 어떤 종류의 성경 이야기든 간에 그 이야기를 읽을 때 그 이야기의 교훈을 찾는다(고전 10:11).

이러한 접근법은 우리가 복음서들 사이의 차이점이나 열왕기와 역대기의 중첩되는 내용을 비교할 때 특히 분명해진다. 예수님은 너무나 많은 것을 행하시고 가르치셨기 때문에, (요 21:25이 명시적으로 지적하듯이) 어느 복음서 저자도 우리에게 예수님에 관한 모든 것을 말해줄 수는 없었을 것이다. 더 정확히 말하자면, 오늘날 우리도 성경의 어느 텍스트를 읽거나 설교할 때 그렇게 하듯이 각 복음서 저자는 예수님에 관한 특정 요점들을 강조했다. 이는 우리가 성경의 이야기들을 읽을 때 일어난 일에 대한 역사적 사실을 배울 뿐만 아니라, 일어난 일에 대한 영감 받은 저자의 관점 즉 그 이야기에서 이끌어내야 할 교훈에 귀를 기울인다는 것을 의미한다. 저자는 자신이 우리에게 들려주는 이야기로부터 말씀을 "설교"할 때, 종종 우리에게 교훈을 깨닫기 위한 단서를 제공한다. 예를 들어 어느 복음서 저자는 종종 특정한 교훈을 반복적으로 강조하는 똑같은 기본 주제 또는 주제들을 가진 여러 이야기들을 선택했다.

오늘날의 다양한 접근법

많은 복음주의적인 회복 운동들(예를 들어 독일의 경건주의자들, 모라비아 교도, 웨슬리의 최초의 추종자들)은 교회 생활의 적절한 패턴을 찾기 위해 사도행전을 참조했다. 이와 비슷하게, 침례교인들은 세례가 1세기 팔레스타인에서 무엇을 의미했는지를 근거로 자신들이 신약성경에 나오는 역사적 선례대로 신자들을 물에 잠기게 해서 세례를 주는 것(침례)이 옳다고 주장한다. (주지하다시피, 가장 엄격한 침례교인들조차 정확히 1세기 유대인들이 세례를 행한 방식 그대로 세례를 행하지는 않는다. 공식적인 유대인의 세례 의식은 나체로 행해졌고, 세례 받는 사람은 아마도 스스로 얼굴을 앞으로 향한 채 몸을 물속에 담갔을 것이다. 요한이 요단강에서 베푼 공개적인 세례는 틀림없이 이와 약간 다르게 행해졌을 것이다.) 많은 교회들은 심지어 여러 관행들의 근거를 성경이 완성된 이후의 교회사에 나타난 선례에 둔다. 즉 우리에게는 성경의 이야기들 속에서 역사적 선례를 찾는 많은 역사적 선례가 있다!

그런 역사적 선례가 있음에도 불구하고 오늘날 많은 보수적인 북미 그리스도인들은 내러티브(성경의 이야기들)에서 신학을 도출하는 일에 대해 불안해하는 것으로 보인다. 내러티브의 교리적 가치를 완전히 무시하는 사람은 거의 없겠지만, 많은 사람들이 내러티브에서는 성경의 "더 분명하고" 더 "교훈적인" 부분에서 명백히 가르치는 내용만을 찾아야 한다고 주장한다.

이런 학자들 가운데 일부는 성경의 다른 부분에 관해서는 가장 유능한 해석자에 속하지만, 나는 성경의 이야기에 대한 그들의 접근 방식은 가장 기본적인 성경 해석 규칙에 위배되며, 실제적으로 성경 영감 교리를 위험에 빠뜨린다고 항변하지 않을 수 없다. 바울은 **모든** 성경은 영감을 받았으며 따라서 "교리", 즉 가르침에 유익하다고 말하지 않았는가(딤후 3:16)? 나는 성경의 어떤 부분(예를 들어 역대기에 나오는 족보를 가지고 책망하는 법)은 이해하지 못한다는 사실을 거리낌 없이 인정한다. 그러나 어떤 부분은 내가 분명한 부분들과 관련된 문화적 배경을 이해한 뒤에야 이해되기 시작했다(예를 들어 출애굽기에 나오는 장막의 설계).

확실히, 내러티브에서 하나님이 어떻게 역사하셨는지에 대한 구체적인 예들은 종종 약속이 아닌 원리만을 제시한다. 예를 들어 예수님이 한 나병 환자를 고치셨다는 사실은 하나님의 능력과 그리스도의 긍휼을 보여주지만, 반드시 온갖 상황 아래 있는 모든 나병 환자의 치유를 보장하지는 않는다. 어떤 텍스트들은 다른 텍스트들보다 오늘날의 상황을 다루는 데 더 유용하지만, 내러티브를 포함한 성경의 모든 텍스트에는 어떤 목적이 있다.

무엇이 요점이었는가?

성경 해석의 가장 기본적인 원리 중 하나는 저자가 당대의 청중에게 무엇을 전달하고자 했는지 묻는 것이다. 이 원리는 로마서 같은 서신서와 마찬가지로 복음서 같은 내러티브에도 적용된다. 누군가가 단지 모든 상황을 보편적으로 다룬 "중립적인" 복음서를 쓸 수 있었다면, 그 복음서는 틀림없이 성경에 포함되었을 것이다. 그 대신 성경은 우리에게 네 복음서를 제공하는데, 각 복음서는 적절한 방식으로 다양한 독자들의 필요에 맞게 예수님을 전하기 위해 예수님의 생애와 가르침의 다양한 요소들을 선별한다. 또한 복음서의 선택적 특징은 우리가 우리의 청중들에게 적절한 방식으로 예수님을 전하는 법에 관한 하나의 모델을 제공한다. 하나님이 우리에게 성경을 주시기로 작정하신 방식은 우리가 하나님이 우리에게 성경을 주셨기를 **바라는** 방식보다 더욱 중요하다.

더구나 하나님께서 원래 성경의 각 책들에 독립적으로 영감을 불어넣으셨기 때문에 우리는 각각의 책을 무엇보다 먼저 하나의 독립적인 단위로 읽는 법을 배워야 한다. 마가복음이나 에베소서 같은 책들은 구체적인 상황을 다룬, 영감 받은 저자들에 의해 독립적으로 기록되었다. 마가복음의 최초의 독자들은 에베소서나 요한복음을 참조하여 마가복음에서 불분명한 점을 알아낼 수 없었다. 그들은 각 구절의 의미를 파악할 때까지 마가복음 전체를 읽고 또 읽어야 했다. 성경의 책 한 권을 읽을 때 그 책을 구성하는 구절들에 비추어 그 책을 읽을 뿐만 아니라, 그 책의 전체적인 메시지와 논증에 비추어 각 구절을 읽을 필요가 있다.

그렇다고 에베소서의 연구 결과를 마가복음의 연구 결과와 **비교하고** 그 결과들이 서로 어떻게 들어맞는지 보여줄 수 없다는 말은 아니다. 하지만 우리가 마가복음에 대한 고찰을 끝내기 전에 에베소서에 의존하면 마가복음의 전체적인 특성은 놓치게 된다. 이런 접근법은 세속 학문에서 취한 편견이 아니다. 나는 젊은 시절에 하루에 성경을 40장씩 읽고 이것이 성경이 요구하는 성경에 대한 접근법이라는 것을 발견했을 때 그 사실을 배웠다.

마가복음에 나오는 한 가지 예면 충분할 것이다. 예수님이 한 중풍병자를 고치신 일 때문에 겪으신 반대는 우리가 하나님의 뜻을 행함으로 인해 세상에서 예상할 수 있는 적대감에 대한 하나의 교훈을 제시한다. 마가복음의 전반부 장들에서 쌓여가고 십자가에서 절정에 이르는, 예수님에 대한 반대는 성경에서 신자 자신에게 예상하라고 말하는 고난과 비슷하다(8:31-38; 10:33-45; 13:9-13; 14:21-51). 마가는 그리스도인들에게 인내할 것을 요구하며, 자신의 요점을 강조하기 위해 이 원리의 긍정적인 예들뿐만 아니라 부정적인 예들(예. 14:27-52)도 제시한다. 또한 그런 예들은 그리스도인들이 자신의 힘으로는 이 소명을 성취할 수 없음을 보여준다. 그러나 마가복음 2:2에서 예수님이 인기가 있다는 사실은 기독교 사역의 일반적인 모델이 아니다. 마가복음의 나머지 내용 자체가 결국 군중이 예수님을 맹렬히 비난했음을 보여준다(15:13-14). 이런 내러티브들에서 우리는 어떤 인기든지 그 순간에 유익하게 사용하되, 그 인기가 지속될 것으로 기대하지 않는 법을 배울 수 있다. 따라서 전체에 비추어 부분을 읽어가며 어떤 패턴과 예가 긍정적인 의도를 담고 있는지 부정적인 의도를 담고 있는지 식별함으로써 내러티브로부터 신학을 배울 수 있다.

문화와 일관성

세계의 대다수 문화권에서는 이야기를 통해 교훈을 가르친다. 서구인들은 대체로 성경에 나오는 내러티브의 요점을 이해하기 어려운 사람들이다. 그러나 서구의 모든 그리스도인들이 다 성경의 이야기들을 난해하다고 여기는 것은 아니다. 미국의 흑인 교회들은 여러 세대에 걸쳐 내러티브 설교에 특화되어왔다. 대부분의 교회에서 아이들은 성경의 이야기들을 사랑하며 자라는데, 어른이 되어서는 이제 구체적인 예화에서 배우기보다는 추상적으로 생각해야 한다고 배운다.

성경에서 교리를 추출하는 우리의 전통적인 방법이 내러티브에는 잘 먹혀들지 않는다고 해서 성경의 이야기들이 분명한 메시지를 전달하지 않는다는 뜻은 아니다. 그 대신 이는 우리가 하나님의 말씀의 너무 많은 부분을 무시하고 있기 때문에 우리가 전통적인 해석 방법을 적용하는 방식은 부적절함을 암시한다.

예수님의 제자들이 신약성경을 기록하고 있던 당시에는 내러티브가 도덕적 원리를 전달한다는 점을 누구나 이해했다. 고대의 전기 작가들과 역사가들은 긍정적인 예든 부정적인 예든 그들이 드는 예에서 독자들이 교훈을 끌어내기를 기대했다. 학생들은 초등학교에서 그런 이야기들을 규칙적으로 암송했고 보다 높은 수준의 교육 과정에서는 도덕적인 교훈을 각인시키기 위해 이런 예들을 적용하는 법을 배웠다.

성경의 내러티브가 아닌 부분들만 사용해서 내러티브를 해석하는 것은 성경의 내러티브 부분을 무시하는 처사일 뿐만 아니라 성경의 내러티브가 아닌 부분들에 잘못 접근하고 있음을 시사한다. 예를 들어 누구나 바울의 편지들은 "특정 상황을 위한" 문서임을 인정한다. 즉 바울의 편지들은 특별한 경우나 상황을 다루고 있다. 따라서 성만찬이 고린도에서 논쟁거리가 아니었다면 우리는 마태, 마가, 누가복음에 나오는 내용을 제외하고는 성만찬에 대해 거의 알지 못했을 것이다. 그래서 성경의 다른 부분들을 통해서만 내러티브 부분들을 해석해야 했다면, 오늘날 우리는 성만찬을 준수할 필요가 없다고 생각했을지도 모른다. 물론 예수님은 내러티브 안에서 제자들에게 성만찬에 대해 가르쳐주신다. 그러나 그 가르침은 내러티브 안에 있기 때문에 우리는 언제든 예수님이 선별된 제자 집단에게만 이 가르침을 말씀하셨다고 항변할 수 있다. 몇 백 년 전에 개신교인들은 지상 명령을 바로 그런 방식으로 설명함으로써 자신들에게는 관련 없는 것으로 치부해버렸다. 그런데 오늘날 많은 이들이 복음서와 사도행전에서 발견되는 전도를 위한 표징과 기적의 유용함에 대한 가르침들을 그와 비슷하게 설명함으로써 자신들과는 상관이 없다고 치부해버린다.

전통적인 "교리적" 접근 방식은 복음서 해석에 부적절할 뿐만 아니라 서신서의 해석에도 부적절하다. 사실 "내러티브"적인 성경 이야기 해석 방식은 우리에게 서신서를 적절하게 읽는 법을 알려준다. 바울은 단지 안부 인사를 전하기 위해 편지를 쓰지 않았다. 바울은 교회들의 구체적인 필요를 다루기 위해 편지를 썼다. 바울이 사용하는 원리들은 영원하며 다양한 상황에 적용되지만, 바울은 특정한 상황을 해결하기 위해 그런 원리들을 구체적으로 표현한다. 바울의 원리를 이해할 수 있으려면, 대체로 먼저 바울이 씨름하고 있는 상황을 이해해야 한다. 실제적인 상황을 다루는 바울의 구체적인 말들은 우리에게 오늘날의 비슷한 상황을 다루는 법을 보여주는 사례 연구다. 바울의 편지들은 일종의 배경을 이루는 이야기를 전제한다. 즉 바울은 그의 원래 독자들 사이에서 발생한 사건 및 상황에 대응하고 있다. 다시 말해서 우리는 바울의 편지들조차 사례로 읽어야 한다. 사례에서 신학(특히 도덕적 가르침)을 도출하는 것, 이것이 바로 바울이 구약성경을 읽은 방식이다(고전 10:11).

J. 램지 마이클스, D. A. 카슨, 고든 피 같은 복음적인 학자들이 방언 문제를 다룰 때 바르게 지적했듯이, 내러티브에는 교육적 가치가 있다고 말한다 해서 그 내러티브가 무엇을 가르치는지를 알아내는 문제를 해결해주지는 않는다. 그러나 성경을 연구하는 사람은 성경에 나오는 내러티브를 성경의 다른 어떤 부분 못지않게 철저하게 살펴봐야 한다. 하나님이 내러티브에서 주시기로 작정하신 가르침은 성경의 다른 곳에서 주신 가르침 못지않게 중요하기 때문이다. 사도행전에 나오는 여러 예들이 **하나님**의 행동 패턴을 보여준다는 사실은, (당대의 문화에 더 국한되어 있는 예들과 대조적으로) 이 모델들이 하나님이 일하시기로 작정하신 방식을 이해하는 데 여전히 유효함을 암시한다.

나는 이전의 나 자신을 포함해서 많은 학자들이 주로 자신이 받은 학문적 훈련 때문에 내러티브에서 신학을 발견하기를 불편해 한다고 생각한다. 신학계에서는 가정 폭력이나 직장에서 전도하는 법과 같이 똑같이 필요한 개인적인 주제들은 무시하면서, 기독론과 같은 중요한 주제들을 다루는 데 만족감을 느낄 수도 있다. 그러나 목사, 가정 방문 전도자, 기타 사역자들은 전통적인 교리적 범주의 범위를 뛰어넘는 주제들을 무시할 수 없다. 우리는 그런 일반적인 교리적 범주들이 대부분의 동시대인들이 씨름했던 일상적인 문제들에 항상 관여하지는 않았던 중세 신학자들에 의해 확립되었다는 사실을 잊지 말아야 한다. 그들이 다룬 이슈들은 중요했지만, 모든 것을 망라하지는 않았다. 나는 우리가 성경 저자들이 직면해야 했던 상황과 똑같은 종류의 상황을 두고 더 많이 씨름하면 할수록, 그들이 쓴 텍스트들을 더 민감하게 해석할 것이라고 믿는다. 그런 일이 일어난다면 우리는 교회의 생명과 믿음을 위해 성경의 이야기들을 포함한 성경 전체를 다시 사용할 필요성을 느끼게 될 것이다.

현대를 위한 성령론

Copyright ⓒ 새물결플러스 2018

1쇄 발행	2018년 3월 22일
3쇄 발행	2025년 6월 13일
지은이	크레이그 S. 키너
옮긴이	이용중
펴낸이	김요한
펴낸곳	새물결플러스
편 집	왕희광 정인철 노재현 이형일 나유영 노동래
디자인	황진주 김은경
마케팅	박성민
총 무	김명화 이성순
영 상	최정호
아카데미	차상희
홈페이지	www.holywaveplus.com
이메일	hwpbooks@hwpbooks.com
출판등록	2008년 8월 21일 제2008-24호
주 소	(우) 04114 서울시 마포구 신촌로28가길 29
전 화	02) 2652-3161
팩 스	02) 2652-3191

ISBN 979-11-6129-054-6 03230

책값은 뒤표지에 있습니다.